Lambert Schneider

Kreta

5000 Jahre Kunst und Kultur: Minoische Paläste, byzantinische Kapellen und venezianische Stadtanlagen

W0299053

DUMONT KUNST REISEFÜHRER

Unter Mitarbeit von Nicole Kloth

In der vorderen Umschlagklappe: Übersichtskarte von Westkreta

In der hinteren Umschlagklappe: Übersichtskarte von Ostkreta

Die wichtigsten Orte auf einen Blick

☆☆
keinesfalls versäumen

☆
Umweg lohnt

ohne Stern interessant

Ein vollständiges Verzeichnis der Orte finden Sie im Register ab S. 363

Inhalt

Land und Geschichte

Tips und Adressen

Land und Geschichte

Die sagenumwobene Mittelmeerinsel zwischen Orient, Europa und Afrika

Eine Reise nach Kreta ist mit besonderen, unverwechselbaren Erwartungen verbunden, weckt Gedanken und Phantasien, die sich von denen, die wir an andere Länder und Inseln des Mittelmeers knüpfen, unterscheiden. Als Teil Griechenlands scheint es noch vertrautes Europa, zugleich ist es dieser Sphäre bereits entrückt und wirkt wie ein Tor zu fremderen Welten des Vorderen Orients und Afrikas. Anders als ein Besuch des griechischen Festlands oder der Ägäis-Inseln, verspricht eine Reise nach Kreta keine Fahrt zu den klassisch-griechischen Grundlagen europäischer Kultur, wie sie durch humanistische Bildung jahrhundertelang besonders dem deutschen Bürgertum vermittelt wurden. Was heutige Reisende nach Kreta lockt, sind zunächst einmal einsame Gebirge und wild romantische Schluchten, üppig bewachsene Hochebenen, rauhe Felsklippen und weite Sandstrände; hinzu kommen Städte und Dörfer mit Zeugnissen aus byzantinischer, venezianischer und osmanischer Zeit.

Darüber hinaus verkörpert Kreta einen fernen, von uns abgetrennten Mythos und verheißt – zumindest als Frage – einen Blick auf einen verlorenen Menschheitstraum: Reminiszenz oder Utopie einer untergegangenen, aber dank der Archäologie teilweise wieder ans Tageslicht gebrachten frühen Hochkultur – Wiege Europas und doch für uns kaum weniger exotisch als die Kultur der Mayas oder die Altindiens. Seit ihrer Wiederentdeckung zu Beginn des 20. Jh. hat die ›minoische‹ Kunst des 3. und 2. Jt. v. Chr. die Betrachter durch ihre formale Schönheit angerührt, haben ihre Darstellungen immer neue Fragen und Antworten stimuliert. Scheint doch hier im Vergleich zu allen folgenden und auch früheren Epochen ein geradezu paradiesisches Zusammenleben von Menschen angedeutet zu sein: voll fließender Bewegung und Harmonie, gelöst und unverkrampft, frei von männlicher Dominanz und kriegerischem Gehabe, ohne auftrumpfende Gesten herrscherlicher Autorität und ohne Zwang oder Drang zu Monumentalität in Architektur und Kunst. Im Angesicht der Relikte minoischer Kultur regt eine Kreta-Reise Denken und Fühlen dazu an, sich nicht nur in vertrauten Gefilden zu bewegen, sondern Fernes und Verdecktes aufzuspüren und sich dabei mit eigenen Urteilen und Sehnsüchten auseinanderzusetzen. Archäologische Wissenschaft kann hierbei spekulative Vorstellungen relativieren und auf viele Einzelfragen plausible Antworten geben. Wie wir aber diese uralte Kunst als Ganzes begreifen und was sie für uns bedeutet, diese Frage nimmt die Wissenschaft dem Betrachter nicht ab, erweist sich Archäologie doch selbst immer wieder als Bestandteil eben solcher Deutungen. So kann und will dieser Reiseführer solche Probleme auch nicht abschließend klären, sondern vielmehr durch wissenschaftlich fundierte Information und auch durch die Darstellung

◁ *Rekonstruktionszeichnung der Palastanlage von Knossos (nach Evans): Ansicht der Ostfassade des Westflügels vom Zentralhof her*

Das heute im Archäologischen Museum von Iraklion (AMI) befindliche Delphin-Fresko stammt aus dem ›Megaron der Königin‹ im Palast von Knossos.

kontroverser Hypothesen Anregungen zum eigenen Verstehen der Dinge und zur aktiven Auseinandersetzung mit dem Gesehenen bieten.

Kreta ist nicht erst durch seine inzwischen hundertjährige Anbindung an das griechische Staatswesen, sondern bereits durch frühere geschichtliche Phasen unzweifelhafter Bestandteil Griechenlands. So sehen es auch die Einwohner selbst. Zugleich aber hat die sagenumwobene Mittelmeerinsel zwischen Orient, Europa und Afrika aufgrund ihrer Größe und ihres Abstands zum griechischen Festland und den übrigen Ägäis-Inseln ein erhebliches Maß an Eigenständigkeit entwickelt und über die Jahrhunderte bis heute bewahrt. Zeiten relativer Isolation und Abgeschiedenheit wechselten mit solchen fremder Einflußnahme. Kreta war im Laufe seiner Geschichte oft anderen politischen und kulturellen Prägungen unterworfen als das Festland und die Ägais. Dieser Wechsel und der Kontrast von auf das Binnenland ausgerichteter Eigenständigkeit und zur See hin ausgesetzter Offenheit haben der Insel ihr besonderes Gesicht verliehen: den einzelnen Kunstwerken vergangener Epochen ebenso wie den gegenwärtigen Städten und Dörfern und nicht zuletzt dem Habitus der Menschen. So sind die heutigen Bewohner der Insel mit Herz und Seele Griechen, ihrer Mentalität und ihrem Selbstverständnis nach jedoch – trotz aller ökonomischen und administrativen Bindungen an Athen und das übrige Griechenland – zu allererst Kreter.

Bereits die weit nach Süden herausgeschobene Lage der Insel schafft Abstand zur übrigen Ägäis. Nur im Westen und Osten bilden, durch erhebliche Distanzen getrennt, Inseln gewissermaßen Brücken für die traditionell küstengebundene Schiffahrt auf der hier oft stürmischen See: Kassos, Karpathos und schließlich Rhodos zur kleinasiatischen Küste hin, die kleinen Felseninseln Antikythira und Kythira zur

Peloponnes. Natürlich haben diese ›Brücken‹ zum Festland und zur nördlichen Ägäis historisch immer wieder eine Rolle gespielt, die Randlage Kretas in bezug auf die Ägäis aber niemals aufgehoben.

Vor allem erfährt der Besucher die kretische Bergwelt als Riegel zwischen Nord und Süd. Bereits an der zumeist rauhen, der Ägäis zugewandten Nordküste fühlt man sich weit entfernt vom griechischen Festland, den übrigen Inseln und der Türkei. Noch mehr sind Kretas Berge und Hochebenen eine Welt für sich, die den Gedanken, auf einer Insel zu sein, fast vergessen machen. Wer schließlich von den weiten Stränden der Südküste aufs Libysche Meer blickt, meint klimatisch und atmosphärisch eher mit Nordafrika als mit Griechenland verbunden zu sein. Tatsächlich ist an diesem Eindruck, den Besucher immer wieder empfinden, etwas Wahres. Denn es sind nicht allein die Flußoasen mit ihren Palmenhainen, die beide Mittelmeerufer einander ähnlich machen, und der Wüstensand, der von der afrikanischen Küste bei Sturm herüberweht, es sind auch die Spuren historischer Verbindungen Kretas zur Welt des Vorderen Orients und Nordafrikas, die diese Assoziation herstellen: zuerst die wechselseitigen Beziehungen der minoischen Kultur des 2. Jt. v. Chr. zur Levante und zu Ägypten, dann wieder vom 3. bis zum 1. Jh. v. Chr. Kretas enge Bindung an Ägypten sowie schließlich die römische Provinzeinteilung, die die Insel sogar vom übrigen Griechenland trennte und mit der Kyrenaika, dem heutigen Libyen, vereinte. Auch während seiner fast tausendjährigen byzantinischen Epoche von 337–1204 unterstand Kreta nur selten völlig unangefochten der Reichsgewalt in Konstantinopel. Selbst ein Piratennest, wurde die Insel immer wieder Beute anderer, von Süden und Osten her vordringender Piraten. Im 9. Jh. wurde Kreta sogar von arabischen Heeren vollständig erobert und etwa 140 Jahre lang von moslemischen Emiren beherrscht. Auch die spätere venezianische Okkupation förderte nicht die Verbindung Kretas zum übrigen Griechenland, und gänzlich in eine tributpflichtige Abhängigkeit geriet die Insel vom 17. bis zum Ende des 19. Jh. unter osmanischer Herrschaft, deren ökonomische und kulturelle Zentren ebenfalls nicht in Griechenland, sondern im Osten lagen.

Bei aller unverwechselbaren Eigenständigkeit seiner Kultur ist Kreta vielleicht auch das ›griechischste‹ Stück Griechenlands: trotz Nivellierung durch die EU und trotz eines Massentourismus, der die Grenzen verträglicher Integration zu sprengen droht.

Bei all diesen für die Bewohner meist mit großen Leiden verbundenen Okkupationen und anschließenden Rückeroberungen bildete sich in der Bevölkerung ein unbändiger Widerstandswille, der zur Identität eines jeden ›echten‹ Kreters wurde und bis heute auch jedem Touristen mit Stolz vorgewiesen wird. Zu diesem Widerstand gegen Fremdherrschaft gehörten Kampfbereitschaft und taktisches Geschick, ebenso über Jahrhunderte hinweg die traditionsbewußte Pflege griechischer Kultur in Sprache, Religion, Literatur und Musik, Architektur und Malerei. Wenn irgendwo modernes Griechentum nach Schaffung des Nationalstaates auf alte hellenisch-byzantinische Tradition zurückgreifen konnte, dann am ehesten auf Kreta.

Kreta bietet dem Reisenden herausragende Kunstwerke und kulturelle Ensembles aus verschiedenen Epochen, jedoch keineswegs aus allen Phasen seiner langen Geschichte. Bestimmte Aspekte und Zeitabschnitte treten überaus dominant in den Vordergrund, andere sind dagegen kaum oder nur in eher unscheinbaren Zeugnissen präsent. So setzt ein Besuch der Insel automatisch Schwerpunkte innerhalb der Epochen und Kunstgattungen: in erster Linie bei Architektur und Kunst des 2. Jt. v. Chr., dann bei der dorisch-frühgriechischen Plastik des 7. Jh. v. Chr. und schließlich bei der auf ganz Kreta reich vertretenen spätbyzantinischen und venezianischen Kirchen- und Stadtbaukunst. Erstaunlich wenig ist demgegenüber – von Gortyn, der antiken Inselhauptstadt, einmal abgesehen – die griechische und römische Antike durch Baudenkmäler und Funde vertreten, ebenso auch, im Vergleich zum griechischen Festland und zur Ägäis, die frühbyzantinische Epoche. Daß endlich die osmanische Herrschaft und das 20. Jh. auf Kreta nur einzelne besonders sehenswerte Kunstwerke hinterlassen haben, kann angesichts der historischen Situation nicht verwundern. Unser Kunst-Reiseführer trägt diesen Gegebenheiten Rechnung, versucht aber, nicht nur von Highlight zu Highlight zu springen, sondern von den kulturgeschichtlichen ›Hauptplätzen‹ aus auch Abgelegenes mit in den Blick zu rücken und auf diese Weise Geschichte mit ihren Licht- und Schattenseiten, das heißt als Ganzes zu erfassen.

Kretas Stolz und Anziehungspunkt für jeden Besucher sind zunächst die historisch gewachsenen Städte mit ihren byzantinisch-venezianischen Kirchen und profanen Bauensembles: allen voran Chania und Rethymnon. Auch viele Dörfer haben in Architektur und Handwerk noch ihre traditionelle Prägung bewahrt; mancherorts wird Altes inzwischen sorgfältig restauriert, in Museen konserviert und didaktisch ansprechend und informativ ausgestellt, nicht selten allerdings auch Folkloristisches durch völlig neue bauliche und handwerkliche Traditionsattrappen den Besuchern vorgegaukelt. Über die ganze Insel verstreut findet man, teils in Dörfern, teils in abgelegener Einsamkeit, mit qualitätvollen Fresken ausgestattete byzantinische Kirchen und Klöster. Das alles überragende Kunsterlebnis für jeden Kretabesucher aber sind die Ausgrabungsstätten der minoischen Paläste, Siedlungen und Grabanlagen und die hier geborgenen und in den archäologischen Museen (vor allem in Iraklion) ausgestellten Funde. Das Erlebnis minoischer Kunst wird durch die Tatsache gesteigert, daß ihre Werke – im Gegensatz etwa zu Kunstwerken der klassischen Antike – nicht über die ganze Welt verstreut in Museen anzutreffen, sondern, von wenigen Ausnahmen einmal abgesehen, nur auf Kreta zu bewundern sind.

Die gesamte Insel während eines einzigen Aufenthalts zu besichtigen ist schwer möglich: Die Erstreckung von Ost nach West beträgt allein 255 km. Die meisten Reisenden kommen per Flugzeug oder per Fähre von Athen in Iraklion an und konzentrieren ihren weiteren Aufenthalt dann auf einen Teil der Insel. Die gesamte Insel wird verkehrstechnisch von Iraklion aus durch eine an der Nordküste verlaufende Ost-West-Trasse (die *New Road*) erschlossen; von der New

Kreta ist in vier Verwaltungsbezirke (nomoi) gegliedert: Chania, Rethymnon, Iraklion und Agios Nikolaos bzw. Lassithi. Die Bezirke werden von Präfekten regiert, die zentral von der Verwaltung in Iraklion ernannt werden. Von den Gemeinden vor Ort gewählt werden dagegen die Bürgermeister (dimarchos). Kreta, das traditionell ›links‹ wählt, ist gewöhnlich mit etwa 12 Abgeordneten im Athener Parlament vertreten.

Sogar nach Konservierung und Überdachung von Monumenten durch ausländische Nationen werden Stätten griechischerseits vernachlässigt und sind wegen Wärtermangel geschlossen. Besonders römische Relikte sind auf Kreta vielerorts dem Verfall überlassen und für Touristen unzugänglich – schätzt man doch hier selbst heute noch diese Kultur als eine dunkle Epoche der Okkupation ein. Mittlerweile hat die Antikenbehörde TAPA braune Hinweisschilder auf Kulturdenkmäler verschiedenster Epochen an den Landstraßen aufgestellt; einmal in den dorthin führenden Feldweg eingebogen, ist man jedoch zumeist allein gelassen und muß spätestens nach der dritten Wegverzweigung die Suche aufgeben.

Road aus führen Stichstraßen durch die Gebirge zur Südküste. Ein Umfahren der Insel, wie es sich etwa bei Sizilien anbietet, ist nicht möglich. Deshalb gliedert sich der vorliegende Band in seinem Reiseteil geographisch in drei Hauptabschnitte:

- Iraklion und das von hier aus erreichbare Zentralkreta, einschließlich der Gebirgszonen und dem entsprechenden Abschnitt der Südküste.
- Ostkreta mit seinen regionalen Zentren Agios Nikolaos, Sitia und Ierapetra und den von hier aus erreichbaren Orten im Inneren und an der Küste.
- Schließlich der Westen mit seinen an der Ägäisküste gelegenen Hauptstädten Rethymnon und Chania und den von hier aus erreichbaren Gebirgsregionen der Lefka Ori und dahinter der touristisch noch weitgehend unerschlossenen und einsamen West- und Südküste.

Das Besichtigen von Sehenswürdigkeiten wird Besuchern auf Kreta nicht überall leicht gemacht. Archäologie, Denkmalpflege und Tourismus haben hier vielerorts noch nicht zusammengefunden. Manche antike Stätten wurden nach ihrer Ausgrabung entweder wieder zugeschüttet oder lediglich eingezäunt und dann Überwucherung und Verfall überlassen, einsamere Ausgrabungsplätze und Dorfkirchen nur in Ausnahmefällen für Touristen hergerichtet und durch Pläne und Beschriftungstafeln erschlossen. Die besuchergerechte Präsentation der Monumente beschränkt sich in aller Regel auf einige wenige, Besuchermassen anziehende Plätze. Der vorliegende Kunst-Reiseführer versucht, durch detaillierte Textinformationen, Wegbeschreibungen und Pläne diesem Manko abzuhelfen und gerade auch für die abgelegeneren, oft in grandiose Landschaft eingebetteten Sehenswürdigkeiten den Zugang zu erleichtern.

Wie bei anderen griechischen Inseln auch liegt ein Reiz Kretas darin, entspannt in einer Taverne direkt am Meer zu sitzen oder im klaren Wasser zu baden.

Kreta als Lebens- und Wirtschaftsraum

Landschaftsrelief

»*Megali Nisos*«, »Großinsel«, nennen manche Kreter ihre Heimat und bringen damit zum Ausdruck, daß sie ihnen als ein eigener Kontinent erscheint. Tatsächlich ist Kreta eine Welt für sich, allerdings weniger seiner Größe wegen als durch seine Lage und den Charakter von Landschaft und Kultur. Mit 8335 km^2 Landfläche ist es zwar die bei weitem größte Insel Griechenlands, innerhalb des gesamten Mittelmeers aber steht es erst an fünfter Stelle. Etwa dreimal so groß sind Sizilien und Sardinien, in der Flächenausdehnung vergleichbar sind Zypern und Korsika. Allerdings läßt einen Kretas eindrucksvolle Gebirgswelt mit ihren abgeschlossenen Hochebenen oft vergessen, daß man sich auf einer Insel befindet. Vor allem jedoch ist es die isolierte und weit nach Südosten herausgeschobene Lage im Mittelmeer – südlicher als Tunis und Gibraltar –, die Kreta klimatisch und atmosphärisch einen z. T. schon afrikanisch oder orientalisch anmutenden Charakter verleiht.

Geophysikalisch gehört Kreta zu einem von der Peloponnes bis nach Kleinasien reichenden Gebirgsbogen, dessen Kamm im Tertiär, d. h. vor etwa 3 Mio. Jahren, von dem damals sich bildenden Mittelmeer teilweise überflutet wurde und seitdem teils unter dem Meeresspiegel verläuft, mit den Inseln Kythira, Antikythira, Kreta, Kassos, Karpathos und Rhodos aber in Höhen zwischen 500 m und fast 2500 m vorstößt. 95 % der Landmasse Kretas sind Gebirge, von denen wiederum $^2/_3$ eine Höhe von mindestens 700 m erreichen. Wie Grate durchziehen Bergketten das Innere der schmalen, langgestreckten Insel, deren Ost-Westausdehnung ca. 250 km beträgt, während die Nord-Südachse an der breitesten Stelle westlich von Iraklion knapp 60 km, auf der Höhe von Rethymnon im Westen nur gut 20 km und im Osten bei Ierapetra sogar nur 12 km mißt. Von jedem Punkt der Insel aus ist die Küste maximal eine Tageswanderung weit entfernt. Drei große **Bergmassive** aus Kalkgestein erreichen eine annähernd gleiche Höhe: im Westen die **Lefka Ori,** die »Weißen Berge«, mit ihrem höchsten Gipfel, dem Pachnes (2452 m), in der Mitte das in der Antike »Ida« genannte **Psiloritis-Massiv** mit seinem Hauptgipfel Timios Stavros (2456 m), weiter im Osten das **Dikti-Gebirge** mit seinen höchsten Erhebungen Spathi (2148 m) und Afendis Christos (2136 m); nur im äußersten Osten der Insel sinkt die Bergkette mit ihrer höchsten Erhebung, dem Afendis Stavromenos, auf 1476 m ab. Die Südküste ist zumeist steil und bietet nur wenige Hafenplätze, im Norden dagegen fallen die Berge auf weite Strecken terrassenartig zur Ägäis hin ab. In den tief eingeschnittenen Buchten der Nordküste finden sich seit altersher geschützte Häfen. Weite **Sandstrände** säumen vor allem die Nordküste: ganz im Westen Falas-

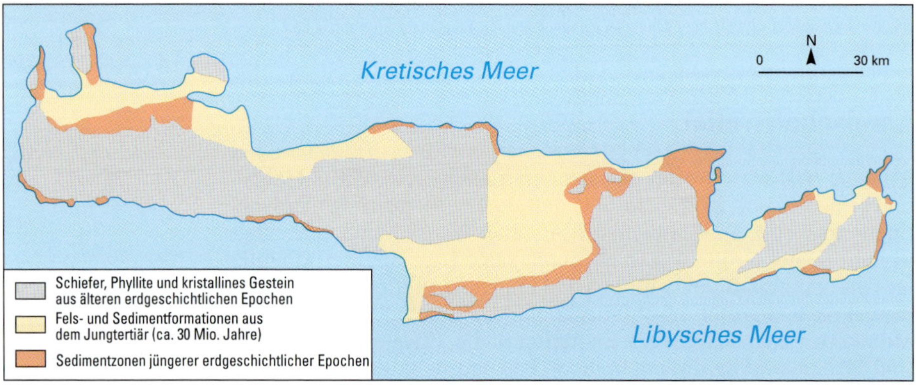

Computergenerierte Ansicht des Landschaftsreliefs von 89° Süden. Ocker bzw. gelb markierte Zonen sind Fels- und Sedimentformationen aus dem Jungtertiär (ca. 30 Mio. Jahre), das übrige – Schiefer, Phyllite und kristallines Gestein mit Kalkschichten darüber – stammt aus älteren erdgeschichtlichen Epochen. Die Sedimentzonen bilden Kretas agrarische Anbauflächen, zugleich aber auch das Hinterland der fünf größten Städte, so daß sich hier 80 % der Bevölkerung konzentrieren.

sarna, dann die Golfe von Kissamos, Chania und Almiros (zwischen Georgioupolis und Rethymnon); östlich von Iraklion der Küstenstreifen um Chersonnissos und schließlich die Bucht von Sitia sowie, ganz im Osten, Vaï. Doch auch die malerische Südküste bietet dem Urlauber einzelne Traumstrände, so besonders um Ierapetra, Kommos und Plakias. Auf eindrucksvolle Steil- und Felsküsten trifft man westlich von Iraklion, sodann an der Südküste zwischen Paleochora und Chora Sfakion sowie am Kap Lithino südlich von Matala.

Die Insel liegt in einer seismisch aktiven Zone, da hier die afrikanische Kontinentalplatte auf die eurasische stößt. Die seit Urzeiten starken geotektonischen Bewegungen halten bis heute an. **Erdbeben** haben schon in vorgeschichtlicher und antiker Zeit Siedlungen in Schutt und Asche gelegt. Von einer schweren Erschütterung während der Regierungszeit des Nero (54–68 n. Chr.) berichten antike Quellen; viele früh- und mittelbyzantinische Kirchen fielen 1303 einem Beben zum Opfer. Die letzten großen Erdbeben datieren in die Jahre 1810, 1856, 1926, 1970 und 1994. Auch Kretas **Küstenlinie** verändert sich laufend. Die Insel ›kippt‹ gewissermaßen um ihre Nord-Südachse: Während sich der Westen insgesamt hebt, sinkt der Osten. Vom Schiff aus kann man zwischen Sougia und Chora Sfakion die alte Küstenlinie im Felsmassiv, etwa 6 m über dem Meer, beobachten. Auch der Hafen der antiken Stadt Phalassarna liegt heute auf dem Trockenen, was nicht auf Schwemmlandbildung, sondern ebenfalls auf die Hebung der westlichen Küstenlinie zurückzuführen ist. Dagegen war das kleine der Küste vorgelagerte Felseneiland Mochlos im Nordosten Kretas noch in der Bronzezeit, d. h. im 2. Jt. v. Chr., mit dem Land verbunden und wurde erst durch die Absenkung der östlichen Hälfte Kretas zur Insel.

Kretas bis in den Mai hinein oft schneebedeckte Gebirge sind überwiegend stark zerklüftet und geradezu paradiesisch für zünftiges Wandern, aber auch für weniger strapaziöse Spaziergänge. Von den Hauptkämmen ziehen sich, besonders zur Südküste hin, tief eingeschnittene **Cañons** mit steilen Felswänden zu beiden Seiten. Der berühmteste und meistbesuchte Cañon ist die Samaria-Schlucht; kaum weniger eindrucksvoll sind Imbros-, Aradena- und Tripiti-Schlucht. Eine weitere landschaftliche Attraktion stellen die ca. 2000 **Naturhöhlen** Kretas dar, die infolge von Auswaschung durch Regenwasser im Kalkgestein des Karsts entstanden sind. Viele dieser Grotten wurden in vorgeschichtlicher Zeit als Siedlungsplätze und in der minoischen und der griechischen Epoche als Kultstätten genutzt. Seit Urzeiten war altkretische Religion mit Berggipfeln und Höhlen verbunden, die als Geburtsstätten und Wirkungsorte göttlicher Wesen galten. In der Höhle des Dikti *(Dikteon Andron)* oder des Ida *(Ideon Andron)* soll Zeus aufgewachsen und der sagenhafte Priesterkönig Minos geboren worden sein. Andere berühmte Kulthöhlen sind die von Pyrgos bei Nirou Chani, Trapeza bei Tzermiado, Eileithyia südlich von Amnissos sowie Skotinos und Arkalochori bei Iraklion. Auch in der Neuzeit haben Kretas Höhlen immer wieder eine bedeutende Rolle gespielt: Eremiten dienten sie als Wohnung, und zu kleinen Höhlenkirchen pilgerte man an den jeweiligen Heiligenfesten. Vor allem aber zog sich die Bevölkerung in Notzeiten in die Berge zurück, um sich dem Zugriff fremder Aggressoren zu entziehen, wobei die Höhlen als Versteck und Lager von Lebensmittelvorräten und Waffen dienten – nicht immer mit Erfolg, und so sind viele dieser Orte mit tragischen Geschichten verbunden. Die Höhle von Perama etwa wurde während des kretischen Befreiungskampfs gegen die türkische Herrschaft den griechischen Aufständischen, die sich hierhin geflüchtet hatten, zum Verhängnis, als die Türken vor der Höhle ein großes Feuer entfachten und die Eingeschlossenen elend erstickten. Noch im Zweiten Weltkrieg dienten Höhlen den deutschen Besatzern als Gefechtsstand und Kommandostelle, ebenso aber auch den kretischen Partisanen als Treffpunkt und Unterschlupf.

Ein weiteres Charakteristikum und besonderer Reiz der vielfältigen Bergwelt Kretas sind die **Hochebenen:** im Lefka-Gebirge im Westen auf 1300 m Höhe das 8 km² **Omalos-Becken** und die **Askifou-Ebene,** im Zentrum der Insel auf dem Psiloritis das noch höher gelegene **Nida Plateau** und weiter östlich im Dikti Gebirge auf einer Höhe von ca. 850 m die 120 km² große **Lassithi-Ebene.** Diese sogenannten Dolinen, d. h. Vertiefungen in der Oberfläche in Kalksteingebieten, entstanden im Laufe von Jahrmillionen infolge Auslaugung durch versickerndes Schmelzwasser; Erosion bewirkte, daß die Erdkrume von den Bergen heruntergeschwemmt wurde, sich in den schüsselartigen, nach allen Seiten hin von Bergen abgeschlossenen Talsenken sammelte und so fruchtbare Hochebenen bildete.

Während der kühlen Regenperioden wird der reichliche Niederschlag nur zum geringsten Teil im Boden gebunden, das meiste fließt über die kurzen Bäche schnell ins Meer. Kreta besitzt nur vier kleinere Flüsse: Geropotamos und Anafodiris in der Messara, den Platinias bei Chania und den Mylopotamos bei Rethymnon. So ist jegliche Landwirtschaft in größerem Maßstab auf künstliche Bewässerung angewiesen, weshalb weite Teile der Landschaft von schwarzen Plastikschläuchen durchzogen sind.

Klima und Vegetation

Auf dem 34.–35. Breitengrad gelegen und so weit östlich, daß nur selten Regenwolken vom Atlantik her die Insel erreichen, bietet Kreta dem Urlauber **300 Sonnentage im Jahr.** Nur in den Monaten Juli bis

Steilabfall der Lefka Ori an der Südküste bei Loutro. Kretas Südwestküste prägen die harten Kontraste von karger, von tiefen Schluchten zerfurchter Landschaft und dem zum Baden einladenden Blau des Libyschen Meeres. Der Verlauf der antiken Küstenlinie ist übrigens gut als waagrechter Streifen ca. 5 m über dem heutigen Wasserspiegel zu erkennen.

September treten zuweilen extrem heiße Temperaturen von über 40 °C auf, meist aber weht eine angenehme Brise, während in den Wintermonaten das nur langsam abkühlende Mittelmeer für mildes Klima sorgt. Die **Wassertemperatur** sinkt nur zwischen November und April unter 19 °C ab. Im Sommer und Herbst wehen Nord- bis Nordwestwinde *(melthemia)*, die an der Südküste besonders im September und Oktober oft als heftige, von den Bergen herabfallende Stürme auftreten. Im Winter weht der Wind zumeist aus West bis Südwest. Gelegentliche Südwinde *(livyka)* führen nicht nur heiße trockene Luftmassen an die Insel heran, sondern auch feinen rötlichen Sand, der sich wie Staub auf der Landschaft ablagert. **Niederschläge** verzeichnen v. a. die Wintermonate, im Westen der Insel regnet es mit 60 cm pro Jahr noch drei mal so viel wie im Osten, im Hochgebirge fällt ein erheblicher Anteil des Niederschlags als Schnee. Das Karstsystem des Kalkgesteins speichert einen Teil der Regenfälle, die dann im Karstgebirge wieder als Quellen entspringen. Nur die großen Dolinen wie Omalos, Nida und Lassithi haben reichlich Grundwasser, das durch Brunnen für Trinkwasserversorgung und Landwirtschaft erschlossen wird. Infolge von Abholzung und gestiegenem Wasserverbrauch ist Kreta im Laufe der Zeit sehr viel trockener geworden als es einst war. Paläobotanische Untersuchungen haben erwiesen, daß Kreta bereits im 2. Jt. v. Chr. recht arm an Wäldern gewesen sein muß.

Nach den regenreichen Wintermonaten ist Kreta im April und Mai ein einziges **Blütenmeer.** Ebenos, Margeriten, Anemonen, Ginster

Die mittelkretische Landschaft zwischen Ida- und Dikti-Gebirge ist geprägt von agrarischen Anbauflächen.

und Oleander, aber auch die sonst dürre Macchia bieten im Frühjahr ein Bild, das in seiner betörenden Farbenpracht jeden Reisenden begeistert. Dem Blütenreichtum im Frühling folgt große **Dürre im Sommer,** die zwar klimatisch bedingt ist, jedoch durch jahrtausendelangen Raubbau in ihren Folgen dramatisch verstärkt wurde. Kretas Berge sind infolge von Kahlschlag für Energiegewinnung, Haus- und Schiffbau sowie von Brandrodung und Überweidung weitgehend entwaldet. Fast ganz verschwunden sind die einst gerühmten Zedern; an größeren wildwachsenden Bäumen findet man nur noch Kermes- und Steineichen sowie Zypressen und Kiefern, und auch diese sind nicht mehr in allzu großer Zahl vertreten. Die meisten Hänge sind von **Macchia** bewachsen, einem auch in anderen Mittelmeerregionen verbreiteten Gestrüpp aus Hartlaubgewächsen, Gewürzsträuchern wie Thymian, Rosmarin, Salbei und Oregano, dazu Orchideenarten und Wolfsmilchgewächsen. Die noch kahlere Form dieser Strauchgewächse ist die **Phrygana,** die aus einzelnen Dornpolstern, Zwergsträuchern und Meerzwiebeln besteht. Doch auch dieser Zustand bildet noch nicht das Ende der Degeneration: Manche Berghänge wurden im Laufe der Zeit so stark ihrer Erdkrume beraubt, daß eine regelrechte Versteppung Platz gegriffen hat. Sogar in derart kargen Regionen weiden noch Schafe und Ziegen und tragen so zur endgültigen Verödung der Landschaft bei: Bilder, die für den mitteleuropäischen Touristen ihren eigenen Reiz haben, die aber die ökologische und letztlich auch ökonomische Gefährdung der Insel drastisch vor

Augen führen. Denn solche Böden können das im Sommer ohnehin spärliche Regenwasser nicht binden, so daß der Prozeß der Erosion unaufhaltsam voranschreitet.

Entsprechend arm ist Kreta an **Wildtierarten.** Nur in Reservaten wie dem um die Samaria-Schlucht findet man noch Wildschafe und *Kri-Kri,* die kretische Wildziege. Adler und Lämmergeier hingegen sind in vielen Gebirgsregionen und auch an Felsklippen in Küstennähe zu beobachten. Vipern, Skorpione und die ebenfalls giftige Mogalia-Spinne sind nicht allzu häufig, doch sollte man sich bei Spaziergängen abseits von Wegen (besonders im Gestrüpp) in acht nehmen und immer festes Schuhwerk tragen. Auch die Meeresflora und -fauna ist mittlerweile stark dezimiert. Die meisten der auf der Insel angebotenen Fische und Krustentiere stammen nicht mehr aus kretischen Gewässern, sondern aus dem Atlantik.

Besiedlung und Wirtschaft

Was für heutige Touristen einen Hauptreiz der Insel ausmacht – Kretas wildromantische Felsenküsten und einsame Gebirgsregionen –, war und blieb für die Bewohner von prähistorischen Zeiten bis heute eher hinderlich. Bereits die verkehrsgeographische Infrastruktur der Insel stellt seit jeher ein Problem dar. Dem landschaftlichen Pro-

In geglückten Fällen zerstört der Tourismus gewachsene Strukturen nicht, sondern überformt und integriert diese. So paßt sich die Hotelanlage ›Nikolaos Bay‹ bei Agios Nikolaos dem Erscheinungsbild kretischer Ortschaften an und birgt auf ihrem Gelände sogar eine kleine Stiftungskapelle.

fil entsprechend, verläuft entlang der Nordküste die einzige große Verkehrsachse, von der aus Stichstraßen den Süden der Insel erschließen. Manche Orte der Südküste sind überhaupt nur per Boot oder durch lange Wanderungen über die Berge erreichbar. Etwa 600 000 Menschen leben auf der Insel, davon $^3/_4$ im Norden. Anders als im übrigen Griechenland macht auf Kreta die städtische Bevölkerung nur etwa $^1/_3$ aus. Da die Insel keine wirtschaftlich relevanten Bodenschätze und aufgrund ihrer Lage und verkehrstechnischen Binnenstruktur auch keine bedeutende weiterverarbeitende Industrie besitzt, lebt nach wie vor ein großer Teil der Bevölkerung von der **Landwirtschaft,** die teilweise noch kleinbäuerliche Betriebe prägen, in Obst- und Gemüseanbau aber auch genossenschaftlich organisiert ist. Während des Altertums galt Kreta noch als Kornkammer, heute muß Getreide eingeführt werden. Wie seit antiker Zeit, sind aber Oliven und Wein – heute vor allem auch Tafeltrauben und Rosinen – Kretas Reichtum. Ca. 120 000 t Öl werden jährlich produziert und etwa zur Hälfte nach Mitteleuropa exportiert. Hinzu kommt die Ausfuhr von Orangen und Zitronen, die vor allem an der Nordküste gezüchtet werden. Zunehmende Bedeutung gewinnt der Anbau von Frühgemüse (Gurken, Tomaten, Artischocken) sowie von Bananen und Avocados in Treibhäusern, namentlich um Ierapetra herum. Die damit einhergehende Landschaftszerstörung durch Bodenplanierung und frei im Gelände verrottende Plastikplanen ist allerdings nicht zu übersehen. Ökologisch noch bedenklicher ist der übermäßige Einsatz von Düngemitteln und Pestiziden, die nicht nur die Produkte, sondern auch das Grundwasser vergiften. Ein weiterer bedeutender Wirtschaftszweig ist die Schaf- und Ziegenhaltung: über 1 Mio. Schafe – weit mehr als Menschen! – soll es auf Kreta geben.

Im Herbst prägen abgemähte Kornfelder, einzelne Olivenbäume und Hartlaubsträucher das Landschaftsbild Kretas. Tiefe Furchen ziehen sich von den Berghängen in die Senken hinab. Der ausgedörrte steinige Boden läßt Feldanbau nur auf kleinen, weitgehend von Hand zu bearbeitenden Flecken zu: ausreichend für den Bedarf einer kleinen traditionellen Dorfgemeinschaft, für eine profitable Landwirtschaft aber unbrauchbar.

Neben der Landwirtschaft hat sich seit Ende der 1970er Jahre der **Tourismus** als wichtigste Erwerbsquelle etabliert. Fast 2 Mio. Gäste kommen jährlich auf die Insel, das ist mehr als das Dreifache der einheimischen Bevölkerung. Konzentrationen reiner Hotelsiedlungen bilden auf Kreta allerdings, verglichen mit anderen Mittelmeerländern, die Ausnahme, die meisten Unterkünfte verteilen sich auf mittelgroße und kleine Hotels sowie Pensionen und Privatunterkünfte.

Tip:
Ökologisch orientierten Tourismus für Individualreisende bieten einige Bergdörfer wie z. B. Milia in Westkreta (S. 315).

Kretas Gesellschaft ist, vor allem auf dem Lande, stark patriarchalisch geprägt, politisch aber versteht man sich – gleich ob auf dem Land oder in der Stadt – als ›links‹ und sieht Geschichte als eine bis in die Gegenwart reichende Tradition des Widerstands gegen Bevormundung und Ausbeutung durch Fremdherrscher oder Besatzer.

Schon in der Antike ein fremdes Märchenland – Kreta im griechischen Mythos

Griechische Sage und minoische Wirklichkeit

Bereits in der klassischen Antike muß Kreta als eine Art ›Märchenland‹ gegolten haben: voll geheimnisvoller Reminiszenzen an eine glanzvolle, geradezu wunderbar erscheinende, zugleich aber auch unheimliche Vergangenheit, die sich von der des griechischen Festlands abhebt und die ohne Zweifel auf die minoische Hochkultur des 2. Jt. v. Chr. verweist.

Mythen aber sind nicht Geschichte, sondern Geschichten, – Geschichten, die vom Erzähler in eine ferne Vergangenheit verlegt werden und in denen immer einzelne Personen die Handlung bestimmen. Mythen drücken Allgemeines durch Persönliches aus. Selbst wenn sie sich also zuweilen wie folgerichtige Schilderungen zurückliegender Begebenheiten lesen, sind sie doch niemals historischer Bericht über eine vergangene Epoche, sondern suggestive Deutung von Vergangenheit als Erklärung der Gegenwart und als Beglaubigung zeitgenössischer Normen und religiöser Praktiken. Mythen legitimieren das Hier und Jetzt und geben dem Zurückliegenden Bedeutung und aktuellen Bezug. Insofern waren sie für die alten Griechen durchaus Teil ihrer Geschichte und Identität.

Die in der griechischen Literatur überlieferten phantastischen Erzählungen über Kreta stammen, soweit wir wissen, nicht von den Minoern, sondern sind – mindestens in der vorliegenden Form – griechische Schöpfungen. Und bereits die Zeitgenossen Homers, d. h. die Griechen des 8. Jh. v. Chr., und erst recht diejenigen der späteren Jahrhunderte können die vorgeschichtliche minoische Kultur im eigentlichen Sinne nicht gekannt haben. Ruinenreste der grandiosen und für die Griechen geradezu exotisch anmutenden alten Paläste und Grabanlagen sowie Bruchstücke ihrer prächtigen Ausstattung dürften jedoch noch sichtbar gewesen und sogar kultisch genutzt worden sein; Analoges ließ sich für die mykenische Kultur auf dem griechischen Festland nachweisen. Auch scheint es möglich, daß einzelne wertvolle Prestigeobjekte der minoischen Kultur – etwa Elfenbeinkästen oder Gefäße aus Halbedelstein und Gold, darunter vielleicht auch solche mit szenischen Darstellungen – von Hand zu Hand weitergereicht wurden und so den Untergang jener Kultur noch eine Reihe von Generationen überdauerten und die mythenbildende Phantasie der Menschen entzündeten.

Der Glaube an den Wahrheitskern griechischer Sagen hat immerhin Heinrich Schliemann im 19. Jh. nach Troja geführt, und griechische Mythen waren es, die auch Arthur Evans zu Beginn des 20. Jh. nach Knossos lockten und dort den Spaten ansetzen ließen. Dennoch: Historische Wirklichkeit, wie wir sie heute verstehen, läßt sich mit den Inhalten mythischer Erzählkunst grundsätzlich nicht zur Deckung bringen, was durch neuere Ausgrabungen ebenso wie durch moderne Mythenforschung immer deutlicher ins Bewußtsein gerückt wird. Mythen können archäologische und historische Fragestellungen anregen, nicht aber Befunde ›erklären‹, ebenso wie umgekehrt Archäologie Mythen weder historisch beglaubigt noch widerlegt. Aufhorchen aber lassen uns die griechischen Erzählungen über die Urzeit Kretas angesichts der spektakulären Entdeckungen von Arthur Evans in Knossos und seiner Nachfolger an weiteren Plätzen auf der Insel. Sowohl einzelne Handlungsabläufe der Mythen als auch bestimmte Leitmotive, die in verschiedenen Erzählsträngen immer wieder auftauchen, wirken wie Antworten, wie poetische Auseinandersetzungen mit jener für die Griechen untergegangenen, für uns aber wieder bruchstückhaft ans Tageslicht gebrachten prähistorischen Welt. Wie aber sind die Zusammenhänge zu deuten? Stets scheinen mehrere Antworten möglich.

Göttergeschlechter und Menschenherrschaft

Als einen gewaltsamen Generationskonflikt im Kampf um die Herrschaft stellten sich die klassischen Griechen die Genese ihrer Götterwelt vor und haben damit offenbar eigene kulturelle Erfahrungen mythisch formuliert – waren sie doch selbst in immer neuen Wellen in den südlichen Balkan eingewandert und hatten dabei jeweils ansässige Bevölkerungen unterjocht, in ferner Vergangenheit auch die Minoer auf Kreta. Das erste Götterpaar bildeten, so berichtet es der Dichter Hesiod im 7. Jh. v. Chr. in seiner ›Theogonie‹, Gaia – die Erde, und Uranos – der Himmel. Sie zeugten eine ganze Schar von Kindern – die Titanen –, darunter Okeanos (das Meer), Rhea und, »als letzten, den starken Kronos, den verschlagenen, das furchtbarste der Kinder, denn er hasste den blühenden Vater« – nicht grundlos, denn jener versuchte, die Kinder im Leib der Mutter einzusperren. Die Erdmutter aber gewann ihren jüngsten Sohn dazu, den eifersüchtigen Vater zu kastrieren und sich an seine Stelle zu setzen. So tritt Kronos die Herrschaft an und begründet mit seiner Gattin und zugleich Schwester Rhea ein neues, für die Menschen paradiesisches Zeitalter: ohne Krieg und Ausbeutung, voller Freude und Lebenslust – durchaus dem ähnlich, wie die minoische Kultur in der Moderne oft gesehen wurde. Andere Mythen bringen Kronos mit Menschenopfern in Verbindung, und hier kann man an archäologische Belege für diese Praxis, wie sie in Anemospilia von Giannis Sakellarakis entdeckt wurden, denken (vgl. S. 137).

Auch die Herrschaft des Götterpaares Kronos und Rhea fand ihr Ende, denn Kronos war nicht weniger mißtrauisch gegen seine Kinder als zuvor sein Vater. Kronos sperrte seine Kinder allerdings nicht in den Leib der Mutter ein, sondern verschlang seinen Nachwuchs, um nicht einst von ihm entmachtet zu werden. Wieder ist es der Jüngste, der dank einer List der Mutter davonkommt. Rhea täuscht Kronos mit einem in Tücher gewickelten Steinbrocken, den dieser verschlingt. Das Kind, der spätere Göttervater Zeus, aber wurde heimlich nach Kreta gebracht und in einer Höhle auf dem Ida – nach anderer Überlieferung im Dikti-Gebirge – aufgezogen, bis es zum Mann herangereift war und seinen Vater entmachtete.

Auf Kreta nahm somit die Herrschaft der olympischen Götter ihren Anfang. Offensichtlich spielt der Mythos auf altkretische Kultpraxis an. Denn Kulthöhlen, die von der minoischen Zeit bis in die griechische Archaik hinein kontinuierlich genutzt wurden, fanden sich sowohl auf dem Ida als auch auf dem Dikti; überhaupt müssen Bergheiligtümer in der minoischen Religion eine zentrale Rolle gespielt haben. Ein solcher Ort also war es, der den späteren Griechen als Ursprungsstätte ihres herrschenden Göttergeschlechts galt. Spiegelt sich hierin die griechische Machtübernahme auf Kreta wider, sei es die der Mykener im 15. Jh. v. Chr., sei es die spätere durch die Dorer an der Wende vom 2. Jt. zum 1. Jt. v. Chr.? Auch das Motiv des verzehrten Nachwuchses findet in archäologischen Befunden ein Pendant: Spuren, die auf rituellen Kannibalismus deuten, auf das Schlachten und Verzehren von Kindern zusammen mit Opfertieren, fanden sich in Knossos.

Europas asiatischer Ursprung

Europa, die unserem Erdteil ihren Namen gab, lebte, so erzählt es der Mythos, auf Kreta. Doch sie stammte nicht von dort. Nein, sie ist eine Orientalin, eine Semitin: Königstocher aus Sidon oder Tyros, beides kanaanäische und später phönikische Städte an der Küste des Libanon. Der griechische Himmels- und Wettergott Zeus entdeckte die schöne Prinzessin dort und entführte sie, nachdem er sich zuvor in die Gestalt eines Stiers verwandelt und sie am Ufer sanft umschmeichelt hatte, über das Meer nach Kreta. Viele antike Dichter haben die Geschichte erzählt, und antike ebenso wie neuzeitliche Künstler haben die Episode immer wieder dargestellt.

Der aufgeklärte Mensch der Moderne denkt unwillkürlich bei diesem Mythos an die engen kulturellen Verbindungen des minoischen Kreta zur Levante und nach Vorderasien, aber auch an die kultische Bedeutung des Stiers auf Kreta: die zahllosen Stierhörner als Aufsätze von Altären und als zinnenartige Bekrönung von Palastmauern, nicht zuletzt aber auch an die Darstellungen des altkretischen Stierspiels, an dem sich auch Frauen beteiligten (vgl. S. 53). Ob frühe Griechen einige solcher – für sie sicher befremdlichen – Bilder junger Frauen, die sich kühn an die Hörner eines Stiers klammern, noch kannten und sie aus ihrer patriarchalischen Sicht umdeuteten als Raub einer schwachen Frau durch den göttlichen Stier?

Europa gebar dem Zeus drei wohlgeratene Kinder: Minos, Rhadamantys und Sarpedon. Erneut taucht in der Erzählung das Höh-

Europa wird von Zeus in Gestalt eines Stiers über das Meer hinweg von der Levante nach Kreta entführt. In der neuzeitlichen Kunstgeschichte finden sich ungezählte Darstellungen dieses Mythos, hier eine Interpretation Tizians (1559/60; Gardner Museum, Boston).

lenmotiv auf: Minos wird in derselben Grotte auf dem Ida geboren, in der schon sein Vater Zeus aufgezogen worden war. Gemeinsam mit seinen Brüdern herrschte Minos – Namengeber für die prähistorische Kultur Kretas – vorzugsweise in Knossos, aber auch in Festos und in Kydonia im Westen der Insel. Von seinem Vater Zeus soll er in der Ida-Höhle Gesetzestafeln erhalten haben – ein Erzählmotiv, das auf die personelle Bündelung von Herrschafts-, Richter- und Priesterfunktionen anspielt und in altorientalischen Texten, aber auch in der Mosesgeschichte des Alten Testaments, seine Parallelen findet: Der König erscheint als Mittler zwischen Gott und den Menschen und wirkt als Garant göttlicher Satzung. Immer wieder wird Minos in der griechischen Literatur für seine Weisheit und Gerechtigkeit gerühmt, die den Göttervater Zeus sogar dazu bewog, ihn gemeinsam mit seinem Bruder Rhadamantys auch als Totenrichter walten zu lassen.

Wie einst für seine Mutter, sollte auch in Minos' Leben ein Stier eine entscheidende Rolle spielen. Der Meeresgott Poseidon schickte Minos nämlich einen besonders schönen Stier mit der Aufforderung, diesen zu opfern. Minos jedoch opferte ein anderes Tier – tatsächlich wurden Stiere, wie archäologische Ausgrabungen gezeigt haben, im alten Kreta lange Zeit offenbar nicht geopfert – und zog sich damit die perfide Rache des Gottes zu: Seine Frau Pasiphae wurde von heftiger Begierde zu dem Stier erfaßt. Um ihr Ziel zu erreichen, ließ sie sich vom genialen Hofkünstler und Ingenieur Daidalos eine künstliche Kuh fertigen, in die sie hineinkroch und so von dem Stier begattet wurde. Aus dieser Verbindung ging dann der legendäre *Mino-Tauros* (wörtlich »Stier des Minos«), halb Mensch, halb Stier, hervor. Bemerkenswerterweise scheint das Ereignis den Familienfrieden nicht nachhaltig gestört zu haben, jedenfalls wurde Pasiphae von Minos nicht verstoßen, sondern zeugte mit ihm weitere Kinder,

Theseus tötet den Minotauros, der sich mit einem Felsbrocken wehrt. Links steht Ariadne mit dem Faden in den Händen, rechts König Minos; eine Säule deutet das Labyrinth an. Attische Tonamphora aus einem etruskischen Grab in Vulci (Umzeichnung), 470–460 v. Chr. (Vatikanische Museen, Rom)

darunter Ariadne, die im späteren Verlauf der Erzählung noch eine entscheidende Rolle spielen wird. Der Minotauros jedoch wurde eingesperrt und hauste fortan in dem ebenfalls vom Universalgenie Daidalos entworfenen ›Labyrinth‹. Moderne Sprachforscher haben das Wort Labyrinth von griech. *labrys,* d. h. der »Doppelaxt« abgeleitet, die im Kult der Minoer eine wichtige Funktion besaß. Die alten Griechen jedenfalls stellten sich darunter ein kompliziert verzweigtes Gebäude vor, in dem man sich verirrte und so den Ausgang nicht mehr fand.

Haben die weitläufigen Ruinen des riesigen Palasts von Knossos mit ihrer fremdartigen Verzweigtheit jene Mythenbildung mit angeregt? Haben auch die kultischen Stierhörner sowie die bis heute erhaltenen Darstellungen des Stierspiels vielleicht die Phantasie späterer Betrachter entzündet und so ebenfalls zur Erfindung dieser Erzählung beigetragen? Gab es schließlich eine Kunde vom unerreichbar hohen technischen und künstlerischen Stand der minoischen Zivilisation, die die Kreierung eines ›Urkünstlers‹ und Vorgängers aller griechischen Handwerker und Künstler als mythische Erklärung und gewissermaßen als Antwort auf diese Herausforderung nahelegte? Die Geschichte von Daidalos ist nicht die einzige griechische Erzählung, die auf technologische Leistungen der frühen Minoer hinweist: So sollen auf dem Ida die *daktyloi* (»Finger«) tätig gewesen sein: gigantische Wunderschmiede mit geheimnisvollem Zauberwissen. Eine andere Sage berichtet von Talos, einem bronzenen Riesen, der die griechische Heldenschar der Argonauten an der Landung auf Kreta hinderte – mythische Anerkennung der fortgeschrittenen Technologie der Metallverarbeitung im frühen Kreta.

Darüber hinaus spricht die griechische Überlieferung (Thukydides I 4–8) König Minos ein gewaltiges, von Flotten kontrolliertes Seereich zu. Dies war möglicherweise ein Reflex auf die in der Tat ausgedehnte Handelstätigkeit und teilweise auch Kolonisation der Minoer in der Ägäis, an der kleinasiatischen Küste und sogar auf Sizilien. Griechenland bedurfte des kühnen Helden Theseus, um sich von dieser Dominanz zu befreien und die angebliche Tributpflicht abzuschütteln.

Der Faden der Ariadne

Die Sage berichtet von jeweils sieben Mädchen und Jungen, die Athen jährlich nach Knossos schicken mußte, wo sie in das Labyrinth eingesperrt und dem Minotauros zum Fraß vorgeworfen wurden: Tribut und Menschenopfer in einem. Theseus, Sohn des Aigeus, begibt sich mit auf die Fahrt ins Reich des Minos und gewinnt die Königstochter (und Halbschwester des Minotauros) Ariadne für sich. Sie gibt ihm den berühmten Ariadnefaden, ein Knäul Wollgarn, mit dessen Hilfe Theseus wieder aus dem Labyrinth herausfinden konnte, nachdem er den Minotauros getötet hatte. Produktion und Weiterverarbeitung von Wolle war eine der Grundlagen des Reichtums der frühen Minoer, Wolle und Wollwaren einer ihrer wichtigsten Exportartikel. Vor allem aber denkt der moderne Hörer dieser Episode an die zweimalige Eroberung Kretas durch griechische Stämme vom Festland: zuerst die der Mykener, dann die der Dorer an der Wende vom zweiten zum ersten Jahrtausend v. Chr.

Doch der Mythos läßt Theseus wieder von der Insel abziehen, während Minos dort weiter herrscht. Theseus nimmt die schöne Prinzessin Ariadne, deren Hilfe er sein Leben verdankt, mit, läßt sie auf göttlichen Ratschluß hin jedoch auf Naxos zurück und segelt mit seinen Gefährten in die Heimatstadt zurück. Seinem Vater Aigeus hatte er versprochen, bei glücklicher Rückkehr weiße Segel statt der schwarzen zu setzen, die beim Auslaufen des Tributschiffs die Verzweiflung der Athener angezeigt hatten. Doch Theseus vergaß, die weißen Segel zu hissen. Als sein greiser, aufs Meer spähender Vater das ankommende Schiff mit den schwarzen Segeln erblickte, glaubte er seinen Sohn und die übrigen jungen Athener vom Minotauros vernichtet und stürzte sich aus Gram ins Meer. An seiner Stelle wurde Theseus König des nun aus kretischer Abhängigkeit befreiten Athen. Auch dieser Abschluß der Erzählung verrät, wie sehr Mythen auf die Deutung der jeweiligen Gegenwart – hier das griechische Athen und seine Anliegen – abzielen und Vergangenheit in diesem Kontext und für diese Aufgabe modellieren, ausschmücken und auch erfinden. Theseus' Vater ›mußte‹ sterben, damit der Sohn nach seiner glänzenden Heldentat die Königsherrschaft antreten konnte. Und vielleicht ›mußte‹ Theseus seine kretische Helferin und Geliebte Ariadne auf Naxos im Stich lassen, denn sonst hätte Athen in Ariadne die Tochter des immer noch mächti-

Zurückweisung einer ausländischen Prinzessin: Athens Stadtgöttin fordert Theseus auf, die neben ihm schlafende Ariadne zu verlassen und ohne sie in die Heimatstadt zurückzukehren; Ölflasche (Lekythos) um 470 v. Chr. (Tarent, Museo Nazionale).

gen Feindes Minos und zudem Halbschwester des verhaßten Monsters Minotauros gewissermaßen zur mythischen Stammutter gehabt. So erzählen uns die Mythen allenfalls indirekt etwas über das minoische Kreta, wohl aber geben sie ein farbiges und facettenreiches Bild von der faszinierenden Wirkung, die jene Kultur auf die späteren Griechen ausgeübt hat.

Kreta im modernen griechischen Mythos

Mythos in Bild und Sprache, die poetische Modellierung und Bewältigung stolzer ebenso wie schmerzhafter und demütigender Erfahrungen ist auf Kreta nicht ausgestorben, sondern noch heute Bestandteil des täglichen Lebens und des sozialen Zusammenhalts. Überkommenes wird rezitiert und variiert, ständig aber auch Neues gedichtet und improvisiert. Poesie wird auf Kreta nicht als eine Sache weniger Schriftsteller und Dichter verstanden, sondern als Ausdrucksform des gesamten Volkes.

Nicht nur in abgelegenen ländlichen Gebieten, auch bei Festen in der Stadt werden, von Lyra und Mandoline begleitet, *mantinades* gesungen, die von Trauer einzelner Männer und Frauen gegenüber der Despotie der türkischen Besatzer, später der deutschen Invasoren und schließlich der eigenen griechischen Obristendiktatur künden. Poetische Formulierung ist hier nicht Mittel der Verdrängung und des Schönredens, sondern schafft eine feste rituelle Form, die den emotionalen Umgang mit vergangenem Schrecken überhaupt erst möglich macht und als leidenschaftliche Klage zum Aufruf für die Freiheit, aber auch zum Mittel verzeihender Erinnerung wird: eine der bewegendsten Erfahrungen, die man als deutscher Besucher auf Kreta machen kann.

Bildnis eines Aufständischen aus der Porträtreihe zu Anogias Revolutionsrat, um 1840 (Historisches Museum, Iraklion)

Auf sein Heimatdorf Anogia und die Berge des Psiloritis dichtete der Bauer, Schäfer und Poet Michalos Stavrakakis die folgenden Verse des Widerstands gegen die deutschen Besatzer:
»*... von den wilden Psiloritis-Hängen / spähtest du auf Kreta nieder. / Trauben und Oliven wurzeln nicht / auf deinem nackten Felsgestein. / Doch zum Ruhme wurzeln / Tapferkeit und kühner Sinn. / ... Wenn sie andern Ortes bangen / vor dem Drohen von Tyrannen, / um nicht Gut und Leben zu verlieren, / widerstehst du, und du kämpfst. / Wann greifst du zur Lyra, / wann zu Messer und Gewehr? / Deine Häuser werden Festung, / deine Hütten Unterschlupf der Partisanen, / deine Schafe Schlachttier, / Glöckchen werden zum Geläut des Widerstands. / Und von dort, wo Flöten spielten, / von den ungeküßten Mädchenlippen / hört man Diebespfiffe. / Deine Gipfelgrate und die Schluchten, / in Gesträuch und wilde Blumen eingekleidet, / verströmen rundum Duft des Unberührten ...*«
(Aus: ›*Doukou-doukou to Sofadaki*‹, Athen 1994, Übersetzung Karina Raeck)

Daten zur Geschichte

6000–3100 v. Chr. Neolithikum (Jungsteinzeit)
Nach Einwanderungswelle (aus Anatolien?) erste bäuerliche Besiedlung der Insel.

3100–2100 v. Chr. Vorpalastzeit
Größere Siedlungen in Vassiliki und Myrtos; Gemeinschaftsbestattungen in Haus- und Kuppelgräbern; spezialisiertes Handwerk (Goldschmiedearbeiten, Bronzewerkzeuge) und Frühformen von Verwaltung (Siegelsteine); enge Kontakte zu Ägäis-Inseln.

2100–1700 v. Chr. Alte Palastzeit
Entstehung städtischer Siedlungen und Ausbildung regionaler Machtzentren in den Palästen von Knossos, Malia, Festos und Kato Zakros (?); Einführung der Hieroglyphenschrift; Handelsbeziehungen bis nach Ägypten und Vorderasien. Zerstörung der alten Paläste durch Feuer (nach Erdbeben?).

1700–1440 v. Chr. Neue Palastzeit
Nach dem Wiederaufbau der Paläste manifestiert sich die Vormachtstellung von Knossos. ›Goldenes Zeitalter‹ der minoischen Kultur: Entstehung neuer Städte und großer Villenanlagen; Gebrauch der Linear-A-Schrift; minoische Stützpunkte in der Ägäis. Erneute Zerstörung der Städte und Paläste durch Erdbeben und Feuersbrünste; nur der Palast von Knossos bleibt teilweise intakt. ›Mykener‹ vom griechischen Festland (Achäer) übernehmen – wohl bereits vor 1500 v. Chr. – die Macht auf Kreta und führen die Linear-B-Schrift ein.

Bronzefigur der Neuen Palastzeit in betender Haltung, sog. ›Adorant‹ (AMI)

1450–1000 v. Chr. Nachpalastzeit
Vernichtung des Palastes von Knossos um 1450; Chania ist inzwischen die wichtigste Stadt der Insel. Als mykenische Provinz verliert Kreta neben seiner Eigenständigkeit auch an Bedeutung.

10.–7. Jh. v. Chr. Dorische Besiedlung
Einwanderung von Hirten und Kleinbauern aus der Peloponnes (Siedlungen in zurückgezogenen Berglagen); kriegerisch ausgerichtete Gesellschaft, ähnlich der in Sparta; seit dem 8. Jh. politisch selbständige Poleis. Kontakte zu Ägypten und zum Vorderen Orient führen im 7. Jh. zur Herausbildung der Dädalischen Kunst.

6.–1. Jh. v. Chr. Archaik, Klassik und Hellenismus
Relativ unbedeutende politische und kulturelle Rolle Kretas bis zum 4. Jh. v. Chr., erst im Hellenismus gewinnt es für den südöstlichen Mittelmeerraum wieder strategische Bedeutung.

67 v.–395 n. Chr. Römische Provinz
Römische Eroberung 67 v. Chr.; unter Kaiser Augustus wird die Insel 4 v. Chr. mit dem Gebiet des heutigen Libyen zur Provinz *Creta et Cyrenaica* zusammengelegt, Gortyn wird Hauptstadt; frühe Christianisierung durch den Apostel Paulus.

395–1204 Byzantinische Epoche
Seit Kaiser Theodosius (395) ist Kreta Teil des Byzantinischen Reiches; Kämpfe zwischen religiösen Bild-Verehrern und ihren Gegnern (*Ikonoklasmus,* 714–843) enden mit dem Sieg der Bildbefürworter. 824–960 Besetzung der Insel durch arabische Sarazenen, danach Rückeroberung durch die Byzantiner und Rechristianisierung.

1204–1645 ›Regno di Candia‹ – Die Venezianer auf Kreta
Nach der Zerstörung Konstantinopels im Verlauf des Vierten Kreuzzugs durch westliche Heere fällt Kreta an die Republik Venedig. Erst nach einem Friedensvertrag (*Pax Alexii Calergii,* 1299) kommt es zu einem Interessensausgleich zwischen der einheimischen Bevölkerung und den Venezianern; im 14. und 15. Jh. werden auf dem Lande zahlreiche Kirchen gestiftet, hier haben sich griechisch-orthodoxe Sprache, Kultur und Religionsausübung erhalten. Gegen Ende der venezianischen Herrschaft haben sich vor allem in Literatur und Kunst die Kulturen vermischt (kreto-venezianische Renaissance).

Türkisch-kretische Tracht des 18. Jh. (Historisches Museum, Athen)

1645–1913 Osmanische Herrschaft und Teilautonomie Kretas
Von den Türken eingenommen, wird Kreta osmanische Provinz mit Chania als Hauptstadt. Umwandlung städtischer Kirchen in Moscheen, im übrigen wird aber weitgehende Religionsfreiheit gewährt; vergebliche Aufstände der einheimischen Bevölkerung. Der griechische Befreiungskrieg von 1822–33 endet mit der Bildung des modernen griechischen Staates auf dem Festland, Kreta jedoch bleibt unter osmanischer Kontrolle. 1866/68 Höhepunkt der Revolten gegen die osmanische Herrschaft auf Kreta: Im Kloster Arkadi sprengen sich eingeschlossene Revolutionäre samt Zivilbevölkerung und Angreifern in die Luft. 1898 Landung französischer, russischer und britischer Truppen; die Insel erhält einen autonomen Status bei Wahrung der formellen Oberhoheit des Sultans.

1913 bis heute Kreta als Teil des griechischen Staates
Nach griechischen Siegen in den Balkankriegen 1912/13 wird Kreta durch den Vertrag von London 1913 an den griechischen Staat angegliedert. Den Ersten Weltkrieg übersteht die Insel relativ unbeschadet, griechische Expansionsversuche gegenüber der Türkei führen 1923 zur ›Kleinasiatischen Katastrophe‹: Griechische Truppen erleiden bei ihrem Vormarsch auf Ankara eine militärische Niederlage und in der Folge fliehen viele Griechen vom kleinasiatischen Festland nach Kreta. Während des Zweiten Weltkriegs ist Kreta Hauptstützpunkt der Alliierten im östlichen Mittelmeer. 1941 Luftangriff

der deutschen Wehrmacht und Eroberung der Insel in verlustreichen Kämpfen (die griechische Regierung wird über Kreta nach Ägypten evakuiert); es folgt eine dreijährige Terrorherrschaft der deutschen Besatzer, der nicht nur Widerstandskämpfer, sondern auch viele Zivilisten zum Opfer fallen. Noch bevor die deutsche Wehrmacht im Frühjahr 1945 auch auf Kreta kapituliert, bricht bereits 1944 ein erbitterter Bürgerkrieg zwischen ›Linken‹ und Monarchisten aus, der 1949 mit der Wiedereinführung der Monarchie endet. Während der Obristendiktatur (1967–74) steht die Mehrheit der kretischen Bevölkerung auf seiten des Widerstands. Iraklion löst Chania 1972 als Inselhauptstadt ab. Durch Volksentscheid wird Griechenland 1975 Republik. 1979 Beitritt zur Europäischen Gemeinschaft (wirksam seit 1981); aus dem regionalen Strukturfond der EU fließen Fördergelder auch nach Kreta. Mitglied der Währungsgemeinschaft seit 2002.

Kunst und Kultur der Minoer

Ein archäologischer Traum – Arthur Evans und die Wiederentdeckung der minoischen Kultur

In besonderer Weise ist Knossos mit dem Namen seines Ausgräbers Sir Arthur Evans verbunden. Denn was Evans hier wiederentdeckte, war mehr als nur ein imposanter Palast, es war eine der ältesten Hochkulturen des Mittelmeerraums, von deren Existenz bis dahin allenfalls antike Mythen (vgl. S. 24f.) zeugten. Und es war Evans, der dieser Kultur – nach dem legendären König Minos – den bis heute gültigen Namen ›minoisch‹ gab.

Sir Arthur Evans (1851–1941) – Ausgräber des Palastes von Knossos, Aquarell um 1910

Der 1851 geborene Evans stammte aus reichem Hause, studierte in Harrow, Oxford und Göttingen Geschichte und Altertumswissenschaften. Bereits mit 22 Jahren bereiste er die Länder des Balkans, wobei sich sein Interesse keineswegs auf Münzen und sonstige antike Objekte beschränkte, vielmehr engagierte er sich politisch und nahm an den dortigen Befreiungsbewegungen lebhaften Anteil. 1877 berichtete er für den ›*Manchester Guardian*‹ über die Notlage der Bosnier und Herzegowiner. Wegen seines Engagements für die slawischen Nationalisten wurde er von den Österreichern sogar für sieben Wochen ins Gefängnis geworfen. Nach Oxford zurückgekehrt, wurde er mit 31 Jahren Direktor des Ashmolean Museum. Hier wurde er auf Siegelsteine mit noch unbekannten Schriftzeichen (s. S. 48) aufmerksam, die aus Kreta stammen sollten. Es war das Interesse an diesen rätselhaften Gravuren, das ihn 1894 das erste Mal auf die Insel führte.

Auf seiner Kreta-Reise besuchte Evans auch den Hügel, auf dem 16 Jahre zuvor der kretische Kaufmann und Antikenliebhaber Minos Kalokerinos Probeschnitte durchgeführt hatte, bei denen u. a. Steine mit eingeritzten Doppeläxten zutage getreten waren. Kalokerinos

Der teilweise Wiederaufbau des Palastes von Knossos durch Arthur Evans war in technischer Hinsicht eine Pioniertat: Knossos zählt zu den frühesten Großbauten aus Beton in der Moderne. Der Baustoff war im 19. Jh. entwickelt und zunächst vor allem in Frankreich erprobt worden.

hatte den Ort sofort mit dem Palast des Minos identifiziert, mußte seine Untersuchungen aber schon nach drei Monaten 1879 einstellen, da die einheimische kretische Verwaltung fürchtete, weitere Funde könnten von der türkischen Regierung außer Landes nach Istanbul gebracht werden. Auch dem amerikanischen Journalisten und ehemaligen Konsul auf Kreta W. J. Stillman wurde eine weiterführende Untersuchung des Geländes 1881 verwehrt. Doch hatten beide mittlerweile das Interesse der Öffentlichkeit am legendären ›Palast des Minos‹ geweckt; dies um so mehr, als man zuvor mit Staunen und Begeisterung die archäologischen Aktivitäten Heinrich Schliemanns verfolgt hatte, der mit seinen Ausgrabungen den Beweis erbrachte, daß die aus den homerischen Dichtungen bekannten Orte Troja und Mykene nicht reine Phantasie waren, sondern wirkliche Städte aus vorantiker Zeit. 1886 begab sich Schliemann, damals bereits 63 Jahre alt, für eine Inspektion vor Ort zum Kephala-Hügel, mit dem Ziel, sein Lebenswerk mit der Freilegung von Knossos abzuschließen. Doch scheiterten seine Verhandlungen über den Erwerb des Geländes letztlich daran, daß er – Kaufmann, der er war – nicht gewillt war, die geforderte Summe zu zahlen, da statt der im Vertrag erwähnten 2500 Ölbäume nur 889 vorhanden waren. Dies war die Situation, als Evans nach seinem Besuch des Hügels seinerseits beschloß, das Gebiet von Knossos zu erwerben.

Auch für Evans gestalteten sich die Verhandlungen zunächst schwierig, doch mit der Autonomie Kretas 1898 veränderten sich die politischen Rahmenbedingungen zu seinen Gunsten, und am 23. März 1900 konnte er mit der systematischen Freilegung des Areals beginnen, ein Projekt, das ihn bis zum Ende seines Lebens beschäftigen sollte. Der noch wenig grabungserfahrene Evans wurde dabei unterstützt von den Archäologen Duncan Mackenzie und David G. Hogarth, dem Architekten Theodore Fyfe und dem Maler Emile Guillieron sowie von 30 Arbeitern, deren Zahl bald auf 100 anstieg. Geschult durch seine Erfahrungen auf dem Balkan und geleitet von politischer Einsicht, achtete Evans darauf, daß sowohl christliche als auch moslemische Arbeiter beschäftigt wurden. Die Ausgrabungen begannen an derselben Stelle, an der bereits Kalokerinos den Spaten angesetzt hatte: wie sich später zeigte, dem Magazin des Westflügels. Schon bald nach Beginn der Arbeiten wurde Evans zweifach überrascht: zum einen durch das hohe Alter des Gebäudes, das eindeutig älter war als alle griechischen und mykenischen Bauwerke, zum andern durch die gigantische Größe der Anlage. Wie schon Kalokerinos, hatte auch Evans zunächst geglaubt, daß sich der Palast auf die Fläche beschränken würde, die sich später lediglich als Westflügel erwies. Sukzessive wurden anschließend die Räume um den Zentralhof ergraben, und bereits Ende 1902, d. h. nach weniger als drei Jahren, lag fast der gesamte Palast frei.

1914 zwang der Erste Weltkrieg zur Unterbrechung der Arbeiten. 1922–32 aber setzte Evans mit ungebrochener Begeisterung sein Werk fort, nun zusätzlich unterstützt durch den Architekten Piet de

Zeitgenössische Fotografie, die die Wiederentdeckung des ›Thronraums‹ von Knossos dokumentiert. Für besondere Funde zahlte Evans Extra-Prämien an die Arbeiter: ein offensichtlich probates Mittel, die Aufmerksamkeit zu steigern und die Versuchung kleinzuhalten, kostbare Stücke nicht abzugeben, sondern zu verkaufen.

Jong, den Maler Edouard, Sohn von Emile Guillieron, sowie die Archäologen John D. S. Pendlebury und E. J. Forsdyke. In den letzten Jahren stand die Sicherung des Palastareals im Vordergrund, bei der Evans jedoch oft das Maß des Notwendigen überschritt und im großen Stil Wiederaufbauten – zunächst in Holz, dann aber wegen der besseren Haltbarkeit in Beton – durchführte, die ihm harte Kritik eintrugen.

Zu Arthur Evans' herausragenden Leistungen zählen nicht nur Ausgrabung und Rekonstruktion des Palastes und der umliegenden Gebäude, sondern ebenso deren umfassende Publikation in einem vierbändigen monumentalen Werk (plus einem Indexband) unter dem Titel ›*The Palace of Minos at Knossos*‹ in den Jahren 1920–35. Tatsächlich ist dieses Buch weit mehr als bloße Dokumentation einer Ausgrabung, es ist eines der gelehrtesten, vielseitigsten und ideenreichsten Werke der Archäologie-Geschichte überhaupt und entwirft das fundierte Bild einer ganzen Kultur in all ihrem Facettenreichtum: von Alltag, Handel und Auslandsbeziehungen bis hin zu Religion, Schrift, Architektur und Kunst. Dabei ist jedoch die Art und Weise, wie Evans ›seinen Palast‹ verstand und interpretierte, nicht zu trennen vom historischen Hintergrund seiner Erfahrungen und Erwartungen. So wie Schliemann fest an den historischen Kern der homerischen Epen geglaubt hatte, so hatte Evans die legendären Berichte antiker Autoren über König Minos vor Augen, als er den Palast von Knossos ausgrub und dessen Räumen so klingende Namen wie ›Thronraum‹ (in seinen Notizbüchern sogar als »Ariadnes Thronraum« bezeichnet) oder ›Megaron des Königs‹ gab: Bezeichnungen, die bis heute nachwirken, sich archäologisch jedoch nicht rechtfertigen lassen. Viele der von Evans entworfenen Bilder und Vorstellungen haben Parallelen in der politischen und künstlerischen Situation

Das Fresko der ›Blauen Damen‹ gehört neben dem der ›Kleinen Pariserin‹ (s. Vignette) und dem des ›Stiersprungs‹ (s. S. 110/111) zu den berühmtesten Bildzeugnissen aus dem Palast von Knossos. Bei der Entdeckung des Freskos zu Beginn des 20. Jh. war die Darstellung jedoch schon stark zerstört, und bei der Rekonstruktion der ›Blauen Damen‹ gingen zeitgenössische Vorstellungen der minoischen Kultur mit Einflüssen des Jugendstils eine nicht ganz unproblematische Symbiose ein.

seiner Zeit: Wie eine ›*Pax Britannica*‹ mutet der von Evans postulierte minoische Friede an, wie ein ›*Fin de siècle*‹-Phänomen die Verfeinerung, Leichtigkeit und Sublimierung der von ihm rekonstruierten minoischen Kultur und schließlich wie Jugendstil-Kunst die von ihm gefundene – aber auch entsprechend ergänzte – Bilderwelt. Als Sir Arthur Evans im Alter von 90 Jahren in England 1941 starb, hatte er die europäische Kultur um eine gleichermaßen fremde wie faszinierende Facette bereichert.

Stadt und Land im 3. und 2. Jahrtausend v. Chr.

Die ersten Kreter, von denen wir Kenntnis haben, waren Bauern, die im **Neolithikum** (Jungsteinzeit) vor 8000 Jahren im Gebiet von Knossos siedelten. Aus ihrer alten Heimat (Anatolien?) brachten sie einen kompletten Bestand an Tieren und Getreidepflanzen mit. Messer aus schwarzem Obsidian von den Kykladen belegen erste Beziehungen Kretas zu seinen Nachbarn in der Ägäis. Gefäße aus Ton wurden noch mit der Hand geformt und über offenem Herdfeuer gebrannt. Ebenso schlicht waren die Bestattungssitten: Die Verstorbenen wurden zusammen mit einfachen Opfergaben wie Keramikgefäßen, vielleicht auch Nahrung und Kleidung für das Jenseits, in Höhlen oder Felsnischen beigesetzt. Weibliche Idole lassen erkennen, daß die Inselbewohner schon zu jener Zeit eine Muttergöttin verehrten. Höhlen und Felsspalten wurden als Wohnungen genutzt, seit dem 6. Jt. aber errichtete man auch erste Rechteckbauten aus Stein und Lehmziegeln.

Jahrtausendelang scheint sich diese ostmediterrane und kaum genuin kretische Kultur nur wenig verändert zu haben, bis gegen Ende des Neolithikums um 3100 v. Chr. – möglicherweise angeregt durch eine neue Einwanderungswelle – ein Wandel zu beobachten ist, der nun die Formierung einer eigenen minoischen Kultur widerspiegelt. Während dieser sog. **Vorpalastzeit** zwischen ca. 3100 und 2100 v. Chr. nimmt die Bevölkerungszahl stark zu. Zwar werden, wie zu neolithischer Zeit, Höhlen weiterhin als Wohnstätten genutzt, gleichzeitig aber entstehen erste feste Siedlungen wie Myrtos-Pyrgos und Vassiliki mit agglomeratartig ineinander gebauten Häusern, die von einer weitgehend egalitären Gemeinschaft zeugen. Vassiliki erhält einige Zeit nach seiner Gründung in der Mitte einen großen freien Platz als Zentrum des öffentlichen Lebens. Differenzierung und Spezialisierung der Gesellschaft gehen einher mit einem rapiden technologischen Fortschritt: Steingefäße werden mit großem Know-how hergestellt, aus Kupfer werden Werkzeuge und Waffen gefertigt; auch Siegel kommen in Umlauf, was auf eine Herausbildung erster administrativer Strukturen hindeutet. Die neolithische Tradition der Bestattung in felsigen Höhlen wird fortgeführt, gleichzeitig aber entstehen erste gebaute Gräber mit Tonsarkophagen und reichen Grabbeigaben: Schmuck, Steingefäße sowie Siegel aus Knochen, Fayence und Steatit. Wie die Siedlungen, spiegeln die gewandelten Grabsitten grundlegende Strukturen jener Gesellschaft wider: Trotz erheblicher regionaler Unter-

Luftaufnahme des auf einem hohen Hügel gelegenen minoischen Landsitzes von Chamezi: Das wegen seiner ovalen Form höchst ungewöhnliche Gebäude wurde wahrscheinlich in der Zeit kurz vor Erbauung der ersten Paläste auf Kreta von einem großen Familienclan bewohnt. Von hier aus hatte man einen exzellenten Blick über die Bucht von Sitia und den Eingang in das Piskokefalo-Tal.

Übersicht der wichtigsten minoischen Keramikstile

Vorpalastzeit, 3300–2100 v. Chr.:
1. Kelch im Pyrgos-Stil, 3100–2700 v. Chr. (Frühminoisch I);
2. Kanne im Vassiliki-Stil, 2700–2250 v. Chr. (Frühminoisch II)

1

2

3

4

5

6

7

8

Alte Palastzeit, 2100–1700 v. Chr.: 3. Tassen im Kamares-Stil (Eierschalenware), 1800–1700 v. Chr. (Mittelminoisch II); 4. Schnabelkanne im Kamares-Stil, 1800–1700 v. Chr. (Mittelminoisch II)

Neue Palastzeit, 1700–1450 v. Chr.: 5. Kanne mit Schilfdekor, Flora-Stil um 1500 v. Chr. (Spätminoisch I); 6. Flasche mit Oktopus, Meeres-Stil um 1500 v. Chr. (Spätminoisch I)

Ende der Neuen Palastzeit und Nachpalastzeit, 1450–1200 v. Chr.: 7. Amphora mit Eberzahnhelm, um 1400 v. Chr. (Spätminoisch II); 8. Amphora mit Vogel, um 1350 v. Chr. (Spätminoisch IIIA)

schiede im einzelnen, wird doch überall der starke Gemeinschaftssinn im Umgang mit den Verstorbenen deutlich: sowohl in mehrräumigen Hausgräbern, in denen man die Knochen ganzer Sippen zusammentrug – so im Norden und Osten der Insel –, als auch in den monumentalen Rundgräbern Zentralkretas und der Messara-Ebene, die über Generationen hinweg von großen Clans als kollektive Bestattungsplätze für Hunderte von Personen genutzt wurden.

Gegen 2100 v. Chr. lassen sich regionale Unterschiede auch anhand differenzierter Keramikstile archäologisch fassen. Die alles überragende Neuerung jedoch besteht in der Einführung der Paläste, nach denen diese Phase ihren Namen als **Ältere Palastzeit** (ca. 2100–1700 v. Chr.) erhielt. Was aber war der Anlaß zur relativ plötzlichen Errichtung dieser religiösen, administrativen und ökonomischen Zentren in Knossos, Festos (Phaistos), Malia und Kato Zakros? Manche Forscher sehen in ihnen einen Kulminationspunkt vorangegangener gesellschaftlicher und technologischer Entwicklungen der Vorpalastzeit; andere machen abrupt eingetretene Ereignisse für den eklatanten Wandel verantwortlich. Der konkrete Anlaß jener fundamentalen Neuerung bleibt allerdings bei beiden Erklärungsmodellen offen: ein Dilemma, das u. a. daher rührt, daß die minoischen Hieroglyphen und Linear-A-Texte noch nicht schlüssig entziffert worden sind und ohnehin wohl auch kaum für diese Frage weiterführende Informationen enthalten (vgl. S. 48f.). Sicher ist indessen, daß die minoischen Paläste in ihrer zentralen Funktion das gesamte Umland auf vielfältige Weise an sich banden. Nach einer ersten Blüte fanden die Paläste um 1700 v. Chr. durch Feuersbrünste ein jähes Ende. Ob diese Brände durch Erdbeben oder aber durch Aufstände oder Kriege verursacht wurden, ist noch nicht abschließend geklärt. Da man sofort über den alten Mauern neue prächtige Paläste in ganz ähnlicher Gestalt erbaute, ist jedoch die erste Vermutung plausibler.

Mit Beginn der **Neuen Palastzeit** entstehen auf dem Land und in den Städten repräsentative Bauten (sog. Villen), die über das übliche Maß dörflicher oder urbaner Architektur hinausgehen, jedoch unter dem der eigentlichen Paläste bleiben, obwohl sie manche Merkmale mit diesen teilen. Solche Anlagen wie in Kommos, Tylissos, Vathypetro, Vassiliki, Agia Triada und Gournia dienten der kultischen, administrativen und ökonomischen Verknüpfung der jeweiligen Region mit dem Palast von Knossos. Den Städten liegen einfache Planungsprinzipien ohne ganzheitlichen Anspruch zugrunde: Gepflasterte Straßen teilen die Siedlungen in unregelmäßige Einheiten mit dicht ineinandergebauten Häusern. Bei mehrstöckigen Häusern befanden sich im Erdgeschoß Magazine für Agrar- und Handwerksprodukte, manchmal auch Werkstätten, während im Obergeschoß vermutlich Repräsentations- und Wohnräume lagen.

In der Neuen Palastzeit erlebte die minoische Gesellschaft eine zweite Blüte, die um 1450 v. Chr. ähnlich abrupt wie seinerzeit schon die Alte Palastzeit endete: Die meisten minoischen Ortschaften wurden durch Feuer zerstört, viele von ihnen danach nicht mehr

Während der Alten Palastzeit war Kreta in mehrere gleichrangige Herrschaftsgebiete aufgeteilt gewesen, in der Neuen Palastzeit aber wurde ein Großteil, wenn nicht sogar die ganze Insel, offenbar von Knossos aus regiert; für eine zentral organisierte Verwaltung sprechen in erster Linie identische Siegelabdrücke aus verschiedenen Regionen.

besiedelt. Auch der Palast von Knossos wurde beschädigt, jedoch gleich wieder aufgebaut; erst um 1380 v. Chr. fiel auch er endgültig einer Feuersbrunst zum Opfer. Über die genauen Umstände dieser Katastrophen ist viel gerätselt worden. Die erste Zerstörungswelle brachte man in Zusammenhang mit einem gewaltigen **Vulkanausbruch auf Thera,** ca. 1620 v. Chr. Die dabei ausgelöste Flutwelle hätte die minoische Flotte vernichtet, so daß danach die Insel Invasoren schutzlos ausgeliefert war. Neueren Forschungen zufolge waren jedoch ein schweres Erdbeben und hierdurch verursachte Brände Grund für die verheerende Zerstörung. Jedenfalls übernahmen im Zuge jener ersten Zerstörungen Mykener vom griechischen Festland die Kontrolle in Knossos; Kriegergräber mit reichen Waffen-Beigaben, vor allem aber die Einführung der Linear-B-Schrift dokumentieren diesen Wandel. Der Vulkanausbruch von Thera ist jedoch nicht nur für die Rekonstruktion jener Ereignisse von Bedeutung, sondern ebenso für die minoische Chronologie. Gerade darüber herrscht Streit in der Fachwelt: Mit naturwissenschaftlichen Methoden wurde der Vulkanausbruch – und damit womöglich die Machtübernahme der Mykener – bereits in die Jahre 1620–1610 v. Chr. datiert: gut ein Jahrhundert früher als gemäß traditioneller archäologischer Chronologie, die durch die Korrelation kretischer mit ägyptischen Funden aufgestellt worden war. Diese Diskrepanz spaltet heute die Forschung, denn selbst als unumstößlich geltende naturwissenschaftliche Ergebnisse der Datierung nach der C 14-Methode (Zerfall von Kohlenstoff-Atomen in organischem Material) beruhen auf Parametern – etwa in der Auswahl der Proben –, die im Einzelfall angezweifelt werden können.

Nach der Zerstörung von Knossos avancierte Chania, wohl aufgrund seiner engen Beziehungen zum griechischen Festland, zur wichtigsten Stadt Kretas. **Mykenisch-griechischer Einfluß** dominierte nun auf der ganzen Insel. Trotz des erheblichen kulturellen und politischen Bruchs scheinen die Mykener mit der einheimisch-minoischen Bevölkerung insgesamt friedlich zusammengelebt zu haben. Der Übergang von der Bronzezeit zur Eisenzeit um 1000 v. Chr. markiert das Ende auch dieser ›**Nachpalastzeit**‹ und zugleich den Beginn der griechischen Epoche Kretas.

Das minoische Palastsystem

Die minoischen Paläste müssen seit ihrer Entstehung zu Beginn des 2. Jt. v. Chr. entscheidende Bedeutung für die kretische Gesellschaft gehabt haben. Die konkreten Lebensvorgänge in einem solchen Palast und seine gesellschaftlichen Funktionen sind jedoch keineswegs abschließend geklärt. Schon die Architektur selbst ist verblüffend und alles andere als leicht zu deuten. Im Vergleich zu altägyptischer und klassisch griechischer Architektur machen diese grandiosen Anlagen auf den ersten Blick einen geradezu chaotischen

Das ›Stadtmosaik‹ aus Knossos (AMI) gibt Aufschluß über das Aussehen minoischer Häuser. Die Fayence-Plättchen sind nur jeweils 3 bis 5 cm groß. Die Architekturbilder werden komplettiert durch Darstellungen von Gärten, Menschen und Tieren (vgl. S. 104).

Eindruck. Nicht grundlos wurden sie in der griechischen Mythologie mit einem Labyrinth (s. S. 28) assoziiert. Weder sind die Räume entlang einer Achse gestaffelt, noch folgen sie überhaupt symmetrischen Gestaltungsprinzipien. Selbst bei Details wie Türen und Fenstern wird Symmetrie regelrecht vermieden. Bei allem Prunk wird auf Monumentalität verzichtet, wie sie sonst in fast allen Kulturen als Ausdruck von Herrschertum zu finden ist. In jedem Fall unterscheiden sich die Paläste von Knossos, Festos (Phaistos), Malia und Kato Zakros mit ihren integrierten Magazinen, Werkstätten und Heiligtümern fundamental von modernen Vorstellungen eines Palastes.

Erhalten sind heute im wesentlichen die Strukturen aus der Neuen Palastzeit, die jedoch weitgehend mit denen der Alten Palastzeit identisch sind. Die augenfälligste und prägnanteste Gemeinsamkeit aller Paläste liegt in der Nord-Süd-Ausrichtung ihrer **Zentralhöfe** mit dem – von Kato Zakros abgesehen – annähernd kanonischen Maß von ca. 25 × 50 m. Wie im Archäologischen Museum von Iraklion verwahrte Fresken nahelegen, war der Zentralhof Ort wichtiger religiöser Feste und Rituale. Um ihn herum gruppieren sich, nach Funktionen geordnet, die verschiedenen Palastsegmente. Im **Westflügel** befanden sich die Hauptmagazine und Heiligtümer. Die schmalen, von einem langen Korridor aus zugänglichen Magazine nahmen große Pithoi für Öl, Wein, Getreide und Wolle auf. Doch dienten die Westmagazine nicht rein profanen Zwecken, sondern waren in Kulte einbezogen, wie heilige Symbole an den Wänden, etwa die Doppelaxt, aber auch die direkte Nachbarschaft zu den eigentlichen Heiligtümern dokumentieren. Diese sind wiederum an den in ihre Wände eingemeißelten Zeichen zu erkennen, vor allem aber durch das hier gefundene Ritualzubehör, sowie durch – häufig mit sakralen Symbolen versehene – Steinpfeiler, die im Zentrum von Kulthandlungen standen und

Minoische Palastarchitektur erschloß sich nicht sukzessive von außen nach innen, sondern wurde als abrupter Wechsel von Eindrücken erlebt. Vom Westhof und den äußeren Bereichen des Palastes gelangte man über enge Korridore zum Zentralhof, von dem aus die meisten Räume des Gebäudes zugänglich waren.

vielleicht sogar selbst angebetet wurden. Die **Fassade des Westflügels** mit ihren charakteristischen Vor- und Rücksprüngen streckt sich dem von außen zugänglichen **Westhof** entgegen, der neben dem Zentralhof der Versammlung großer Menschenmassen bei religiösen Feierlichkeiten dienen konnte. Möglicherweise besaß die Westfassade in ihrem Obergeschoß ein zentrales ›Erscheinungsfenster‹, wie es aus ägyptischen Palästen bekannt ist; hier könnte sich eine Priesterin der auf dem Hof wartenden Menschenmenge beim Vollzug einer Epiphanie (vgl. S. 52) als Göttin gezeigt haben. Altäre auf dem Westhof von Knossos beweisen, daß hier auch Opfer dargebracht wurden. Auf den erhöhten, den Westhof durchziehenden Prozessionswegen kann man sich Reihen von Gabenbringern vorstellen, wie sie auf Fresken abgebildet sind. Ebenso dürften die ›Wege‹ aber auch Ansammlungen männlicher und weiblicher Festteilnehmer separiert haben, wie ebenfalls aus Darstellungen ersichtlich ist. Auch die nördlich angrenzenden ›Theaterbezirke‹ von Knossos und Festos waren in diese Rituale einbezogen. Welche konkreten Feste aber waren es, die hier zelebriert wurden? Wie bei den meisten Religionen des Mittelmeerraums, besonders aber bei einer so naturverbundenen wie der minoischen, waren es wohl Erntefeste und andere jahreszeitlich bedingte Vegetationsfeiern. Diese Feste könnten der Grund für die räumliche Nähe von Westhof und Magazinen gewesen sein.

Nördlich an den Zentralhof schließt sich jeweils ein **Pfeilersaal** mit angrenzenden Wirtschaftsräumen an, über dem man repräsentative Banketträume vermutet. Im Nordosten des Zentralhofes lagen **Werkstätten,** in denen u. a. Töpfer und Steinschneider arbeiteten. Die Trakte östlich und südlich des Zentralhofs lassen in den vier Palästen keine einheitliche Nutzung erkennen, doch waren hier zumeist weitere Magazine, Nebenräume und eventuell Wohngemächer untergebracht. Die großen und repräsentativen **Wohnräume** hatten keinen festen Platz innerhalb des Palastgefüges: In Malia lagen sie nordwestlich des Zentralhofs, in Festos im äußersten Norden, in Knossos und möglicherweise in Kato Zakros im Osten. Weitere und wahrscheinlich die wichtigsten Wohnräume dürften sich – wie aus größeren Häusern bekannt – im Obergeschoß befunden haben.

Die minoischen Paläste im Vergleich: Minoische Paläste unterliegen in ihrem Aufbau keinem starren Schema. Funktionale Einheiten wie Wohnräume, Magazine, Werkstätten, sakrale und repräsentative Räume fügen sich, je nach Größe und lokalen Gegebenheiten, zu einem organischen und jeweils besonderen Ganzen zusammen, das die Aufgabenvielfalt des Palastes widerspiegelt. Den vier hier gezeigten Palästen ist möglicherweise die neu entdeckte Anlage von Galatas (s. S. 138) hinzuzurechnen. ▷

Ebenso wie sich die übergreifenden architektonischen Strukturen in der Anordnung der Räume um den Zentralhof bei den verschiedenen Palästen wiederholen, finden sich innerhalb der Paläste stetig wiederkehrende, für minoische Architektur charakteristische Bauelemente, die auch bei Wohnhäusern zu beobachten sind. Das wichtigste, gleichzeitig aber auch umstrittenste dieser Elemente ist das sog. **Lustralbassin.** Dieser von Evans eingeführte Terminus bezeichnet kleine vertiefte Räume, zu denen eine meist rechtwinklig abknikkende Treppe hinabführt; die Wände sind aufwendig mit Gipssteinplatten verkleidet und oft mit einer bemalten Stuckschicht dekoriert. Funde von Rhytha in den ›Bassins‹ und die oft bedeutsame Lage – die bekannteste dieser Anlagen befindet sich im ›Thronraum‹ im Palast von Knossos – zeigen, daß sie kultische Funktion besaßen. Gegen

Architektur und Funktion der minoischen Paläste

- Kult und Religion
- Magazine
- Werkstätten
- Wohn- und Repräsentationsräume
- ungeklärte Funktion

Raffiniert ausgeklügelt war das den Palast durchziehende Abwassersystem aus Tonröhren und steinernen Leitungen mit eingebauten Senkkästen.

eine Nutzung als profanes Bad spricht schon das Fehlen jeglicher Abflüsse. Eher kommt eine symbolische Reinigung in Frage. Nach neueren Interpretationen jedoch imitieren die ›Lustralbassins‹ Kulthöhlen, die aus der Natur in einen urbanen Kontext übertragen wurden und als eine Art Adyton (›Allerheiligstes‹) der Aufnahme von Opfergaben dienten.

Besonders repräsentative Räume sind häufig mit Polythyra (Pfeilerwände mit mehreren Türen) ausgestattet, manchmal nicht nur auf einer, sondern an zwei oder sogar drei Seiten. Der Vorteil dieser **Polythyra** bestand vor allem darin, daß bei geöffneten Türen die Luft zirkulieren konnte und so für eine angenehme Klimatisierung sorgte. Ein weiteres Merkmal minoischer Palastarchitektur ist die extensive Verwendung von **Säulen,** denen nicht nur stützende, sondern auch schmückende Funktionen zukamen: z. B. an Treppenläufen, den Seiten einiger Zentralhöfe und bei einer Vielzahl von Portiken. Da Säulen und Kapitelle aus vergänglichem Holz bestanden, haben sich fast ausschließlich die steinernen Basen erhalten. Wie auf zeitgenössischen Darstellungen zu erkennen, verbreitern sich die Säulen nach oben: ein in der Architekturgeschichte singuläres Phänomen. Daß die Dächer der Paläste durchweg flach und ihre Ränder oft mit **Kulthörnern** bekrönt waren, zeigen Fayencemodelle von Häusern (s. Abb. S. 41) sowie Fresken und Siegel, aber auch das gänzliche Fehlen von Dachziegeln. Ebenso deutlich geht aus den Darstellungen die **Vielfarbigkeit** der minoischen Paläste und Häuser hervor. Bestätigt wird dies durch Reste roter Stuckbemalung an der Westfassade von Festos. Welches enorme technische Know-how in den Palästen steckte, war für den Betrachter von außen oft nur zu erahnen. So umfaßte der Ostflügel des Palastes von Knossos vier oder fünf durch ein großes Treppenhaus und einen Lichthof verbundene Etagen, von denen die zwei tiefsten unterhalb des Niveaus des Zentralhofes lagen, um das Gefälle des Hangs auszugleichen.

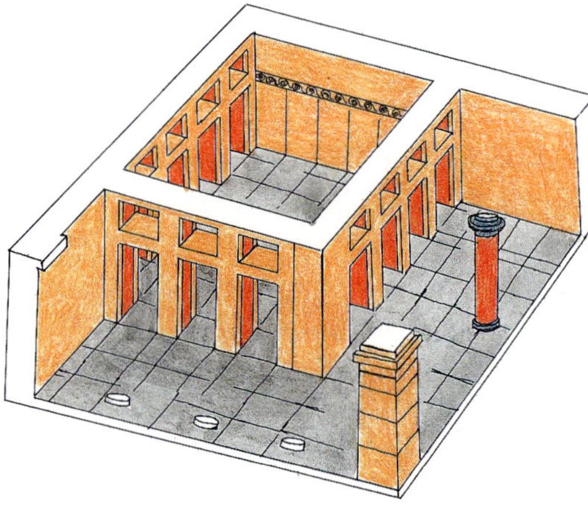

Polythyron des ›Megarons des Königs‹ im Palast von Knossos (Rekonstruktionszeichnung von Sabine Schaffmeister)

Welchem Zweck aber dienten nun die Paläste? Als Evans Knossos ausgrub, war er sich sicher, den Palast des Königs Minos freizulegen, wie er ihn aus der Lektüre der klassischen Autoren vor Augen hatte. Über die minoische Regierungsform wissen wir jedoch in Wahrheit nichts: Wurde Kreta von einem König, einem obersten Priester oder einer Priesterin oder von einem Priesterkolleg gelenkt? Daß von den Palästen aus regiert wurde, steht außer Zweifel. Allein die gewaltigen Magazine belegen das Ausmaß der Akkumulation agrarischer Erträge, die zunächst eingezogen und dann teilweise wieder an die Bevölkerung verteilt worden sein müssen. Schon dies bedeutet erhebliche administrative Aufgaben für einen Palast. Wie ganze Archive von Siegeln und beschrifteten Tontäfelchen zeigen, nahmen die Paläste in der Tat ausgedehnte Verwaltungsfunktionen wahr. Darüber hinaus wurden in Palastregie technisch aufwendige Produkte aus kostbaren Materialien hergestellt, wie zahlreiche spezialisierte Werkstätten belegen. Ebenso sicher ist die religiöse Bedeutung der Paläste: Weite Teile waren Heiligtümern, Pfeilerkrypten und ›Lustralbassins‹ vorbehalten. Auch Werkstätten und Magazine weisen häufig einen kultischen Bezug auf.

Diese Verbindung von sakralem und administrativ-ökonomischem Bereich in einem Gebäudekomplex ist in der antiken Welt nicht unbekannt. Das altorientalische Reich von Sumer im 3. Jt. v. Chr. mit seiner ausgeprägten **Tempelwirtschaft** ist hierfür ein Paradebeispiel. Das Land war in mehrere Stadtstaaten unterteilt, an deren Spitze ein Stadtgouverneur stand, der zugleich der höchste Priester der Stadt war und diese vom Tempel aus regierte. Der Tempel beherbergte neben Kulträumen auch Werkstätten und Magazine, beschäftigte eine Vielzahl von Priestern und Handwerkern, die nicht nur im Tempel arbeiteten, sondern auch dort wohnten; auch fungierte der Tempel auf wirtschaftlichem Gebiet als Redistributionszentrum. Er bildete somit nicht nur das religiöse Zentrum des Stadtstaates, sondern war ebenso Dreh- und Angelpunkt für Wirtschaft und Handel, für die handwerkliche Produktion sowie für das gesamte soziale Leben. Die Ähnlichkeit zu den minoischen Palästen ist evident und läßt vermuten, daß auch Knossos, Malia, Festos und Kato Zakros ähnliche Aufgaben erfüllten. Als Vergleich wurden in der Forschung auch mittelalterliche Klosteranlagen herangezogen, die mit ihren angegliederten Stallungen, Gärten, Krankenhäusern, Schul- und Gästegebäuden jeweils als selbständige Wirtschaftseinheiten agierten. Im Gegensatz zu den minoischen Palästen stand solchen Klosteranlagen jedoch immer eine weltliche Macht gegenüber.

Sicher ist, daß der größte Teil der Paläste direkt oder indirekt religiösen Zwecken diente. Außerdem gab es Wohnquartiere, Küchen und sanitäre Einrichtungen, wirklich monumentale und spezifisch herrschaftliche Anlagen fehlen hingegen. Bezeichnungen wie ›**Megaron des Königs**‹ oder ›**Megaron der Königin**‹ sind entweder völlig aus der Luft gegriffen oder wurden im Laufe der Forschung Stück für Stück als unhaltbar widerlegt. Das berühmteste Beispiel hierfür ist der

Die Hypothese, die Paläste seien Totenstädte gewesen, da u. a. königliche Repräsentationsräume sowie Abnutzungsspuren an Treppenstufen aus weichem Alabaster fehlen, ist abwegig. Denn abgesehen davon, daß Tote weder Abwassersysteme noch Küchen oder gar Archive benötigen, sind hinreichend minoische Friedhöfe, wie z. B. die Nekropole von Fourni bei Archanes, bekannt. Vereinzelt wurde schließlich die Meinung geäußert, es handle sich bei den ›Palästen‹ um Heiligtümer, in denen eine Priesterschaft lebte, während der König in einer der umliegenden ›Villen‹ residierte. Diese Theorie erkennt zwar den ›Palastheiligtümern‹ zu Recht wirtschaftliche und administrative Macht zu, doch fragt man sich, welche Kompetenzen und Funktionen ein König dann überhaupt noch gehabt haben soll.

Erstaunlicherweise besitzen die minoischen Paläste weder Befestigungen, noch nehmen sie strategisch wichtige oder leicht zu verteidigende Plätze ein; der Palast von Kato Zakros liegt sogar in einer Senke: Offenbar bestand bei den Palastbewohnern keinerlei Furcht vor inneren oder äußeren Angreifern.

›Thronraum‹ im Palast von Knossos. Für einen königlichen Palast weiterhin höchst ungewöhnlich ist die Offenheit dieser Architektur, ihre relativ geringe Abgrenzung zur umliegenden Stadt und die Verbindung mit ihr durch eine Vielzahl von Palasteingängen. Mit einer Königsherrschaft, wie sie der griechische Historiker Thukydides entworfen hat, lassen sich diese Befunde kaum in Einklang bringen. Doch nicht nur in den Palästen, auch in den vielfältigen Zeugnissen minoischer Kunst fehlen jegliche Hinweise auf die Existenz eines Königs. Wie sehr es sonst in der Geschichte das Anliegen von Königen war, ihre Herrschaft auch im Medium der ›Kunst‹ auszudrücken, davon zeugen andernorts zahlreiche Ausgrabungsstätten und reich gefüllte archäologische Museen. Eher konform mit den archäologischen Befunden auf Kreta geht die Annahme einer Theokratie: einer priesterlichen Herrschaft, die nicht von einer einzelnen Person ausgeübt wurde, sondern von einem Kollegium. Fresken und andere Bilddarstellungen legen nahe, daß dieses Kollegium sich aus Priesterinnen zusammensetzte. Ohne die Entzifferung aussagekräftiger Texte ist eine endgültige Entscheidung in dieser Frage kaum zu treffen, doch kann man vermuten, daß die Religion im Palast wie in der gesamten minoischen Gesellschaft *die* entscheidende integrative Kraft darstellte.

Fernhandel und Diplomatie

»Wahrlich, was sollen wir tun, um Zedern für unsere Mumien [zu beschaffen], … mit deren Öl man [die Ehrwürdigen] balsamiert? Vom entfernten Kreta *(Keftiu)* her kommen sie nicht mehr!« So beklagt in einem literarischen Papyrus ein ägyptischer Weiser die Zustände in seinem Land. Neben solch seltenen schriftlichen Erwähnungen Kretas verraten archäologische Quellen etwas über die Beziehungen zwischen den beiden Ländern. Bereits in den neolithischen Schichten von Knossos stieß Evans auf ägyptische Steingefäße, und auch aus den folgenden Epochen traten einzelne ägyptische Werke aus kunsthandwerklicher Produktion zutage, meist aus wertvollem Material und nicht selten mit ägyptischen Königsnamen beschriftet. Diese exquisiten Importe deuten allerdings nicht auf breit angelegten Handel hin, sondern auf den diplomatischen Austausch von Geschenken zwischen den herrschenden Oberschichten. Eine direkte Verbindung übers Meer kommt hierfür ebenso in Frage wie der Umweg über den Vorderen Orient. So könnten ägyptische Skarabäen über Zwischenhandel an der Levante-Küste (wo sie ebenfalls in Umlauf waren) nach Kreta gekommen sein.

In **Ägypten** waren neben kretischen Zedern und Keramikerzeugnissen vor allem Luxuswaffen, besonders Dolche, begehrt. Sie verraten das hohe Ansehen, das kretische Metallverarbeitung dort und in der gesamten Ägäis genoß. Umgekehrt muß die Mittelmeerinsel Gold und Elfenbein zur Weiterverarbeitung aus dem Ausland importiert haben. Eindrucksvolle Belege für den Austausch von Geschenken zwischen

Minoisches Fresko mit Stierspringer in Tell el-Daba im Nildelta (Umzeichnung aus: M. Bietak, ›Egypt, the Aegean and the Levant‹, London 1995, pl 1.1.). Mittlerweile wurden im ägyptischen Tell el-Daba ebenso viele Freskenfragmente gefunden wie im Palast von Knossos, was unsere Kenntnisse über die minoische Kultur erheblich erweitert hat.

Kreta und Ägypten sind Darstellungen in den thebanischen Gräbern der 18. Dynastie: Wie in einer Prozession oder einem Tributzug tragen mit Schurz und Sandalen bekleidete Kreter u. a. Gefäße aus Metall herbei. In einer Darstellung – im Grab des Rechmire aus der Regierungszeit Thutmosis III. (um 1450 v. Chr.) – wurde bezeichnenderweise der minoische Schurz eines Kreters durch einen mykenischen übermalt. Offensichtlich spiegelt dies die Übernahme Kretas durch die Mykener wider. In der Folgezeit verschwinden Darstellungen der Inselbewohner gänzlich aus ägyptischen Zeugnissen: ein Zeichen für den Abbruch des Handelskontakts zwischen Kreta und Ägypten in jener Zeit. Auch im künstlerischen Bereich läßt sich der wechselseitige Einfluß nachvollziehen: So führt man etwa die seit ca. 1800 v. Chr. in Ägypten beliebten Spiralmuster auf kretische Anregungen zurück, während umgekehrt die Kreter ägyptische Steingefäße und Skarabäen nachahmten. Ägyptische Vorbilder dürften auch bei den Wandmalereien von Knossos eine Rolle gespielt haben, etwa bei Landschaftsdarstellungen mit Papyrusdickicht, Affen und Katzen. Ebenso wird die Sitte der Neuen Palastzeit, die Hautfarbe der Frauen hellgelb und die der Männer rot zu malen, ihren Ursprung im Land am Nil haben.

Nicht weniger wichtig waren Kretas **Beziehungen zum Orient:** an erster Stelle zu Syrien und Kleinasien, die per Schiff leicht zu erreichen waren und als Umschlagplätze für den Fernhandel fungierten. Zur Vermittlung orientalischer Formen und Vorstellungen trugen vor allem Rollsiegel bei. Wie die ägyptischen Skarabäen, wurden sie nicht nur nach Kreta importiert, sondern auch von minoischen Künstlern der Neuen Palastzeit imitiert und machten so orientalische Darstellungsmotive im gesamten östlichen Mittelmeerraum bekannt. Auch die Textilkunst dürfte eine solche Vermittlerrolle gespielt haben, doch fehlen hier die Funde.

Berühmt war Kreta für seine feinen Wollstoffe, die u. a. in großen Pithoi in den Palästen und ›Villen‹ verwahrt wurden. Der Archäologe Giannis Sakellarakis hat in solchen Gefäßen aus Ton in Archanes noch entsprechende Textilreste nachweisen können (s. S. 135f.).

In der Forschung heftig umstritten ist die Frage, ob und auf welche Weise die Minoer eine **Seeherrschaft** *(Thalassokratie)* ausübten, wie es der griechische Historiker Thukydides (I 4–8) im 5. Jh. v. Chr. meinte, der schrieb, König Minos habe über das hellenische Meer geboten und das Seeräuberwesen beseitigt. In der Tat finden sich nicht nur handwerkliche Erzeugnisse Kretas über den gesamten östlichen Mittelmeerraum verstreut, sondern auch Bauwerke mit minoischen Wandmalereien, wie die 1992 im ägyptischen Tell el-Daba entdeckten Fresken aus dem 16. Jh. v. Chr. mit minoischen Stierspringern; nicht allein der Transfer von Gütern, auch der von Handwerkern wird so eindrucksvoll belegt. Handelsniederlassungen sorgten für kontinuierliche Kontakte, und wie der archäologische Nachweis von minoischen Kulten etwa in Milet nahelegt, siedelten sich Minoer auch dauerhaft an den Küsten des östlichen Mittelmeers an. Daß sie dabei in Wirtschaft, Kunst und Religion Einfluß auf ihre Nachbarn ausübten, steht außer Zweifel. Beruhte dieser Einfluß aber auf ökonomischer, politischer oder gar militärischer Kontrolle, oder sollte man sich eher ein gegenseitiges Geben und Nehmen vorstellen? Vielleicht bestimmten die minoischen Priesterinnen und Priester nicht nur das Leben in den Palästen Kretas, sondern banden auch die ausländischen Einflußzonen mittels ihrer Religion an sich.

Schrift und Sprache der Minoer

Bis heute gibt die minoische Schrift Rätsel auf. Auch auf diesem Gebiet war es Arthur Evans, der am Anfang einer langen und bis heute noch nicht abgeschlossenen Forschungsgeschichte steht. Bereits vor seinen Ausgrabungen in Knossos waren ihm in Museen Siegelsteine und Gemmen mit bildhaft-hieroglyphischen Gravuren aufgefallen, wie sie zu seiner Zeit noch von Kreterinnen als Amulette und Schmuckstücke um den Hals getragen wurden. Er erkannte die Zeichen als Zeugnisse einer prähistorischen Schrift und begann die Stücke zu sammeln, indem er sie den Frauen abkaufte oder Abdrücke nahm. Bei seinen späteren Grabungen in Knossos fand Evans dann zahlreiche Siegelabdrücke dieses bildhaften Typs, daneben aber auch eine große Zahl von Tontäfelchen mit einer weiteren, diesmal ›linearen‹ Schrift.

Diese **Linear-B-Schrift** zog in der ersten Hälfte des 20. Jh. ein Heer von Archäologen, Sprachwissenschaftlern und Amateuren jeglicher Couleur an, die versuchten, die Zeichen – etwa mit Hilfe des Ägyptischen, Hethitischen oder des Finnischen – zum Sprechen zu bringen. Der englische Architekt Michael Ventris (s. S. 89) war es, dem 1953 dieses Verdienst zufiel. Er hatte schon als Vierzehnjähriger in London einem Vortrag von Evans gelauscht. Ventris gelang der unumstößliche Nachweis, daß es sich bei der Linear-B-Schrift um eine Vorform des Griechischen handelt. Dabei stehen die einzelnen Zeichen für eine bestimmte Silbe: etwa *ko-no-so* für »Knossos« oder *a-ta-na* für »Athene«. Leider verraten die über 3000 in Knossos gefundenen Täfelchen nur wenig über Wirtschaft und Herrschaftsform in den Palästen Kretas oder über Religion und Geschichte der Minoer; derartige Tafeln wurden lediglich zur Niederschrift einfacher Listen von Personen und Gegenständen mit Mengen- und Zahlenangaben benutzt. Die Einführung der Linear-B-Schrift fällt hingegen deutlich mit der Dominanz der Mykener auf der Insel am Ende der Neuen Palastzeit um 1500 zusammen. Offensichtlich bedienten sich die neuen mykenischen Herrscher in Knossos dieser Schrift. Erstaunlicherweise brachten sie jedoch Linear-B nicht etwa als ihr eigenes Schriftsystem vom griechischen Festland her mit, sondern entwickelten die auf Kreta bereits verbreitete ältere Linear-A-Schrift zu Linear-B weiter.

Die **Linear-A-Schrift** war seit Beginn der Neuen Palastzeit um 1700 auf der gesamten Insel im Umlauf: auf Tontäfelchen, Steingefäßen und bronzenen Doppeläxten. Mit Tinte beschriftete Gefäße lassen vermuten, daß noch weitaus mehr Linear-A-Texte auf vergänglichem Material wie Palmenblättern, Leder oder ägyptischem Papyrus verfaßt wurden, die im Verlauf der Jahrhunderte der Witterung aber nicht standhielten; auch die an sich ungebrannten Tontäfelchen haben sich nur erhalten, weil sie bei Brandkatastrophen gehärtet wurden. Linear-A teilt mit Linear-B etwa 50 Zeichen, ob sie allerdings denselben Lautwert besitzen, ist umstritten. Beide Schriften verwenden das gleiche Zahlensystem, beide sind in der Regel von links nach rechts zu lesen. Bis heute liegen insgesamt nur wenige hundert Inschriften in Linear-A vor, ein Umstand, der trotz enormer Anstrengungen eine überzeugende Übersetzung verhindert hat, zumal ein mehrsprachiger Text wie der Rosetta-Stein, der die Entzifferung der ägyptischen Hieroglyphen ins Rollen brachte, fehlt. Dagegen fehlt es nicht an einer Vielzahl von ›Übersetzungen‹ samt gelehrten und phantasievollen Kommentaren: Viele von ihnen bilden, für sich genommen, ein in sich logisches System, beruhen jedoch in ihren Grundvoraussetzungen auf Spekulationen.

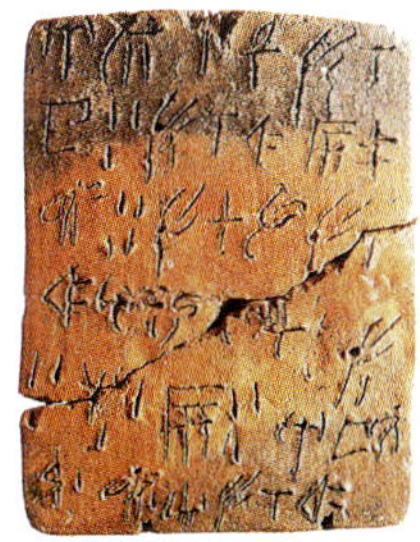

Linear-A-Täfelchen aus Knossos (AMI): Funde minoischer Linear-A-Schrift auf dem griechischen Festland (z. B. Mykene) und auf Ägäis-Inseln wie Melos, Thera und Kythira belegen, zusammen mit anderen Exportgütern, den minoischen Einfluß in diesen Gebieten.

Noch mehr als Linear-A und Linear-B hat, seit seiner Auffindung 1903, der tönerne **Diskus von Festos** (Phaistos) aus der Zeit um 1700 v. Chr. (s. S. 50) Forscher und Laien herausgefordert. Die Scheibe ist auf beiden Seiten spiralförmig mit 241 hieroglyphisch-bildhaften Zeichen beschriftet. Ausgehend vom ›kriegerischen‹ Kopfputz einer der menschengestaltigen Hieroglyphen, deutete Evans den Text als eine kultische Siegeshymne, andere ›erkannten‹ in ihm die Darlegung eines Fruchtbarkeitsrituals oder gar einen königlichen Brief. Je nach Textverständnis werden die senkrechten Striche zwischen den Hieroglyphen als Trennungen von Wörtern, Sätzen oder Strophen aufgefaßt; die einen Interpreten lesen den Diskus von außen nach innen, die anderen entgegengesetzt. Die Hieroglyphenschrift des Diskus von Festos ist die gleiche wie die auf den bereits erwähnten Siegelsteinen und Gemmen; sie erscheint relativ unvermittelt um 2000 v. Chr. und ist damit die früheste auf Kreta bekannte Schrift. In ihrem Aussehen erinnert sie an ägyptische Hieroglyphen, steht jedoch in keinem direkten Zusammenhang mit diesen; daß aber die prinzipielle Idee zu

Diskus von Festos (AMI) mit bisher unentzifferter Hieroglyphenschrift: Alle 45 Hieroglyphentypen wurden mit beweglichen Einzelstempeln aus Holz oder Metall in den Ton gedrückt – gut 3000 Jahre vor der Einführung des Buchdrucks durch Gutenberg.

einer Hieroglyphenschrift aus Ägypten kam, ist möglich. Wüßten wir mehr über Entstehung und Beschaffenheit der minoischen Schrift und Sprache, ließe sich auch die Herkunft der frühen Bewohner Kretas besser als bisher bestimmen. Was wir aber wissen, ist, daß die Minoer ihre Schrift auf die Fixierung kurzer Texte meist praktischen Inhalts beschränkten. Im Gegensatz zu den Ägyptern und späteren Griechen legten sie keinen Wert auf steinerne Inschriften auf Wänden und Stelen, die von Herrscherruhm und von historischen Ereignissen künden und sie ins Gedächtnis zukünftiger Generationen einschreiben: Wie in der Kunst, verzichteten sie auch hier auf Monumentalität.

Stierkult und Schaukelritual: Eine Religion zwischen Vision und Werkstattbetrieb

Drei Fragen sind für das Verständnis der minoischen wie auch anderer Religionen von zentraler Bedeutung: Welche Vorstellungen entwickeln Menschen von ihrem Gott bzw. ihren Göttern und von den Beziehungen zwischen göttlicher und menschlicher Sphäre? Wie wird der notwendige Kontakt – die Berührung beider Sphären, die sich im Kult vollzieht – hergestellt? Und schließlich: Welche Funktionen übt Religion innerhalb einer Gesellschaft aus? Wenn wie bei der minoischen Kultur entzifferbare Texte fehlen, können die Fragen nur mit Vorbehalt beantwortet werden. Um so größere Bedeutung kommt hier den archäologischen Quellen zu.

Eine herausragende Stellung bei der Interpretation minoischer Religion nimmt die berühmte **Schlangengöttin** – eine Fayencestatuette mit Schlangen in den erhobenen Händen und einem Löwen (?) auf dem Kopf – aus dem Palast von Knossos ein. Mit ihr zusammen fand sich ihre Kultausstattung: Opfertische, feine Keramikgefäße sowie Fayence-Nachbildungen von Kleidern für die Göttin, außerdem Ton-Nachbildungen von Früchten, Seemuscheln, Fischen, Kreb-

Schlangengöttin und Muscheln aus der kultischen ›Schatzkammer‹ des Palastes von Knossos: Die kleine Fayence-Statue ist nur 29,5 cm groß (AMI).

Während der mykenischen Epoche erscheinen auf kretischen Linear-B-Täfelchen Götternamen wie Zeus, Poseidon und Athena. Unklar ist jedoch, ob diese Götter mykenischen Ursprungs sind und alte minoische Gottheiten verdrängten oder ob die Gottheiten beider Kulturen auf Kreta miteinander verschmolzen.

sen und sogar Gesteinsbrocken. Diese Beigaben repräsentieren offenbar den Herrschaftsbereich der Göttin: einer Gebieterin über Land und Meer. Bildszenen auf Siegeln und Ringen zeigen weibliche Gottheiten als ›Mutter der Berge‹, ›Herrin der Tiere‹ und ›Göttin des heiligen Baumes‹, aber auch als bewaffnete Göttin. Daß alle diese Darstellungen ein und dieselbe Göttin in unterschiedlichen Erscheinungsformen meinen, ist zwar grundsätzlich denkbar, doch die Existenz einer Vielzahl von Gottheiten fügt sich eher in das Weltbild der Bronzezeit ein als eine monotheistisch geprägte Religion. Daß daneben auch **männliche Gottheiten** einen Platz im minoischen Pantheon einnahmen, zeigen Darstellungen von Göttern als Tierbändiger oder bewaffnet in Begleitung eines Löwen.

Nicht in einer abstrakten Ferne stellte man sich die – offenbar durchweg anthropomorphen – Götter vor, sondern sichtbar und ständig gegenwärtig in der Natur. So verwundert es nicht, daß minoische Kulte sich nicht auf Heiligtümer in Palästen, Städten und Landhäusern beschränkten, sondern ebenso in Höhlen und auf Berggipfeln praktiziert wurden. Zentrales Werkzeug der Verbindung zwischen Mensch und Gott in der minoischen Religion war die **Epiphanie:** Götter konnten ihre Anwesenheit durch das Auftreten von Vögeln zum Ausdruck bringen oder auch selbst die Gestalt eines Vogels annehmen, eine größere Rolle spielten jedoch Epiphanien in menschlicher Gestalt. Diese konnten auf zweierlei Wegen herbeigeführt werden: Zum einen konnte, nach Einleitung eines Rituals, die Gottheit einem Einzelnen oder einer Kultgemeinde als Vision erscheinen. Diesen Vorgang zeigt das berühmte Fresko aus Knossos, in dem Priesterinnen auf dem Westhof des Palastes vor einer versammelten Gemeinde einen ekstatischen Kulttanz aufführen. Zum anderen konnte eine Priesterin, wenn sie in entsprechender Kleidung auftrat, die Rolle einer Göttin vor der Kultgemeinde übernehmen. Diese Art der Epiphanie belegen kultische Gewänder, die der ›Schlangengöttin‹ beigegeben waren, und wie man sie auf Siegeln sieht. Auch im ›Thronsaal‹ von Knossos dürfte eine Priesterin in der Rolle einer Göttin den Sitz zwischen den Greifendarstellungen eingenommen haben.

Bergkristall-Gemme aus der Idäischen Höhle: Priesterin bläst in eine Tritonschnecke vor einem Altar, der mit Kulthörnern und Zweigen geschmückt ist, Umzeichnung eines Siegelabdrucks der Neuen Palastzeit nach Evans (AMI)

Epiphanien fanden nicht nur in Gebäuden statt, sondern auch im Freien und waren, wie aus dem Vergleich mit anderen Kulturen hervorgeht, mit der Wahrnehmung von starkem Licht und Wohlgeruch verbunden; das in der minoischen Bildkunst häufig dargestellte Sammeln von Krokusblüten dürfte in diesen Zusammenhang gehören.

Bei einer Religion, in deren Zentrum die Epiphanie steht, ist nicht zu erwarten, daß Anbetung und Pflege von **Kultbildern** große Bedeutung hatten. In der Tat fehlen auf Kreta Funde oder Darstellungen monumentaler menschenähnlicher Kultbilder ebenso wie ein entsprechender architektonischer Rahmen in Form großer Tempel; auch die im Palast von Knossos gefundenen vieldiskutierten Bronze-Lokken gehörten nach neueren Interpretationen nicht zu einem solchen Kultbild. Wohl aber wurden – u. a. in Anemospilia – Füße aus Ton gefunden, die als Teile von Götterfiguren zu deuten sind, deren übrige

Körper aus vergänglichen Materialien wie Holz und Textilien bestanden; wie diese Götterbilder allerdings im einzelnen aussahen, ist nicht bekannt. Verehrung genossen auch Stalaktiten und Stalagmiten in Höhlen wie der Psychro-Grotte, deren Kult z. T. bis in neolithische Zeit zurückreicht.

Einen Glücksfund für die Erforschung minoischer Religion stellt der Sarkophag von Agia Triada dar, denn er bildet den Verlauf eines **Bestattungsrituals** ab. Unter freiem Himmel tragen, von Flöten- und Lyraspiel begleitet, Priesterinnen und Priester Tiere und Früchte als Opfergaben herbei und legen sie auf einem Altar nieder. Auf dem einen Bildstreifen des Sarkophags wird das Ritual vor einem mit Doppelhörnern bekrönten Baum-Heiligtum vollzogen. Auf der linken Seite des anderen Bildfelds schüttet eine Priesterin Wein oder Blut von

Sarkophag von Agia Triada mit Freskenbild einer Opferhandlung (AMI)

einem Gefäß in ein anderes; zwei Doppeläxte mit Vögeln weisen auf die besondere Heiligkeit des Kultortes hin. Rechts im Bild erscheint vor einem mit Doppelhörnern bekrönten Heiligtum der in ein Fell gehüllte Tote, um die Opfergaben – zwei Kälber und ein Bootsmodell (für die Überfahrt ins Jenseits?) – in Empfang zu nehmen. Stier, Schwein, Ziege und Rotwild zählten zu den wichtigsten Opfertieren, die man mit Hilfe eines Dolches oder Schwertes schlachtete.

Der Sinn anderer Rituale bleibt weniger klar. So ist allenfalls zu vermuten, daß das rituelle **Stierspringen** (s. Abb. S. 110/111), bei dem Männer und Frauen den Stier von vorn bei den Hörnern packten, während Akrobaten über das Tier sprangen, Teil eines Ernte- und Vegetationsfestes bildete; als Symbol für Fruchtbarkeit galt der Stier auch in der ägyptischen Religion. Wahrscheinlich fanden die Stierspiele nicht, wie oft vermutet wurde, im Zentralhof der Paläste statt, sondern außerhalb im Freien; ob die Stiere anschließend geopfert wurden, ist umstritten. Ein minoisches **Schaukelritual** ist in einem Tonvotiv aus Agia Triada überliefert (s. Abb. S. 54): Eine

Ton-Schaukel aus Agia Triada (AMI), hier nach einer Umzeichnung von Arthur Evans wiedergegeben

weibliche Gestalt, wohl eine Priesterin, sitzt auf einer Schaukel zwischen zwei Pfosten, auf der sich Tauben als Zeichen der göttlichen Macht niedergelassen haben. Auch außerhalb der minoischen Welt ist Schaukeln als magische Handlung belegt. Möglicherweise sollte dabei in einem ›High‹-Gefühl Verbindung zur göttlichen Sphäre hergestellt werden.

Religiöse Zentren waren die Paläste, in denen sich wichtige Kulträume und ganze Kultkomplexe befanden: erkennbar zumeist an ihrer Dreiteilung und ihren Pfeilern mit eingeritzten heiligen Zeichen, wie z. B. der Doppelaxt. Auch die in jedem Palast sowie in einigen ›Landhäusern‹ vertretenen sog. **Lustralbassins** dienten religiösen Zwecken (s. S. 42).

Ein Schock für die Fachwelt wie für die breite Öffentlichkeit war 1979 die spektakuläre Entdeckung eines **Menschenopfers** im Heiligtum von Anemospilia. Offenbar aus Entsetzen vor einem ausbrechenden Erdbeben, war hier ein ca. 18 Jahre alter Mann mit einem Bronze-Messer geschächtet worden (vgl. S. 137). Das Menschenopfer von Anemospilia ist kein singulärer Fall im alten Kreta. So wurden in einem Gebäude in Knossos Knochen von 8–11 Jahre alten Kindern mit Schnittmarken entdeckt, die – wie sonst bei Opfertieren – von der Ablösung des Fleisches herrühren; dies muß sogar als Akt von rituellem Kannibalismus gedeutet werden, zumal Häuser verzehrbarer Schnecken im gleichen Kontext gefunden wurden. Dennoch: Menschenopfer gehörten nicht zur üblichen Religionspraxis, sondern waren Extremsituationen wie Naturkatastrophen vorbehalten.

Die minoische Religion war nicht auf ein Jenseits nach dem Tode fixiert, auch nicht auf den Machterhalt von Herrscherdynastien, sondern bezog sich auf eine allgegenwärtige göttliche Sphäre. Sie wurde an einer Vielzahl von Plätzen praktiziert: in den geschlossenen Kulträumen der Paläste, aber auch auf den Palasthöfen ebenso wie in städtischen Heiligtümern und vor allem in der freien Natur auf Berggipfeln und in Höhlen. Auch der Kreis der beteiligten Personen war nicht auf exklusive Gruppen beschränkt, sondern umfaßte gleichermaßen Frauen wie Männer und die Bewohner von Palast, Stadt und Land. So wird verständlich, daß diese Religion eine starke und über viele Jahrhunderte wirkende integrative Kraft auf die Gesellschaft ausgeübt haben muß.

Ein Matriarchat im Reich des Minos?

Seit ihrer Entdeckung vor einem Jahrhundert hat die minoische Kunst immer wieder Fragen nach der Rollenverteilung zwischen Frauen und Männern in jener frühen Gesellschaft provoziert. Daß hier etwas anders gewesen sein muß als bei den späteren, patriarchalisch geprägten Griechen und auch anders als im Alten Orient und in Ägypten, drängt sich modernen Betrachtern förmlich auf. Nicht nur der breite Raum, den Frauen in der minoischen Wandmalerei einnehmen, und ihre prominente Position auf den Bildern sowie die überragende Bedeutung einer weiblichen Gottheit lassen an eine feminin bestimmte Gesellschaft denken. Einzigartig in der antiken Welt ist auch das völlige Fehlen von Kriegs- und anderen Gewaltdarstellungen. Hinzu kommt der Charakter dieser Kunst mit ihren geschwungenen Linien und fließenden Bewegungen, der das Bild einer weiblich geprägten Kultur assoziieren läßt. In krassem Widerspruch hierzu steht der spätere ›Bericht‹ des Thukydides (s. S. 46) über König Minos und seine Seeherrschaft im östlichen Mittelmeer. Auch Waffenfunde und andere archäologische Zeugnisse aus minoischer Zeit setzen gegenüber der Vorstellung von einer ausschließlich friedvollen, weiblich bestimmten Gesellschaft Fragezeichen.

Ton-Statuette einer Göttin aus Kato Chorio bei Ierapetra, 6. Jt. v. Chr. (AMI)

So lassen die Bilder und sonstigen archäologischen Quellen Raum für durchaus unterschiedliche Schlußfolgerungen, deren Zielrichtung wesentlich vom subjektiven Interesse und Blickwinkel des jeweiligen Interpreten beeinflußt wird. Matriarchat als Herrschaftsform, die gewissermaßen einen Urzustand gebildet habe und dann vom Patriarchat abgelöst wurde, diese Vorstellung wird heute auch von der engagierten Frauenforschung abgelehnt. Schon gar nicht kann Kreta für ein solches Modell herhalten. Sollte man deshalb aber zur Tagesordnung übergehen und – wie manche Archäologen, die triumphierend jeden Dolch als Gegenbeleg in die Höhe halten – jegliche Besonderheit der altkretischen Kultur leugnen und in ihr, was die Geschlechterrollen anbelangt, nichts weiter sehen als ›das Übliche‹?

Den Glauben an eine alles überragende Göttin, die über Land und See gebietet (vgl. S. 52), belegen zahlreiche Siegel und Statuetten, doch kommen auch Darstellungen männlicher Götter vor. Nicht anders scheint es sich mit der Kultpraxis zu verhalten: Auch hier

Erscheinung einer Göttin vor in Ekstase tanzenden Frauen, Goldring von Isopata (AMI): Der zur Trance führende Tanz übte in der minoischen Religion eine wichtige Funktion bei der Herbeirufung von Gottheiten aus.

spielten Priesterinnen eine zentrale, aber nicht ausschließliche Rolle. Bei großen öffentlichen Festversammlungen, wie man sie auf dem Fresko mit dem ›*Tanz im Ölbaumhain*‹ aus Knossos sieht, waren es Priesterinnen, die im Blickpunkt des Geschehens standen und von einer großen Menschenmenge aus Männern und Frauen umgeben wurden. Daß Frauen- und Männergruppen bei diesen Zeremonien voneinander separiert auftraten, läßt auf eine ausgeprägte Geschlechtertrennung im Kult schließen. Auch ist höchst wahrscheinlich, daß der Sitz im ›Thronraum‹ von Knossos nicht von einem Herrscher, sondern von einer Priesterin – in der Rolle der Göttin – eingenommen wurde. Selbst die gefährlichen Stierspiele (s. Abb. S. 110/111) waren nicht allein dem ›starken Geschlecht‹ vorbehalten, sondern wurden seit früher Zeit auch von Frauen ausgeführt. Ebenfalls wurden Opferrituale, wie auf dem Sarkophag von Agia Triada abgebildet (s. Abb. S. 53), von Männern und Frauen gleichermaßen praktiziert.

Ausschließliche oder auch nur weitgehende Dominanz des weiblichen Geschlechts hat es in der altkretischen Kultur also offenbar nicht gegeben, wohl aber haben Frauen wesentlich die religiösen Vorstellungen und die Kultpraxis bestimmt. Eben jene Kultpraxis gehörte aber wiederum zu den entscheidenden Aufgaben der Paläste und dürfte administrative und ökonomische Aspekte mit eingeschlossen haben. Die Priesterinnen werden folglich besondere Wertschätzung und gesellschaftliche Anerkennung genossen haben. Ob oder wieviel politische Macht sie dabei – vielleicht im Sinne einer Theokratie – ausübten, ist schwer zu beantworten. So sind es in den ägyptischen Wandmalereien, z.B. im Grab des Rechmire in Theben, durchweg männliche minoische Gabenbringer, die als Repräsentanten Kretas agieren. Insgesamt deutet sich, wie schon die Formen der Kunst es vermuten lassen, in der minoischen Kultur eine – im Vergleich zu den bronzezeitlichen Nachbarländern – bemerkenswert ausgeglichene Rollenverteilung der Geschlechter an: kein ›Paradies‹ nach dem Muster mancher feministischer Vorstellungen, aber Formen des Zusammenlebens, die genügend Facetten enthalten, um modernen Utopien einer feminin geprägten Welt Nahrung und entsprechenden Phantasien Anregungen zu geben.

Kreta in der griechischen und römischen Antike

Die Jahrhunderte nach dem sukzessiven Zusammenbruch der minoisch-mykenischen Kultur im späten 2. Jt. v. Chr. sind nur durch mythische Erzählungen (vgl. S. 29) und durch archäologische Einzelfunde – vor allem Keramik aus Gräbern und Kultstätten – dokumentiert. Das Gesellschaftssystem der vorangegangenen Epoche muß den

Quellen zufolge als Ganzes erloschen sein. Die alten Siedlungen wurden weitgehend aufgegeben, nur einzelne Bergheiligtümer wie bei Viannos, Vrokastro und Kavoussi sowie Kultplätze in Höhlen wie der Psychro-Grotte am Dikti *(Dikteon Andron)* und der Ida-Grotte *(Ideon Andron)* am Psiloritis bewahrten in der Religionsausübung lokale Kontinuität. Schrift sowie viele kunsthandwerkliche und bauliche Techniken verschwanden in diesen ›dunklen Jahrhunderten‹ *(Dark Ages)*. Kleidung wird nicht mehr genäht, sondern durch Metallfibeln fixiert. Geometrisch-statische Dekorationsformen lösen die fließend dynamischen ab. Nicht mehr Bronze, sondern Eisen ist das bevorzugte Material für Waffen, die zum wichtigsten Prestigeobjekt der neuen, sichtlich kriegerisch orientierten Gesellschaft werden. Ein ausgeprägtes Patriarchat – wenn auch weniger rigide als in manch anderen griechischen Regionen – tritt an die Stelle eines ausgeglichenen Zusammenlebens der Geschlechter: auch in der Religion, wo nun männliche Gottheiten dominieren.

Neueren Forschungen zufolge sind zwar vielerorts einzelne kontinuierliche Übergänge zu beobachten, am Gesamteindruck einer tiefgreifenden Veränderung zwischen etwa 1200 und 800 v. Chr. ändert das jedoch wenig. Auch die Gründe für den in seinen Ausmaßen bestürzenden Wandel liegen bislang im Dunkeln. Seepiraten mögen ein Faktor gewesen sein, vor allem aber wurde – ausgehend von literarisch-historischen Berichten der klassischen Zeit – die **Einwanderung dorischer Hirtenstämme** nach Kreta für die Veränderungen verantwortlich gemacht. Hieran dürfte etwas Wahres sein, doch stellt man sich diese Einwanderung heute nicht mehr als einen einmaligen Akt kriegerischer Übernahme vor. Vielmehr lebten ›Dorer‹ offenbar als Unterschichten schon seit längerem auf der Insel, und weitere wanderten im Laufe der Zeit nach. So rückt das, was früher allein als Wanderbewegung angesehen wurde, nun auch als Abfolge von Revolten und sozialen Unruhen ins Blickfeld; Teile der alteingesessenen Bevölkerung wurden in abgelegene Regionen zurückgedrängt und behielten als sog. *Eteokreter*, d. h. »Echte Kreter«, ihre Sprache und Bräuche bis in klassische Zeit bei. Sicher ist jedenfalls, daß Kreta im gesamten 1. Jt. als ›dorisch‹ galt: ethnisch wie im Sinne des dort gesprochenen Dialekts; Ortsnamen wie *Arkades, Gortyn* oder *Amyklai,* ebenso wie Kulte und Gesellschaftsformationen zeigen über Jahrhunderte hinweg die enge Verbindung zur dorischen Peloponnes.

Kreta in der griechischen Antike

Aus der territorialen Homogenität der spätminoischen Epoche ist bis zum 8. Jh. v. Chr. ein ›Teppich‹ aus einzelnen **unabhängigen Poleis** mit umliegendem Ackerland geworden. Sie alle besaßen stattliche Akropolen, Zeichen äußerer Bedrohung ebenso wie eigener Kriegsbereitschaft: Phalassarna und Polyrheneia im Westen, Prinias, Gortyn und Festos (Phaistos) in Zentralkreta, Dreros, Lato und Praisos im Osten. Gewöhnlich liegen die Orte in sicherem Abstand vom Meer, viele sogar wie Adlerhorste auf steilen, kaum zugänglichen Berghöhen. Gegen Ende des 8. Jh. entwickelten sich diese Siedlungsplätze zu Städten mit profaner und religiöser Steinarchitektur, und im 7. Jh. sollte Kreta noch ein einziges Mal kulturell und künstlerisch eine herausragende Rolle spielen.

Die Bronzefunde des 8. und 7. Jh. v. Chr. aus der Idäischen Höhle zeigen Kretas nun wieder rege Beziehungen zu Zypern und der Levante. Nicht nur handwerkliche Techniken und stilistische Formen,

Bronze-Tympanon aus der Idäischen Höhle (kretische Adaption nordsyrischer und phönizischer Bildmuster aus dem 8. Jh. v. Chr., AMI, Umzeichnung von F. Halbherr 1888): Ein Gott (Zeus?) hält triumphierend einen Löwen empor und setzt seinen Fuß auf einen Stier; er wird flankiert von Flügeldämonen mit Tympana in den Händen.

sondern auch Bildmotive – insbesondere religiöser Art – werden durch Import von Prestigeobjekten sowie deren lokale Nachahmung und Variation auf Kreta verbreitet. Zu Recht kategorisiert man diese Kunstepoche als ›orientalisierend‹. Bereits die antike Literatur schrieb Kreta eine wichtige Rolle bei der **Entstehung archaisch-griechischer Plastik** zu. Dies reflektieren auch Erzählungen über den kretischen Künstler Daidalos, dessen Statuen davonzulaufen drohten, würde man sie nicht fesseln. Modernen Betrachtern erscheint die in der archäologischen Forschung als ›dädalisch‹ bezeichnete Plastik Kretas zwar eher statisch, doch für die damalige Entwicklungsstufe stellen die zumeist an architektonisch einfachen Tempelbauten angebrachten Skulpturen einen wichtigen Schritt zu der für Griechenland später so charakteristischen Großplastik dar. In fast allen dorischen Städten Kretas fand sich Skulptur dieser frühen Phase. Reliefschmuck der Tempel von Prinias und Dreros, ebenso wie im Freien aufgestellte Votive, verraten bei Frauen- und Tierdarstellungen enge Anlehnung an orientalische, bei Männerdarstellungen auch an ägyptische Prototypen. Auch die Techniken der Steinbearbeitung wurden, wie Details lehren, von dort übernommen. Markante Gliederung, starkes plastisches Volumen, einfache monumentale Grundformen und eine geradezu liebevolle Sorgfalt der Oberflächenbehandlung verleihen Friesen und Rundskulpturen eine kraftvolle und festliche Erscheinung. Neben Stein wurde auch Bronze – aufgenagelt auf einen Holzkern – für Standbilder *(Sphyrelata)* verwendet, so bei der kultischen Göttertrias aus Dreros.

Reliefplatte aus Kalkstein von einem kleinen Tempel des 7. Jh. v. Chr. in Gortyn (AMI): Zwei nackte Göttinnen mit ritueller Kopfbedeckung flankieren einen schreitenden Mann; der Mythos, der dieser Darstellung zugrundeliegt, ist nicht bekannt.

Bereits im 6. Jh. verlor Kreta jegliche Führungsrolle in diesem kulturellen Vermittlungsprozeß und Neubeginn ›griechischer‹ Kultur. Im 5. und 4. Jh. v. Chr. galt es als politisch rückständig und kulturell provinziell. Ähnlich wie im dorischen Lakonien und Messenien auf der Peloponnes, versorgte eine unfreie Landbevölkerung die militärisch organisierten Bürgerschaften der Städte. Auch diese selbst hatten, im Vergleich zur übrigen griechischen Welt, nur wenig urbanen Charakter. Ein Athener oder Korinther der klassischen Epoche hätte sich, zu Besuch auf Kreta, in einem dieser Orte wie in eine archaische Welt zurückversetzt gefühlt. Männerbünde trafen sich zu *Syssitien* (Mahlgemeinschaften) und bestimmten das politische Geschehen, während die Erziehung der Jugend nicht familiär, sondern staatlich organisiert war. Konservativen Besuchern allerdings erschien Kreta als eine statisch heile Welt, in der noch Anstand und Sitte ›wie zu alten Zeiten‹ herrschten; für ihre Gesetzmäßigkeit wurden kretische Städte gerühmt, und so ist es wohl kein Zufall, daß sich in Gortyn der einzige komplette altgriechische Rechtskodex in einer Inschrift erhalten hat (s. S. 181).

Die **Architektur** muß einen ausgesprochen rustikalen Eindruck gemacht haben. Grobes, unregelmäßiges Mauerwerk und eine Vorliebe für zyklopisch-polygonale Steinsetzung bestimmten das Bild; edle Materialien wie Marmor sucht man vergeblich. Von einem Säulenkranz umgebene oder mit einer Säulenfront geschmückte Tempel wie in sonstigen griechischen Städten und Heiligtümern fehlten hier; auch die seit dem 5. Jh. v. Chr. obligaten Säulenhallen waren auf Kreta eine Rarität. So präsentiert die Insel nicht nur dem heutigen Besucher eine klassische Antike (fast) ohne Säulen, sondern vermittelte diesen Eindruck bereits in der griechischen Antike selbst.

Strategische Bedeutung erlangte Kreta im **Hellenismus,** als es, nicht zuletzt durch seine berüchtigten Piratenflotten, die Seerouten zwischen Griechenland und dem Orient kontrollierte. Innerkretische Kriege, etwa zwischen Gortyn, Kydonia (Chania), Lyttos und Hierapytna (Ierapetra), aber zerrütteten das Land. Manche Städte suchten sich dabei auswärtige Verbündete: Olous (Elounda) z. B. wandte sich an Rhodos, Gortyn an Ptolemaios IV. von Ägypten, was natürlich Einflußnahme von außen nach sich zog; auch die pergamenischen Könige mischten sich in die politischen Geschehnisse auf Kreta ein.

Kreta in der römischen Antike

Gleich nach der Eroberung des griechischen Festlands 71 v. Chr. begann Rom sich für Kreta zu interessieren; diese letzte Bastion freier hellenischer Städte, aber auch Hochburg der Piraterie galt es noch zu erobern. Doch die erste militärische Expedition scheiterte. Erst eine zweite Attacke unter Quintus Caecilius Metellus im Jahr 67 v. Chr. war erfolgreich und die darauf folgende Unterjochung der Bevölkerung so grausam, daß der Triumphator sich wie ein gespenstisches Omen den Beinamen »*Creticus*« verdiente. Die römische Eroberung hatte ihre Schatten vorausgeworfen und bürgerkriegsähnliche Konflikte, aber auch Auseinandersetzungen zwischen den Städten provoziert. Gortyn hatte sich rechtzeitig auf die Seite der Aggressoren geschlagen mit dem Erfolg, daß die Stadt bei der Okkupation nicht nur verschont, sondern in der Folge sogar zur Hauptstadt einer unter Kaiser Augustus eingerichteten Provinz wurde, die aus Kreta und der Kyrenaika (dem heutigen Libyen) bestand. Die Insel wurde so vom übrigen Griechenland administrativ noch mehr separiert, als sie es zuvor schon gewesen war. Zugleich aber setzte die Zerschlagung der politischen und militärischen Selbständigkeit der Städte jahrhundertelangen Rivalitäten und kriegerischen Auseinandersetzungen ein Ende. Kreta erlangte unter der römischen Herrschaft neue Prosperität und einen Bevölkerungszuwachs vor allem dadurch, daß nun wieder wie zu minoischen Zeiten die fruchtbaren Niederungen dicht besiedelt wurden, die seitdem wegen kriegerischer Unruhen und Piraterie teilweise brach gelegen hatten. Kreta wurde eine der Kornkammern Roms.

Erstaunlich wenige **Bau- und Kunstwerke der römischen Zeit** sind erhalten. Vieles wurde durch Erdbeben zerstört, die Ruinen wur-

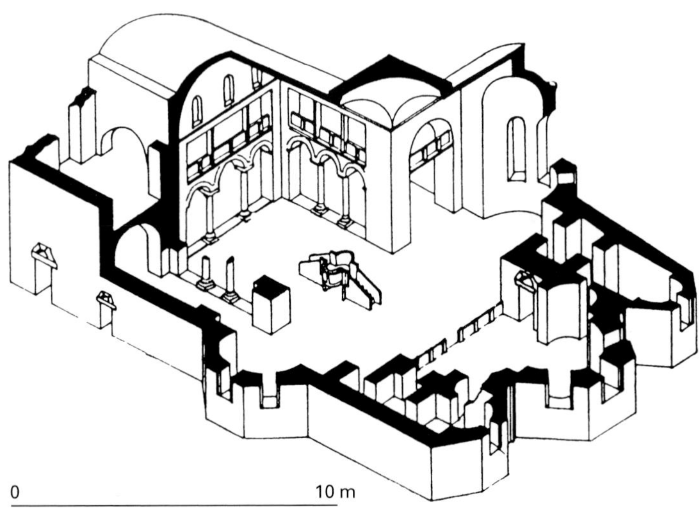

Isometrische Rekonstruktion der Titus-Basilika von Gortyn

den in byzantinischer, venezianischer und türkischer Zeit, ja sogar noch im 20. Jh. als lästiger Schutt beiseite geräumt und das Material für neue Vorhaben genutzt. Eine Bautätigkeit wie auf dem griechischen Festland, in Kleinasien oder Nordafrika scheint es auf Kreta aber auch in römischer Zeit nicht gegeben zu haben. Selbst das Engagement des von Hellas begeisterten Kaisers Hadrian (reg. 117–138 n. Chr.) war hier eher bescheiden. Kreta war nicht nur römische *provincia*, sondern provinziell auch im modernen Sinne.

Dieser Zustand wendete sich in der folgenden Periode, als die Insel seit 395 n. Chr. zum oströmischen Reich mit seiner Hauptstadt Konstantinopel gehörte, allenfalls noch zum Schlechteren. Trotz der **frühen Christianisierung,** die bereits mit der Missionierung durch den Apostel Paulus eingesetzt hatte, fehlen große, kaiserlich geförderte Kirchenbauten des 4. Jh., wie sie in Rom und Konstantinopel, aber auch in Palästina bereits unter Konstantin (reg. 306–337) entstanden. Erst im 5. und 6. Jh. wurden überall auf der Insel **Basiliken** – zumeist in dem für Griechenland konventionellen Typus – errichtet. In der Inselhauptstadt Gortyn hat sich mit der im späten 7. Jh. oder frühen 8. Jh. errichteten Titus-Kirche der einzige große, über die schlichte flachgedeckte Basilika hinausgehende Bau jener Zeit erhalten.

Doch die in römischer Zeit wohlhabend gewordenen Küstenstädte und Siedlungsplätze im fruchtbaren Flachland mußten sukzessive aufgegeben werden, als erneut Gefahr vom Meer her drohte. Piraten und Freibeuter, nun vor allem aus dem Süden und Osten, suchten die Küsten heim und unternahmen Plünderungszüge ins Inland. Nur unter größten militärischen Anstrengungen konnte die byzantinische Zentralgewalt die Insel an der Südflanke ihres Reiches gegen die Flottenverbände der arabischen Sarazenen verteidigen, und als diese schließlich Kreta im 9. Jh. eroberten, fanden sie eine wohl schon weitgehend verarmte Insel vor.

Bereits im Hellenismus und dann in der römischen Kaiserzeit bestanden jüdische Gemeinden auf Kreta. Für das 17. Jh. sind allein in Iraklion vier Synagogen nachgewiesen, weitere in Rethymnon, Chania (S. 288) und Kastelli Kissamou. Nach Deportation und Ermordung fast aller in Griechenland lebenden Juden durch die deutsche Besatzungsmacht (S. 78 ff.) gibt es heute nur wenige kleine jüdische Gemeinden auf Kreta: so in Iraklion und Chania.

Die byzantinisch-venezianische Epoche

Im Spannungsfeld zwischen den Religionen: Das arabische Zwischenspiel am Ende des 1. Jahrtausends

Seit dem 8. Jh. kontrollierten arabische Flotten – aus der Sicht der Byzantiner stets Piraten – das östliche Mittelmeer. 827 landeten unter Abu Ka'ab Omar Hafs 40 Schiffe arabischer Sarazenen, die – aus ihrer Heimat Cordoba vertrieben – nach Alexandria an der Nilmündung gezogen waren, an der Südküste Kretas. Entschlossen, das Land »in dem Milch und Honig fließen« (wie es in arabischen Quellen heißt) zu erobern, verbrannten sie ihre Schiffe, zogen gegen die Hauptstadt Gortyn, zerstörten und plünderten sie und, ohne daß

Arabisches Bad in Mournies bei Chania, 824 n. Chr. (Zeichnung von Maria Witek)

Byzanz entscheidenden Widerstand leistete, unterjochten sie Stück für Stück alle wichtigen Gebiete der Insel. Gortyn wurde verlassen und nie wieder besiedelt; statt dessen errichteten die neuen Herren die **Festung Chandax** (venezianisch *Candia*), das spätere *Iraklion*. Die arabischen Quellen zu den Ereignissen sind spärlich und schwer zugänglich, die byzantinischen Zeugnisse sind verständlicherweise in hohem Maße von propagandistischer Einseitigkeit geprägt. Was aus byzantinischer Sicht folgte, war nichts als grausame Unterdrückung, nicht zuletzt in Glaubenssachen. Tatsächlich wurde ein erheblicher Teil der Bevölkerung muslimisch, und gewiß scheint auch, daß die arabischen Eroberer nicht eine hochstehende Kunst und Wissenschaft mitbrachten und weiterentwickelten, wie dies zu jener Zeit in Spanien und Sizilien geschah.

Allerdings hatten die Sarazenen dazu auch wenig Zeit und Möglichkeiten, denn ständig wurde die Insel nun von byzantinischen Militärflotten heimgesucht und nach weniger als 150 Jahren schließlich zurückerobert. Das von den Byzantinern dabei angerichtete Massaker hatte grauenhafte Dimensionen: 200 000 Menschen, somit wohl fast die gesamte Inselbevölkerung, sollen nach Angaben der christlichen Eroberer hingemetzelt worden sein. Daß arabische Bauten und Kunstwerke, soweit es sie gab, dabei der Vernichtung anheimfielen, ist gewiß. Nur wenige Zeugnisse der arabischen Kultur, die offenbar keine Willkürherrschaft, sondern eine geregelte Regierung unter Emiren implizierte, lassen sich aufspüren: Türen des Emirpalastes gelangten als Teil des nach byzantinischen Quellen unermeßlich reichen Beuteguts in das Megisti Lavra-Kloster auf dem Athos. Wenigstens ein Bauwerk aus jener Epoche ist auf Kreta selbst erhalten: Ein Privathaus in Mournies bei Chania birgt ein in seinen Architekturformen stark an die Prachtentfaltung Cordobas und Sevillas erinnerndes Bad, leider ist es nicht öffentlich zugänglich. So wird man die ausschließlich negativen Urteile über diese Fremdherrschaft, wie sie fast überall zu lesen sind, doch mit relativierendem Blick betrachten müssen.

Tausend Kapellen und Klöster: Kretas byzantinische Architektur und Freskenmalerei

Kaum eine Landschaft im Mittelmeerraum ist so reich mit byzantinischen Kirchen bestückt wie Kreta. Selbst in entlegenen Bergregionen trifft man auf sehenswerte freskengeschmückte Kapellen. Tatsächlich sollen es über 1000 an der Zahl sein. Dieser quantitative Aspekt findet allerdings kein Pendant in der Typen- und Stilvielfalt: Es sind nicht etwa alle möglichen Bauformen aus den verschiedenen Jahrhunderten der byzantinischen Epoche vertreten, sondern bei geringfügiger Variation stößt man immer wieder auf Ähnliches. Diese Massierung und zugleich Wiederholung rührt von der besonderen politischen und sozialen Geschichte der Insel her.

Die Jahrhunderte zwischen der Spätantike und der arabischen Eroberung am Ende des 1. Jt. waren für Kreta keine Blütezeit. Im Vergleich zu Zypern, dem für das Byzantinische Reich im Handel mit der Levante große Bedeutung zukam, war Kretas nach Süden vorgeschobene Randlage plötzlich strategisch ungünstig. Das flache Land der Küstenregionen war Piratenüberfällen ausgesetzt, und stark befestigte Städte – damals Voraussetzung für die unbehelligte Durchführung groß angelegter Bauvorhaben – gab es auf Kreta außer Gortyn keine. Auch die von 714–843 andauernden **Kämpfe zwischen Bilderverehrern und Ikonoklasten** behinderten eine kontinuierliche Entfaltung kirchlicher Kunst. So ist nur weniges aus der Zeit zwischen dem 7. und 9. Jh. überliefert. Eine figurenlos-ornamentale Freskenschicht in der Agios Nikolaos-Kapelle von Agios Nikolaos zeugt möglicherweise vom Bilderstreit; ebenfalls aus dieser Epoche stammt ein winziger baldachinartiger Bau, der

Die Agios Nikolaos-Kapelle beim Hotel ›Minos-Palace‹ ist auf Kreta das beste Beispiel für die Auswirkungen des Bilderstreits: Unter einer Schicht figürlicher Malereien des 14. Jh. fand sich anikonischer Freskendekor des 10./11. Jh.

später in die Ostpartie einer Kirche bei Agios Ioannis in der Messara-Ebene integriert wurde, sowie bei Episkopi in Westkreta ein in Grund- wie Aufriß merkwürdiger Kuppelbau. Damit ist der Bestand an erhaltenen Denkmälern aus der Epoche vor der arabischen Besetzung bereits erschöpft.

Eine gravierende Unterbrechung der seit der Spätantike fortdauernden kirchlichen Tradition bedeutete die arabische Okkupation von 827–961. Ob diese nun auch religiöse Fremdherrschaft nur so durchgreifend oder vielleicht doch für die ländliche Bevölkerung in mancher Hinsicht sogar von Vorteil gewesen war, in jedem Falle schien nach der **Rückeroberung** der Insel durch die byzantinische Zentralgewalt im Jahre 961 eine intensive **Rechristianisierung** vonnöten zu sein. Weite Teile der Bevölkerung mußten zum christlich-orthodoxen Glauben gezwungen werden; Missionare waren bereits im Gefolge des Heers des Nikephoros Phokas gelandet. Berühmtheit erlangten die noch heute als Heilige verehrten Missionare Athanasios Athonites und Nikon o Metanoites, die 961–969 in Zentral- und Ostkreta wirkten, sowie Ioannis o Xenos, der in der Zeit zwischen ca. 970 und 1028 mehrere Klöster im Westen der Insel gründete und von hier aus die weitere Mission betrieb. Die winzige Kapelle Agios Pavlos an der Südküste und eine Kirche in Chromonastiri werden auf ihn zurückgeführt; Zentrum seiner Tätigkeit aber war Myriokefala mit der noch heute erhaltenen Panagia-Kirche. Um seine Neugründungen auszuschmücken, unternahm Ioannis eine ›Bettelreise‹ nach Konstantinopel, wo er offenbar reiche Sponsoren im Umkreis des Kaiserhauses fand, und brachte, wie seine Vita berichtet, von dort »heilige Geräte, Bücher und Bilder« mit.

Kreta wurde einem *dux* bzw. *katepan* unterstellt: Provinzverwalter, die bald selbst Aufstände gegen Konstantinopel wagten und so die Isolierung der Insel vom Byzantinischen Reich eher förderten als verhinderten. Die Zentralregierung versuchte, solchen Bestrebungen entgegenzuwirken, indem sie Adelsfamilien aus Konstantinopel ansiedelte und diesen *archontopouloi* das beste Acker- und Weideland zusprach. Diese Kolonisierung leitete die in der Folgezeit sich noch verstärkende **Feudalisierung** Kretas ein, die über Jahrhunderte hinweg den wirtschaftlichen und politischen Rahmen für die Entwicklung von Kirchenbau und Freskenkunst bilden sollte.

Die Stifter Michael und Nikolaos, Fresko von 1431/32 in der Erzengel Michael-Kirche in Mesa Lakonia westlich von Agios Nikolaos (Umzeichnung)

Träger der ökonomischen und administrativen Macht waren über die Insel verteilte Adelsfamilien mit ausgedehnten Lehensgütern, die von einer weitgehend unfreien Landbevölkerung bearbeitet wurden. Auch die Klöster waren als Lehensträger in dieses System eingebunden. So wurden Kretas Kirchen nicht für städtische Gemeinden oder große Pilgerversammlungen errichtet, sondern als Stiftungen einzelner Landadeliger oder begüterter Kleriker. Byzantinische Stadtkirchen dagegen sind zum einen aufgrund der späteren Venezianerherrschaft nicht erhalten, und zum anderen wird es solche Bauten aufgrund dieser Feudalstruktur wohl kaum in großer Zahl gegeben haben.

Architektur der byzantinischen Kirche

Eine Übersicht der wichtigsten Grundriß-typen byzantinischer Kirchen auf Kreta findet sich auf S. 356f.

Alle byzantinischen Kirchen Kretas sind bescheiden bis winzig in ihren Dimensionen. Ihre Bauweise ist rustikal: zumeist grobes Bruchsteinmauerwerk, an den Ecken nach Möglichkeit durch antike Spolienquader verstärkt. Dieses wenig sorgfältig gefügte und unverzierte Mauerwerk war ursprünglich sichtbar, erst in türkischer Zeit gewannen die Bauten durch Kalkverputz ihr heute so charakteristisches Aussehen. Auch das Grund- und Aufrißdesign der meisten Bauten ist schlicht; rein quantitativ herrscht alle Jahrhunderte hindurch die **Einraumkapelle** mit Tonnendach und runder Ost-Apsis vor. In der Regel verfügen diese Kapellen über keine Seitenfenster, sondern werden allein durch die Tür im Westen und einen schmalen Schlitz in der Apsis beleuchtet. »Unwürdig klein und ganz finster, wie ein Zimmerchen in einem bescheidenen Haus« soll Kaiser Iustinian eine solche Kapelle in Konstantinopel genannt und prompt abgerissen haben (Prokop, Bauten I 3, 14).

Wollte ein Stifter oder eine Stifterin einer Kapelle einen weiteren Bau hinzufügen, so erweiterten sie eine solche Einraumkapelle um ein **zweites paralleles Schiff** und öffneten die Zwischenwand, so daß eine mehrschiffige Kirche entstand. Dieses Verfahren führte nicht nur zu zwei- und dreischiffigen, sondern in Einzelfällen bis zu vierschiffigen Bauten. Eine zusätzliche Möglichkeit des Ausbaus bildeten querliegende Westschiffe und natürlich der Narthex, die außen geschlossene oder auch offene Vorhalle. Konsequenterweise wurden die einzelnen Raumtrakte unterschiedlichen Heiligen geweiht, eben nach Wunsch des jeweiligen Stifters. Auch die bautechnisch aufwen digeren überkuppelten Kirchen – gleich ob als Hallentypus oder, seit mittelbyzantinischer Zeit, als Kreuzkuppelkirche – sind auf Kreta von bescheidener Größe und folgen mit zeitlicher Verzögerung Vorbildern der Hauptstadt.

Venezianische Einflüsse

Die Eroberung Konstantinopels durch westliche Kreuzritter im Jahr 1204 brachte Kreta für mehr als 450 Jahre unter venezianische Herrschaft. Die Venezianer siedelten, zunächst ohne auf die ansässige Adelsschicht Rücksicht zu nehmen, eigene Lehensträger auf der Insel an. Die orthodoxe Kirche wurde ihres Episkopats beraubt, der niedere Klerus Kontrollen und Schikanen unterworfen, was zu ständigen, vom einheimischen Adel unterstützten Aufständen – besonders während des 13. Jh. – führte. Während die Venezianer in den Städten lateinische Kirchen errichteten, stagnierte die traditionelle byzantinische Bautätigkeit auf dem Lande. Erst 1299 wurde mit der *Pax Alexii Calergii* (so benannt nach einem mächtigen Adelsgeschlecht auf der Insel) ein Ausgleich erreicht, der für die Bevölkerung günstige Bedingungen erbrachte. Seit dem späten 13. Jh. nimmt auch der Bau orthodoxer Kirchen wieder zu, und im 14. Jh. und frühen 15. Jh. entsteht das Gros der auf Kreta erhaltenen **Stiftungskirchen.** Auch hier dominiert wiederum der Typus der Einraumkapelle. Bewußt wurde dabei eine Fortführung alter byzantinischer Tradition angestrebt, und so wirken einzelne architektonische Einflüsse aus dem Westen fast wie ›Accessoires‹: hier und da ein gotisches Fenster oder auch ein kleiner Campanile; allein die Spitztonnen der Gewölbe verraten die venezianische Entstehungszeit der Bauten. Zentren dieses regelrechten Booms an kleinen Kapellen sind die Gebiete nördlich und westlich der Lassithi-Hochebene, sodann das Amari-Tal im Süden des Psiloritis und die parallele Senke im Norden dieses Massivs sowie schließlich die einsame Bergwelt ganz im Westen der Insel. Orthodoxie war zum kulturellen Bindeglied der griechisch-kretischen Bevölkerung geworden und Kirchenstiftungen waren Ausdruck dieser Identität gegenüber den westlichen Grundbesitzern, die man als Fremde empfand. Nirgendwo hat sich modernes Griechentum mit seinem Rückbezug auf Antike und Byzanz so früh und so stark herausgebildet wie auf Kreta unter dem Joch der venezianischen Besatzer. Der Zustrom von Künstlern und Intellektuellen nach dem Fall von Konstantinopel wirkte sich auf diese Entwicklung noch begünstigend aus.

Faszinierender als die Architektur der oft in zauberhafte Landschaft eingebetteten Kirchen ist häufig ihre **Ausmalung** mit exzellenten Fresken. Noch vor der Rückeroberung Kretas hatte sich in den Zentren des Byzantinischen Reichs nach der Phase des Bilderstreits eine neue, von der Kaiserdynastie der Makedonen geförderte Stilrichtung durchgesetzt. In Proportion und plastischer Modellierung der Figuren orientierte man sich an klassischen Vorbildern, wie sie durch frühbyzantinische Mosaiken, Wand- und Buchmalerei tradiert waren. Nicht neutrale Flächen, sondern Architektur- und Landschaftselemente bilden den Hintergrund der Szenen. Einzelne Körperpartien werden in ihrer Form herausgearbeitet, Bildelemente durch Schrägführung von Linien und durch Licht- und Schatteneffekte perspektivisch wiedergegeben: Diese Stilmittel sind aber nicht durchgängig auf die gesamte Bildfläche verteilt eingesetzt, sondern selektiv, sie prallen oft in abrupt gegeneinander gesetzten Abschnitten aufeinander. Die gesamte spätere Abfolge der byzantinischen Malstile war geprägt von einem Wechsel und einer Konkurrenz zwischen Fortführung und Weiterentwicklung dieser auf edle Form und Harmonie bedachten Maltendenz einerseits und einer Abkehr von dieser Richtung zugunsten asketischer Ideale und einer entsprechend drastischeren, in Einzelzügen sogar ›häßlichen‹ Darstellungsweise andererseits. In unterschiedlichen Mischungen und Verschränkungen wechselten diese Tendenzen einander ab, traten aber – bedingt durch unterschiedliche Auftraggeber und Künstler – auch zeitgleich nebeneinander auf.

Aus der Epoche vor der venezianischen Besetzung Kretas sind nur wenige Malereien erhalten. In die ersten Jahrzehnte des 11. Jh. datieren Freskenschichten in den Kirchen von Myriokefala und Chromonastiri; in ihrer schlichten Umrißzeichnung und Flächigkeit

Darstellung des Märtyrers Orestes an der Südwand des Nordschiffs (Plan Nr. 22, s. S. 219) in der Panagia Kera-Kirche bei Kritsa

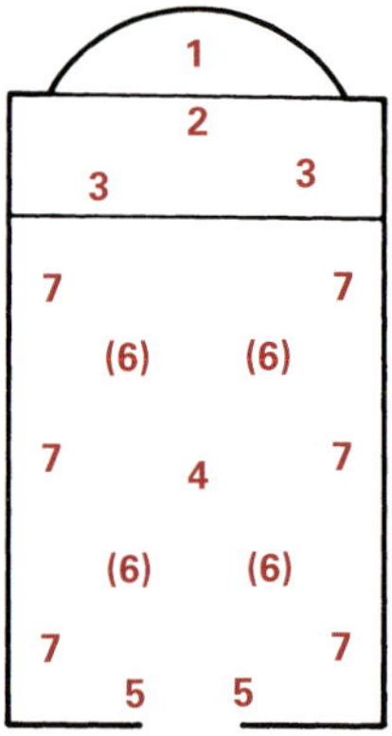

Bildprogramm spätbyzantinischer Einraumkirchen Kretas:
1 Muttergottes oder Christus, Gruppe aus Christus, Maria und Johannes d.T. (Deesis), unten Kirchenväter
2 Gastmahl des Abraham, Verkündigung und Opfer Isaaks
3 Himmelfahrt und Pfingsten
4 Im Tonnengewölbe nach festem Schema des Zwölf-Feste-Zyklus (Dodekaortion): Verkündigung, Geburt, Darbringung im Tempel, Taufe, Verklärung, Auferweckung des Lazarus, Einzug in Jerusalem, Kreuzigung, Hadesfahrt, Himmelfahrt, Pfingsten, Marientod
5 Jüngstes Gericht oder Kreuzigung
6 Lebens- und Leidensgeschichte (Synaxarion) des Kirchenpatrons
7 Heiligen-Figuren

des Farbauftrags verraten sie deutlich Provinzialität gegenüber der hauptstädtischen Kunst jener Zeit. Erst der expressiv bewegte Figurenstil einiger Malereien des 12. Jh. in Kyriakoselia, Kalamas und wiederum Myriokefala läßt wieder auf einen engeren Anschluß an die künstlerischen Zentren der byzantinischen Welt schließen. Die venezianische Herrschaft bringt in der Freskenmalerei zunächst keinen Wandel mit sich, vielmehr orientiert man sich weiter an alten Vorbildern. Die große Zahl qualitätvoller Fresken des 13. und 14. Jh. ist von dem Wechselspiel der geschilderten Tendenzen geprägt. Einzelne Maler wie Leonisos Laskaris und Michael Benares signierten ihre Werke; vor allem das Œuvre des in Westkreta tätigen Johannes Pagomenos läßt sich auf diese Weise verfolgen. Starke Licht- und Schatteneffekte sowie eine neue Expressivität der Gesichter und Gebärden zeichnen diese Malereien trotz eines konservativen Festhaltens an überkommenen Formen aus. Auch die berühmten Fresken der Panagia Kera-Kirche von Kritsa und der Fanourios-Kirche von Valsamonero folgen dieser unter der Dynastie der Komnenen geförderten Richtung. **Italienische Einflüsse** häufen sich in dieser Zeit sowohl in stilistischen als auch in ikonographischen Details wie der Rüstung von Soldaten, den nach westlicher Sitte gedeckten Tischen in biblischen Szenen oder einer Darstellung des hl. Franziskus wie in Kritsa (s. Plan Nr. 6, S. 218). Mit dem Beginn des 16. Jh. endet aus nicht ganz geklärten Gründen die hochentwickelte kretische Freskenkunst, wie sie exemplarisch noch einmal in Emvaros (Embaros) erhalten ist. Maler der inzwischen angesehenen ›**Kretischen Schule**‹ wie Theophanes Strelitsas wanderten aus und erhielten auf dem griechischen Festland bedeutende Aufträge, während auf Kreta selbst Freskenmalerei erlischt zugunsten der – offenbar weniger kostenaufwendigen – Ikonenherstellung.

Stärker als westliche Bildkunst nimmt byzantinische Malerei auf liturgische Gegebenheiten Bezug und interpretiert dabei biblische Themen neu. Ein hierfür bezeichnendes, in kretischen Kirchen immer wieder anzutreffendes Thema ist die ›*Apostelkommunion*‹, eine ritusbezogene Abwandlung der neutestamentarischen Abendmahlszene. Stehend empfangen bei dieser byzantinischen Bildfassung die Apostel, angeführt von Petrus und Johannes, die eucharistischen Gaben; aus dem einfachen Tisch ist ein Altar mit liturgischem Gerät geworden; Christus handelt als Priester, dem Engel ministrieren. Die Kommunikanten beim Meßopfer werden auf diese Weise, so die Botschaft des Bildes, zu mystischen Nachfolgern der Apostel. Ganze **Bildprogramme** wurden auf einen während der Fastenzeit gesungenen Hymnos auf Maria – den ›*Akathistos-Hymnos*‹ – ausgerichtet und waren nur bei Kenntnis dieses Textbezugs verständlich, der in Gebeten und Predigten den Gläubigen nahegebracht wurde. Erleichtert wurde den Betrachtern das Lesen jener Bilderwelt aber auch durch ihren Wiederholungscharakter. Immer wieder fand der Kirchenbesucher bestimmte Themen an festgelegten Plätzen des Raums dargestellt, und immer wieder waren es gleiche oder ähnliche Bildformeln, mit denen die Heilsereignisse visualisiert wurden: Die Kuppel symbolisiert bei entsprechenden Bauten den Himmel; hier erscheint der *Pantokrator* (Christus als Weltenherrscher), wie von einem Hofstaat von Engeln und Propheten umgeben. Die Apsis ist der Muttergottes als Mittlerin zwischen Himmel und Erde vorbehalten, alternativ kann hier Christus mit Maria und Johannes dem Täufer (sog. *Deesis*) dargestellt werden. Im Gewölbe des Altarraums sieht man Himmelfahrt und Pfingstwunder, in den übrigen Gewölben neutestamentliche Szenen. Die Seitenwände sind mit Heiligenfiguren geschmückt, die Westwand nimmt gewöhnlich das Jüngste Gericht ein. Die vielen Einraumkirchen Kretas wandeln dieses Programm, den baulichen Gegebenheiten entsprechend, ab. Hier ist es außer der Apsis vor allem das Tonnengewölbe, das mit seinen durch rote Streifen begrenzten Bildfeldern den Blick auf sich zieht.

Ikone des hl. Michael (15. Jh.) aus dem Ikonenmuseum von Spilia

Venezianische Einflüsse in der Freskenmalerei treten erst spät auf und bleiben auf periphere Einzelheiten beschränkt. Lange Zeit grenzte sich die venezianische Besatzungsmacht scharf gegen die einheimische Bevölkerung ab und unterdrückte, besonders in den Städten, die Ausübung des orthodoxen Glaubens. Es gab auf Kreta keine Residenz für orthodoxe Bischöfe, und der orthodoxe Klerus auf dem Lande stand häufig auf der Seite der Aufständischen. Mit wachsendem türkischen Druck jedoch fühlten sich die Venezianer gegen Ende ihrer Herrschaft auf eine Kooperation mit der kretischen Bevölkerung und mit dem einheimischen Adel angewiesen. Auf kulturellem und religiösem Gebiet entfaltete sich nun sogar große Toleranz. Eine Literatur in griechisch-kretischem Dialekt, aber unter Rückgriff auf westliche Vorlagen, entstand in dieser Zeit (s. S. 81), und am Katharinen-Kloster von Iraklion entstand eine Art Universität und Kunstakademie, an der wissenschaftliche und literarische Studien getrieben und Maler zugleich in orthodoxer Ikonenmalerei wie in venezianisch-westlicher Malerei ausgebildet wurden und Mischstile aus beiden Traditionen entwickelten. Viele Kreter reisten nach Italien, und italienische Handwerker und Künstler arbeiteten auf Kreta. Wenn auch die letzten Jahrzehnte der venezianischen Herrschaft von umfassender administrativer Kontrolle geprägt waren, engagierten sich Venezianer nun bei der Renovierung und Neuausstattung zahlreicher orthodoxer Klöster auf eine gänzlich neue Weise: Diese Kirchen folgen auf einmal nicht nur in Details, sondern in ihrer architektonischen Gesamtstruktur westlichen Vorbildern. Zudem wurden Mischehen zwischen Venezianern und Griechen gesellschaftlich geduldet, und nicht wenige Venezianer auf Kreta traten sogar zur orthodoxen Konfession über. Die Brüder Zangarolo, ebenso wie der in jener Zeit einflußreiche Matteo Calergis (griech. *Kalergis*), übereigneten Teile ihres Besitzes der orthodoxen Kirche, reorganisierten Klöster und schufen so eine die türkische Besatzungszeit überdauernde ökonomische und kulturelle Kontinuität.

Ikonostassis – Das Andachtsbild in der orthodoxen Kirche

Das Wort *Ikone* kommt vom altgriech. *Eikon* und heißt »Bild«. Doch die Ikone der orthodoxen Kirche ist nicht einfach ein Bild, das etwas Heiliges darstellt, sondern sie wird – seit dem Konzil von Nicäa im Jahr 787 – als unmittelbarer ›Abdruck‹ und ›irdische Gegenwart‹ des Transzendenten verstanden: Gott selbst inkarniert sich im Bild, so wie er sich durch die Mariengeburt in Jesus inkarniert hat. Auf Holz gemalte tragbare **Ikonen** wurden gleich nach der Rückeroberung Kretas durch die Byzantiner auf die Insel gebracht. Die heute auf Kreta erhaltenen Exemplare aber stammen allesamt aus der Zeit nach 1453, dem Fall Konstantinopels. Seit diesem Datum entwickelten sich auf Kreta in Familien organisierte ›Malerschulen‹, die überregional hohes Ansehen genossen und nicht nur von orthodoxen, sondern auch von katholischen Auftraggebern verpflichtet wurden. Hunderte und Tausende von Exemplaren wurden hergestellt. Die Künstler beherrschten verschiedene Malweisen gleichzeitig, die sie je nach den Wünschen der Adressaten einsetzten. Maler des 15. Jh. wie Angelos Akotantos und Andreas Rhitsas sind hierfür Beispiele; auch Domenikos Theotokopoulos, später berühmt als *El Greco,* gehörte zu diesen Malern. Wie nicht anders zu erwarten, pendelt die kretische Ikonenmalerei zwischen streng byzantinischer und westlicher Observanz. Das Œuvre des in der zweiten Hälfte des 16. Jh. wirkenden Michael Damaskenos zeigt die ganze Bandbreite dieser Möglichkeiten.

Im Gegensatz zur einzelnen Ikone bezeichnet Ikonostase bzw. **Ikonostassis** die Bilderwand, die den Altarraum vom Kirchenschiff trennt. Diese liturgisch bedingte Trennwand konnte gemauert sein oder aus Holz bestehen. In eine solche Schranke aus Holz wurden Tafelbilder von der Art der tragbaren Ikonen eingefügt, die von den Gläubigen durch Gebet, Berührung und Kuß verehrt werden. Die meisten der heute in kretischen Kirchen anzutreffenden Ikonen-Wände stammen trotz ihres altertümlich byzantinischen Aussehens aus dem späten 19. und 20. Jh. Nur noch wenige bergen Bilder des 15.–17. Jh.

Ikonostassia heißen heute nicht nur die Ikonenwände in den Kirchen, sondern auch die kleinen **Kirchenmodelle im Freien.** Überall am Weg sieht man sie, die winzigen, liebevoll gehegten Schreine, mal in schlichter Form, mal aufwendig ausgestattet und von kompletten Steingärten samt Gartenzwergen umgeben. Natürlich sind sie Stiftungen, private Devotionalien, und natürlich dienen sie mit ihrem ewigen Licht, das das Öllämpchen spendet, der Andacht der Vorbeikommenden. Die Anlässe der Aufstellung sind ebenso vielfältig wie die Funktion dieser Gebilde. An gefährlichen Straßenpunkten mahnen sie zur Vorsicht oder erinnern an einen Verkehrsunfall, bei bunten und verspielten Exemplaren meist an tödliche Unfälle junger Leute. Oft dienen sie einfach als Merkzeichen in der Landschaft oder, darin

Ikonostassis im Amari-Tal

antiken Hermen-Stelen vergleichbar, als Grenzpunkte zwischen Fluren und dank des Öllichts auch als Wegmarkierung für die Bauern, wenn bei Dunkelheit die Leitungen für die Felbewässerung an- und wieder abgestellt werden müssen. Immer aber sind sie Ausdruck von Bitte und Dank und versinnbildlichen durch ihre Vielzahl und allgemeine Präsenz die alle Lebensbereiche durchdringende Botschaft des orthodoxen Glaubens.

Venezianische Kastelle und Stadtanlagen

Karten und Veduten des 15. und 16. Jh. zeigen Kretas Küsten mit Kastellen bestückt, während das Binnenland nur von locker verteilten Weilern besiedelt erscheint. Natürlich gibt dies nicht die tatsächlichen Verhältnisse wieder, sondern reflektiert lediglich Interessen und Anschauungen der Auftraggeber und Käufer solcher Stiche, doch zeigt sich gerade hierin die Sicht der Venezianer auf die von ihnen seit 1204 besetzte Insel. Während der gesamten, über 450 Jahre dauernden Herrschaft, die sie ausschließlich mittels Waffengewalt gegenüber der Bevölkerung aufrecht erhielten, standen sie als winzige Minderheit von gerade mal 3000 Personen einer Mehrheit von ca. 200 000 Einheimischen gegenüber: verhaßt ob ihrer langjährigen religiösen Intoleranz und rigorosen Ausbeutung des Landes und immer wieder bedroht durch Aufstände von Bauern und Hirten unter der Anführung orthodoxer griechischer Adeliger. So dienten die **Kastelle,** die die Venezianer z. T. bereits von den Byzantinern übernahmen und lediglich ausbauten oder auch gänzlich neu errichteten, nicht allein der Sicherung des Seehandels gegenüber fremden Kon-

1371 bauten die Venezianer die Festung Frangokastello zum Schutz der Südküste vor Piratenüberfällen.

kurrenten wie den byzantinischen Teilstaaten und den ebenfalls seit früher Zeit im östlichen Mittelmeer kreuzenden moslemischen Flotten, sondern auch als Zwingburgen gegenüber der einheimischen Bevölkerung.

Genuin venezianische Architektur ist aus den ersten Jahrhunderten der Okkupation nur wenig erhalten. Manche Forts wurden im Laufe der Zeit aufgegeben und in der Folge abgetragen, andere im Zuge der sich rasant entwickelnden Militärtechnologie – besonders durch den Einsatz von Schießpulver für Artillerie seit dem 15. Jh. – zu raffinierten Anlagen umgebaut, die mit ihrem sternförmigen Grundriß und ihren im Sockelbereich abgeschrägten Mauern dem modernsten Stand oberitalienischer Militärarchitektur entsprachen. Die eindrucksvollen Hafen-Kastelle von Iraklion, Rethymnon und vor allem Chania sind solche Bauten des 16. Jh. In der gleichen Epoche entstanden die gewaltigen und noch heute weitgehend erhaltenen Stadtmauern von Iraklion ebenso wie die von Rethymnon und Chania, die jedoch später weitgehend abgetragen wurden und nur noch in Spuren zu sehen sind. Auch die Häfen wurden damals durch herausgeschobene Molen und ganze Serien tonnenüberwölbter **Arsenale** – Werften und Lagerhallen für die venezianischen Galeeren – ausgebaut. Von den einst zahlreichen Kastellen fern der Städte sieht man zwar mancherorts noch Trümmer, gut erhalten aber ist nur Frangokastello an der Südküste Westkretas.

Hingegen prägt die **zivile Architektur** der Venezianer bis heute Kretas Städte. Ein Vergleich mit Venedig macht jedoch das sehr viel bescheidenere Niveau auf Kreta sofort deutlich; Paläste, wie man sie sogar in jeder oberitalienischen Kleinstadt findet, fehlen. Rethymnon und Chania bieten dennoch eine stattliche Zahl prachtvoller **Stadthäuser,** die aus den letzten 150 Jahren der venezianischen Herrschaft stammen: Große, mit Rustika-Mauerwerk verzierte Torbögen führen zum Hof und zum Wirtschaftstrakt im Erdgeschoß. Die Haupträume des Wohntrakts liegen im Obergeschoß und öffnen sich zur Straße hin durch hohe Rundbogenfenster. Angepaßt wurde dieser in der Renaissance verbreitete Haustypus an die klimatischen Bedingungen Kretas durch Flachdächer, die während der kühlen Abend- und Morgenstunden als Aufenthaltsort genutzt wurden; so muten kretische Städte auf zeitgenössischen Stichen mehr orientalisch als abendländisch an.

Treffpunkte der Stadthonoratioren und des Militärs waren die **Loggien,** wie man sie (z. T. als moderne Nachbauten) in Iraklion und Rethymnon sieht; die noch erhaltenen Erdgeschoßarkaden dieser Bauten dienten als Foyer, während die Versammlungsräume im Obergeschoß lagen. **Brunnen** gehörten zu den wichtigsten Bauten der Venezianer. Hier knüpfte man an antike und arabische Traditionen an und führte das Wasser, wenn es nicht am Ort vorhanden war, über **Aquädukte** und unterirdische Stollen von weit her in die Stadtzentren: so in Iraklion, wo venezianische Brunnen in der Stadt und bei Knossos ein Aquädukt dieser Epoche erhalten sind; auch in Rethymnon und Spili trifft man auf schöne venezianische Brunnenanlagen. Bezeichnenderweise haben dagegen venezianische Stadtkirchen die türkische und anschließend die nationalgriechische Zeit fast nur als Ruinen überdauert. Auch wo sie wieder hergerichtet wurden, sind sie heute durchweg nicht mehr als Kirchen genutzt – religiöse Intoleranz zeugt offenbar in der Folge wiederum Intoleranz.

Auch auf dem Lande residierten die venezianischen Lehensherren wie kleine Fürsten als winzige Minderheit noch isolierter als in den Städten und waren umgeben von einem Heer unfreier, an die Scholle gebundener Bauern. Wehrhafte **Wohntürme** und bogenüberspannte **Arbeitshallen** mit Kornmühlen, Olivenpressen, Weinkeltern und Maschinen für die Wollverarbeitung sind noch in Rogdia (Rodia), Maroulas, Chromonastiri und Argyroupoli zu besichtigen.

Türkenherrschaft, Befreiungskampf und Eingliederung der Insel in den griechischen Staat

Die osmanische Herrschaft vom 17. bis zum 19. Jahrhundert

Als letzte Bastion im östlichen Mittelmeer fiel Kreta Mitte des 17. Jh. in türkische Hand: 1645 Chania, ein Jahr darauf Rethymnon, 1669 schließlich Iraklion und damit, von einigen Forts abgesehen, die ganze Insel; zu diesem Zeitpunkt waren das griechische Festland und die Ägäis bereits 200 Jahre lang Teil des Osmanischen Reiches. So konnte sich in Kretas ländlichen Regionen länger und lebendiger als irgendwo sonst byzantinisch-orthodoxe Tradition erhalten, während die Städte gegen Ende der venezianischen Herrschaft bereits von einer Mischkultur geprägt waren, die der Insel eine wirtschaftliche und geistige Blütezeit bescherte. Im Unterschied dazu befand sich das osmanische Herrschaftsgebilde zu jenem Zeitpunkt bereits im Niedergang: Seine auf weiträumiger Eroberung beruhende Dynamik hatte ihren Kulminationspunkt überschritten, und sein mittelalterlich feudales, von Privilegienvergabe geprägtes Wirtschaftssystem war gegenüber den modernen westlichen Staaten nicht mehr konkurrenzfähig. So bedeutete für die einheimische Bevölkerung die Eroberung nicht nur eine – schon aus Glaubensgründen – verhaßte neue Fremdherrschaft, sondern zugleich einen jähen ökonomischen und kulturellen Absturz. Kreta verkam zur rückständigen Provinz eines überlebten Riesenreichs. Die Einwohnerzahl sank im 19. Jh. von etwa 300 000 zeitweilig auf 80 000. Akte besonderer Grausamkeit von seiten der Administration beruhten eher auf persönlicher Willkür, als daß sie als Mittel systematischer Unterdrückung eingesetzt wurden;

Die Veli Pascha-Moschee (17. Jh.) in Rethymnon zählt zu den wenigen vollständig erhaltenen Bauwerken auf Kreta, die noch an die Türkenzeit erinnern.

auch gewährte die neue Obrigkeit grundsätzlich mehr religiöse Freiheit als es jahrhundertelang die Venezianer getan hatten: Klöster behielten zumeist ihre Besitztümer, und orthodoxe Bischöfe waren nun wieder zugelassen. Das beste Land aber wurde an türkische Siedler und kretische Muslime verteilt. So verwundert es nicht, daß Teile der Bevölkerung zum Islam übertraten in der berechtigten Hoffnung, auf diese Weise ihre Besitztitel zu wahren.

Wie schon zu venezianischer Zeit, konnte sich die **Religion der Eroberer** vor allem in den Städten durchsetzen, wo Kirchen nun in Moscheen umgewandelt werden, während auf dem Lande orthodoxe Glaubensausübung dominiert. Chania, Rethymnon und Iraklion werden mit Wasserleitungen, Brunnen und Platzanlagen ausgestattet; hier bilden Muslime bald 70 % der Bevölkerung und prägen auch mit ihrer Wohnarchitektur das Stadtbild. Auf dem Land ist das Verhältnis umgekehrt: Auch hier stellen zwar die Muslime die Besitzerschicht, machen aber nur ein Viertel bis ein Drittel der Bevölkerung aus. Mischdörfer sind die Ausnahme, üblicherweise lebt man getrennt: die Muslime als Grundbesitzer in den fruchtbaren Ebenen, vor allem im Umkreis der Städte, die Christen – ebenfalls als Bauern, mehrheitlich aber als Hirten – in den Bergen. Die osmanische Herrschaft hat nie eine systematische Reorganisation der eroberten Gebiete angestrebt; es ging ihr lediglich um Ausbeutung des Landes mittels Steuerpacht, die bei Christen und Muslimen übrigens in gleicher Weise erhoben wurde. Dabei beließ man den unterjochten Ethnien erhebliche Teilselbständigkeit: Der Handel etwa lag fast ausschließlich in den Händen von Christen und Juden; auch blieb Griechisch – außer vor Gericht – Verkehrssprache. Doch mangelte es an echter Integration. Vor allem die Bergbevölkerung sah Türken und kretische Muslime stets als ihre Feinde an. Neben der religiösen Andersartigkeit, die einer friedlichen Symbiose entgegenstand, gaben vor allem zwei Punkte immer wieder Anlaß zu Beschwerden und Revolten: zum einen überhöhte und willkürlich erhobene **Steuern und Zölle** (nicht nur auf Ernteerträge, sondern z. B. auch auf Salz, Fisch und Leder), zum anderen das **Janitscharenkorps** – eine osmanische Elitetruppe, die aus Jungen der einheimischen Bevölkerung gebildet wurde, die man als Kinder den Familien entriß, sie zu fanatischen Kämpfern drillte und sie dann dazu einsetzte, die Bevölkerung in Schach zu halten.

Während der 30er Jahre des 19. Jh. steht Kreta unter der Verwaltung des ägyptischen Wesirs Mehmed Ali, was eine Lockerung der politischen Repression und einen gewissen wirtschaftlichen Aufschwung mit sich bringt; um so drückender wird die darauf wieder folgende direkte Kontrolle Istanbuls empfunden. Erst gegen Ende der osmanischen Herrschaft sind Ansätze zu Reformen mit dem Ziel eines Interessenausgleichs und größerer administrativer Effizienz erkennbar: Politiker wie Ali Pascha und Fuad Pascha setzen in den 60er Jahren die Gleichstellung christlicher und muslimischer Untertanen vor Gerichten, ja sogar gemeinsame Schulen und Anstellung von Christen in staatlichen Diensten durch, doch die Hauptstadt, in der man solches Recht einklagen kann, ist weit: nicht nur für Recht suchende kretische Bauern, sondern auch für die mittleren und unteren Chargen des Beamtenapparats, weshalb Korruption und Willkür blühen. Vor allem aber kommen diese Reformen zu spät, um das erwachende Nationalgefühl und die damit verbundenen Wünsche der Beherrschten noch bremsen oder konterkarieren zu können.

Bereits 1770 hatten, von Katharina II. von Rußland ermutigt, die Sfakioten unter ihrem Anführer Daskalogiannis eine Revolte gewagt, die vom osmanischen Militär blutig niedergeschlagen wurde. Auch eine weitere Erhebung endete 1824 in der Melidoni-Höhle bei Perama mit einem Desaster für die Aufständischen. Doch gelang es den Bergbewohnern immer wieder, sich den türkischen Steuereintreibern zu entziehen und als umherziehende Banden Beutezüge ins

Flachland zu unternehmen: für die Obrigkeit verständlicherweise nichts weiter als Anarchie, die mit jedem Mittel niederzuhalten war.

Nicht nur Christen, auch die meisten Muslime auf Kreta waren arm. Doch anders als diese, sahen die Christen eine Alternative: nicht nur abstrakt in den Ideen der Aufklärung, sondern, seit 1832 konkret und geographisch nah, im griechischen Staatsgebilde auf dem Festland. So wandelte sich die große Bewegung von 1866 rasch von einer gegen Steuern gerichteten Petition an den Sultan zu einer **nationalen Revolution:** Was im Kloster Arkadi – Symbol des griechischen Freiheitskampfes (s. S. 160) – im einzelnen geschah, ist heute kaum noch zu ermitteln, die ›Nachricht‹ vom verzweifelten Massenselbstmord der eingeschlossenen Aufständischen aber wurde zum Fanal, auch im Ausland, wo man sich nun für das Schicksal der Kreter zu interessieren begann. Im Unterschied zur romantisierenden Wahrnehmung der ausländischen Philhellenen, verstanden sich die Griechen selbst weniger als Erben der alten Hellenen denn als Erben der Byzantiner. Ihre Sehnsucht richtete sich auf »die Stadt«, Konstantinopel (d. h. Istanbul!), »Traum und Hoffnung aller Griechen« – ein Konzept, das Anfang des 20. Jh. als *Megali Idea* gefährliche Folgen zeitigen sollte. Für die ›Hohe Pforte‹ bedeutete all dies eine existentielle Herausforderung, aber auch die Großmächte, allen voran England, Frankreich und Rußland, erblickten – nicht anders als heute – in solchem Separatismus eine fundamentale Bedrohung ihrer Interessen. So blieb ausländische Hilfe nicht nur aus, im Gegenteil, mehr als eine Generation lang verhinderten die Großmächte die Auflösung des osmanischen

Darstellung des Aufstands von Arkadi auf einem Gemälde des 19. Jh.

Vielvölkerstaates und trugen dazu bei, die Freiheitsbestrebungen seiner ethnischen und religiösen Gruppen niederzuhalten. Zugleich allerdings schränkten sie die Verfügungsgewalt der osmanischen Regierung über Kreta ein und überwachten durch die Entsendung von Konsuln das Vorgehen beider Seiten: immer in der Hoffnung, eine nationale Revolution zu verhindern und Griechenland nicht allzu mächtig werden zu lassen.

1897/98 aber ist es soweit: Neue Aufstände – nun auch auf kretischer Seite mit moderneren Waffen ausgefochten – erschüttern die Insel, und diesmal ist Griechenland in der Lage, die Revolutionäre wirkungsvoll zu unterstützen. Militärischer Entsatz aus Istanbul kommt zu spät, vor allem aber sehen sich inzwischen die Konsuln als eigentliche Herren der Insel und verhindern – dank der inzwischen massiven Präsenz an Kriegsschiffen und Bodentruppen der Großmächte – ein massives Vorgehen des türkischen Militärs. Auch setzen sich innerhalb des ›europäischen Konzerts‹ die pro-griechischen Vertreter – namentlich England – durch und lassen die griechische Übernahme der Insel im Handstreich zu. Am 20. Dezember 1898 begleitet das griechische Königshaus den Prinzen Georg bis zur Insel Melos; ein russisches Schiff bringt ihn am folgenden Tag von dort nach Chania, wo er von einer begeisterten Menschenmenge als Hochkommissar empfangen wird. Die griechische Flagge wird auf Fort Firkas gehißt, Kreta ist griechisch. »Hast du je ein Volk in seiner kollektiven Verrücktheit toben sehen, im Anblick der Freiheit? ... Ich, und wenn ich tausend Jahre leben sollte, könnte, was ich an jenem Tag sah, nie wieder vergessen« – so läßt Nikos Kazantzakis seinen Helden Alexis Sorbas die Situation beschreiben. Eine Eingliederung in den griechischen Staatsverband verweigern die Großmächte jedoch bis auf weiteres aus den geschilderten Beweggründen.

Die folgende fünfzehnjährige **Autonomie Kretas** unter der Kontrolle Großbritanniens, Frankreichs, Italiens und Rußlands war eine Phase wirtschaftlichen wie kulturellen Aufschwungs und eines friedlichen Zusammenlebens der beiden Bevölkerungsteile. Die Schutzmächte arbeiten eine Verfassung für die Insel aus; aus den Wahlen von 1899 gehen 138 Christen und 50 Muslime als Abgeordnete hervor. Die Veränderung dieses Status hat die Insel wesentlich der Politik Eleftherios Venizelos' zu verdanken: Er war es, der die nationalen Gefühle weiter anheizte und mit seiner »Großen Idee« die Vereinigung aller Griechen in einem Staat propagierte. Und wieder wirkt das Ergebnis wie ein Handstreich, dem die Großmächte zusehen und im Nachhinein ihre Billigung geben. Als Justizminister unter Prinz Georg zettelt Venizelos 1905 einen bewaffneten Aufstand (›Therisso-Revolte‹) an, der die Eingliederung Kretas in den griechischen Staat zum Ziel hat, erreicht allerdings nur die Abdankung des in dieser Frage zurückhaltenden Georg; auch die folgenden politischen Proklamationen bleiben zunächst erfolglos. Doch als Führer der liberalen Partei 1910 in Athen zum Premier gewählt, nimmt er – ohne verfassungsmäßige Grundlage und gegen internationale Vereinbarungen

– sofort kretische Abgeordnete ins Athener Parlament auf und führt Griechenland (in einer Allianz mit Serbien, Montenegro und Bulgarien) in einen offenen Krieg gegen das Osmanische Reich. Nach schweren militärischen Niederlagen muß die ›Hohe Pforte‹ in den **Londoner Verträgen 1913** Makedonien, Epirus und die ostionischen Inseln an Griechenland abtreten und schließlich auch ihren letzten formellen Anspruch auf Kreta aufgeben; Kreta wird dem griechischen Staatsverband zugeschlagen.

Nach den schmerzhaften Erfahrungen unter dem ›Türkenjoch‹, aber auch im Zuge der Bildung eines ›hellenischen‹ Nationalmythos, hat man in Griechenland und speziell auf Kreta alle türkischen Einflüsse auf die eigene Alltagskultur geleugnet bzw. als genuin hellenisch umgedeutet. Tatsächlich jedoch sind traditionelle Tracht ebenso wie Küche, Musik und Tänze Ergebnis einer kulturellen Mischung, die die Ethnien vom Balkan bis nach Anatolien viel mehr miteinander verbindet als diese jeweils wahrhaben wollen.

Kreta im 20. Jahrhundert

Der **Erste Weltkrieg** spaltet Griechenland politisch in Anhänger der Mittelmächte und der Entente, militärische Auseinandersetzungen aber bleiben dem Land weitgehend erspart. Die in den vorausgehenden Jahrzehnten für Griechenland erfolgreiche Expansionspolitik verleitet jedoch 1919 griechische Politiker unter Führung von Eleftherios Venizelos dazu, den irrealen Traum eines Großgriechenland in eine aggressive **Eroberungspolitik** umzusetzen: Istanbul soll zurückgewonnen und zu einem neuen Byzanz gemacht werden! Doch die Jungtürken unter Führung Kemal Atatürks haben zwischenzeitlich die Herrschaft der Osmanen beendet und sich daran gemacht, die Türkei zu modernisieren. Die griechischen Truppen erleiden in Kleinasien 1922 eine vernichtende Niederlage **(›Kleinasiatische Katastrophe‹).** Izmir (Smyrna) wird eingeäschert, Hunderttausende Griechen an der kleinasiatischen Küste müssen fliehen. Im Vertrag von Lausanne (1923) wird ein gigantischer **Bevölkerungsaustausch** vereinbart: 600 000 Türken – darunter viele seit Generationen auf Kreta ansässig – müssen griechisches Territorium verlassen, im Gegenzug werden 1,35 Mio. Griechen aus Kleinasien nach Griechenland umgesiedelt. Die mit 20 000 Menschen größte Kolonie kleinasiatischer Griechen auf Kreta ist Nea Alikarnassos östlich des Flughafens von Iraklion (benannt nach Halikarnass bei Bodrum). Pandelis Prevelakis hat in seiner ›*Chronik einer Stadt*‹ ein eindrucksvolles Bild dieser Vorgänge gezeichnet.

Als Italien 1940 Griechenland ultimativ zur bedingungslosen Kapitulation auffordert und die Griechen am 28. Oktober mit »Nein« (griech. *ochi*) antworten, tritt Griechenland in den **Zweiten Weltkrieg** ein. Die italienische Offensive kann zwar noch zurückgeschlagen werden, nicht jedoch der Angriff der Deutschen Wehrmacht, die

Die Gedenkstätte bei Ano Viannos erinnert an die Opfer deutscher Exekutionen während des Zweiten Weltkrieges.

im April 1941 das griechische Festland von Norden her besetzt. Die griechische Regierung zieht sich unter Schutz der britischen Flotte nach Kreta zurück und wird von dort nach Ägypten evakuiert. Die Alliierten beginnen damit, Kreta zu ihrem Hauptstützpunkt im östlichen Mittelmeer auszubauen. Im April 1941 beginnt der deutsche Angriff auf die Insel mit Bombardierungen der Städte an der Nordküste. Am 21. Mai landen deutsche Fallschirmtruppen und Gebirgsjäger westlich von Chania und erobern die Insel in verlustreichen Kämpfen; etwa 4500 deutsche Soldaten, 1500 Alliierte und mehr als 5000 Griechen kommen bei diesem Angriff ums Leben.

Während Ostkreta bis 1943 von italienischen Truppen kontrolliert wird, folgt für Zentral- und Westkreta eine **Schreckenszeit unter der deutschen Besatzung,** die das Land rücksichtslos ausbeutet, Juden und politische Gegner deportiert und ermordet und die Zivilbevölkerung terrorisiert. Guerilla-Attacken der *Andarten* (Partisanen), die mit englischen Geheimdiensten kooperieren, werden – vor allem nach der Entführung des Generals Kreipe durch Andarten und englische Geheimdienstoffiziere – von deutscher Seite mit Krieg gegen die Zivilbevölkerung beantwortet: Zahlreiche Dörfer, darunter Viannos, Anogia, Gerakari und Kandanos, werden entweder gesprengt

Aus der Sicht eines Deutschen, eines Amerikaners und eines Kreters thematisieren Erhart Kästner, Henry Miller sowie Georgios Psychoundakis den Zweiten Weltkrieg auf Kreta (siehe Literaturtips auf der gegenüberliegenden Seite).

oder niedergebrannt, die Einwohner samt Frauen, Kindern und Greisen ermordet: Verbrechen, die nicht von der SS, sondern von der Wehrmacht begangen werden. Anders als auf dem griechischen Festland, das bereits zu Beginn des Krieges stärker zwischen Linken und Rechten, die der Besatzungsmacht weniger ablehnend gegenüberstehen, gespalten ist, stellt sich fast die gesamte kretische Bevölkerung gegen die deutschen Invasoren. Doch als diese sich im September 1944 auf die »Kernfestung Westkreta« (das Gebiet um Chania) zurückziehen und dort bis zur endgültigen Kapitulation verschanzen, werden sie weder von den Briten noch von den Andarten ernsthaft behelligt.

Denn inzwischen haben sich die politischen Fronten verschoben: Die Engländer sehen nun in der ›linken‹ Andartenorganisation EAM mehr ihren Feind als in den deutschen Resttruppen, und die konkurrierende ›nationale‹ Widerstandsorganisation EDES kooperierte gegen Ende des Krieges sogar im Kampf gegen die EAM mit den Deutschen. So ging der Zweite Weltkrieg in Griechenland und speziell auf Kreta nahtlos über in einen erbitterten und ebenfalls grausam geführten Bürgerkrieg zwischen Nationalisten und Monarchisten auf der einen sowie Linksliberalen, Sozialisten und Kommunisten auf der anderen Seite. Andarten, die den deutschen Häschern entkommen waren, wurden von ihren eigenen Landsleuten hingerichtet, manche Überlebende erst 1975 offiziell amnestiert und rehabilitiert. Zwar waren – und sind bis heute – auf Kreta die ›Linken‹ bei weitem in der Mehrheit, für Griechenland insgesamt aber endete 1949 der Bürgerkrieg mit einem Volksentscheid für die Einführung der konstitutionellen Monarchie.

Es folgt eine Politik enger **Anbindung an die USA;** Kreta wird, gegen den Willen seiner Bevölkerung, zum wichtigsten Flotten- und Flugzeugstützpunkt (Akrotiri, Tymbaki) der Nato im östlichen Mittelmeerraum; 1951 tritt Griechenland dem atlantischen Bündnis bei. Auch unter der **Obristen-Diktatur** 1967–74 haben die Kreter, die sich vehement gegen dieses Regime stellen, schwer zu leiden. Erst mit der Vollmitgliedschaft in der EU 1981 und dem ersten großen Wahlsieg der PASOK (der Sozialistischen Partei Griechenlands), 1990–93 gefolgt von einer konservativen und dann wieder einer linken Regierung, tritt eine wirtschaftlich stabile und politisch repressionsfreie Periode ein. Ein wichtiger Schritt aus kultureller Provinzialität heraus ist schließlich noch die Gründung der auf Iraklion und Rethymnon verteilten Kretischen Universität 1972.

Neben Athen weist keine griechische Region eine so starke Politisierung der Bevölkerung auf wie Kreta. Tagespolitik, aber auch Geschichte, sind Gesprächsthemen im Kafenion, auf der Straße und in Versammlungen. Daß Deutsche auf Kreta mit großer Sympathie empfangen werden – selbst an Orten schmerzhafter Erinnerung –, beruht nicht auf Vergessen, sondern auf Verzeihen und Bearbeiten des Geschehenen in privater und öffentlicher Diskussion, Dichtung, Musik und Bildender Kunst.

Kretische Literatur und Musik

›Rauhe, einfache Menschen, doch voll überschäumender Vitalität und Kraft, Wildheit und Stolz, dabei Fremden gegenüber herzlich und einladend‹: Diese nicht durchweg falschen Klischees, die wir mit kretischem Leben verknüpfen und die unsere Erwartungen an einen Kreta-Aufenthalt mitprägen, beruhen wesentlich auf der Wirkung, die kretische Literatur, Musik und Tanz im 20. Jh. in der westlichen Welt entfaltet haben.

Literatur

Die frühesten literarischen Texte und Dokumente in kretisch-neugriechischem Dialekt stammen aus dem 14. und 15. Jh. Doch erst im 17. Jh., d. h. am Ende der venezianischen Herrschaft, entstand – beeinflußt von französischen und englischen Heldenromanen, Versepen und Theaterstücken – eine kretische Literatur, die sich von der mittelalterlich byzantinischen Kirchendichtung abhebt. Themen dieser bei profanen Anlässen vorgetragenen Poesie sind Liebesromanzen, die den Konflikt eines sich emanzipierenden Bürgertums gegenüber der alten Ständegesellschaft widerspiegeln, vor allem aber Leid und Heldentaten der Kreter bei Belagerung und Einnahme der Insel durch die Türken. **Vintzentios Kornaros** verfaßte den noch heute vielgelesenen, mehr als 10 000 Verse umfassenden ›*Erotokritos*‹, eine antikisierende Variante der Geschichte von Romeo und Julia. Den ›*Fall Candias*‹ (Iraklions) beschreiben Epen des Markos Tzanes Boumichali und des orthodoxen Prälaten Gerassimos Palladas. **Georgios Chortatzis** dichtete den Liebesroman ›*Erofilia*‹ und ein Schäfergedicht ›*Panoria*‹ sowie Komödien, die von Wanderbühnen aufgeführt wurden. Doch im Zuge der türkischen Eroberung brach diese in den Städten beheimatete literarische Kultur jäh ab; ihre neuzeitliche Wirkung beruht auf Wiederentdeckung und -belebung, nicht auf ungebrochener Tradition.

Drei Dichter des 20. Jh. sind es, die heute die kretische Literatur repräsentieren – kretisch nicht nur insofern, als diese Autoren Kreter sind, sondern auch weil sie, auf jeweils spezifische Weise, die Geschichte und Gesellschaft Kretas und das Leben und die Gefühle und Denkweisen der hier lebenden Menschen thematisieren. **Nikos Kazantzakis,** 1883 in Iraklion geboren, erlebte als Junge noch das Ende der Türkenherrschaft und schilderte diese Zeit später als hochgebildeter und vielgereister Europäer in seinem packenden Roman ›*Griechische Passion*‹ (erste Fassung 1948). Nirgendwo sonst findet sich ein eindrucksvolleres Bild der Leiden und der Armut, aber auch der Stärke und Vitalität des griechischen Volkes in jener Epoche; zugleich aber fordern sein Gerechtigkeitssinn und seine unbestechli-

Literaturtips: Neben den hier erwähnten Werken kretischer Autoren empfehlen wir nachstehend aufgeführte Titel als Begleitlektüre einer Kreta-Reise: Leonard Cottrell, ›Der Faden der Ariadne‹ (Anixi 1993); Lawrence Durrell, ›Das dunkle Labyrinth‹ (Reinbek 1994); Erhart Kästner, ›Kreta. Aufzeichnungen aus dem Jahr 1943‹ (Frankfurt/Main 1979); Henry Miller, ›Der Koloß von Maroussi: Erinnerungen an einen kurzen Griechenlandaufenthalt 1940‹ (Reinbek 1993); Georgios Psychoundakis, ›The Cretan Runner: His story of the German occupation‹ (Anixi 1993). Die Bücher des Efstathiadis-Verlages, Anixi sind auf Kreta erhältlich.

Szenenfoto aus der weltberühmten Verfilmung von Kazantzakis' Roman ›Alexis Sorbas‹ mit Anthony Quinn und Alan Bates in den Hauptrollen.

che Beobachtungsgabe eine moralische Differenzierung, die ihn auch die muslimische Seite sehen läßt und die ihn vor allem bald mit nationalen und kirchlichen Autoritäten in Konflikt bringen: Teile der orthodoxen Amtskirche, die in ihrer dumpfen Rückständigkeit und Korruption durch Macht und Reichtum schonungslos denunziert werden, sehen in diesem und anderen Werken des Autors zu Recht eine Herausforderung und beantworten diese mit Ächtung.

Nicht nur die orthodoxe Kirche ist über die Schriften dieses zutiefst religiösen Menschen empört, auch der Papst verdammt Kazantzakis' Franziskus-Roman (1951) und läßt das Werk ›*Letzte Versuchung*‹ (1951) auf den kirchlichen Index setzen. Ähnlich reagieren staatliche Autoritäten auf das Werk, das mit starken Bildern, nahsichtigem Blick und einer ekstatischen und aufwühlenden Sprache den Leser stets zu moralischer und politischer Stellungnahme herausfordert. Beim griechischen Volk aber ist Kazantzakis *der* Nationaldichter, und seit den 40er Jahren auch im Ausland *der* literarische Repräsentant Griechenlands. Mit seinem Roman ›*Alexis Sorbas*‹ (1946; Verfilmung mit Anthony Quinn in der Hauptrolle und der mitreißenden Musik von Mikis Theodorakis 1964) hat er ein Charakterporträt geschaffen, das – zusammen mit weiteren komplementären Figuren seines Œuvres – nicht nur das Image des Kreters im Blick des Auslands, sondern auch die Sicht der Kreter auf sich selbst nachhaltig mitgeprägt hat (zu Leben und Werk vgl. S. 87).

20 Jahre jünger als Kazantzakis und mit ihren berühmtesten Werken in den 50er–70er Jahren hervorgetreten sind **Pandelis Prevelakis** und **Odysseas Elytis.** Während Prevelakis sich, wie Kazantzakis, mit gesellschaftlichen und historischen Vorgängen wie der Blutrache in den kretischen Bergen (innerhalb seiner ›*Kreter*‹-Trilogie ist dies der Band ›*Die Sonne des Todes*‹ von 1950) oder den Massenumsiedlungen nach dem gescheiterten Angriff auf die Türkei 1922

(*›Chronik einer Stadt‹*, 1958) auseinandersetzt, ist das lyrische Schaffen von Elytis vor allem dem Surrealismus verpflichtet. Bei aller Verschiedenheit ließen diese Dichter zusammen eine kretische Kulturszene entstehen, die in gemeinsamen gesellschaftlichen Anliegen, in korrespondierenden Theateraufführungen und Rezitationen, nicht zuletzt aber auch in der Verknüpfung mit moderner kretischer Musik ihren Ausdruck fand.

Musik und Tanz

Geradezu ein kulturelles Markenzeichen Kretas im 20. Jh. ist seine Musik. Doch es ist keineswegs selbstverständlich, daß kretisches Lyraspiel und kretischer Hirtengesang nicht nur von einigen wenigen Volkskundlern erforscht und dokumentiert werden, sondern heute einen herausragenden Platz in der ›Weltmusik‹ einnehmen. Komponisten wie **Giannis Markopoulos** und **Mikis Theodorakis** waren es, die – gemeinsam mit anderen ›klassischen‹ Musikerkollegen und Theaterleuten – kretische Volksmusik und kretische Tänze neu entdeckten, sie in ihre Werke einbezogen und ihnen so zu Weltruhm verhalfen.

Authentische **kretische Volksmusik** ist heute zwar auch in Tavernen und bei öffentlichen Konzerten zu hören, traditionell aber war sie an Feste gebunden: Ernte, Auf- und Abtrieb der Herden sowie Familienfeste wie Taufe und Hochzeit. Hauptzentren sind Anogia, vor allem aber die Lefka Ori und Chania. Die rhythmisch komplizierten Stücke basieren jeweils auf einer musikalischen Grundformel (*skeletos* bzw. *skopos*), die jedoch häufig nur in der Vorstellung der Musiker existiert und nicht selbst, sondern nur in Variationen und

Noch regelmäßig wird auf Dorffesten wie hier in Venerato bei Mironas die traditionelle Lyra sowie die Laouto gespielt.

Die dreisaitige kretische Lyra gleicht in der Form einer Mandoline, wird aber – auf das linke Knie gesetzt – mit dem Bogen gestrichen, wobei die Handfläche nach oben weist. Die Melodie wird mit schnellen kurzen Strichen, zuweilen mit hoher Virtuosität, auf der obersten Saite erzeugt, die beiden unteren Saiten werden dabei meist nur zur Begleitung angestrichen. Viele Lyraspieler stellen ihre Instrumente selbst her. Authentische Lyramusik bietet seit Jahrzehnten die ›Taverna Gounas‹ in Rethymnon.

Umspielungen erklingt. Fast alle Stücke haben einen schnellen Atem und wirken in ihrer Bewegung wild und ekstatisch, während die Melodien durch Melismen und einen ständigen Wechsel von Dur und Moll sowie durch Viertel- und Achteltonschritte häufig einen sehnsüchtig klagenden Ausdruck haben, der auf orientalischen Einfluß zurückgeht.

Gewöhnlich wechseln **Gesang und Lyraspiel** – von ein und derselben Person vorgetragen – in der Stimmführung einander ab, wobei es weniger auf die Schönheit des Tons ankommt als auf die musikalische Deklamation und den Erfindungsreichtum beim Improvisieren; statt der Lyra wird zuweilen auch die Geige oder der Dudelsack gespielt. Rhythmische und akkordische Begleitinstrumente sind *laouto* (eine Laute, deren Saiten mit dem Plektron angerissen werden) und das tiefer gestimmte Tambouras *(bouzouki)*.

Die Texte sind gewöhnlich **Mantinades:** überlieferte, vor allem aber aus dem Stegreif improvisierte Gedichte aus 13- oder 15silbigen Zweizeilern, die von privaten Freuden und Kümmernissen ebenso wie von Unterdrückung und Freiheitsdrang der Kreter künden, aber auch – wie z. B. die *rhitzitika* aus den Lefka Ori – komplette historisch-politische Balladen sein können. Musizieren, Dichten und Rezitieren gelten auf Kreta als Sache des Volkes, nicht ausschließlich eines professionellen Berufstandes.

Berühmtester kretischer **Tanz** ist der *syrtos chaniotikos,* bei dem die Tänzer einen offenen Kreis bilden, indem sie sich bei den Händen oder an die Schultern fassen. Der Vortänzer bestimmt, unterbrochen von solistischen Einlagen, die komplizierten Schrittfolgen, die übrigen Tänzer folgen ihm. Der Grundrhythmus des *syrtos* ist relativ langsam, die Schritte dagegen sind schnell und so schwer zu erlernen, daß Mikis Theodorakis für den ›*Alexis Sorbas*‹ des Anthony Quinn eine stark vereinfachte Variante, den *syrtaki* (›der kleine Syrtos‹) komponieren mußte. Schneller, hitziger und ungezügelter als der *syrtos* ist der *pendozalis,* ein wilder Sprungtanz der Hirten.

Galerie bedeutender Persönlichkeiten

Chatzidakis, Manos (*1925)
Als Komponist und Sänger verband er kretische, aber auch Folklore vom griechischen Festland mit Elementen der internationalen Popmusik. Sein berühmtester Song ›*Never on Sunday*‹ wurde durch den gleichnamigen Film (1959/60) mit Melina Mercouri in der Hauptrolle weltberühmt.

Chortatzis, Georgios (um 1700)
Der aus Rethymnon stammende Dichter gilt als Verfasser des Liebesromans ›*Erofilia*‹, des Schäferpoems ›*Panoria*‹ sowie der Komödie

›*Katsourbos*‹. Seine thematisch und stilistisch von westlichen literarischen Vorlagen inspirierten Werke trugen wesentlich zur Entwicklung der neugriech. Schriftsprache und Literatur bei.

Damaskenos, Michael (ca. 1535–91)
Als Ikonenmaler ist Damaskenos ein Hauptvertreter der Assimilation venezianischer und byzantinischer Kunsttraditionen. In Iraklion geboren und aufgewachsen, wirkte er dort am Katharinen-Kloster, seit 1577 dann in Venedig, wohin ihn die dortige griechische Gemeinde zur Ausstattung ihrer Kirche San Giorgio dei Greci berufen hatte. Anschließend arbeitete er auf Korfu und zuletzt wieder in Iraklion. Eine Reihe seiner signierten Werke sind im Byzantinischen Museum von Iraklion zu besichtigen.

Daskalogiannis, Giannis († 1770)
Der aus Anopoli stammende Rebell, der bei verschiedenen Aktionen aufständische Sfakioten gegen die Türken anführte, wurde während des russisch-türkischen Krieges 1770 unter falschen Versprechen zu Verhandlungen nach Iraklion gelockt, dort vom Sultan gefangen genommen und – in Anwesenheit seines Bruders, der darüber wahnsinnig wurde – bei lebendigem Leib gehäutet.

Elytis (bürgerl. Alepoudeolis), Odysseas (2. 11. 1911–18. 3. 1996)
Elytis gehört zu den Hauptvertretern der modernen griechischen Lyrik. Der aus Iraklion gebürtige Dichter erhielt 1979 den Nobelpreis für »seine Poesie, die mit sinnlicher Vitalität und intellektuellem Scharfblick den Kampf eines modernen Menschen für Freiheit und Kreativität gestaltet« (so die offizielle Begründung des Nobelpreis-Komittees). Wie Mikis Theodorakis engagierte er sich im Widerstand gegen die Obristendiktatur. Werke: ›*Sonne, die Allmächtige*‹ (1969); ›*Das Monogramm*‹ (1972); ›*Maria Nefeli*‹ (1978); sein Hauptwerk ›*To axion esti*‹, ›*Gepriesen sei*‹ (1959), wurde von Theodorakis vertont.

Odysseas Elytis, Anfang der 80er Jahre

Evans, Sir Arthur (8. 7. 1851–11. 7. 1941)
Vor Beginn seiner Tätigkeit als Ausgräber von Knossos bereiste der britische Archäologe als Korrespondent des *Manchester Guardian* den Balkan und publizierte archäologische, landeskundliche und aktuelle Beiträge, wurde jedoch 1881 wegen seines politischen Engagements für die lokalen Freiheitsbestrebungen ausgewiesen. 1884 übernahm er in Oxford die Stelle des Direktors am dortigen Ashmolean Museum. Hier stieß er auf Siegelsteine mit einer noch unbekannten Schrift, die ihn schließlich nach Kreta führten. Ab 1900 grub Evans den Palast von Knossos und die umliegenden Gebäude aus, die er in einem monumentalen Werk von 1922–35 publizierte; die Freilegung von Knossos bedeutete gleichsam die Wiederentdeckung der minoischen Kultur. 1911 wurde Evans in den Adelsstand erhoben.

Galanakis, Irineos (* 1911)
Der aus einer armen Bergbauernfamilie stammende Galanakis trat als junger Mann in das Priesterseminar von Agia Triada ein und wurde dort Mönch. In Lille, Paris und Heidelberg absolvierte er Studien der Soziologie und Pädagogik. Anschließend verband er sein monastisches Leben mit der Arbeit an der gesellschaftlichen und kulturellen Entwicklung Kretas, u. a. durch Einrichtung von Internaten, um Kindern – besonders Mädchen – aus dörflichen Regionen Möglichkeiten zu höherer Bildung zu geben; auch eine erste Taubstummenschule auf Kreta sowie Programme gegen Arbeitslosigkeit (Regionalisierung des Handwerks und Gründung von Frauenkooperativen) gehen auf seine Initiative zurück. 1971 wird er zum Metropoliten der griechisch-orthodoxen Kirche in Zentraleuropa gewählt, 1981 auf Druck der Bevölkerung zum Bischof von Kastelli Kissamou ernannt. Kaum eine Persönlichkeit hat in der zweiten Hälfte des 20. Jh. so viel für Kretas gesellschaftlichen und intellektuellen Fortschritt geleistet wie Bischof Irineos. Sein ökumenisches Engagement hat die von ihm gegründete Orthodoxe Akademie in Gonia zu einem der wichtigsten Orte interkonfessionellen Gesprächs werden lassen.

Das El Greco-Denkmal in Fodele

El Greco (span. »der Grieche«), bürgerl. Domenico Theotokopoulos (1541–1614)
Bereits zu Lebzeiten war El Greco ein berühmter spanischer Maler kretischer Herkunft. Aufgewachsen in Iraklion in einem venezianisch-griechischen Milieu, erhielt er, wie Dokumente belegen, seine erste Ausbildung als Ikonenmaler am Katherinen-Kloster der Stadt, möglicherweise als Schüler des Michael Damaskenos. Seit 1568 in Venedig als einer der vielen *Madonnini* (d. h. »Madonnenmaler«) tätig, lernte er dort wahrscheinlich die Werkstätten des Tizian, Jacopo Bassano und Tintoretto kennen. Ab 1570 in Rom, kam er im Kreis des Fulvio Orsini – Bibliothekar des Kardinals Alessandro Farnese – mit dem Humanismus jener Zeit in Berührung. Ab 1577 lebte und arbeitete der Maler in Toledo. Seine Gemälde – hochrangige Aufträge für Porträts und Altarbilder – signierte er zeitlebens mit seinem griechischen Namen und in griechischen Lettern. Stark überlängte Figuren und eine dramatische, zugleich abstrakte Farbgebung lassen seine Bilder ekstatisch und visionär erscheinen. Ikonographische oder stilistische Bezüge zu künstlerischen Traditionen seiner Heimat sind, mindestens in den gesicherten Gemälden der spanischen Periode, nicht zu finden. Zwei seiner Frühwerke befinden sich im Historischen Museum von Iraklion.

Kalergis, Alexios (13.–14. Jh.)
Angehöriger der über Jahrhunderte einflußreichen gleichnamigen Adelsfamilie, die vor allem in Zentral- und Westkreta ausgedehnte Ländereien besaß. Verhandlungsführer der orthodoxen Seite beim Friedensvertrag nach den Aufständen gegen die Venezianer 1283/99 *(Pax Alexii Calergii,* vgl. S. 65). Zahlreiche Kirchenbauten des 14. Jh. rühren von Stiftungen dieser Familie her.

Kazantzakis, Nikos (18. 2. 1883–26. 10. 1957)
Der in Iraklion geborene Schriftsteller und Philosoph zählt zu den berühmtesten Dichtern des modernen Griechenland. Nach juristischem Examen in Athen, studierte er in Paris u. a. bei Henri Bergson Philosophie und politische Wissenschaften. Nach Griechenland zurückgekehrt, war er 1945/46 Ministerialdirektor, verließ das Amt wegen parteipolitischer Auseinandersetzungen. Kazantzakis verfaßte Romane, Dramen und Gedichte, aber auch Reiseberichte, Lexika und Schulbücher; er übersetzte Homer, Dante und Goethes ›*Faust I*‹ ins Neugriechische und dichtete mit seiner ›*Odysseia*‹ eine Art Fortsetzung des Homerischen Epos. In Deutschland wurde er vor allem durch seinen Roman ›*Alexis Sorbas*‹ bekannt (1946), der 1952 mit Anthony Quinn in der Hauptrolle verfilmt wurde, und außerhalb Griechenlands das Bild Kretas zwischen Tradition und Moderne prägte. Hier wie auch in anderen seiner Werke fließen das unerbittliche kretische Ehrgefühl mit der uneingeschränkten Liebe zu Mensch und Natur zusammen – ein Spiegel für Kazantzakis' Leben zwischen humanistischer Bildung und vitalem Idealismus. Für Kazantzakis bedeutete Schreiben immer zugleich Einmischung in Politik und Kultur seines Landes, weshalb sein Schaffen von der Orthodoxen Amtskirche wie auch konservativen Politikern heftig attackiert wurde; auch heute bemühen sich reaktionäre Kreise um ein Verbreitungsverbot seiner Schriften oder wenigstens ihre Abschaffung als Schullektüre. Weitere Werke: ›*Freiheit oder Tod*‹ (1953); ›*Griechische Passion*‹ (1954); ›*Brudermörder*‹ (1965).

Nikos Kazantzakis in seinem Arbeitszimmer in Antibes, um 1956

Kornaros, Ioannis (1745–1769/70)
Der von westlichen Maltraditionen beeinflußte Ikonenmaler aus der Adelsfamilie, der auch der Dichter Vintzentios Kornaros entstammt, schuf 1770 die berühmte Ikone ›*Megas ei, kyrie*‹ im Toplou-Kloster.

Kornaros, Vintzentios († 1677)
Aus Sitia stammender Dichter, Verfasser des Vers-Epos ›*Erotokritos*‹ (1713), möglicherweise auch des biblischen Dramas ›*Das Opfer des Abraham*‹. Seine von englischen, französischen und italienischen Ritterromanen beeinflußte Dichtung begründete die Tradition neugriechischer nichtkirchlicher Literatur Kretas.

Markopoulos, Giannis (* 1939)
Der über Kreta hinaus in der ganzen Welt gefeierte Komponist verbindet Elemente kretischer Volksmusik, die er »frei und menschlich, ohne überflüssige Schnörkel, rauh und doch sanft wie eine Vogelfeder« nennt, mit klassisch-modernen Kompositionsweisen. Einer seiner bekanntesten Interpreten war Nikos Xylouris.

Mehmed Ali (1769–1849)
In Kavala aufgewachsen, war Mehmed zunächst Händler, dann Offizier. 1800 nahm er an der Abwehr der französischen Invasion in Ägypten teil und wurde 5 Jahre später als Pascha in Ägypten bestä-

tigt. Zum Lohn für militärische Hilfe bei der Niederschlagung des griechischen Aufstands auf dem Festland setzte ihn 1830 die ›Hohe Pforte‹ als Herrscher über Kreta ein, was dem Land Reformen und steuerliche Erleichterungen brachte. 1841 aber mußte Mehmed sich auf Intervention der Großmächte hin nach Ägypten zurückziehen, Kreta wurde wieder von den Osmanen regiert.

Pagomenos, Ioannis (spätes 13. Jh. und 1. Hälfte 14. Jh.)
Westkretischer Freskenmaler des frühen 14. Jh., dessen Œuvre sich vor allem in Kirchenstiftungen der Kalergis-Familie findet, so in Moni, Kandanos und Alikambos.

Prevelakis, Pandelis (18. 2. 1909–13. 3. 1986)
Noch vor seinem 20. Lebensjahr begann der in Rethymnon geborene Autor Gedichte, und später Romane, Theaterstücke und Essays zu verfassen. In vielen seiner Werke setzt er sich in seiner eigenwilligen und markanten Sprache mit der Kultur und Geschichte Kretas auseinander, wie etwa in seinem in Deutschland wohl bekanntesten Roman ›*Die Sonne des Todes*‹ (1959) aus der Trilogie ›*Der Kreter*‹. Mit Nikos Kazantzakis stand er in regem Kontakt. Ab 1937 lehrte Prevelakis als Professor für Kunstgeschichte an der Athener Akademie für Schöne Künste, deren Direktor er zugleich war.

Ritzos, Andreas (1421?–1492)
Ikonenmaler, der sowohl italienische als auch byzantinische Maltechniken souverän beherrschte und je nach Sujet und Auftrag einsetzte. Ihm zugeschrieben werden eine Pantokrator-Ikone im Toplou- und weitere Bilder im Gonias-Kloster.

Sakellarakis, Giannis A. (* 1936)
Nach Studium der Archäologie an der Universität Athen Ausgrabungstätigkeit auf dem griechischen Festland. Seit 1963 Kurator am Archäologischen Museum Iraklion; seit 1964, zusammen mit seiner Frau Efi Sakellarakis, Grabungen in Archanes sowie in der ›Zeus-Höhle‹ am Psiloritis. 1979 sensationelle Entdeckung des Menschenopfers im Heiligtum von Anemospilia. In den 80er Jahren stellvertretender Leiter des Nationalmuseums in Athen, seitdem Ausgrabungen auf Kreta (Archanes; Zominthos).

Mikis Theodorakis, um 1985

Theodorakis, Mikis (* 29. 7. 1925)
Der Komponist wurde auf der Insel Chios geboren, auf die sein Vater, ein Rechtsanwalt kretischer Abstammung, versetzt worden war. Theodorakis schrieb Sinfonien, Opern und Ballettmusiken, wurde jedoch vor allem durch seine von griechischer Volksmusik geprägten Lieder und Filmmusiken populär. So komponierte er für die Verfilmung von ›*Alexis Sorbas*‹ (1964) den ›*Syrtaki*‹, den heute wohl berühmtesten Tanz Kretas, für dessen Rhythmus und Melodie Theodorakis sich zwar von einheimischen kretischen Tänzen inspirieren

ließ, der aber doch seine ureigenste Erfindung ist. Moderne griechische Musik und damit ein wichtiger Teil des kulturellen Erscheinungsbildes Griechenlands in der Welt geht auf sein Schaffen zurück. Neben seiner musikalischen Arbeit nahm Theodorakis aktiv am politischen Geschehen Griechenlands teil: erst im Widerstand während des Zweiten Weltkrieges, später gegen die Obristen. Sein Engagement trug ihm mehrere Verhaftungen und Folterungen ein. Nach dem Ende der Obristen-Diktatur 1974 kehrte er aus vierjährigem Exil in Frankreich nach Griechenland zurück und amtierte als ›unabhängiger Linker‹ von 1990–92 als Staatsminister ohne Geschäftbereich.

Venizelos, Eleftherios Kyriakos (23. 8. 1864–18. 3. 1936)
Die Politik des aus Mournies bei Chania stammenden Juristen zielte auf die Vereinigung aller Griechen in einem Staat *(Megali idea)*. Vor allem seinem Wirken hat Kreta den Anschluß an Griechenland 1913 *(Enosis)* zu verdanken. Als Justizminister unter Hochkommissar Prinz Georg leitete Venizelos 1905 einen bewaffneten Aufstand (›Therisso-Revolte‹), der jedoch nur zur Abdankung Georgs führte; auch die folgenden politischen Proklamationen für einen Anschluß ans Mutterland blieben auf Kreta zunächst erfolglos. Als Begründer und Führer der Liberalen Partei 1910 zum griechischen Premier gewählt, nahm er – ohne verfassungsmäßige Grundlage – kretische Abgeordnete ins Athener Parlament auf. In den Londoner Verträgen 1913 wurde, nach Niederlagen des Osmanischen Reichs in den Balkankriegen, Kreta dem Staatsverband einverleibt; auch Makedonien, Epirus, sowie die meisten Ägäis-Inseln fielen an Griechenland. Erst der Widerstand der von Kemal Atatürk geführten türkischen Armee setzte der Expansionspolitik von Venizelos ein Ende und mündete 1923 in die ›Kleinasiatische Katastrophe‹. Nach einem mißlungenen Putschversuch gegen die Regierung Tzaldaris ging Venizelos nach Paris ins Exil.

Eleftherios Venizelos, Anfang der 20er Jahre

Ventris, Michael G. W. (12. 7. 1922–6. 9. 1956)
Von Beruf Architekt, widmete sich der Engländer in seiner Freizeit der Entzifferung der minoischen ›Linear-B-Schrift‹. 1952 gelang ihm der entscheidende Durchbruch, indem er nachweisen konnte, daß es sich bei dieser alten Schrift um eine frühe Form des Griechischen handelt. In Zusammenarbeit mit dem Gräzisten John Chadwick setzte er seine Arbeiten fort; 4 Jahre später kam er bei einem Autounfall ums Leben.

Xylouris, Nikos (1937–1980)
Der aus Anogia stammende Musiker war ursprünglich Hirte von Beruf, der auf kleinen Festen die Lyra spielte und sang. Bekannt wurde er vor allem als Interpret der Kompositionen von Giannis Markopoulos; das alte Revolutionslied ›*Pote tha kani xasteria*‹ wurde zu einer Art kretischer Nationalhymne. Nach seinem frühen Tod wurde er auf Kreta schnell zur Legende.

Ansicht des Klosters Arkadi auf einem Stich aus: M. Louis Lacroix, ›Îles de la Grèce‹ (Paris 1853) ▷

Reisen auf Kreta

Mittelkreta

Iraklion – Kretas Hauptstadt

Ob man nun mit dem Flugzeug oder per Schiff ankommt, für fast alle Kreta-Reisenden ist Iraklion die erste Station. Doch bereits der Weg vom Flughafen zur Stadt durch schmutzige Vororte und zersiedelte Industriegebiete läßt den Wunsch aufkommen, Iraklion so schnell wie möglich wieder zu verlassen und zu Orten weiterzureisen, die dem Wunschbild »Kreta« – d. h. schöne Landschaften samt malerisch eingebetteter Kulturdenkmäler – eher entsprechen. Auch die Ankunft im Fährhafen ist gänzlich unromantisch, und dieser Eindruck ändert sich kaum auf dem Weg zum Stadtzentrum, das teilweise einer chaotischen Baustelle gleicht und des Flairs mediterraner Stadtkultur weitgehend entbehrt. Dennoch: Iraklion lohnt, allein schon seiner weltberühmten Museen wegen, einen Aufenthalt von 1–2 Tagen. Auch bietet die Stadt beim näheren Hinschauen durchaus Plätze und Viertel mit Atmosphäre, denn sie ist – in ihren schönen wie häßlichen Facetten – zweifellos die vitalste und vom Tourismus unberührteste Stadt Kretas. Gerade weil hier das Leben in schierer Alltäglichkeit verläuft und nicht Teil touristischer Inszenierung ist, darf Iraklion – und nicht etwa Rethymnon oder Chania – auch als authentischste Stadt Kretas gelten.

Iraklion ☆☆
Besonders sehenswert:
Venezianisches Hafenkastell und Arsenale ☆
Titus-Kirche
Venezianische Loggia
Morosini-Brunnen ☆
Bembo-Brunnen
Minas-Kathedrale
Kleine Minas-Kirche
Kazantzakis-Grab auf der Martinengo-Bastion
Archäologisches Museum (AMI) ☆☆
Historisches Museum ☆
Byzantinisches Museum ☆

Kurze Stadtgeschichte

In minoischer Zeit befand sich hier einer der Häfen von Knossos, doch weder aus jener noch aus nachfolgenden griechischen Epochen haben sich irgendwelche Bauten erhalten. Allein der **Name** erinnert noch an die antike dorische Siedlung *Herakleion,* benannt nach Herakles, der hier der Sage nach seine 7. Tat – die Bezwingung des kretischen Stiers – vollbrachte: eine Erzählung, die als Ausdruck festländisch-griechischen Anspruchs auf die Insel verstanden werden kann. Bedeutung erlangte Iraklion erst unter den Arabern, die 828 hier ihre Hauptfestung anlegten und ihr den Namen *Rabd el Chandak* (d. h. »Burg mit dem Graben«) gaben; dieser Name hielt sich bis in byzantinische Zeit und wurde von den Venezianern nach ihrer Besetzung der Stadt 1204 zu *Candia* verkürzt. Erst 1898 knüpfte man – im Zuge nationaler Rückbesinnung auf Alt-Hellas – wieder an die antike Bezeichnung an und nannte die Stadt fortan *Iraklion.*

Seine Blütezeit erlebte Iraklion in den letzten zwei Jahrhunderten **venezianischer Herrschaft,** als die Adeligen und Großgrundbesitzer verpflichtet waren, sich in der Inselhauptstadt Residenzen zu errichten und diese auch mehrere Monate des Jahres zu bewohnen. Zwar haben sich jene Privatpaläste des 15. und 16. Jh. ebensowenig erhalten wie der Palazzo Ducale, der Regierungssitz des Gouverneurs, wohl aber stammen die berühmte Loggia und mehrere Brunnenanla-

◁ *Landschaft in Mittelkreta bei Agia Varvara*

Vom Archäologischen Museum abgesehen, ist Iraklion, einschließlich seiner weiteren Museen, in einem Tag gut zu besichtigen. Angesichts des Verkehrsgedränges, der Parkplatznot und der nur kurzen Wegstrecken, die im Bereich der Innenstadt zurückzulegen sind, sollte man Iraklion nach Möglichkeit zu Fuß erkunden. Das Auto parkt man am besten auf dem großen bewachten Parkplatz unterhalb der Befestigungsmauer beim Archäologischen Museum.

gen noch aus dem 17. Jh. Auch venezianische Kirchenbauten – San Pietro, San Marco und die kleine Agios Minas – sind noch im Stadtbild präsent; Candia war Sitz des katholischen Erzbischofs von Kreta. Auffälligste Hinterlassenschaft der Venezianer aber sind die im 16. Jh. angesichts wachsender Bedrohung durch türkische Flotten errichteten gewaltigen Befestigungen.

Anders als in Chania hielten hier die Hafen- und Stadtmauern 21 Jahre lang der **türkischen Belagerung** stand, 1669 aber wurde nach einem Krieg, der 120 000 Menschen auf türkischer und 30 000 auf griechischer Seite das Leben gekostet hatte, Iraklion eingenommen. Die Venezianer erhielten freien Abzug, ihr General Francesco Morosini sollte in Venedig später sogar zum Dogen avancieren, für die Griechen hingegen begann eine – mindestens im nachhinein als noch schrecklicher empfundene – neue Fremdherrschaft. Gemessen an der vorangegangenen Epoche, versank Iraklion in die Bedeutungslosigkeit eines **osmanischen Provinznestes,** in das sich nur noch selten ausländische Besucher verirrten. Erst im Verlauf des 19. Jh. zeichnete sich ein Aufschwung ab, als die Stadt durch größere Bauvorhaben ein neues Gesicht erhielt: eine monumentale Moschee (heute Agios Titos) und, Zeichen bemerkenswerter Toleranz seitens der islamischen Besatzer, eine noch riesigere Metropliten-Kirche (Agios Minas).

Im Gegensatz zu Rethymnon und Chania, wurden in Iraklion nach dem Abzug der osmanischen Truppen 1898 nicht nur das Serail des Paschas, sondern fast alle türkischen Bauten dem Erdboden gleichgemacht, so daß im heutigen Stadtbild nichts mehr von dieser Periode zu sehen ist. Nicht Iraklion, sondern Chania war es, das damals zum Sitz des Hochkommissars ausgewählt wurde, und Kretas Hauptstadt sollte es auch bleiben, als die Insel 1913 dem griechischen Staatsverband angegliedert wurde. Erst 1972 machte man – angesichts der Touristenströme nach der Entdeckung von Knossos, aber auch infolge des rasanten Bevölkerungszuwachses durch Massen von Flüchtlingen nach dem griechischen Angriffskrieg in Kleinasien 1923 – Iraklion wieder zur Hauptstadt Kretas. Mit seinen mittlerweile 140 000 Einwohnern breitet sich die Stadt, hierin Abbild der Metropole Athen, wildwüchsig aus; jeder fünfte Kreter wohnt inzwischen hier.

Stadtbesichtigung

Einen Stadtrundgang beginnt man am besten an der Bastion beim Archäologischen Museum (1, s. S. 100). Zwei reliefverzierte Brunnen aus türkischer Zeit verdienen hier Beachtung: Ein Relief zeigt u. a. stilisierte Schalen und Zypressen, die – in Anlehnung an spätantike und frühchristliche Vorbilder – die lebensspendende Kraft des Wassers versinnbildlichen.

Einen guten Eindruck von der Meerlage der Stadt gewinnt man, wenn man von hier, vorbei am Museum des Nationalen Widerstands (2), die Bastion hinab zum Fährhafen läuft und von dort das nahe-

Neben Athen und Thessaloniki ist Iraklion die drittgrößte Agglomeration Griechenlands. An klaren Tagen kann man über die Dächer der Stadt bis zum Ida-Gebirge blicken.

gelegene alte Hafenbecken mit seinen Arsenalen (3) und das auf der Mole vorgelagerte Kastell (4) aufsucht. Bei genügend Zeit lohnt sich der Abstecher zur Kirchenruine Agios Petros (5), zum benachbarten Historischen Museum (6, s. S. 112) und Naturkundemuseum (7). Unweit westlich dahinter trifft man auf den Priuli-Brunnen (8). Von der Mole des alten Hafens führt die belebte Geschäftsstraße 25 Avgoustou mit ihren einzelnen Hausfassaden aus der Zeit um 1900 hinauf ins Stadtzentrum, zunächst zur Titus-Kirche (9) und zur venezianischen Loggia (10), anschließend zur Markos-Kirche (11) und zum Morosini-Brunnen (12), dann – hinter der Marktgasse Odos 1866 – zum Bembo-Brunnen (13). Wenige Schritte weiter westlich trifft man auf die große und die kleine Minas-Kirche (14/15) sowie auf das Byzantinische Museum ehemals Agia Ikaterini (16, s. S. 115). Beschließen kann man die Stadtbesichtigung mit einem Besuch der Agios Matteos (17) und des Grabes von Nikos Kazantzakis auf der Martinengo-Bastion im Süden der Altstadt (18).

Das unterhalb des Archäologischen Nationalmuseums (Ecke Doukos Bofor/Meramvelou) 1994 eröffnete ›Museum Schlacht von Kreta und nationaler Widerstand‹ (2) enthält Dokumente der Kämpfe von 1941 und der anschließenden deutschen und italienischen Besatzung bis 1945.

Die sternförmige **Stadtbefestigung** mit ihren sieben herzförmig vorspringenden Bastionen und einem ganzen Netz von tonnenüberwölbten Tunnelgängen wurde von Michele Sanmicheli entworfen, einem Architekten aus Verona, der auch die Fortezza von Rethymnon konzipierte. Nach 1462 begonnenen Vorarbeiten, konnte die Riesenanlage von fast 5 km Länge und mit einem tiefen Trockengraben auf der Außenseite in nur einem Jahrzehnt 1550–60 vollendet werden, die einheimische Bevölkerung wurde dabei zu Frondiensten herangezogen. Obwohl insgesamt gut erhalten und für sich gesehen beeindruckend, kommt die mächtige Anlage durch ungeplante moderne Umbauung im heutigen Stadtbild nur an einzelnen Stellen zur Wirkung. Eine bessere Erschließung für Besucher, u. a. durch die Anlegung eines historischen Parks, ist geplant. Auch die **Arsenale** (3) am alten Hafen sind größer als die berühmten von Chania, doch wirken sie inmitten des Verkehrs und überbaut von Schuppen und häßlichen Betonhäusern eher wie Abrißwürdiges denn als erhaltenswertes historisches Denkmal.

Iraklion 1 Archäologisches Museum 2 Museum des Nationalen Widerstands 3 ehem. Arsenale 4 Hafenkastell 5 Agios Petros 6 Historisches Museum 7 Naturkundemuseum 8 Priuli-Brunnen 9 Agios Titos 10 Venezianische Loggia 11 Agios Markos 12 Morosini-Brunnen 13 Bembo-Brunnen 14 Kathedrale Agios Minas 15 Kleine Agios Minas-Kirche 16 Byzantinisches Museum (Agia Ekaterini) 17 Agios Matteos 18 Kazantzakis-Grabmal auf der Martinengo-Bastion

Selbst wer kein spezieller Freund von Militärbauten ist, wird die Besichtigung des **Hafenkastells** (4) – heute *Koules* (»Turm«) genannt – jenseits historischer Details interessant finden. Zweimal, jedoch nur auf der Seeseite gut erhalten, ziert Venedigs Wappentier, der geflügelte Markus-Löwe, das die Hafeneinfahrt bewachende Fort. Auch das sorgfältig hergerichtete Innere der 1523–40 errichteten Festung lohnt einen Besuch. Verzweigte, von Kappen und Tonnen überwölbte Gänge öffnen sich zu weiten, im Grundriß gekrümmten Hallen, die – wie Balkenlöcher verraten – einst in mehrere Stockwerke gegliedert waren. Die von Mauern eingefaßte Dachplattform wirkt wie der Hof eines venezianisches Palastes; hier finden an Sommerabenden Konzerte und Theateraufführungen statt. Der zinnengesäumte **Wehrumgang** bietet Ausblick auf die Stadt und beide Häfen.

Die Ruine der im 14. Jh. erbauten gotischen Dominikaner-Kirche San Pietro, griech. **Agios Petros** (5), wird derzeit restauriert. Rund um den Chor sieht man tief im Boden Mauerreste der hellenistisch-römischen, darüber der frühbyzantinischen und schließlich der – archäologisch sonst kaum dokumentierten – arabischen Siedlung; einzelne Funde dieser Ausgrabung sind im benachbarten **Historischen Museum** (6, s. S. 112) ausgestellt. Ein modern konzipiertes **Naturkundemuseum** (7) in einer ehemaligen Fabrik an der Hafenfront öffnet im Sommer 2006 seine Pforten. Es informiert über Geologie, Flora und Fauna auf Kreta und die Beziehung des Menschen zu seiner Umwelt von der Urzeit bis heute. An der Platia Nikos Kazantzakis trifft man auf den nach seinem Erbauer benannten hübschen **Priuli-Brunnen** von 1666 (8): Der Rückwand vorgeblendet ist eine Tempelfront aus Halbsäulen und -pfeilern mit Nischen zu beiden Seiten; leider sind die skulptierten Wasserspeier verloren.

Wann der erste Bau von **Agios Titos** (9) entstand, ist nicht bekannt. Jedenfalls wurde hier, nach der arabischen Zerstörung von Gortyn im 9. Jh., die *Schädelreliquie des hl. Titus* – der Gefährte des Paulus wird als Missionar Kretas verehrt – aufbewahrt, bis die Venezianer vor der Einnahme der Stadt durch die Türken das Kleinod nach Venedig schafften und in San Marco deponierten. 1966 wurde die Titus-Reliquie in feierlichem Geleit zurückgebracht und ruht seither in der linken Seitenkapelle der Kirche. Der Bau aus hellem Sandstein wurde 1856 als Moschee konzipiert und 1872 unter Leitung des Architekten Athanasios Moussos, der auch die Minas-Kathedrale entwarf, fertiggestellt. Der Grundriß ist quadratisch; Front und Seiten sind in ihrer eigentümlichen schmuckhaften Wandgliederung mit ›Eselsrückenmotiven‹ annähernd gleich gestaltet, nur im Osten verraten fast verschämt angefügte flache Apsiden den Anfang des 20. Jh. erfolgten Umbau zur Kirche. Eine zentrale Kuppel schwebt über den gotischen Gurtbögen des Inneren, die auf schlanken Säulenbündeln ruhen: eine Mischung gotischer, klassizistischer, byzantinischer und arabischer Stilelemente. Vorhalle und linke vordere Seitenkapelle enthalten noch die mit Muqarnas verzierten Gebetsnischen der ehemaligen Moschee. Vom Vorplatz aus sollte man einen Blick auf die gegenüberliegende Straßenseite werfen, wo ein neoklassizistisches Haus vom Anfang des 20. Jh. steht.

Die unter Francesco Morosini 1626–29 errichtete **Loggia** (10) – heute Rathaus – war nicht etwa Regierungssitz, sondern diente den venezianischen Stadthonoratioren als Clubhaus, Ballsaal und Empfangsgebäude. In ihrer doppelgeschossigen Arkadengliederung mit tuskanisch-dorischer Säulenstellung unten und ionischer oben orien-

Tip:
Von Iraklion aus existieren gute Busverbindungen mit allen Städten Kretas sowie mit den größeren Dörfern des Regierungsbezirks. Es gibt drei Busbahnhöfe (s. Stadtplan): Von Busbahnhof A aus fahren Fernbusse nach Archanes, Malia, Fodele sowie auf die Lassithi-Hochebene und in alle Orte Ostkretas. Von Busbahnhof B aus kann man in die Messara-Ebene sowie nach Agia Galini und Lendas aufbrechen. Fernbusse ab Busbahnhof C erschließen den Westen Kretas (Rethymnon, Chania).

Beim Besuch der Venezianischen Loggia sollte man nicht nur einen Blick in den schönen Innenhof werfen, sondern das Gebäude auch umschreiten, dessen rückwärtiger Teil einst Waffenarsenal der Venezianer war und noch heute in seinem ursprünglichen Zustand erhalten ist.

Das kommunale Zentrum der Inselhauptstadt wurde nach dem Muster der Piazza San Marco von Venedig ausgebaut. Hier hatte der aus dem venezianischen Adel entsandte Gouverneur, der den Titel eines ›duca‹ führte, seinen Sitz. Hier lagen die Bauten der Ratsgremien und die Loggia (9). Wie in Venedig, war dem Stadthalterpalast (nicht mehr erhalten) eine Markus-Kirche (10) angegliedert, die der kirchlichen Verfügungsgewalt entzogen und direkt dem Gouverneur unterstellt war.

Venezianischer Löwe in der Sockelzone des Morosini-Brunnens

tiert sich die prachtvolle Fassade an italienischen Renaissance-Vorbildern, namentlich Bauten von Palladio wie der Basilica und dem Palazzo Chiericati in Vicenza. Kriegstrophäen auf dem *Metopenfries* symbolisieren Venedigs militärische Stärke. Was man heute erblickt, ist allerdings ein moderner, in den 1970er Jahren durchgeführter Wiederaufbau der Fassade, die durch Erdbeben und Bombardement im Zweiten Weltkrieg in Mitleidenschaft gezogen worden war und deren originale Fragmente im Historischen Museum aufbewahrt werden. *Bronzemedaillons* in der Loggia weisen auf historische Persönlichkeiten hin, die für Kretas kulturelle Entwicklung von Bedeutung waren: Maler wie Michael Damaskenos und El Greco ebenso wie die Dichter Odysseas Elytis, Nikos Kazantzakis und Giorgios Seferis.

Nur wenig werden Besucher der **Markos-Kirche** (11) abgewinnen können. 1239 geweiht, war sie lange Zeit Grablege der Gouverneure von Candia. Die byzantinisch-venezianische Vorhalle wirkt nicht nur modern, sie ist es auch. Der für *Ausstellungen zeitgenössischer kretischer Kunst* (meist mäßiger Qualität) genutzte Innenraum der flachgedeckten dreischiffigen Basilika mit seinen von einem antiken Gebäude wiederverwendeten Monolithsäulen und seinen grün und golden getünchten Säulenbasen und Kapitellen erinnert mehr an eine Bahnhofshalle des ausgehenden 19. Jh. als an eine venezianische Kirche. Intakt erhalten hat sich vom ursprünglichen Bau aber die Innenseite eines mit floraler Ornamentik reliefverzierten Portals.

Treffpunkt von Touristen ebenso wie von jungen Leuten der Stadt ist die Platia Eleftherios Venizelos mit dem **Morosini-Brunnen** (12) aus dem Jahr 1628: benannt nach dem Onkel des berühmten Verteidigers von Candia und späteren Dogen von Venedig. Über einen 15 km langen Aquädukt, der sich bei Knossos noch in Teilen erhalten hat (s. S. 134), ließ er das Wasser vom Jouchtas bis in die Stadt führen. Vier wasserspeiende Löwen, wahrscheinlich von einem Bauwerk des 14. Jh. hier wiederverwendet, tragen eine große Schale, die einst von einer Neptun-Statue bekrönt war. Die *Reliefs* des unteren Bekkens setzen die Wasserthematik fort: Hier tummeln sich, nach dem Vorbild römischer Sarkophage, menschen- und tiergestaltige ›Seewesen‹, darunter – als Ausdruck abendländischer Ansprüche auf Kreta – gleich mehrmals Europa auf dem Zeus-Stier. Von den Türken später beschädigte venezianische Wappen vervollständigen die politische Botschaft des Denkmals.

Eines der kunsthistorisch wertvollsten Ensembles in Iraklion ist in Privatbesitz, wird aber auf freundliches Bitten nach Möglichkeit einzelnen interessierten Besuchern gezeigt. Dieses Juwel turko-kretischer Hausarchitektur aus dem Jahr 1856 samt komplett erhaltener Innenausstattung findet man unweit des Morosini-Brunnens in der Odos Gianni Chronaki 26: nicht nach dem ursprünglichen türkischen, sondern dem ersten griechischen Besitzer des Hauses benannt. 1976 sorgfältig restauriert und in seiner alten Farbenpracht wieder hergestellt, gibt das Interieur einen Eindruck von der verfeinerten Wohnkultur der osmanischen Oberschicht in Iraklion, dem damaligen Candia. Hamam, Küche, der Salon – alles ist samt Möbeln erhalten: geschnitzte Schrankwände, mit Intarsien verzierte Stühle, auf Holz und Stuck gemalte Blumenornamente und Landschaften an Decken und Wänden.

Die einem Basar ähnelnde **Marktgasse Odos 1866** führt zur Platia Kornarou mit dem 1558 erbauten **Bembo-Brunnen** (13). Dem aus venezianischen Versatzstücken und aus einem antikem Torso zusammengesetzten Brunnen ist ein kioskartiges **türkisches Brunnenhaus** benachbart. Trotz Autoverkehr ist das in dem Kiosk ansässige Café noch immer ein beschauliches Plätzchen inmitten großstädtischer Hektik. Bei einem Kaffee oder einem Glas Wein kann man hier entspannt die kaleidoskopartig versammelten Stücke vergangener und gegenwärtiger Zeiten und Kulturen genießen.

Das kleine Café am Bembo-Brunnen lädt inmitten von Iraklions Hektik zum Verweilen ein.

In der Agios-Minas-Kirche ist vor allem die von den Brüdern Kastrofylakos 1735 gefertigte Ikonostase sehenswert; auch unter den an den Wänden aufgehängten Ikonen befinden sich mehrere wertvolle Stücke des 16.–18. Jh.

Die in ihren Dimensionen die Mitropolis von Athen übertreffende **Agios Minas-Kathedrale** (14) wurde noch unter türkischer Administration und sogar unter Mitfinanzierung durch den Pascha 1862–95 erbaut; Architekt war Athanasios Moussos, der auch die Moschee und spätere Titus-Kirche entwarf. Der von zwei hohen Glockentürmen flankierte Bau bildet eine in Größe und Vielfalt beeindruckende, jedoch zweifellos bizarr zu nennende Mischung aus griechischem Klassizismus (z. B. Palmetten an den Dachrändern), Palladio-Zitaten, Neo-Byzantinischem und, fast versteckt, arabischen Elementen. Auch innen erwartet den Besucher ein wahrhaft gewagtes Konstrukt: inmitten neobarocker Architektur breitet sich ein komplettes *byzantinisches Freskenprogramm* aus, gefertigt in den 60er Jahren des 20. Jh. Selbst der Nestor der Byzantinismus-Forschung in Griechenland, Anastasios Orlandos, ließ es sich nicht nehmen, hier mitzuwirken; er entwarf die Ikonostase! Bescheiden wirkt daneben die **Kleine Agios Minas-Kirche** (15), eine Zweiraumkapelle des 15. oder 16. Jh. Das Innere ist sehenswert wegen einer holzgeschnitzten Ikonostasis mit originaler farbiger Fassung sowie Ikonen des 16. und 17. Jh.

Wenige Schritte entfernt steht **Agia Ekaterini** (16, s. S. 115), heute das Byzantinische Museum. Die Kirche war einst Katholikon des berühmten Katharinen-Klosters mit seiner theologischen, philosophischen und künstlerischen Hochschule. Der klar gegliederte tonnenüberwölbte Bau aus der Mitte des 16. Jh. bildet die Form eines lateinischen Kreuzes. Merkwürdig orientalisch hingegen wirkt im Kontrast hierzu bereits von außen der kuppelüberdeckte Annex im Norden; wie Innendetails am Übergang vom Viereck zur Kuppel verraten, fanden hier tatsächlich islamische Bauformen Eingang in christliche Kirchenbaukunst.

Neben einem Holzkreuz weist auf Nikos Kazantzakis' letzte Ruhestätte auf der Martinengo-Bastion allein eine schlichte Grabplatte mit der Inschrift des Lebensmottos des Dichters hin:
Δἐν 'ελπίζω τίποτα, δἐ φοβουμαι τίποτα, ἔῖμαι λέφτερος.

Agios Matteos (17) in der Odos Taxiarchou bewahrt noch *Ikonen des Michael Damaskenos* (›hl. Simeon mit dem Christuskind‹; ›Johannes der Täufer‹).

Das **Grab des Dichters Nikos Kazantzakis** (18), der 1957 in Freiburg starb und dem die orthodoxe Kirche bis heute eine Bestattung nach kirchlichem Ritus verweigert, ist ein wahrhaft erhabener Ort: Auf der hohen Plattform der Martinengo-Bastion, mit Blick auf Stadt und Meer und auf die Silhouette des Jouchtas, den »schlafenden Zeus«, wie die Griechen ihn nennen, steht ein schlichtes Kreuz – treffendes Symbol für Kazantzakis' Leben und Werk – sowie als Inschrift sein Lebensmotto: »*Ich erhoffe nichts, / Ich fürchte nichts, / Ich bin frei.*«

Archäologisches Museum (AMI)

Obwohl meist überfüllt und ästhetisch wie didaktisch alles andere als ansprechend gestaltet, zählt das Archäologische Museum (1) von Iraklion zu den aufregendsten Kunsterlebnissen nicht nur auf Kreta, sondern in der ganzen Welt. Man sollte nach Möglichkeit zwei Besuche einplanen, um nach einem ersten Durchgang Einzelnes erneut

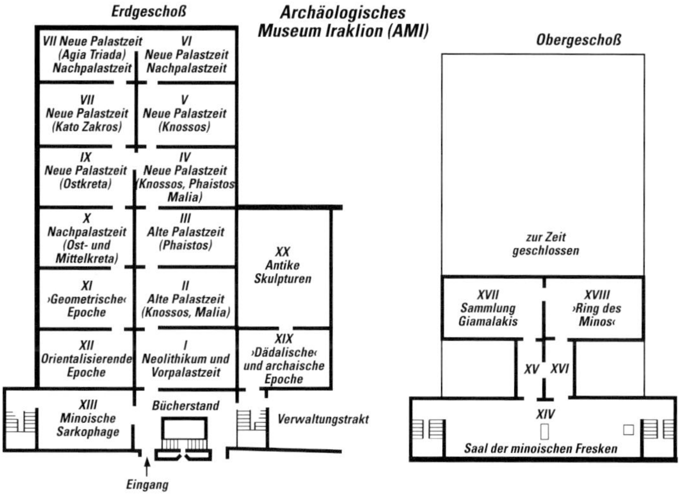

Übersicht der Sammlungen des Archäologischen Museums Iraklion (AMI). Eine Neuordnung und dringend nötige Renovierung ist geplant.

und in Ruhe zu betrachten. Eine erste Besichtigung bietet sich zu Beginn der Reise als Einstimmung auf Kreta und seine minoische Kultur an, eine zweite am Ende der Reise nach dem Kennenlernen von Ausgrabungsplätzen wie Festos (Phaistos), Malia oder Kato Zakros, von denen die hier ausgestellten Stücke stammen.

Es empfiehlt sich, die Besichtigung nicht mit der minoischen Abteilung zu beginnen, sondern zunächst der kleinen griechisch-römischen Abteilung im Parterre rechts des Eingangs einen Besuch abzustatten, da man sonst nach Betrachten der Fülle und Pracht der minoischen Exponate in den übrigen Sälen zu übersättigt sein wird, um noch ein Auge für diese kargeren und schlichteren Kunsterzeugnisse zu haben.

Griechisch-römische Abteilung

Der erste der beiden Säle der **griechisch-römischen Abteilung (Raum XIX)** enthält vor allem Funde des 8. und 7. Jh. v. Chr. aus den dorischen Gründungen auf Kreta: in erster Linie Skulpturen des sog. dädalischen Stils, der den Beginn der später so weltberühmten griechischen Plastik markiert. Von assyrischen Vorbildern geprägt sind die bei rituellen Kulttanzen als Schlaginstrumente verwendeten *Bronzeschilde* (Raummitte) des 8. Jh. aus der Idäischen Höhle. Ebenfalls aus Bronzeblechen – über einen Holzkern getrieben und auf primitive Weise miteinander vernietet – besteht die *im Tempel von Dreros gefundene Kultbildgruppe* (Raummitte) des 7. Jh. v. Chr.: Sie stellt wahrscheinlich Apollon mit seiner Schwester Artemis und seiner Mutter Leto dar. Diese außerordentlich schlichten und noch nicht einmal in halber Lebensgröße gestalteten Statuen zählen zu den ersten Beispielen einer langen Reihe von Kouroi und Korai, wie man sie, in größerem Format und mit höchster Raffinesse gemeißelt, aus der archaisch griechischen Kunst des 6. Jh. v. Chr. kennt. Die Augen der Figuren waren aus Stein oder Glasfluß eingesetzt. Auch die hier ausgestellten Exemplare frühester griechischer Steinplastik, für deren Entwicklung Kreta eine entscheidende Rolle

Blick in den ersten Saal der griechisch-römischen Antiken im AMI

spielte, wirken technisch in vieler Hinsicht noch unbeholfen, zeigen aber bereits die für die gesamte spätere archaische und sogar noch klassische Skulptur charakteristische Gestaltung: markante und im Prinzip einfache Gliederung des Körpers, bewußte Annäherung der Flächen und Volumina an geometrische Grundformen, innerhalb dieses Kanons aber nuancierte Nachahmung lebendiger Einzelformen. Alle diese Skulpturen waren ursprünglich bunt – v. a. in den Farben Rot, Blauschwarz und Ocker – bemalt.

Von einem kleinen Tempel des 7. Jh. in Gortyn stammen wie geschnitzt gearbeitete *Reliefplatten aus Kalkstein* (links; s. Abb. S. 59). Einen ähnlichen Tempel schmückten in Prinias der *große Reiterfries und der skulptierte Türsturz* (s. Abb. S. 177) mit thronenden und stehenden Göttinnen und Reihen von Panthern und Hirschen. Die Freiplastik dieser Epoche ist durch weibliche Sitzstatuen aus Gortyn und Eleutherna sowie zwei monumentale Adler (Weihgeschenke oder Dachbekrönung eines Tempels) aus Amnissos repräsentiert. Wieder aus Prinias stammen Ritzdarstellungen in Stein mit den schon bekannten Themen ›Bewaffneter Krieger‹ und ›Frau‹. *Tonstatuetten von Göttinnen* und kleine *Reliefs mit mythologischen Szenen* aus dem 7. und 6. Jh. v. Chr. waren als Votive im Heiligtum auf der Akropolis von Gortyn deponiert; der gleichen Epoche gehören ein bronzener reliefierter *Brustpanzer aus Apharati* sowie ein Helm und eine Mitra (Bauchschutz) aus Axos an.

Eher etwas für Fachleute und Kretaspezialisten ist der zweite **Saal der griechisch-römischen Antiken (Raum XX):** eine ungeordnete Ansammlung von Idealplastiken, Reliefs, Porträtbüsten und Mosaiken, wie man sie in anderen Museen Griechenlands und der übrigen Welt interessanter und schöner sehen kann. Neben einem klassisch griechischen Grabrelief (rechts von der Tür) hängt eine *Tempel-*

metope des 4. Jh. v. Chr. aus Knossos, die König Eurystheus zeigt, der sich vor dem mit dem erlegten Eber anrückenden Herakles in einem Pithos verkriecht. Aus Ierapetra soll die vorzüglich erhaltene *bronzene Porträtstatue* eines jungen Mannes des 1. Jh. v. Chr. stammen. Viele römische Statuen stammen aus Heiligtümern von Gortyn: der kolossale *Apollon des 2. Jh.* und die vorzüglich erhaltene *Isis- und Serapis-Gruppe* (rechts) ebenso wie die *spätantike Philosophenstatue* des 3. Jh. (Rückwand) und eine ganze Gruppe von Porträts des augusteischen Kaiserhauses (Rückwand links). Im römischen Knossos gefunden wurde das große schwarz-weiß gerahmte und nur in seinem Mittelemblem farbige *Mosaik des 2. Jh.* mit dem über das Meer fahrenden Poseidon; »Apollinaris hat es gemacht«, steht auf der ins Mosaik eingearbeiteten Künstlerinschrift.

Vorpalastzeit, Frühe Palastzeit

Die 12 Säle der minoischen Sammlung im Parterre folgen in ihrer Anordnung der minoischen Chronologie. **Saal I:** Die hier ausgestellten Objekte stammen aus der Zeit von ca. 5000–2000 v. Chr., dem Neolithikum und der formativen Phase der minoischen Kultur. Während *Steinidole und -werkzeuge* ebenso wie die handgeformte *Keramik des 4. und 3. Jt.* enge Verwandtschaft zu entsprechenden anatolischen Funden aufweisen und eine frühe Einwanderung aus diesem Raum nahelegen, zeigen sich bereits gegen Ende des 3. Jt. relativ plötzlich viele der für die spätere minoische Kunst charakteristischen Merkmale: ausschwingende Linien- und Konturführung, eine Vorliebe für elegante und hybride Formen – die Art, Gefäße zu formen, wirkt oft geradezu wie eine Gebärde –, sodann eine Farben- und Materialvielfalt, die nicht nur sorgfältige Naturbeobachtung, sondern auch Naturverbundenheit verrät, und schließlich eine technische und künstlerische Verfeinerung, ja Raffinesse, die spontan an eine höfische Kultur denken läßt – und dies Jahrhunderte bevor irgendwelche Paläste auf Kreta erbaut wurden. Steingefäße wie die *Kanne aus Mochlos* oder die *Pyxiden aus Kato Zakros* mit einem liegenden Hund als Griff (links) sind nicht nur formvollendet aus dem Material herausgearbeitet, sondern verraten seitens ihrer Hersteller einen besonderen Sinn für die Schönheit von Farben und Musterung des natürlichen Materials. Umgekehrt ahmt frühminoische, nun auf der Töpferscheibe hergestellte, Keramik – nach ihren bekanntesten Fundorten als *Onoufrios- und Vassiliki-Ware* bezeichnet – in ihrem Dekor teilweise Naturformen nach: Steinmaserungen ebenso wie Vegetabiles. Die geflammten Muster wurden durch entsprechenden Auftrag von Tonschlicker und ein raffiniert abgestuftes Brennverfahren erreicht; auch plastisch aufgesetzter Dekor (*Barbotine*, mittels Essig beim Brand hergestellt) setzt an der Wende vom 3. zum 2. Jt. v. Chr. ein. Selbst Steinschneidekunst im winzigen Miniaturformat, die später zu den außerordentlichsten Hervorbringungen minoischen Kunsthandwerks gehörte, ist durch einzelne Exemplare von *Amulet-*

Zu den herausragenden Exponaten der Alten Palastzeit in Saal I (Durchgangsseite links) zählt eine flache Tonschale, deren Boden vom Töpfer als Weide aufgefaßt und mit Figürchen einer Herde mit ihrem Hirten bestückt wurde, um 2000 v. Chr.

ten und Siegeln bereits in dieser Phase belegt (Mittelvitrine). Technisch avancierte Metallverarbeitung zeigt sich an Bronze- und Silberklingen von Dolchen und Lanzen.

Es ist jedoch nicht allein der Stil, der die Objekte dieser frühen Zeit mit der späteren minoischen Kunst verbindet, es sind auch Darstellungsmotive, die bereits am Ende des 3. Jt. die Herausbildung charakteristischer Merkmale der minoischen Kultur deutlich machen, darunter die rituellen Stierspiele: Ein *Ton-Rhyton* ist als Stier gebildet (Raummitte rechts), an dessen Hörner sich drei Männer geklammert haben, der mittlere auf der Kruppe des Tiers. Das Gefäß stammt aus einem Grab in der Messara-Ebene und deutet darauf hin, daß die Stierspiele zunächst im Rahmen des Grabkults stattfanden. Auch Erntefeste, wie später auf der berühmten *Schnitter-Vase* dargestellt, dürften bereits in ähnlicher Inszenierung begangen worden sein; ein in der Nekropole von Fourni bei Archanes gefundenes *Sistrum* (Rassel; s. Rückwand), wie man es aus der ägyptischen Kultur kennt, gleicht exakt dem auf der Schnittervase wiedergegebenen Instrument. Goldschmuck und kleine Steinidole belegen enge Kontakte zwischen Kreta und den Kykladen im 4. und 3. Jt. v. Chr.

Saal II enthält Funde aus den alten Palästen von Knossos und Malia sowie von Gipfelheiligtümern und Kulthöhlen der Zeit von ca. 2000–1700 v. Chr. Nach ihrem ersten Fundort, einer Höhle am Psiloritis, wurde die prachtvolle, vielfarbig dekorierte *Kamares-Keramik* benannt. Die Formen dieser auch in den alten Palästen von Knossos, Malia und Festos gefundenen, kultisch benutzten Keramik sind von großer Vielfalt; vor allem Becher dieser Gattung mit ihrer bis zu 1 mm dünnen Wandung (sog. *Eierschalen-Ware*) werden jedem, der einmal getöpfert hat, wahrhaft den Atem verschlagen.

Ganze Küstenlandschaften mit Felsen, Sträuchern und Leoparden, mit Meereswogen samt Fischen, Muscheln, Krebsen und Schnecken sind als Relief auf Tongefäßen dieser frühen Zeit appliziert (Saal II, Mittelvitrine hinten).

Tönerne *Votivfiguren* zeigen Frauen mit weiten, bis auf den Boden herabfallenden Röcken und hohem Kopfputz, während die Männer mit einer Art Lendenschurz bekleidet und mit einem Dolch bewaffnet sind. *Miniatur-Doppeläxte* sowie einzelne und zu Ensembles kombinierte *Tonnäpfchen (Kernoi)*, die u. a. im Gipfelheiligtum auf dem Jouchtas gefunden wurden (Rückwand), dienten zur Aufnahme verschiedener Opferspenden wie Getreide, Öl oder Wein. In manche der Ton-Votive sind minoische Hieroglyphen eingeritzt. Eine präzise Vorstellung vom Aussehen minoischer Häuser gibt das sog. *Stadtmosaik* (Raummitte rechts, s. Abb. S. 41): eine Ansammlung farbiger Fayence-Plättchen, die wahrscheinlich einen Holzkasten schmückten; man erkennt die Tür- und Fensterformen, die Balkenlagen und den Lehmverstrich der mehrstöckigen, oft mit einem erhöhten Mitteltrakt versehenen flachgedeckten Häuser, die in ihrer einstigen Zusammenstellung zum Mosaik tatsächlich den Eindruck einer ganzen Stadt samt Gärten und sogar Menschen vermittelt haben müssen.

Saal III setzt die Folge der *Kamares-Keramik* mit prachtvollen Exemplaren aus dem alten Palast von Festos (Phaistos) fort. Immer wieder begegnet Dekor, der den modernen Betrachter an Ying und

Yang-Formen erinnert und spontan Polaritäten von Innen und Außen oder Leben und Tod assoziieren läßt. Wie sollten diese Wellen- und Spiralformen nicht z. B. an Fressen und Gefressen-Werden denken lassen, wenn man – wie auf einem blaugrundigen Pithos an der Rückwand dieses Raums – einem Raubfisch ein netzähnliches Gebilde (Plattfisch?) aus dem Maul herauskommen sieht? Daß hier Vorstellungen von Werden und Vergehen vielleicht nicht nur pure Projektion des heutigen Betrachters sind, legen Darstellungen spiralförmig wiedergegebener Samenkapseln, wie man sie auf solchen Gefäßen findet, nahe. Wie man sich einen *Kernos* (vgl. Raum II; s. auch Abb. S. 200) im Gebrauch vorstellen kann, zeigt ein hier ausgestelltes *tönernes Tablett* (links) mit vielen unterschiedlichen kleinen Gefäßen darauf, die Flüssigkeiten und Körner aufnehmen konnten, die auf diese Weise symbolisch geweiht wurden. In der Mitte des Raumes ist der berühmte *Diskus von Festos* mit seinen bislang unentzifferten Hieroglyphen (s. Abb. S. 50) zu besichtigen.

Späte Palastzeit

Mit **Saal IV** beginnt die Zeit der neuen Paläste (ca. 1700–1450 v. Chr.), hier zunächst mit Funden aus Knossos, Festos und Malia. Zu den herausragenden Exponaten zählen außer *Keramikgefäßen*, nun im Flora- und später im Meeresstil, Objekte aus Gold, Steatit und Elfenbein, die den in den Palästen akkumulierten enormen Reichtum dokumentieren. Nicht nur Tontäfelchen, sondern auch viele andere Gegenstände dieser Periode sind mit Schriftzeichen in Linear-A (s. S. 49) versehen. Ein großes *Rhyton aus blau-schwarzem Steatit* (Raummitte rechts) ist als Stierkopf gebildet, die Augen aus Bergkristall und Jaspis eingelegt, der Rand des Mauls aus Perlmutt (die goldenen Hörner sind ergänzt); das Kultgefäß wurde im sog. Kleinen Palast von Knossos gefunden. Aus der Schatzkammer des Zentralheiligtums des großen Palastes stammt das nicht minder beeindruckende *Alabaster-Rhyton in Form des Kopfes einer Löwin* (Rückwand). Als Leopard ist eine *Ritualaxt aus Malia* (links hinten) gebildet. Fragmente weiterer steinerner Kultrequisiten sind mit Reliefs geschmückt, die Prozessionen sowie Faust- und Ringkämpfe zeigen.

Stier-Rhyton aus dem ›Kleinen Palast‹ von Knossos, Neue Palastzeit

Auch das rituelle Stierspringen ist durch eine ganze Gruppe von *Springerfiguren* (Raummitte) – einer davon in relativ guter Erhaltung – wiedergegeben: Die Haare des im Flug dargestellten Mannes bestanden aus Bronzedraht, der Schurz aus dünnem Goldblech. Ebenfalls dieser zeremoniellen Sphäre zugehörig ist ein *goldummantelter Schwertgriff mit der Reliefdarstellung eines Akrobaten* (Raummitte rechts). Winzige Objekte aus Fayence, Bergkristall und Gold zeigen im extremen Miniaturformat immer wieder Blumen, Felsen und Meerestiere. Naturnachahmung und sogar entsprechende Materialverwendung zeigt sich häufig im Kunsthandwerk dieser Periode: Zu den hier ausgestellten Votiven und Kultrequisiten zählen ebenso echte Muscheln und Meeresschnecken wie künstlich bemalte

Rätsel gibt eine, z. T. ergänzte Spieltafel (Saal IV Durchgangsseite) mit kegelförmigen Spielsteinen auf; oft wurde bei diesem, ebenfalls aus wertvollen Materialien wie Glasfluß, Bergkristall und Edelmetall gearbeiteten Objekt an einen königlichen Gebrauch gedacht, doch ist ebenso eine Verwendung durch Priesterinnen und Priester möglich.

Muscheln und schließlich farbige Ton-Imitate von Meerestieren. Von solchen Objekten umgeben fanden sich in der Schatzkammer des Zentralheiligtums des Palastes von Knossos auch die beiden weltberühmten *Schlangengöttinnen aus Fayence* (Durchgangsseite, s. Abb., S. 50). Ihre Kleidung entspricht – mit Ausnahme der kultischen Kopfbedeckung – damaliger Mode: eine eng geschnürte Taille, über der die nackten Brüste prall aus dem kurzärmeligen Gewand hervortreten, während der weite, gestufte Rock bis auf den Boden herabfällt und vorn von einer Art Schürze bedeckt wird. Auch Waagen und Metallwerkzeug – darunter riesige Sägen (links hinten) – sind in diesem Saal ausgestellt.

Der Endzeit des Palastes von Knossos (1450–1400 v. Chr.) ist **Saal V** gewidmet. Während dieser Periode teilt sich die Keramikerzeugung in eine ausschließlich aus dem Bereich der Palastzentren stammende, äußerst verfeinerte Produktion – sog. *Palaststil-Vasen* mit Pflanzen- oder Meeresdekor sowie einzelnen Kultemblemen – und eine weniger sorgfältig getöpferte und dekorierte Ware, die sich in dörflichen Regionen fand. Ein wahres Prunkstück dieser Palaststil-Keramik ist eine *Meeresstil-Vase* (links): Gemalte Tintenfische wechseln mit Meeresschnecken, die als Relief aufgesetzt und ebenfalls farbig gefaßt sind. Steinleuchter und -gefäße sowie ein ornamental verziertes Architekturglied (rechts) spiegeln nun in ihrem Dekor mykenischen Einfluß wider. Die Vitrinen in der Mitte des Saals enthalten *Siegel und Tontäfelchen* mit Linear-A und Linear-B-Schrift sowie ein tönernes Haus- bzw. Heiligtumsmodell aus Archanes.

Funde aus den Nekropolen Zentralkretas präsentiert **Saal VI.** Der Dekor der Keramik wird in der spätesten Palast-Zeit und den ersten 50 Jahren danach (ca. 1450–1300 v. Chr.), bei aller Prachtentfaltung, schematischer und beginnt sich an geometrischen Formen zu orientieren; gleiches gilt für die Steinschneidekunst. Um so interessanter sind hier ausgestellte *Tonfiguren, die die Verrichtung von Kulthandlungen wiedergeben:* eine ein Kind emporhaltende Frau (rechte Wand) sowie zwei ganze Kult- bzw. Grabhäuser (rechte Wand vorn) mit Personen bei einer Mahlzeit und beim Opfer, schließlich einen Reigentanz von Männern auf einem runden Platz oder in einem runden Gebäude (s. Abb. S. 176). *Bronzewaffen* und *Eberzahnhelme* – real ebenso wie in Darstellungen –, die man als Prestigeobjekte den Toten mit ins Grab gab, verraten die mykenische Dominanz auf Kreta während dieser Periode. Sehenswert ist der hier ausgestellte Schmuck, v. a. *goldene Siegelringe* aus der Nekropole Fourni bei Archanes (Raummitte), deren miniaturhafte Reliefbilder für die Kenntnis minoischer Religion (vgl. S. 52 und S. 55) von unschätzbarem Wert sind.

Ausschnitt aus dem sogenannten, in Agia Triada gefundenen ›Prinzen-Becher‹ (Umzeichnung nach Evans, ›Palace of Minos‹)

Saal VII wird zu Recht oft als »*Raum der Doppeläxte*« bezeichnet, denn viele dieser Kultrequisiten sind hier ausgestellt: Standarten gleich im Überformat und aus Bronze, aber auch winzig klein aus dünnem Goldblech. *Bronzebarren* (Mitte hinten) in zwei Nominalen à 30 kg (Agia Triada) und à 29 kg (Kato Zakros) dienten als Zahlungsmittel. Auch Zimmermannswerkzeug ist hier zu sehen, daneben *bronzene Votivfiguren von Adoranten* und Opfertieren.

Drei in Agia Triada gefundene Gefäße aus schwarzem Chlorit-Stein (ca. 1550–1500 v. Chr.) sind mit Flachreliefs versehen: Der vollständig erhaltene sog. *Prinzen-Becher* (vorn links) zeigt einen Jüngling mit langem Haar, geschmückt mit einem Halsgeschmeide und mit einem Dolch im Gürtel, die ausgestreckte Hand umfaßt einen Stab (Zepter?); vor ihm präsentiert sich mit einem Schwert und einem länglichen Kultgerät ein zweiter Jüngling, drei weitere Jünglinge, deren Köpfe hinter rätselhaften Ovalen (aufgespannte Tierfelle?) hervorschauen, reihen sich dahinter an. Ein Vergleich mit analogen Darstellungen läßt darauf schließen, daß diese Szene nicht militärisch, sondern kultisch zu verstehen ist. Auf der *Schnitter-Vase* (vorn rechts) sieht man einen Zug von Erntearbeitern mit mehrzakkigen Gabeln zum Worfeln des Getreides; eine von einem Sistrum-Spieler (vgl. auch S. 104) angeführte Gruppe singt, während die Spitze des Zuges von einem langhaarigen Mann in einem geschuppten (Priester-?) Gewand angeführt wird. Das dritte Gefäß, ein *Rhyton* (vorn Mitte), ist nur sehr fragmentarisch erhalten: Auf mehreren Bildzonen sind hier, im Kontext von Kultritualen, Faust- und Ringkämpfe, Stierspringen (einer der Beteiligten wird von den Hörnern des Stiers durchbohrt) und andere akrobatische Kunststücke dargestellt; anders als früher, zeigen nun Waffen und die Herausstellung der Lebensgefahr in den Bildern die Veränderung, die das Ritual während der mykenischen Dominanz auf Kreta durchgemacht hat.

Erlesenen *Goldschmuck* des 16. Jh. v. Chr. kann man in einer Vitrine in der Raummitte bewundern: aus Agia Triada Löwen und Rinderköpfe, aus der Nekropole Chryssolakkos in Malia einen mit feinster Granulation gearbeiteten *Anhänger in Gestalt von Bienen*, die einen Honigtropfen in einer Wabe deponieren, und schließlich den berühmten *Siegelring aus Isopata* bei Iraklion mit in Trance tanzenden Frauen, denen eine Göttin erscheint (s. Abb. S. 55 und 203).

Saal VIII präsentiert kunstvolles Material der Periode von 1700–1450 aus Kato Zakros: neben Keramik des Meeresstils, vor allem Steingefäße. Nur fragmentarisch erhalten, aber wegen seiner Reliefdarstellung eines Gipfelheiligtums von religionsgeschichtlichem Interesse, ist ein *Libationsgefäß aus grünem Chlorit* (vorn rechts) dessen Schulter wie von einer Halskette umfangen wird. Ein im gleichen Raum ausgestelltes *Miniatur-Rhyton* (Durchgangsseite; s. Abb., S. 240) ist wie ein Juwel aus einem Stück Bergkristall geschnitten (von den Restauratoren aus unzähligen Splittern wieder zusammengesetzt). Ein *Gipsfries* mit rot bemalten Spiralen stammt von der Wandverkleidung der Bankethalle im Palast von Kato Zakros.

Tongefäß in Form einer Tasche mit Doppeläxten als Dekor, Nachpalastzeit

Saal IX führt die neue Palastzeit in Ostkreta fort mit Votivfiguren aus Ton (männliche und weibliche Adoranten; geschmückte Opfer-Stiere). Von den *Keramikgefäßen* verdient Interesse vor allem ein als *zweihenkelige Tasche* (links) geformtes Exemplar aus Psira, auf das in vier Registern Reihen von Doppeläxten gemalt sind. In einer hauchdünnen *zweihenkeligen Tasse* (rechts) aus Myrtos sieht man – wie hineingestapelt – weitere, ebenfalls papierdünn getöpferte Miniaturtassen.

Nachpalastzeit

Saal X umfaßt die Periode zwischen dem Untergang der minoischen Paläste und der dorisch-griechischen Epoche (ca. 1400–1100 v. Chr.). Material- und Formenvielfalt erscheinen gegenüber den voraufgegangenen anderthalb Jahrtausenden stark reduziert: Fast alle Exponate sind aus Ton gebrannt; Halbedelstein- und Edelmetallverarbeitung sind nahezu verschwunden. Der Dekor der Keramik ist noch schematischer und gröber ausgeführt als bereits gegen Ende der Palastzeit und orientiert sich nun stark an eckigen geometrischen Formen. Einzelne Bildmotive mit religiöser Bedeutung werden jedoch weiter tradiert. Überhaupt scheint das Fortleben der minoischen Kultur nun weitgehend auf Kultplätze beschränkt zu sein. Aus Gazi (einem westlichen Stadtbereich von Iraklion) stammen *Frauenidole* (Rückwand), deren zylindrischer Rock wie ein Gefäß auf der Töpferscheibe gedreht, während der Oberkörper von Hand geformt ist; die Arme sind erhoben, auf dem Kopf tragen die Frauen (Göttinnen?) Kulthörner, Vögel und Kapseln von Schlafmohn; in Gortyn fanden sich ähnliche Figuren mit Schlangen auf dem Kopf. Frauen beim Reigentanz gibt eine *Terrakotta-Gruppe* des 14. Jh. v. Chr. aus Palekastro (rechts hinten) wieder. Ein bemerkenswertes *Ton-Votiv aus Agia Triada* (Raum Mitte) zeigt zwischen zwei Pfosten, auf denen Vögel sitzen, eine schaukelnde Frau: auch dies zweifellos nicht pures Spiel, sondern religiöses Ritual (s. Abb. S. 54).

Gegenstände unterschiedlichster kultureller Ausrichtung vereinigt **Saal XI,** jedoch durchweg aus dem relativ engen Zeitraum von ca. 1100–900 v. Chr. Als ›subminoisch‹ – d. h. als noch ›nachminoisch‹ – zu bezeichnen sind *Tonidole von Göttinnen* aus Karfi (Rückwand), ebenso ein *Ton-Rhyton* (Rückwand) in Form eines von drei Rindern (nur die Köpfe sind ausgeführt) gezogenen und einer Figur gelenkten Wagens. Andere Objekte dagegen sind der beginnenden Eisenzeit auf Kreta und damit bereits der dorisch-griechischen Kultur zuzuordnen: *Gewandfibeln* aus Metall, ein *bronzener Lyraspieler* sowie *geometrische Keramik,* darunter ein Gefäß aus Vrokastro (rechts) mit einer für die neue Epoche charakteristischen Darstellung: einer Wettfahrt mit Kampfwagen sowie Klagefrauen – ganz wie bei Homer etwa für die Bestattung des Patroklos beschrieben.

Viele der in Saal XIII ausgestellten Sarkophage in Wannenform verfügen über Abflußlöcher: ob sie im täglichen Gebrauch als Badewannen und erst sekundär für die Bestattung benutzt wurden, ist ebenso fraglich wie die ebenfalls vermutete Nutzung der rechteckigen Larnakes als Truhen. Das auffällig kleine Format der Larnakes erklärt sich daraus, daß die Toten mit angezogenen Beinen beigesetzt wurden.

Saal XII umfaßt die geometrische und orientalisierende Epoche des 9.–7. Jh. v. Chr. Seit dem 8. Jh. wird ein wirtschaftlicher und kultureller Aufschwung erkennbar. Schmuck aus Edelmetall nimmt an Zahl wieder zu. Kretische Werkstätten produzieren hochwertige Keramik, die durch blauschwarze und rote Farben vor hellem Hintergrund auffällt. Themen auf Vasen, ebenso wie Metallarbeiten, sind neben mythologischen Sujets vor allem Streitwagen, Krieger und

Schiffe. Monumentales Format haben *Bronzekessel* aus der Idäischen Grotte sowie sechs *Tonpithoi mit Reliefdarstellungen,* die mittels Matrizen mechanisch reproduziert wurden.

In **Saal XIII** stehen dicht gereiht spätminoische *Tonsarkophage* (sog. Larnakes) in Wannen- und Kastenform. Die Wannen stammen zumeist noch aus der Palastzeit, die Kästen aus der Periode danach. Die Dekorationsmotive gleichen denen auf der zeitgenössischen Keramik. Die interessantesten Exemplare dieser Gattung sieht man allerdings nicht hier, sondern in Ierapetra und Rethymnon. Von diesem Saal führt eine Treppe zu den Ausstellungsräumen im Obergeschoß.

Das Obergeschoß: Minoische Fresken

Saal XIV: An den Wänden dieser Halle sind die großformatigen *minoischen Fresken* zu bewundern. Mit Ausnahme einiger Exponate aus Agia Triada und einem Fresko aus Amnissos, stammen sie aus dem Palastareal von Knossos, und durchweg entstanden sie in der Spätphase der neuen Paläste, ca. 1600–1450 v. Chr. Fast immer sind es nur relativ kleine Verputzbrocken, die sich erhalten haben; manche ließen sich Bruch an Bruch aneinanderfügen, andere mußten mosaikartig in ein rekonstruiertes Gesamtbild eingefügt werden, das aus analogen Siegel- und Reliefdarstellungen gewonnen wurde. Skeptiker werden deshalb, angesichts der kleinen Flächen des Erhaltenen und weit größeren des Ergänzten, leicht alles für pure Phantasie halten. Die Ergänzungen – in keinem Falle aber Übermalungen! – stammen von Emile und seinem Sohn Edouard Guillieron, für Evans tätigen Zeichnern, und künstlerische Phantasie, gepaart mit archäologischer Freizügigkeit haben tatsächlich bei der Arbeit zuweilen Pate gestanden: So dürften die Fragmente des ›Lilienprinzen‹ nicht zu einer, sondern zu mehreren Figuren gehört haben, und es konnte sogar passieren, daß aus einem krokussammelnden Affen unversehens ein Jüngling gemacht wurde (so bei einem Fresko in Raum XVI). Dennoch: Das meiste muß man, wie sorgfältige Untersuchungen gezeigt haben, sich so oder doch ähnlich vorstellen, wie es diese alten Rekonstruktionen veranschaulichen. Verhältnismäßig gut erhalten sind das geometrisch aufgebaute *Lilienfresko aus Amnissos* sowie die *Stierspringer-Szene* (s. Abb. S. 110/111)und ein *Fresko mit Rebhühnern in einer Landschaft* aus Knossos; auch das *Greifenfresko aus dem Thronraum von Knossos* sowie die *Prozessionsfresken aus Knossos und Agia Triada* ließen sich relativ sicher rekonstruieren, während von den im Gespräch beieinander sitzenden *›Blauen Damen‹* (s. Abb. S. 36) oder dem *Delphin-Fresko* (s. Abb. S. 13) nur kümmerliche Reste erhalten sind. Um so größere Bedeutung kommt den kleinformatigen Fresken zu, da hier auf gleich großen Fragmentflächen jeweils viel mehr von einer Darstellung erhalten sein kann. Die in der Raummitte aufgestellte Vitrine enthält solche Malereien. Ebenfalls in der Raummitte ausgestellt ist ein bemalter *Stuckfußboden aus Agia Triada,* auf dem man Meerespflanzen und -tiere erkennt.

Die Malereien wurden mit Farben aus Mineralien (Rot aus der Purpurmuschel) auf die noch feuchte Putzschicht der Innenwände aufgetragen. Manche Darstellungen sind nicht nur gemalt, sondern zusätzlich durch welliges Stuckrelief plastisch akzentuiert.

Stiersprung-Fresko aus dem Ostflügel des Palastes von Knossos. Wahrscheinlich schmückten mehrere solche Bilder die Türdurchgänge eines Raumes. Nach Meinung von Evans fanden die Stierspiele im Silamos-Tal unterhalb der Ostbastion statt.

Frei im Raum steht der berühmte *Steinsarkophag von Agia Triada,* der mit einer Stuckschicht überzogen und mit Freskenmalereien bedeckt ist. Weniger die Form, als vielmehr der Inhalt der vorzüglich erhaltenen Darstellungen ist es, der hier das Interesse auf sich zieht. Auf den beiden Schmalseiten sind Göttinnen auf einem Wagen dargestellt, der von zwei Pferden bzw. Greifen gezogen wird; beide Längsseiten zeigen Opferszenen (s. Abb. S. 53). Ein ebenfalls hier ausgestelltes großes *Holzmodell des Palastes von Knossos* gibt eine anschauliche Vorstellung der hypothetischen Rekonstruktion.

Die **Säle XV und XVI** enthalten kleinformatige *Fresken und Stuckreliefs,* so z. B. in **Saal XV** eine Darstellung von Frauen, die mit erhobenen Armen auf dem Westhof des Knossos-Palastes (erkennbar an den Wegen!) eine Kulthandlung vollziehen oder das *Fresko einer*

großen Festversammlung auf dem zentralen Platz vor dem dreiteiligen Heiligtum des Palastes von Knossos. Die berühmte ›*Pariserin*‹ (mit Kultknoten im Nacken; s. Vignette) war Teil einer größeren Szene mit stehenden und sitzenden Priesterinnen und Priestern mit Trinkgefäßen. Bemerkenswert ist auch ein farbiges *Stuckrelief mit Spiralmustern,* ein weiteres mit Stierspringern und ein drittes mit Greifen zwischen Säulen. Fragmente von Malerei in Miniaturformat in den Mittelvitrinen dieses und des nächsten Raumes belegen das hohe künstlerische Niveau minoischer Freskenmalerei. Die Fresken von **Saal XVI** seien hier nur aufgezählt: *Krokus pflückende Affen* (alte und neue Rekonstruktion); zwei Schwarzafrikaner hinter einem kretischen Soldaten stellen vielleicht eine *Palastwache* dar; *Tänzerin mit fliegendem Haar* (aus dem sog. Megaron der Königin in

Arthur Evans verlieh dem Fresko der ›Kleinen Pariserin‹ einen zeittypischen Titel dank entsprechender Assoziationen, die von der Darstellung des Profils, der Haartracht und der roten Lippen herrühren. Auf dem Rücken trägt die Frau einen sog. Kultknoten (Abb. s. Vignette).

Bereits 1928 war der Goldring als ›Zufallsfund‹ dem Ausgräber von Knossos, Sir Arthur Evans, zum Kauf angeboten worden. Jedoch angesichts des Preises und Bedenken gegen die Echtheit kam das Geschäft nicht zustande. 2002 hatte die erneute Offerte des zwischenzeitlich verschwundenen Rings an das Museum Erfolg.

Knossos); *Gartenlandschaft* mit Vögeln und Affen zwischen Papyrus, Lilien, Efeu und Krokus; ein *Kultknoten* (aus Nirou Chani).

Leider häufig verschlossen ist **Saal XVII** mit der 1962 dem Museum übereigneten *Privatsammlung des Arztes Stylianos Giamalakis.* Von besonderem Interesse sind hier ein *neolithisches Idol aus Kato Chorio,* die *Tonnachbildung eines Heiligtums* mit einer Gottheit bzw. einem Kultbild darin und zwei durch eine Dachöffnung in das Gebäude hineinschauenden Gestalten (s. Abb. S. 136), schließlich Goldobjekte aus Gräbern von Kato Zakros.

Saal XVIII ist ganz einem Kleinod gewidmet, das das Museum erst im Jahr 2002 erworben hat: ein *Goldring,* der wegen seines Stils in die Zeit 1450–1400 v. Chr. – d. h. in die mykenische Epoche Kretas – zu datieren ist. Sein Miniaturrelief zeigt ein minoisches Baumheiligtum auf einem Berg mit Priesterinnen, zu denen eine winzig dargestellte Göttin vom Himmel herabzuschweben scheint (rechts oben); darunter sieht man eine von einer Frau gesteuerte Barke. Die Bezeichnung ›Ring des Minos‹ ist nicht nur willkürlich, sondern gänzlich irreführend, denn jegliche Darstellungselemente, die als Insignien eines Königs gedeutet werden könnten, fehlen hier. Über die Authentizität des Stückes ist die Fachwelt geteilter Meinung.

Historisches Museum

Das Museum (6) ist in einem großzügigen klassizistischen Gebäude untergebracht, das durch einen modernen Anbau erweitert wurde. Die derzeitige Präsentation allerdings genügt auf weite Strecken weder modernen historisch-kritischen noch didaktischen Ansprüchen; allein die Exponate im Erdgeschoß sind visuell ansprechend ausgestellt und durch Beschriftung, wenn auch nicht in ihre jeweiligen Lebenskontexte eingebettet, so doch nach Zeit und Lokalität historisch klar zugeordnet.

Dennoch lohnt ein Besuch für jeden, der an Kretas Alltagsgeschichte interessiert ist. Denn die hier aufbewahrten Objekte sind z. T. außerordentlich sehenswert und bieten über ästhetischen Genuß hinaus Einblicke in das Alltagsleben auf Kreta in Vergangenheit und Gegenwart: in Wohnverhältnisse und Arbeitswelt ebenso wie in Religionspraxis und Politik. Dabei sind es weniger historische ›Tatsachen‹, die auf diese Weise dokumentiert werden, als vielmehr der subjektive und vom jeweiligen Interesse bestimmte Umgang der Menschen mit Erlebtem. Nirgendwo sonst auf Kreta findet man eine vergleichbar komplette Übersicht der miteinander konkurrierenden Herrschaftsgebilde und aufeinander folgenden Kulturen wie hier.

Erdgeschoß

Der rechte Flügel des Erdgeschosses enthält historische Stadtansichten, Pläne und Schaubilder sowie ein instruktives *Holzmodell der*

Stadt, das den Zustand von 1645, d. h. unmittelbar vor der türkischen Eroberung, detailgetreu wiedergibt. Die Dokumentation in dieser Abteilung vermittelt ein anschauliches Bild der Stadtentwicklung, insbesondere während der venezianischen Epoche. Ergänzt wird diese erste Übersicht durch Streufunde aus Stadtgrabungen wie Münzen, Keramik und Schmuck von der Antike bis zur Neuzeit sowie *Wappenreliefs* von den Palästen der führenden venezianischen Adelsgeschlechter in Iraklion. Die reiche Kollektion venezianischer und osmanischer Skulpturen und Architekturobjekte befindet sich im gegenüberliegenden Flügel.

Kontinuität und historische Brüche indiziert dagegen eine nach Epochen und Funktionen gegliederte, eindrucksvolle *Sammlung von Gebrauchskeramik,* die im Stadtbereich von Iraklion zu Tage kam: Auf römische Ware folgt solche aus frühbyzantinischer Zeit, dann Keramik der arabischen Eroberer, deren Präsenz archäologisch sonst bisher kaum dokumentiert ist, sodann Gefäße aus der zweiten byzantinischen Epoche, schließlich venezianischer Import sowie lokale kretisch-venezianische Produktion und endlich türkische Keramikerzeugnisse fremder und heimischer Provenienz.

Erstes Obergeschoß

Im ersten Obergeschoß sind *Fresken* ausgestellt, die aus halbverfallenen Dorfkirchen und Klöstern abgenommen und so vor der endgültigen Zerstörung gerettet wurden: Fragmente byzantinischer Malerei des 13. Jh. aus der Marienkirche der Kreuzfahrer in Iraklion sowie aus Patsos bei Rethymnon und Meronas im Amari-Tal. Nur mit Vorbehalt zu betrachten ist die Zusammenstellung originaler Freskenfragmente unterschiedlicher Herkunft zu einem fiktiven byzantinischen Altarraum sowie die Reihe grob entstellender moderner Freskenkopien, vor allem nach Bildern der Panagia Kera-Kirche in Kritsa.

Auch die Sammlung von Schmuck, Kirchengerät und Ikonen geht nicht über das hinaus, was man in vielen Kirchen und Klöstern Kretas findet; von den Ikonen sind die meisten in schlechtem Erhaltungszustand und – besonders an den Gesichtern – stellenweise übermalt: so auch das aus dem 15. Jh. stammende, an sich qualitätvolle *Bild des Pantokrators aus Pigaidakia Kenouriou.*

Die im gleichen Stockwerk in einem abgedunkelten Einzelsaal wie Reliquien ausgestellten Highlights des Museums sind *zwei El Greco zugeschriebenen Gemälde.* Das eine stammt aus einer ungarischen Privatsammlung und wurde vom griechischen Staat für Kreta angekauft. Die unsignierte Bildtafel hat mehrere sehr ähnliche Gegenstücke, die alle auf die gleiche, zweifellos byzantinische Bildvorlage zurückgehen, jedoch in der modernen Forschung gewöhnlich nicht Greco zugeschrieben werden. Sollte tatsächlich doch der aus Iraklion stammende und im dortigen Katharinen-Kloster als Ikonenmaler ausgebildete El Greco um 1570 in Venedig oder Rom das Bild gefertigt haben, so hätte er hier – anders als bei seinen berühmten spani-

Das El Greco zugeschriebene Gemälde ›Das Katharinen-Kloster auf dem Sinai‹ (um 1570) zeigt in ekstatischer Steigerung, ja beinahe Aufhebung jeglichen Seherlebnisses unter einem aufgewühlten Wolkenhimmel eine wilde Berglandschaft, die in ihrer Stilisierung aus spätbyzantinischen Landschaftsdarstellungen, wie man sie auf Fresken und Ikonen findet, entwickelt ist. Am Fuß des mittleren Bergkegels ist, winzig klein, das Katharinen-Kloster vom Sinai dargestellt, davor Pilger bei der Ankunft.

schen Gemälden – bewußt auf Bildtraditionen seiner Heimat zurückgegriffen und mit der Zitierung des Sinai-Klosters sogar eine Art Hommage auf seine kretische Ausbildungsstätte hinterlassen. Das zweite Gemälde – ebenfalls ein unsicheres Frühwerk, 2003 für 1,2 Mio. Euro erworben – stellt die Taufe Jesu dar.

Auf eine differenzierte Darstellung der Befreiung Kretas von türkischer Herrschaft wird man vermutlich noch lange warten müssen. Das in diesem Museum ausgestellte Sammelsurium von Waffen, Orden und sonstigen Dokumenten dient diesem Zweck jedenfalls nicht; die Gegenstände sollen angeblich ›für sich selbst sprechen‹, was sie natürlich nicht tun. Wenigstens auf ein Exponat sei aber hingewiesen: die vom lokalen Maler Stavrakakis gefertigte und signierte *Porträtreihe des Revolutionsrats von Anogia* aus den Jahren um 1840, die die Helden des Widerstands bezeichnenderweise kaum anders als ihre türkischen, albanischen und ägyptischen Gegner aussehen läßt, darüber hinaus aber auch Requisiten der französischen Revolution wie die rote Jakobinermütze mit ins Bild setzt; antikisch-klassizistischer Habit, wie er im Verlauf des 19. Jh. sonst für griechische Selbstdefinition so bezeichnend wird, fehlt auf diesen naiven Bildern noch gänzlich (s. Abb S. 30).

Zweites Obergeschoß

Im zweiten Obergeschoß ist eine große *Sammlung kretischer Webarbeiten, Stickereien und Häkeleien* untergebracht. Leider gelangten die meisten Stücke ohne dokumentierte Information ins Museum, so daß Herkunfts- und Altersangaben nur sporadisch gemacht werden können. Auch über Herstellung und Verwendung der Textilien erfährt man hier nichts. So kann man nur die einzelnen Exponate bewundern und muß für weitere Informationen das Volkskunde-Museum in Vori in Südkreta aufsuchen und dessen vorzügliche Publikationen einsehen.

Der gegenüberliegende Flügel des zweiten Obergeschosses ist dem 20. Jh. gewidmet. Man findet hier Fotos des deutschen Überfalls auf Kreta und der anschließenden Besatzung, außerdem eine *Rekonstruktion von Arbeitszimmer und Bibliothek von Nikos Kazantzakis in Antibes* (Südfrankreich) aus den Jahren 1948–57; inwieweit es sich hierbei lediglich um eine freie Visualisierung oder aber um authentisches Material handelt, ist leider nicht festzustellen. Der kretische Politiker Emanuel Tsouderos ist mit einem eigenen Raum bedacht.

Beim Verlassen des Historischen Museums sollte man im Eingangsbereich noch einen Blick auf die marmornen venezianischen Taufbecken und die hübschen geschnitzten und farbig gefaßten figürlichen Bugteile von Schiffen werfen.

Byzantinisches Museum

Kein Platz könnte für die Präsentation der bedeutendsten Sammlung kretischer Ikonen mehr Authentizität beanspruchen als die Kirche des Katharinen-Klosters (16), das im 15. und 16. Jh. nicht nur für seine theologisch-philosophische Hochschule, sondern auch durch seinen Schul- und Werkstattbetrieb in Ikonenmalerei Berühmtheit erlangte (vgl. S. 69); manche der hier ausgestellten Werke dürften in eben diesem Kloster gemalt worden sein.

Die an der linken Wand des **Hauptschiffs** ausgestellten *Ikonen des 15. Jh.* zählen zu den frühesten und schönsten, die sich auf Kreta erhaltenen haben: Christus als Pantokrator; der hl. Fanourios aus Moni Odigitria; Christus mit den beiden Marien, ebenfalls aus Moni Odigitria; eine Deesis, d. h. Christus mit Maria und Johannes dem Täufer, aus Gerakari im Amari-Tal; schließlich der Einsiedler Onouphrios, dessen Nacktheit nur durch seinen bis fast auf den Boden reichenden Bart und einen Lendenschurz aus Blättern verdeckt wird. Kein Bild könnte passender sein für den Ort, aus dem es stammt: der abgeschiedenen Einsiedelei Agios Pandeleimon bei Fodele.

Die drei letzten Ikonen an dieser Wand, zwei davon aus Anopoli an der Südküste, sind bereits stark von westlicher Malerei geprägt und entstammen dem 17. und 18. Jh. Der **nördliche Kreuzarm** enthält *Freskenfragmente des frühen 14. Jh.* von hoher Qualität, die aus der Ruine der Panagia-Kirche von Patsos im Amari-Tal abgenommen worden sind. Nicht authentisch ist hingegen die ebenfalls hier ausgestellte Rekonstruktion einer Apsismalerei, deren einzelne Bilder zwar echt sind, jedoch aus zwei verschiedenen Kirchen stammen: denen aus Preveliana und Patsos.

Apsis und **rechtes Querhaus** sind der *Ikonenmalerei des 16.–18. Jh.* gewidmet: Eine Reihe vorzüglich erhaltener – und auch

Der Asket Onouphrios, Ikone des 15. Jh. im Byzantinischen Museum von Iraklion

nicht, wie sonst häufig, übermalter – Ikonen des späten 16. und 17. Jh. kam aus dem Kirchenschatz der Panagia Kera ins Museum. Von Kastrofylakos, der auch die Ikonostasis in der benachbarten kleinen Minas-Kirche schuf, stammen zwei signierte und auf 1740 datierte große Heiligendarstellungen – Charalambos und Georgios –, jeweils umrahmt von kleinen quadratischen Bildern mit Szenen aus ihrer Vita. Weitere herausragende Stücke sind ein hl. Georgios des 17. Jh. und ein hl. Gerassimos von 1742. Auch von der *Ikonenmalerei des 19. Jh.* auf Kreta kann man sich in diesem Trakt des Museums ein Bild machen: Hier zeigt sich eine bisweilen kurios anmutende Mischung aus tradierten byzantinischen Formeln und räumlich-perspektivischen Bildchiffren westlicher Kunst, die zu Ensembles gefügt werden, die in ihrer formalen Flächigkeit, zugleich aber Drastik der Wiedergabe unfreiwillig an naive Malerei erinnern.

Den Höhepunkt der Sammlung bilden die *fünf Ikonen des Michael Damaskenos* an der **rechten Wand des Mittelschiffs.** Die durchweg mit großer Könnerschaft gemalten Bildtafeln vom Ende des 16. Jh. sind untereinander, aber auch in sich selbst, alles andere als einheitlich. Vielmehr wird in ihnen die ganze Bandbreite möglicher Optionen zwischen spätbyzantinischer Tradition und den Neuerungen westlicher Malerei der Spätrenaissance, wie sie den Malern dieser Zeit zur Verfügung stand, exemplarisch vorgeführt.

Zu den beeindruckendsten Bildern gehört die ›*Gesellschaft der zum Konzil versammelten Bischöfe und Herrscher*‹ – gemeint ist das Konzil von Nicäa 325 –, die sich halbkreisförmig um den leeren Thron und das Evangelienbuch gruppieren, während in einer dunklen Höhlung darunter der ›Ketzer‹ Arius trauernd auf seinen Büchern lagert: kein Historienbild also, sondern gemalte Theologie. Bei aller Differenzierung der Gesichter sind westliche Stilelemente in diesem signierten und ins Jahr 1591 datierten Gemälde nur zurückhaltend verwendet und zu einem weitgehend byzantinischen Ganzen umgeformt. Eine ähnliche Bildauffassung zeigt die Darstellung der ›*Heiligen Liturgie*‹ mit Gottvater, Christus und der Taube des hl. Geistes, umgeben von Engeln und Heiligen. Die weiteren drei Bilder des Damaskenos unterliegen stärker italienischen Einflüssen. Stilistisch zweigeteilt wirkt die Darstellung der ›*Gottesmutter im brennenden Dornbusch*‹ – Symbol der jungfräulichen Empfängnis: die beiden unteren Bilddrittel sind fast durchgängig byzantinisch konzipiert, im oberen Bildfeld wird, wie in einem italienischen Deckengemälde, Gottvater in der Wolke mit Moses gezeigt, der die Gesetzestafeln in Empfang nimmt. In der ›*Anbetung der hl. drei Könige*‹ erinnern der als Goldgrund aufgefaßte Himmel und die stilisierten Felsen an byzantinische Bildmuster, die Könige mit ihrem prächtigen Hoftroß dagegen wirken ganz und gar italienisch, während die Darstellung des Joseph wieder östlichen Vorbildern entlehnt ist. Nichts könnte den Kontrast besser verdeutlichen als der Vergleich zwischen den beiden Engelgruppen oben: links gewagte Verkürzung, die an Tintoretto-Gemälde erinnert, rechts eine Anordnung wie um Jahrhunderte

Die Ikone ›Anbetung der hl. drei Könige‹ des Michael Damaskenos zählt zu den herausragenden Kunstwerken der Kretischen Schule des 16. Jh.

ins Mittelalter zurückversetzt. Vollends verschmolzen wirken solch heterogene Elemente in dem ausdrucksstarken Bild *›Noli me tangere‹ (»Berühre mich nicht!«)* das die Erscheinung des auferstandenen Christus vor Magdalena zeigt: sie ganz eine vornehme Italienerin, er in szenischer Bewegung ihr verbunden, jedoch durch malerische Stilisierung zugleich entrückt. Stilvariation ist hier zu einem eigenen Mittel der Bildaussage geworden. Wie weitere Exponate – darunter eine Abendmahlszene – zeigen, beherschten auch Zeitgenossen des Damaskenos dieses Spiel mit unterschiedlichen Formen, keiner aber hat Bilder von solcher Überzeugungskraft und Wärme des Ausdrucks geschaffen wie er. Ekaterini ist kein reines Ikonen- und Freskenmuseum. Im Kirchenschiff aufgestellte Vitrinen enthalten, neben illustrierten Handschriften, bestickte Meßgewänder und liturgisches Gerät aus dem späten 18. und 19. Jh.

Knossos – Inbegriff minoischer Paläste

Lage und Bedeutung

Knossos ☆☆
Der größte und bedeutendste der vier minoischen Paläste vermittelt dank der Rekonstruktionen von Arthur Evans ein äußerst anschauliches Bild dieser Kulturstufe.

Knossos liegt gänzlich unspektakulär, 5 km vom Meer (und ebenso weit vom Stadtzentrum von Iraklion) entfernt auf einer kleinen Anhöhe aus hellem Sedimentgestein, die im Westen das Tal des Silamos-Baches begrenzt. Das Areal ist umgeben von ansteigendem Gelände, war also nicht aus strategischen Gründen gewählt worden. Wer über das weite, von Oliven, Getreide und Wein bestandene Hügelland blickt, erkennt indessen leicht den Grund, warum sich hier ca. 7000 v. Chr. die ersten Siedler auf Kreta niederließen und der Ort in der Folgezeit zur Metropole avancierte. Der ausreichend bewässerte und besonders fruchtbare Boden bot einer großen Bevölkerungszahl sichere Lebensgrundlage. Jahrtausendelang war der Palast von Knossos mit der ihn umgebenden Stadt *der* Kulminationspunkt der Insel und eines der bedeutendsten kulturellen Zentren der vorgeschichtlichen Welt. Die diplomatischen und wirtschaftlichen Kontakte von Knossos zur Ägäis reichten weit in den westlichen Mittelmeerraum hinein, nach Ägypten und in den Vorderen Orient.

Für die Besichtigung des Palastes sollte man sich unbedingt genügend Zeit nehmen (angesichts des Massenandrangs während der Saison empfiehlt sich ein Besuch früh morgens oder am späten Nachmittag). Was sich Reisenden hier präsentiert, ist weit mehr als eine bloße Ruine: In Knossos wird minoische Architektur in ihrer Dreidimensionalität erlebbar und sogar in ihrer ursprünglichen Wirkung teilweise nachvollziehbar. Nur hier ist es möglich, einzelne Räume zu betreten und so einen unmittelbaren Eindruck eines solchen uralten Gebäudeensembles zu gewinnen.

Noch in nachminoischer Zeit entzündete der ›Märchen-Palast‹ die Phantasie der Menschen: Nur mit Hilfe des legendären Fadens der Ariadne konnte es dem Helden Theseus gelingen, aus diesem unheimlichen, von einem ›Wunderkünstler‹ entworfenen Labyrinth zu entkommen, in dem der schreckliche Minotauros hauste – so erzählt es der griechische Mythos. Moderne Sprachforscher haben den Namen »Labyrinth« von griech. *labrys* (»Doppelaxt«) abgeleitet, was angesichts der Bedeutung dieses Opfergeräts in der minoischen und griechischen Religion Sinn macht. In klassischer Antike und Neuzeit aber wurde Knossos mit der Vorstellung vom geheimnisvollen Labyrinth assoziiert: Eckige und runde Labyrinthe erscheinen auf Münzen, Mosaiken, Malereien und Graffiti, oft in Verbindung mit der Darstellung des Mythos von Theseus und dem Minotauros (vgl. S. 29).

Wiederaufbau und originale Ruine

Die physische und visuelle Präsenz von Teilen der riesigen und verwirrend komplizierten Anlage ist das Verdienst des britischen Gelehrten Arthur Evans, der in den Jahren 1900–32 den Palast und einige umliegende Gebäude freilegte und die heute zu besichtigenden Teilrekonstruktionen durchführte (die spannende und historisch aufschlußreiche Ausgrabungs- und Rekonstruktionsgeschichte wird hier in einem eigenen kleinen Kapitel geschildert, S. 33). Die meisten Teile des Palastes lagen unter meterdicken Schuttschichten späterer Epochen begraben, die Evans – auf seiner Suche nach der uralten minoischen Kultur – recht achtlos beiseite räumte; besonders gut ist die bis zu 7 m starke Verschüttung von der Straße aus gleich neben dem Eingang zu sehen, wo man auf das Pflaster der ›Heiligen Straße‹ (s. Plan S. 126, Nr. 45) blickt.

Vor allem aber sind es die Beton-Rekonstruktionen von Evans, die seit langem bei Reiseführern wie Fachleuten beliebtes Ziel beißender Kritik sind, da sie den Originalbefund in Teilen zerstörten. Zweifellos trifft dieser Tatbestand zu, doch muß man sich vor Augen halten, daß jede Ausgrabung Befunde vernichtet, indem sie nach jeweils tiefer oder dahinter Gelegenem vorstößt: damals mit gröberen Methoden, heute durchdachter, mit verfeinerter Technik und begleitet von umfassenderer Dokumentation. Die grundsätzliche Problematik jedoch – und damit der Zwang zu später anfechtbaren Entscheidungen und schmerzhaften Kompromissen – wird bei archäologischen Ausgrabungen, Konservierungsmaßnahmen und Rekonstruktionen immer bestehen bleiben. Auch ist Evans zugute zu halten, daß sein teilweiser Wiederaufbau von Knossos in erster Linie der Sicherung der vorhandenen, durch die Freilegung vom Einsturz bedrohten Architektur galt, weshalb er selbst auch – ein wenig beschönigend – nicht von »Rekonstruktionen«, sondern von »Wiederaufbauten« sprach (auf eklatante Fehler oder ausschließlich der Phantasie entsprungene Ergebnisse seiner Tätigkeit wird beim Rundgang jeweils hingewiesen).

Gewiß, heute würde man wahrscheinlich nicht mehr ein Modell im Maßstab 1:1 über die authentische Ruine setzen, sondern vorsichtiger rekonstruieren und im übrigen mit Schautafeln und Computersimulationen arbeiten; solche Rekonstruktionen sind stets korrigierbar und beeinträchtigen weniger den physischen Ruinenbefund. Daß manche der Evans'schen Nachbauten inzwischen selbst ruinös und heruntergekommen aussehen, liegt nicht so sehr an deren schlechter Bauweise als an mangelnder Instandhaltung und Pflege, was allein der derzeitigen griechischen Denkmälerverwaltung vorzuhalten ist.

Doch sollte man sich von all solcher berechtigten Kritik nicht davon ablenken lassen, die kühne, aber von großer Kennerschaft inspirierte Rekonstruktion als ein Angebot an Anschauung und Vorstellungskraft zu verstehen und anzunehmen. Dieser Wiederaufbau ist es, der das Großartige und Besondere minoischer Architektur erahnen und beim Durchwandern die Form- und Farbvielfalt, das Spiel von Raum und Licht erleben läßt. Ohne Evans' – im großen und ganzen plausible und nur in einzelnen Punkten inkorrekte – Veranschaulichung böte Knossos dem Laien nichts weiter als ein wenig aussagekräftiges Trümmerfeld. Und wenn Reisende heute in Festos, Malia und Kato Zakros imstande sind, die dort erhaltenen Grundmauern in ihrer Vorstellung zu Palästen zu ergänzen, so ist ihnen das nur möglich, weil sie Evans' Vision des Palastes von Knossos kennen.

Griechische Silbermünze der Stadt Knossos aus klassischer Zeit mit einer Darstellung des legendären Labyrinths

Noch in mittelalterlichen Kirchen Italiens, Englands und Frankreichs findet man Labyrinth-Darstellungen auf Wänden und Böden; das berühmteste ist das in der Kathedrale von Chartres: über 12 m im Durchmesser und in seiner verschlungenen Strekke 294 m lang. In diesen Kontexten besaß das Symbol als »Chemin de Jerusalem« esoterische Bedeutung. Mit dem Finger die Linien verfolgend oder auf dem Boden das Muster von außen nach innen abschreitend, traten die Gläubigen, statt physisch zum Heiligen Jerusalem zu pilgern, eine meditative Reise an.

Geschichtlicher Überblick

Die ursprünglich kleine Siedlung breitete sich bis zum **Ende der Bronzezeit** kontinuierlich auf mindestens 5 ha aus, und schon im 3. Jt. v. Chr. – lange also vor Errichtung des alten Palastes – standen auf diesem Areal bereits ungewöhnlich große Bauten, die als ökonomisches, administratives und kultisches Zentrum der Region gedeutet werden.

Gegen 1900 v. Chr. wurde, etwa gleichzeitig mit analogen Bauten in Festos (Phaistos) und Malia, eine erste Palastanlage errichtet: die mit Abstand größte und wichtigste der Insel. Dieser **›Alte Palast‹** stand etwa zweieinhalb Jahrhunderte, bis er um 1700 v. Chr. durch ein Feuer verwüstet wurde; seine Ruinen wurden abgetragen und gleich darauf wurde ein neuer Palast – weitgehend auf den Grundmauern des alten – erbaut. Trotz nur geringer Spuren, die sich von jenem alten Palast erhalten haben, ist erkennbar, daß er bereits wichtige Mermale der späteren minoischen Paläste besaß: einen Zentral- und einen Westhof sowie Magazine, Werkstatt- und Wohnkomplexe. Diese einzelnen Baugruppen, denen Evans die Bezeichnung »*insulae*« gab, standen, durch Straßen voneinander separiert, noch isoliert nebeneinander.

Dies änderte sich mit dem Bau des **›Neuen Palastes‹:** Die vormals offenen Wege, die die einzelnen Bauten voneinander getrennt hatten, wurden nun zu geschlossenen Gängen umgewandelt und der Komplex so zu einem zusammenhängenden Ganzen integriert. Allein das Erdgeschoß umfaßte mindestens 300 Räume, zusammen mit den weiteren Etagen wies der ›Neue Palast‹ ca. 1000 Räume auf! Mit einer Fläche von 20 000 m^2 war er doppelt so groß wie die Anlagen von Malia und Festos und mehr als dreimal größer als der Palast von Kato Zakros. Auch die Stadt muß für damalige Verhältnisse riesig gewesen sein; Evans errechnete aufgrund der vermuteten Flächenausdehnung sowie der Grabfunde eine Zahl von 80 000 Einwohnern.

Um 1450 v. Chr. wurde auch der ›Neue Palast‹ von Knossos durch eine Brandkatastrophe, der fast alle Orte der Insel zum Opfer fielen, schwer beschädigt (s. S. 39). Er wurde zwar kurz darauf noch einmal aufgebaut, doch erholte sich die minoische Kultur von jener Katastrophe nicht mehr. Griechen vom festländischen Mykene übernahmen in Knossos die Macht und regierten von hier aus die gesamte Insel. Etwa 50 Jahre danach, gegen 1350 v. Chr., wurde der Palast ein letztes Mal von einem Brand zerstört und diesmal nicht mehr instandgesetzt, sondern als Ruine liegengelassen. In der Stadt Knossos wohnten nun offenbar nur noch wenige Menschen; gegen 1200 v. Chr. etablierte sich westlich der Palastruinen eine kleine **mykenische Siedlung** mit umliegenden Nekropolen. In der griechischen und römischen Epoche wurde das Stadtgebiet weiter nach Norden verlagert. Der prächtige Palast mit seinen Schätzen war

◁ *Blick auf Arthur Evans' Rekonstruktion der Südpropyläen, heutiger Zustand* bereits weitgehend verschüttet, nur einzelne Ruinenteile dürften noch sichtbar gewesen sein.

Der Name *Knossos* geht nicht auf eine Neugründung des Ortes in der klassischen Antike zurück, sondern hat uralte Tradition: Als *ko-no-so* erscheint er auf Linear-B-Täfelchen (vgl. S. 48), und auch in ägyptischen Ortsnamenslisten läßt er sich mit einiger Wahrscheinlichkeit identifizieren.

Architektonische Gestalt und Bautechnik

Evans' Rekonstruktionsbemühungen zum Trotz bleibt der Palast von Knossos eine Architektur, die sich nicht leicht erschließt. Selbst geübte Benutzer von Plänen haben hier ihre Schwierigkeiten. Um

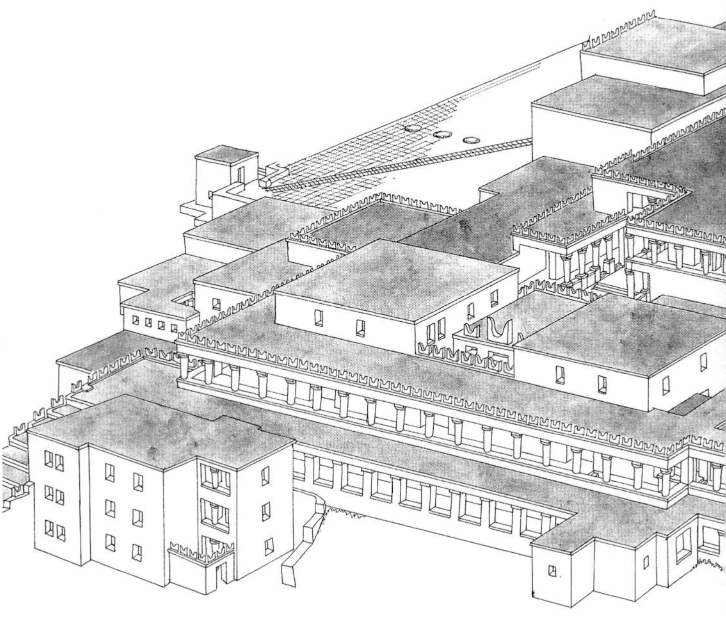

Archäologische Spurensicherung und Darstellungen minoischer Architektur auf Fresken ermöglichen es, den Palast von Knossos in seiner Gesamtgestalt relativ zuverlässig zu rekonstruieren. Auch die hier von den Autoren in Zusammenarbeit mit Sabine Schaffmeister erarbeitete Zeichnung ist nicht frei von Phantasie, berücksichtigt aber alle verfügbaren archäologischen Daten nach neuestem wissenschaftlichen Stand. Das weitgehende Fehlen von Symmetrie und Axialität in der Anlage des Palastes entspricht nicht modernen Sehgewohnheiten: So schweift der Blick frei über die mehrstökkigen, mit vielen Säulen und Kulthörnern dekorierten Bauten, die sich mehrfach ineinander verschachtelt um den großen Zentralhof gruppieren.

einen ersten Eindruck von diesem so fremdartigen und in der Tat labyrinthhaften Komplex zu bekommen, sollte man ihn zunächst einmal ziellos durchwandern. Nachvollziehbar wird auf diese Weise der sich erst allmählich im Wahrnehmungsprozeß erschließende, immer wieder mäandrierende Charakter dieser Bauten, der auch antike Besucher in Staunen versetzt haben muß. Man darf sich den Palast nicht als freistehende und von der Stadt scharf abgegrenzte Anlage vorstellen; vielmehr war er von einer sozialen Hierarchie umgeben, die in entsprechendem architektonischen Aufwand Widerhall fand.

Von der Stadt her kommend, gewahrte man auf den Wegen, die zum Palast führten, immer aufwendigere Gebäudetrakte und stand schließlich vor Fassaden, die nur vereinzelt Durchgang gewährten. Man schritt nicht durch ein großes, weithin sichtbares Portal in diese Anlage, sondern gelangte über abgewinkelte Korridore und Treppen

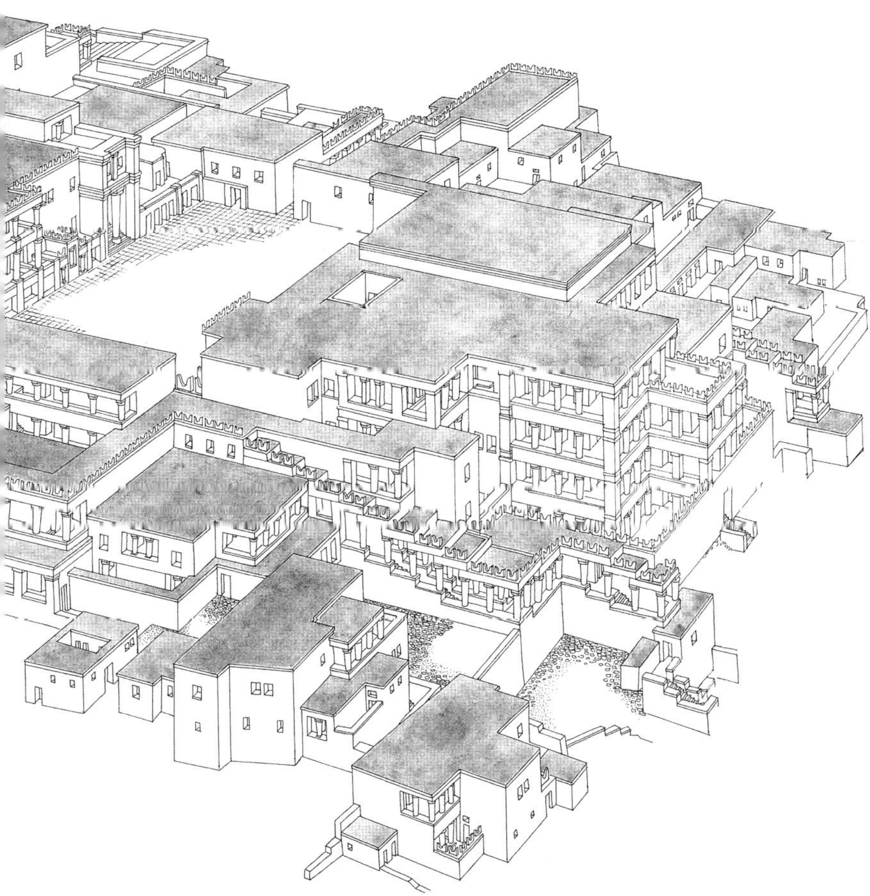

zu den repräsentativen Räumen und schließlich zum großen Mittelhof, von dem aus sich weitere Gebäudetrakte erschlossen. Es scheint unzweifelhaft, daß diese Architektur Einheimische wie Fremde beeindrucken sollte, d. h. repräsentativen Charakter besaß, aber eben auf diese immer neue Blicke eröffnende und Staunen provozierende Weise.

Den vielfältigen Facetten im ästhetischen Erscheinungsbild stand die Bautechnik des Palastes mit ihrer oft verwirrenden Mischung von Materialien und Konstruktionsweisen in nichts nach. Statisch wichtige, aber auch repräsentativ in den Vordergrund tretende Wandpartien wurden häufig aus sehr großen Steinquadern errichtet, zuweilen auch in zweischaliger Technik, während die übrigen Mauern gewöhnlich aus kleineren Quadern oder Feldsteinen gefügt wurden. Fast alle Wände waren innen und außen verputzt und nicht selten so bemalt, daß der täuschende Eindruck edler Steinmaserung erweckt wurde. Die Geschoßdecken bestanden aus Rundhölzern mit Estrichverputz. Die Wände der oberen Stockwerke waren im wesentlichen aus Holz konstruiert: eine Art Fachwerk mit Lehmziegeln, Steinen und Lehmverstrich. Analog verfuhr man bei Treppenläufen, deren untere Partien meist aus Stein, die oberen aus Holz gebaut wurden.

Wie minoische Architekturdarstellungen (s. S. Abb. 41) und das völlige Fehlen von Dachziegeln verraten, waren alle Gebäude mit Flachdächern gedeckt (deren Ränder in Knossos und bei anderen Palästen mit langen Reihen von Stierhörnern geschmückt waren). Viele Räume waren mit Wandvertäfelungen aus Holz, Stuck und Steinplatten verkleidet, die Türlaibungen waren in komplizierter Zimmermannsarbeit mit Leisten und Paneelen ummantelt. Großer Wert wurde auf edle Fußböden gelegt, die mit ihren farbigen Steinplatten und Toneinlagen zuweilen wie Intarsienarbeiten wirken. Die für die minoische Architektur so charakteristischen sich nach unten verjüngenden Säulen bestanden in ihrem Schaft und ihrem Kapitell aus Holz (wovon verkohle Reste der Zedernstämme zeugen), die Basen aus Stein. Die in den Rekonstruktionen auffällige Farbigkeit – mit den vorherrschenden Tönen Rot, Ocker und Blauschwarz – ist durch Reste der Bemalung sowie durch Gebäudedarstellungen auf Fresken und in Fayencen gesichert.

Weitaus schwieriger ist es dagegen – trotz zahlreicher Funde in den Räumen –, ein klares und sachlich fundiertes Bild vom tatsächlichen Leben in einem solchen Palast zu gewinnen. Dies hängt damit zusammen, daß einzelne (etwa kultische) Funktionen sich auf eine Vielzahl von Räumen verteilten und umgekehrt Bereiche wie Vorratshaltung, Handwerksproduktion, Administration und religiöses Zeremoniell funktional wie räumlich aufs engste miteinander verbunden waren und somit auch an ein und demselben Platz aufeinander treffen konnten. Die wichtigsten Theorien zu Funktion und Aufgaben der ›Paläste‹ sind in einem eigenen Abschnitt dargestellt (s. S. 45).

Rundgang

Noch vor dem eigentlichen Palastgebäude trifft man auf die Bronzebüste von Arthur Evans, die 1935 in Anwesenheit des Geehrten hier aufgestellt wurde. Der Zugang zum Palast führt heute über den gepflasterten **Westhof.** Dort fallen zunächst drei ringförmig gemauerte Gruben, die sog. **Kouloures** (1), ins Auge. Wie darin gefundene Tierknochen und Kultgeräte zeigen, dienten sie als Abfallgruben bei Opferungen. Am Boden des mittleren Schachtes erkennt man Überreste eines mit rotem Stuck verputzten Gebäudes aus dem 3. Jt. v. Chr. Die drei Gruben stammen aus der Zeit des Alten Palastes und wurden bei der Errichtung des Neuen Palastes zugeschüttet und vom Pflaster des Westhofes überdeckt.

Diese Platzanlage, die man sich bei religiösen Feierlichkeiten voller Menschen vorstellen muß, wird von schmalen, leicht erhobenen ›**Prozessionswegen**‹ durchzogen. Einer dieser Wege verläuft entlang der **Westfassade** und wird auf jeder Seite von einem kleinen **Altar** (2) flankiert. Die durch asymmetrische Vor- und Rücksprünge gegliederte Fassade gewährte keinen Zugang zum Palast, sondern war vollständig geschlossen. Nischenartige Aussparungen in der Wand verraten noch die Position der Fenster in den darüberliegenden Stockwerken. Gut zu beobachten ist hier die komplizierte Bautechnik: Über einem niedrigen Kalksteinsockel zieht sich eine zweischalige Zone aus *Gipsstein-Orthostaten* entlang, die rückseitig mit Feldsteinen aufgefüllt war. Das Bruchsteinmauerwerk darüber war fachwerkartig durch Holzbalken stabilisiert und außen so verputzt, daß der täuschende Eindruck von großen Quadern entstand. Einige Orthostaten tragen noch Brandspuren von der Zerstörung des Palastes.

Eingang in den Palast

Der Prozessionsweg führt in südlicher Richtung auf die **westliche Eingangshalle** (3) zu. Die Decke dieser Halle wurde von einer 5,5 m hohen Holzsäule gestützt, von der noch die steinerne Basis erhalten ist; in dem kleineren Raum dahinter nahm wahrscheinlich ein Wächter die Besucher in Empfang. Der Zutritt konnte durch ein zweiflügeliges Tor versperrt werden, wie *Zapflöcher* im Boden für Türangeln und den Riegel in der Mitte andeuten. Der sich hieran anschließende ›**Prozessionskorridor**‹ (4) erhielt seinen Namen nach einem Fresko, das – in zwei Registern übereinander geordnet – in den Palast schreitende, lebensgroße Gabenbringer und Opferträger zeigt (heute AMI): ein deutlicher Hinweis auf die tatsächliche Funktion dieses Zugangs.

Doch wohin führte dieser links nach Osten abknickende Korridor? Wie Evans meinte (und entsprechend rekonstruierte), wiederum nach links zu einer monumentalen Halle (6), oder aber weiter nach Osten und von dort direkt auf den Zentralhof? Die Frage bleibt offen, denn aufgrund des starken Geländeabfalls ist der Baubefund in dem gesamten Bereich nur noch lückenhaft erkennbar. Sicher ist lediglich,

Die südlich der Propyläen wie ein Orientierungspunkt weithin sichtbaren, überdimensionalen Kulthörner aus Porosstein bekrönten vermutlich den Dachrand über einem breiten Fenster.

Palast von Knossos 1 Gruben (›Kouloures‹) 2 Altar 3 Westliche Eingangshalle 4 ›Prozessionskorridor‹ 5 Stufenportikus 6 Südpropyläen 7 Freitreppe 8 Westkorridor 9 Westmagazin 10 Thronsaal 11 Dreiteiliges Heiligtum 12 Schatzkammer 13 Vorraum der Pfeilerkrypten 14 Pfeilerkrypten 15 Ostpforte 16 Großes Treppenhaus 17 Kultbassin 18 Heiligtum der Doppeläxte 19 ›Megaron der Königin‹ 20 Bad 21 Toilette 22 ›Megaron des Königs‹ 23 Raum der Doppeläxte 24 Ostportikus 25 Steinschneidewerkstatt 26 Töpferei 27 Hof mit Wasserspeier 28 Magazin der Riesenpithoi 29 Ostbastion 30 ›Korridor des Schachspiels‹ 31 Tierboxen 32 Halle 33 Magazine 34 großer Magazintrakt 35 Raum der ›Medaillen-Pithoi‹ 36 Magazine und Werkstätten 37 Nordtor 38 Pfeilerhalle 39 Nordkorridor 40 Fresken-geschmücktes Heiligtum 41 Säulenvestibül 42 Kultbassin in ummauertem Hof 43 ›Theaterbezirk‹ 44 ›Königliche Loge‹ 45 ›Heilige Straße‹ 46 Südhaus 47 ›Haus der Heiligen Tribüne‹ 48 Südosthaus

daß ein weiterer Zugang von Süden her über einen **Stufenportikus** (5) des Alten Palastes und dann einen ebenfalls nach Osten umknikkenden Korridor auf den Zentralhof führte. So bleibt unklar, ob der Westtrakt des Palastes durch den ›Prozessionskorridor‹ zugänglich war oder aber allein vom Zentralhof aus erschlossen wurde. Evans sah in der großen Halle mit ihren vier Säulen und den drei verschließbaren Türen im Süden eine gewaltige Toranlage: die heute so genannten **Südpropyläen** (6). Er rekonstruierte diesen Bau teilweise, dekorierte ihn mit der *Kopie des Rhytonträgers* aus dem Prozessionsfresko und setzte, da er an der Bewegungsrichtung keinen Zweifel hatte, gleich noch eine riesige **Freitreppe** (7) dahinter, die geradlinig ins Obergeschoß des Westflügels führt. Originale Reste einer solchen Treppe sind jedoch nicht erhalten, und Evans' gewaltiger Unterbau dieser eher neuzeitlicher denn minoischer Architektur entlehnten Freitreppe, über die der Besucher heute ins Obergeschoß geführt wird, überdeckt nun leider den gesamten Bereich.

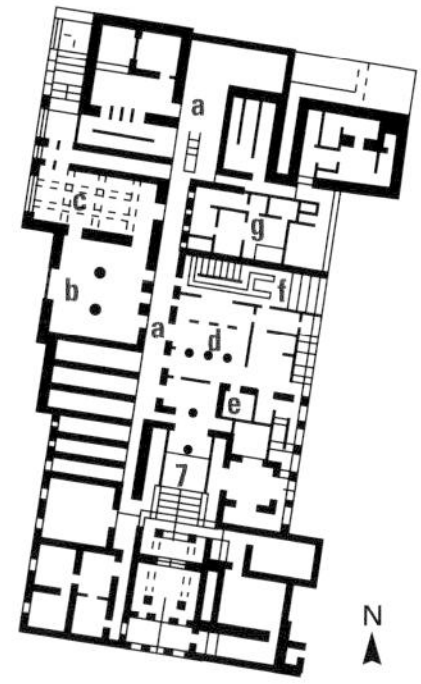

Palast von Knossos, Obergeschoß des Westflügels (›Piano Nobile‹; zur Lage siehe die rot umrandete Fläche auf dem linken Plan)
a Korridor
b und c Kultsäle
d Halle
e ›Schatzkammer‹
f Treppe
g Raum mit Freskenkopien

Piano Nobile

Der »*Piano Nobile*«, wie Evans – in Anlehnung an italienische Renaissance-Architektur – das Obergeschoß des Westtraktes nannte, ist nur in Spuren erhalten. Gesichert sind ein dem Parterre analoger **Korridor** (a) und, mit Fenstern zum Westhof hin, zwei von Innensäulen gestützte und durch Türen miteinander verbundene **Räume** (b und c), die offenbar religiösen Zeremonien dienten. Aus dem nördlichen dieser beiden Räume stammen Fresken kultischen Inhalts wie die berühmte ›*Pariserin*‹ im Museum von Iraklion. Auch der zum Zentralhof ausgerichtete Trakt des Obergeschosses wurde kultisch genutzt: An eine von drei Innenpfeilern und Säulen gestützte **Halle** (d) schloß sich im Süden eine **Schatzkammer für Kultgerät** (e) an, wie an dieser Stelle ins Erdgeschoß herabgefallene Gegenstände beweisen. Eine **Innentreppe** (f) mit zwei Säulen in der Mittelachse verband das Obergeschoß mit dem Zentralhof. In der frei rekonstruierten **Raumgruppe** (g) nördlich dieser Treppe sind *Freskenkopien* aus verschiedenen Teilen des Palastes ausgestellt. Vom Obergeschoß aus hat man einen hervorragenden Überblick über das riesige **Westmagazin** (9) mit seinen 18 länglichen, wahrscheinlich fensterlosen, Kammern.

Zentralhof und Westflügel

Der ca. 53 × 27 m messende gepflasterte **Zentralhof,** um den herum sich die gesamte Anlage gruppiert, ist annähernd in Nord-Süd-Richtung ausgerichtet. Hier fanden zwar nicht die so häufig dargestellten Stierspiele statt, wohl aber andere religiöse Zeremonien unter Beteiligung großer Menschenmengen; Darstellungen auf minoischen Fresken legen dies nahe. Mehrere im Westflügel gelegene Heiligtümer öffneten sich unmittelbar zum Zentralhof hin.

Zu diesen Heiligtümern muß auch der von Evans als **Thronsaal** (10) bezeichnete Raum samt Nebengemächern gezählt werden: Die zum Zentralhof hin offene Vorhalle ist in ihrer Mitte einem Teppich gleich mit einem schwarzen Steinfußboden ausgelegt, der von Alabasterplatten gesäumt wird. Die Wände waren mit Fresken (darunter einer Darstellung des Stiersprungs) geschmückt. Links und rechts sind entlang den Wänden niedrige *Gipsstein-Bänke* plaziert, wie man sie von altorientalischen Heiligtümern her zum Ablegen sakraler Gegenstände kennt. In der Aussparung der nördlichen Seite ergänzte Evans einen *hölzernen Thron,* der demjenigen im Hauptraum entspricht. Ausschlaggebend für diese Interpretation war der Fund von Resten verbrannten Holzes. Das in der Raummitte aufgestellte *Porphyr-Becken* allerdings ist ein Fremdkörper, der aus dem nördlich angrenzenden Korridor stammt und von Evans nur deshalb hierher gebracht wurde, weil er sich vorstellte, Besucher hätten sich vor Betreten des ›Thronraumes‹ hier symbolisch gereinigt. Der ›Thronraum‹ selbst ist heute durch ein Gitter abgesperrt, aber vom Eingang her gut einsehbar. Evans glaubte hier den ältesten »Thron Europas« gefunden zu haben; er stellte sich auf diesem Alabaster-Sitz den in der griechischen Literatur ›überlieferten‹ legendären König Minos vor, wie er vor einem an dieser Stelle versammelten Rat Recht sprach. Doch was fand hier tatsächlich statt? Die zu Seiten des Throns entdeckten Fresken zeigen Greifen – Fabeltiere, die in analogen Darstellungen in Verbindung mit Göttinnen und Priesterinnen stehen. Auch die ebenfalls aus den Freskenresten ablesbaren Pflanzen- und Bergdarstellungen lassen auf das Thema ›Heiligtum‹ schließen. So wird man sich nicht König Minos, sondern vielmehr eine Priesterin vorstellen müssen, die hier – nachdem sie im rechts angrenzenden Nebenraum ihr entsprechendes Gewand erhalten hatte – die Epiphanie einer Göttin vollzog, d. h. die Rolle der Göttin übernahm (vgl. S. 52): vielleicht mit Schlangen in den Händen wie die berühmte Fayence-Statuette im Museum von Iraklion. Die religiöse Funktion des Raumes wird unterstrichen durch ein dem Thron gegenüberliegendes Adyton bzw. ›Lustralbassin‹. Ein auf Thera gefundenes minoisches Fresko gibt Anlaß zu noch konkreteren Vermutungen: Vor einer ähnlichen Landschaft und flankiert von Greifen, thront dort eine Göttin und nimmt aus der Hand eines dressierten Affen Krokuspflanzen entgegen, die in der minoischen Religion eine bedeutende Rolle spielten und auf zahlreichen Darstellungen von Affen gesammelt werden. Das Fresko von Thera aber befand sich oberhalb eines Kultbassins, ähnlich demjenigen in unserem Raum! Soll man sich also vorstellen, daß im berühmten Thronraum von Knossos eine Priesterin als Vegetationsgöttin auftrat und von einem Affen, der aus dem Adyton emporschritt, Krokusse überreicht bekam? Die Szenerie ist erstaunlich, jedoch aufgrund vieler Indizien sehr viel wahrscheinlicher als die eines Herrschers mit seinen Ratsherren.

In den ursprünglich 400 Pithoi der Magazine des Westflügels lagerten Vorräte an Wein, Öl und Getreide; die teilweise mit Stuck und Blei ausgekleideten Kammern unter den Mittelgängen boten weiteren Raum zur Aufnahme von Flüssigkeiten, wurden aber auch als unterirdische ›Schatztruhen‹ verwendet. Die Magazine besaßen nicht ausschließlich profane, sondern auch rituelle Funktionen, wie an den Wänden eingeritzte Doppeläxte und andere heilige Zeichen sowie steinerne Basen für standartenartig aufgestellte Doppeläxte vor den Zugängen belegen.

Rekonstruktion des ›Thronraums‹ nach Evans

Der Kultbezirk im Süden der Treppe wird – aufgrund spärlicher Befunde und eines Freskos mit einer entsprechenden Architekturdarstellung – als **›Dreiteiliges Heiligtum‹** (11) bezeichnet, womit allerdings nur die Fassade gemeint ist. Die **Schatzkammer** (12) dahinter enthielt in Vertiefungen ihres Bodens kostbares Kultgerät, so z. B. die berühmte Schlangengöttin. Der **Vorraum** (13) war mit Bänken zur Ablage solcher ritueller Gegenstände ausgestattet. Die eigentlichen Kultstätten waren die beiden rückwärtigen **Pfeilerkrypten** (14). In ihre Pfeiler sind heilige Zeichen eingeritzt; Wannen und Vertiefungen nahmen flüssige Spenden auf für die Erd- und Fruchtbarkeitsgottheiten, die in diesem dunklen Heiligtum verehrt wurden.

Eine Kopie des Throns von Knossos steht heute im Internationalen Gerichtshof von Den Haag – ein Versuch, moderne abendländische Rechtsprechung durch Rückbezug auf den legendären ›weisen und gerechten König Minos‹ mit uralter Tradition und Legitimität zu versehen.

Der Ostflügel

Der bis zu fünfstöckige Ostflügel beherbergte die Wohnräume und Werkstätten des Palastes. Erstaunlicherweise war nur der Handwerksbereich im Norden vom Zentralhof aus durch eine schmale **Pforte** (15) zugänglich, während der Wohntrakt im Süden gegenüber dem Hof vollständig abgeriegelt war. Dabei waren die Stockwerke durch ein **Treppenhaus** (16) verbunden, das technisch und ästhetisch zu den grandiosesten Leistungen der Minoer gehört. Der geknickte Treppenlauf wird durch Säulen gestützt, die auf einer gestuften Brüstung stehen. Erhellt wird das Treppenhaus durch einen großen Lichtschacht, der von mehrgeschossigen Kolonnaden und einer Fensterwand begrenzt wird. Leider ist dieser Trakt wegen Reparaturarbeiten seit Jahren geschlossen und kann nur vom Zentralhof aus eingesehen werden.

Heute führen Treppen vom Südende des Zentralhofes zu den unteren Stockwerken des **Wohntraktes,** der in seinem erhaltenen Teil aus zwei miteinander zusammenhängenden Komplexen besteht: dem ›Megaron der Königin‹ samt seinen Nebenräumen und dem größeren des ›Königs‹.

Das sog. ›Megaron der Königin‹ war mit farbenprächtigen Fresken geschmückt: Delphine, Rosetten, Spiralen und – am Fensterrahmen – Tänzerinnen; die heute an Ort und Stelle angebrachten Kopien stammen allerdings aus unterschiedlichen Perioden der Neuen Palastzeit.

Das **›Megaron der Königin‹** (19) ist heute durch Fenster von Süden her einsehbar; ursprünglich waren die Räume vom Inneren des Wohntraktes her zu erreichen. Evans wies diesen Raum – recht willkürlich – der Königin zu, weil er die niedrigen Bänke wie geschaffen für Frauen hielt. In Wirklichkeit muß es in den diversen Stockwerken eine Vielzahl solcher Räume gegeben haben; auch das anschließende **Bad** (20) und die mit Wasserspülung und Holzsitz ausgestattete **Toilette** (21) im rückwärtigen Raum sind alles andere als ausreichende Beweise für ein herrschaftliches Gemach, zumal ähnliche Einrichtungen wohl auch in den oberen Stockwerken existierten. Vermutlich handelt es sich bei dem vermeintlichen ›Megaron der Königin‹ eher um Nebengelasse des angrenzenden, nun wirklich repräsentativen **›Megaron des Königs‹** (22).

Doch auch um die Zuweisung dieser Gemächer steht es nicht besser. Was Evans im rückwärtigen **›Raum der Doppeläxte‹** (23) fand, waren lediglich Reste von verkohltem Holz. Er identifizierte die Fragmente als Thron, den er für einen Königsraum benötigte. Und, da man im Thronraum-Areal des Westflügels ebenfalls *zwei Throne* ergänzt hatte, sind nun am Ende auch hier zwei derartige Herrschaftsinsignien zu sehen. Auch die in eine Wand *eingeritzten Dop-*

Blick vom Zentralhof auf den Wohnbereich im Ostflügel

peläxte muß man als Kult- und nicht als Königszeichen verstehen, und von den dort angeblich einst hängenden achtförmigen Schilden, die dem Raum eine militärische Note verliehen hätten, ist nicht die geringste Spur erhalten (selbst die *Stiftlöcher* in der Wand stammen von Evans!). Die Einzigartigkeit des Raumes wird auch dadurch relativiert, daß im darüberliegenden Stockwerk ähnlich ›herrschaftliche‹ Ausstattungsreste gefunden wurden, die ebenfalls zu einem Thronambiente (sogar mit Baldachin) ergänzt werden konnten. Nichtsdestoweniger sind das ›Megaron des Königs‹ und der ›Raum der Doppeläxte‹ ein großartiges Beispiel minoischer Repräsentationsarchitektur: Hinter einem weiträumigen L-förmigen Säulen-Portikus öffnet sich die auf drei Seiten durch Polythyra zugängliche Halle, dahinter der durch einen breiten Lichtschacht ebenfalls gut beleuchtete hintere Raum.

Ein seltener Glücksfund ist eine verkohlte Holzsäule, auf die Evans im Ostflügel des Palastes von Knossos stieß: Der 2,60 m lange Zypressenstamm verjüngt sich nach unten um 10 cm.

Unmittelbar im Norden an den Wohntrakt und mit ihm durch Flure verbunden, schlossen sich Werkstätten an; auch ihnen ist ein **viersäuliger Portikus** (24) vorgelagert. Unvollendet liegengebliebene Steingefäße und Rohmaterial verraten, daß sich hier eine **Steinschneidewerkstatt** (25) befand. Daneben lag eine **Töpferei** (26); die *Mulden zum Kneten des Tons* sind noch erhalten. Das für die Werkstätten benötigte Wasser wurde in Rinnen gesammelt und floß aus einem Wasserspeier in einen **Hof** (27). In den nördlich angrenzenden **Magazinen** (28) stehen gigantische *Pithoi,* die noch aus der Alten Palastzeit stammen. Nicht versäumen sollte man einen Blick von der **Ostbastion** (29) – dem Osteingang des Palastes – auf die steinerne Wasserleitung mit ihren rechteckigen *Senkkästen.* Wie an vielen Stellen gefundene Tonröhren erkennen lassen, war der gesamte Palast von einem ausgeklügelten Trink- und Abwassersystem durchzogen. Steigt man die Treppe der Ostbastion wieder hinauf, gelangt man zu einem **Korridor** (30), der nach dem hier entdeckten ›Schachspiel‹ seinen Namen erhielt, und zu einer Reihe von ›Boxen‹ aus aufrechten Steinplatten, die als **Tierställe** (31) gedeutet wurden. Eine **Halle** (32) und weitere **Magazine** (33) schließen sich an. Von hier aus ist auch der große **Magazintrakt** (34) mit seinen starken Mauern zugänglich, über dem Evans eine riesige, mit Fresken geschmückte Repräsentationshalle vermutete. Der darin befindliche **›Raum der Medaillen-Pithoi‹** (35) trägt seinen Namen nach den auf den Gefäßen angebrachten runden Verzierungen.

Nordflügel und Theaterbezirk

Einer der Eingänge, wenn nicht der Haupteingang, lag im Norden. Vom ›Theaterbezirk‹ führt ein gepflasterter Weg durch ein **Doppeltor** (37) in die langgestreckte **Pfeilerhalle** (38) mit ihren acht Pfeilern und zwei Säulen und von dort über eine lange **Rampe** (39) auf den Zentralhof. Auf beiden Seiten wurde dieser Rampenweg von doppelgeschossigen, freskengeschmückten Vestibülen flankiert, deren westliches von Evans wieder aufgebaut wurde.

Ob die Pfeilerhalle, wie Evans es sich vorstellte, als Zoll- und Empfangsstation für die vom Hafen her angelieferten Waren diente, ist ungewiß. Die starken Stützen lassen einen wichtigen Raum darüber vermuten, möglicherweise einen Bankettsaal.

Rekonstruktion des Nordeingangs, Blick vom äußeren Bezirk zum Zentralhof hin

Nur wenige Meter vom Nordtor entfernt, führt ein zweiter Eingang in eine quadratische **Säulenhalle** (41): Von hier konnte der Besucher zunächst den Hof mit dem von Evans eindrucksvoll rekonstruierten **Kultbassin** (42) aufsuchen und sich dann zu den Heiligtümern und Magazinen des Westflügels begeben. Evans verstand – wohl zu Recht – den großen ummauerten Hof als Initiationsbezirk, in dem sich die Besucher vor Betreten des Palastes kultisch reinigten. Wie auf dem Westhof, müssen auch im wunderbar erhaltenen und noch heute beeindruckenden ›**Theaterbezirk**‹ (43) Feste und kultische Zeremonien unter Beteiligung großer Menschenmengen stattgefunden haben. Mehrere gepflasterte Prozessionswege, die das Theaterareal durchziehen, müssen in diese Festveranstaltungen einbezogen gewesen sein: Auf ihnen können einzelne Priester oder auch Reihen von Gabenbringern entlanggezogen sein. Freskendarstellungen lassen vermuten, daß die ›Wege‹ aber auch eine ganz andere Funktion hatten, nämlich männliche und weibliche Festteilnehmer als Gruppen voneinander abzugrenzen. Die L-förmig gegeneinander stoßenden Stufenreihen dürften Zuschauertribünen gewesen sein. Wozu das gemauerte **Podest** (44) diente, ist unbekannt; Evans sah in ihm eine königliche Loge. Die vom ›Theater‹ ausgehende sog. **Heilige Straße** (45) führte zum ›Kleinen Palast‹ (s. S. 134) und in die angrenzende Stadt.

Rund um den Palast wurden mehrstöckige Häuser freigelegt und z. T. auch wieder aufgebaut, die an Pracht den Gebäuden des Palastes kaum nachstehen. Einer hohen Persönlichkeit muß das 19 m lange **›Südhaus‹** (46) gehört haben, dessen Westwand in die Ruinen des Stufenportikus (5) der Alten Palastzeit einschnitt. Man betritt das Gebäude heute vom Hang her über sein zweites (wiederaufgerichtetes) Obergeschoß und steigt über eine Treppe hinab in die ›Pfeilerkrypta‹, wo man auf eine *pyramidale Basis* trifft, die eine kultische Doppelaxt trug. Im Nordosten liegt die Haupthalle, von der ein Kultbassin abzweigt; Magazine enthielten Bronzewerkzeuge, darunter drei Sägen.

Viele architektonische Elemente des Palastes finden sich in den umliegenden Stadthäusern wieder. Paläste wie der von Knossos hoben sich also von sonstigen minoischen Bauten vor allem durch ihre Größe und Komplexität ab; sie erscheinen wie eine Steigerung dessen, was in wesentlichen Teilen auch bei anderen Bauten zu finden ist.

Wie ein Palast im kleinen mutet das **›Haus der heiligen Tribüne‹** (47) an, das an die Südostecke des Palastes angrenzt: Eine Eingangstreppe führt von Osten zur zentralen Halle mit Polythyron, von der ein Korridor zu einem Kultbassin abzweigt; auf der Westseite waren drei Magazinräume um eine ›Krypta‹ mit einem zentralen Pfeiler herum angeordnet. Seinen Namen erhielt das Haus von einer kleinen Tribüne in seinem Nordtrakt, auf der ein Altar gestanden haben dürfte.

Auch das **›Südosthaus‹** (48) besitzt eine Pfeilerkrypta, zu der man auf einer Treppe hinabsteigt; in ihr wurde eine große Porphyr-Lampe und ein eiserner Kultknoten gefunden. Noch am Ort befindliche *Säulenbasen* aus vielfarbigem Stein und hier entdeckte naturalistische Malereien mit Lilien und blühendem Schilf verraten eine dem Palast ebenbürtige luxuriöse Ausstattung.

Die weitere Umgebung des Palastes

Alle Ausgrabungsstätten außerhalb des umzäunten Palastgeländes, gleich ob mit minoischen oder nachminoischen Bauten, sind in sträflich verwahrlostem Zustand und Besuchern zumeist versperrt. Der Ärger beginnt mit der in Plänen und Rekonstruktionen häufig abgebildeten sog. **Karawanserei** (Gästehaus) unmittelbar im Süden des Palastes, die seit langem unzugänglich und mittlerweile von Gestrüpp überwuchert ist; welchem Zweck der mit dem Palast durch einen Viadukt verbundene Bau diente, ist nicht bekannt. Das direkt neben der Landstraße liegende, von Evans entdeckte und restaurierte, **›Tempelgrab‹** ist eingezäunt und von außen nicht einzusehen. Zum **›Haus des Hohepriesters‹** führt von der Landstraße in spitzem Winkel ein Asphaltweg einige Meter talabwärts; die von Evans rekonstruierte Anlage ist abgesperrt, doch wenigstens von außen zu sehen. Dem Augenschein nach handelt es sich nicht um ein Haus, sondern um ein kleines Heiligtum mit einem Schrein.

Problemlos zu besichtigen ist Evans' ›**Royal Villa**‹, deren ausgesprochen kleine Dimensionen allerdings einer solchen Titulierung widersprechen; sie befindet sich an der Odos Minoiton im östlich unterhalb der Landstraße gelegenen Weiler Makrytichos. Der ›**Kleine Palast**‹ im Westen oberhalb der Landstraße wiederum ist nicht zu besichtigen, so daß man von der gesamten minoischen Stadt selbst keinerlei Eindruck gewinnen kann.

Noch miserabler steht es um die nachminoischen Stätten: Von der Straße aus sichtbar sind die Säulen der nach ihrem großartigen Fußbodenmosaik benannten römischen ›**Villa Dionysos**‹ aus dem 2. Jh. n. Chr.; doch ist der Bezirk – samt der ebenfalls hier situierten ›**Villa Ariadne**‹, die Arthur Evans als Grabungshaus und Fundmagazin gedient hatte – trotz von Großbritannien finanzierter Restaurierung und aufwendiger Überdachung weiterhin für Touristen abgesperrt und inzwischen wieder zugewachsen. Schon gar nicht sollte man versuchen, das auf Plänen verzeichnete **römische Theater** oder die ›**Basilika**‹ im Gelände ausfindig zu machen. Unternehmungen solcher Art verfestigen nur den Eindruck, daß – von den zahlenden Massen im Palast von Knossos einmal abgesehen – Besucher von der kretischen Antikenverwaltung grundsätzlich als Eindringlinge oder unbedeutende Minderheit angesehen werden.

Wie bereits zu minoischer Zeit und dann die gesamte Antike durch wurde auch in venezianischer und türkischer Zeit Wasser für die Stadt Knossos und später für Iraklion vom Jouchtas herangeführt. Abschnitte der Leitung und jeweils ein großer Aquädukt aus venezianischer und aus türkischer Zeit sind komplett erhalten. Den **venezianischen Aquädukt,** 1628 unter Francesco Morosini errichtet, findet man vom Ort Knossos aus, indem man von der Landstraße kurz vor dem Eingang zum Palast nach Westen in eine Gasse abbiegt und sich

In den Balkenlöchern des im 19. Jh. errichteten Mehmed-Aquädukts nisten unzählige Tauben. Die Wasserleitung, deren turmartig hohe Anschlußstücke auf beiden Talseiten zu sehen sind, führte vom Jouchtas bis nach Iraklion.

dann auf der Asphaltstraße immer links hält (1,5 km). Der aus kleinen Quadern sorgfältig gefügte Rundbogen-Aquädukt verjüngt sich in seinem Querschnitt nach oben bis auf einen halben Meter; auf der Deckfläche verläuft die offene Wasserrinne, die – für eine so aufwendige Brückenkonstruktion – erstaunlich schmal und von nur geringer Tiefe ist. – Auf dem Weg von Knossos nach Archanes quert die Straße das Tal des Silamos-Baches; an dieser Stelle ließ 1830–40 Sultan Mehmed Ali einen großen **Aquädukt** anlegen, der die Höhendifferenz zwischen der am Berghang verlaufenden Leitung und der Talsohle so weit verringerte, daß die verbleibende Steigung durch eine Druckleitung bewältigt werden konnte. Von der Nebenstraße aus, die vom Mehmed-Aquädukt am Silamos-Bach entlang nach Süden führt, sieht man im Kalkgestein noch die Ausschachtungen für die Quader des minoischen Palastes von Knossos.

Minoische Heiligtümer, Dörfer und Landsitze im Umkreis von Knossos

Das Umland des minoischen Knossos
Besonders sehenswert:
Archanes und Fourni
Vathypetro
Tylissos

Knossos war umgeben von Dörfern, kleinen Städten und Heiligtümern sowie von isoliert liegenden Baukomplexen, die als Sammelstellen landwirtschaftlicher Erzeugnisse fungierten, zugleich aber genauso wie die Paläste auch kultische Funktionen besaßen. Anspruchsvolle Bauweise, Säulenportiken und großdimensionierte Räume mit Polythyra lassen auf Repräsentationsansprüche schließen. Doch wer residierte hier: regionale Herrscher, ein Priester, eine Priesterin, oder aber Gruppen von Personen wie z. B. ein Priesterkollegium? Auch die Beziehung dieser Anlagen zu Knossos ist noch weitgehend ungeklärt. Da Knossos in spätminoischer Zeit die Oberherrschaft über ganz Kreta innehatte, vermutet man, daß die ›Landsitze‹ in jener Spätphase u. a. eine Vermittlerfunktion zwischen der Administration der Zentrale und den Bauern wie Hirten auf dem flachen Lande wahrnahmen; mindestens für Vathypetro und Tylissos dürfte dies gelten, während Amnissos und Nirou Chani mit einiger Wahrscheinlichkeit als Häfen von Knossos angesehen werden dürfen.

Archanes und Fourni

Archanes, nur wenige Kilometer südlich von Knossos und im unmittelbaren Einzugsgebiet der Großstadt Iraklion gelegen, hat sich mittlerweile fast zu einer kleinen Stadt mit eigener Infrastruktur entwikkelt. Im Zentrum des Ortes östlich der Hauptstraße haben Efi und Giannis Sakellarakis in methodisch vorbildlicher Weise **minoische Gebäudereste** der neuen Palastzeit freigelegt, die auf eine Anlage mindestens der Größe von Agia Triada schließen lassen. Gut erhalten sind der Eingangsbereich mit einem kleinen ›Open-air‹-Heiligtum davor sowie repräsentative Säle aus Quadermauern, die um 1500 v. Chr. in Magazine für Tonpithoi (vgl. S. 47) umgewandelt wurden, bald darauf aber durch ein schweres Erdbeben und anschließenden Brand zerstört wurden. Ein ansprechendes und wissenschaftlich informatives **Museum** im Ortszentrum präsentiert Funde aus der Stadtgrabung, aus Fourni und von Anemospilia.

1,5 km außerhalb des Ortes an der Straße nach Vathypetro findet man in der Gemarkung **Assomatos** die **Michael Archangelos-Kapelle** (Schlüssel in der Taverne an der Hauptkreuzung in Archanes) mit teilweise gut erhaltenen Fresken aus den Jahren 1315/16.

Tonnachbildung eines kleinen Rundtempels aus Archanes (AMI): Im Innern des mit einer Türe verschließbaren Heiligtums sitzt eine Göttin mit erhobenen Händen. Zwei Männer betrachten das Idol durch eine kaminartige Öffnung des Daches, davor liegt ein Tier.

Noch beeindruckender als die Reste der minoischen Siedlung im Ort Archanes ist die **Nekropole auf dem Fourni-Hügel** im Westen (von Kato Archanes auf ausgeschilderter Stichstraße oder, in ca. 20 Min. Fußweg, direkt von Apano Archanes aus zu erreichen). Die Einwohner müssen sozusagen ›im Angesicht der Toten‹ gelebt haben, denn die Nekropole auf dem Hügelkamm liegt nicht nur wie eine Oberstadt über der Siedlung der Lebenden, sie war auch wie eine Stadt *en miniature* gebaut, mit z. T. mehrstöckigen Häusern und schmalen gepflasterten Gassen. Kaum weniger belebt als die Siedlung im Tal muß man sich diese Totenstadt vorstellen, in der nicht nur bei Beerdigungen, sondern offenbar regelmäßig religiöse Feste stattfanden. Ein großes, mehrgeschossiges Gebäude aus dem mittleren 2. Jt. v. Chr. diente, den Funden zufolge, als Weberei und Kelterei, und auch in weiteren Räumen der Totenstadt werden landwirtschaftliche und handwerkliche Produkte aufbewahrt und verarbeitet worden sein. Keine andere minoische Nekropole auf Kreta weist eine solche Vielfalt an Grabbauten und Bestattungssitten auf wie Fourni, wo im Laufe der mehr als tausendjährigen Nutzung nordkretische Bestattungsrituale neben solchen aus der Messara praktiziert wurden.

Drei Areale wurden ausgegraben: die ›Totenstadt‹ im Süden, eine unterirdische Kulthöhle und das bereits erwähnte gewerbliche Gebäude in der Mitte sowie ein Grabbezirk aus mykenischer Zeit im Norden. Der **südliche Bezirk** mit seinen rechtwinkeligen ›Häusern‹ und runden Tholos-Gräbern – alles Bauten, die nach der Grablegung nicht mit Erde überdeckt wurden, sondern sichtbar im Freien standen – stammt im wesentlichen aus der Vorpalastzeit des 3. und frühen 2. Jt. v. Chr. Die reichen Funde (darunter Gold- und Edelsteinschmuck, Elfenbeinarbeiten, Marmoridole von den Kykladen und Steingefäße aus Ägypten) lassen auf eine erhebliche soziale Differenzierung schließen, doch deutet auch hier nichts auf eine Herrscherdynastie hin. In die Gruppe dieser südlichen Grabbauten wurde um 2000 v. Chr. ein **monumentales Kuppelgrab** hineingebaut; Funde und Abfolge der Umbauten verraten eine Nutzung dieses Komplexes als Grab- und Opferstätte bis in spätminoische Zeit. Ein noch älteres Kuppelgrab (2400–2000 v. Chr.) liegt talabwärts dieses Komplexes.

Während von dem erwähnten unterirdischen Heiligtum und dem ›Gewerbebetrieb‹ nur wenig zu sehen ist, bietet das **mykenische Areal** im Norden mit seinem großen und fast vollständig erhaltenen Kuppelgrab, auf das ein langer Dromos zuführt, ein eindrucksvolles Bild. Goldsiegel, Elfenbeinschnitzereien und der Nachweis von Stier- und Pferdeopfern lassen auf die besondere Hochschätzung, die der hier bestattete Tote genoß, schließen. Nördlich dieses ›Fürstengrabes‹ schließt sich ein von einer starken Mauer eingefaßter **Schachtgräber-Bezirk** an; am Kopfende eines jeden Grabes steht eine vorn und hinten geglättete, sonst aber eigentümlich amorphe Stein-Stele, die vage an neolithische Menhire, ebenso aber auch an spätere griechische Grabstelen erinnert.

Anemospilia, Vathypetro und Galatas

An der Nordflanke des Jouchtas mit Blick auf den Golf von Iraklion liegt **Anemospilia** (auf einem Fahrweg von Archanes aus zu erreichen): ein aus drei parallelen Räumen und einer Vorhalle bestehendes Heiligtum, von dem heute im eingezäunten Gelände nur die Grundmauern zu sehen sind, das aber durch sensationelle Funde und die aufsehenerregenden Beobachtungen des Archäologenehepaares Sakellarakis Berühmtheit erlangte. Wie die hier gefundene Keramik ausweist, bestand das Heiligtum nur einige Generationen lang, bis es

Das Menschenopfer von Anemospilia, Rekonstruktionszeichnung des Heiligtums von Giannis Sakellarakis

im frühen 17. Jh. v. Chr. durch ein Erdbeben, das auch die Alten Paläste vernichtete, einstürzte. In der Vorhalle fand man das Skelett eines Opferdieners, der – ein großes, mit Blut gefülltes Gefäß haltend – von den herabstürzenden Trümmern erschlagen worden war. In der linken Kammer wurden unblutige Opfer vollzogen, in der mittleren Kammer stand, flankiert von Pithoi und anderen Gefäßen, das Kultidol, von dem sich die tönernen Füße erhalten haben. In der rechten Kammer befand sich ein Altar, daneben lagen wiederum zwei menschliche Skelette: das einer Opferdienerin und das eines sehr reich geschmückten Mannes mit einem bronzenen Opfermesser; beide müssen aufrecht gestanden haben bis zu dem Augenblick, als sie von den herabstürzenden Balken zu Boden gestreckt wurden. Auf dem Altar aber lag mit angewinkelten Beinen – offenbar gefesselt und, wie Anthropologen nachwiesen, bereits ausgeblutet! – ein junger Mann. Aufgrund der geschilderten und zahlreicher weiterer Spuren ist dies ein unabweisbares Indiz für ein Menschenopfer (vgl. S. 54), dessen Vollzug durch den Einsturz des Gebäudes unterbrochen und archäologisch konserviert wurde.

Auf dem Gipfel des 800 m hohen **Jouchtas,** zu dem von der Strecke Archanes/Vathypetro ein Fahrweg abzweigt, lag, wie zahlreiche Funde beweisen, ein minoisches Gipfelheiligtum (vgl. S. 54). Von dessen einstiger architektonischer Gestaltung ist aber im Gelände nichts mehr zu entdecken. Dafür lohnt der Rundblick, den man vom Plateau mit seiner weißgetünchten Kapelle aus hat. In Höhlen und auf schmalen Absätzen der fast senkrechten Westwand des Jouchtas nisten Adler und Lämmergeier, die man in ganzen Familien bei ihrem Flug beobachten kann. Im Hügelland rund um den Jouchtas gedeihen besonders süße Trauben, die im Herbst, auf dem Boden ausgebreitet oder an Gestängen aufgehängt, zu Rosinen gedörrt werden.

Weinkelter in der minoischen ›Villa‹ von Vathypetro

In dieser fruchtbaren Landschaft liegt, 5 km südlich von Archanes, der minoische ›Landsitz‹ **Vathypetro.** Der eingezäunte und bewachte Bezirk ist von der Landstraße aus sichtbar. Große Vorratsgefäße sowie steinerne Oliven- und Weinpressen bestätigen die landwirtschaftliche Funktion des Gebäudekomplexes. Starke Pfeilerkonstruktionen zeigen, daß die Obergeschosse offenbar große und wichtige Räume enthielten. Gegenüber der von Säulen gestützten Eingangshalle befand sich unter freiem Himmel ein dreiteiliges Heiligtum, wie man es von Palästen, aber auch von Reliefdarstellungen auf Gefäßen und Siegeln her kennt.

In Galatas wurden weder ›Polythyra‹ noch ›Lustralbassins‹ gefunden; der Anlage scheint es an dem sonst für Paläste charakteristischen kultbezogenen Luxus zu mangeln.

Südlich von Thrapsano, zwischen **Galatas** und Arkalochori (Feldweg 2 km südl. von Galatas talabwärts, 200 m nördl. einer zweischiffigen Kapelle), wurde 1997 eine minoische Anlage des 17. Jh. v. Chr. ausgegraben. Ihr gepflasterter, allseits umbauter rechteckiger Innenhof (16 x 32 m) in Nord-Süd-Ausrichtung läßt auf einen **Palast** schließen. Bemerkenswert ist ein von vier Pfeilern gestützter Raum mit einer rechteckigen Herdstelle in der Mitte, wie man sie sonst bei minoischen Palästen nicht kennt, sondern von mykenischen Thronräumen auf dem griechischen Festland: dort allerdings rund.

Die Hafenorte Amnissos und Nirou Chani

Östlich des Flughafens von Iraklion erhebt sich über dem Sandstrand von **Amnissos** eine schon von weitem sichtbare felsige Hügelkuppe. Hier lag an der Mündung eines heute ausgetrockneten Baches ein Hafen des minoischen Knossos. Eine 40 m lange, zum ursprünglichen Hafen gehörige Quadermauer führt westlich des Hügels vom Strand landeinwärts. Die Grundmauern der in den 1930er Jahren ausgegrabenen spätminoischen ›Villa‹, aus der das im Museum von Iraklion ausgestellte Lilienfresko stammt, erstrecken sich am Ostfuß des Hügels; etwas weiter zum Meer hin erkennt man dürftige Reste eines Brunnenhauses und eines Quaderbaus aus mykenischer Zeit. Der Platz war auch in griechischer und römischer Zeit besiedelt und wurde erst nach der arabischen Eroberung im 9. Jh. aufgegeben. Die unansehnlichen Mauern auf der Hügelkuppe stammen wahrscheinlich von einer venezianischen Befestigung.

Als Besichtigungsort interessanter ist **Nirou Chani.** Das kleine eingezäunte und bewachte Ausgrabungsareal liegt unmittelbar neben der Landstraße im Ort. Wie Amnissos gilt auch Nirou Chani als einer der Häfen des minoischen Knossos. Sorgfältig sind hier die erhaltenen Mauern herauspräpariert, so daß man nicht nur die großen Steinquader und die vor allem im Innenbereich verwendeten Packsteinmauern, sondern auch die aus luftgetrockneten Lehmziegeln aufgeführten Zwischenwände erkennt. Die repräsentative, einst mehrstöckige Anlage stammt aus der neuen Palastzeit. Den vorgelagerten Hof durchzieht ein Prozessionsweg, der auf eine Treppentribüne zuläuft: Zeichen theatralischer Kultzeremonien. Ein großes Polythyron, Magazine, ein Depot für Kultgerät und wahrscheinlich Werkstätten verraten, wie bei anderen derartigen Anlagen auch, die Kombination religiöser, agrarischer und häuslicher Funktionen. Bemerkenswert sind die gut erhaltenen vielfarbigen Steinfußböden.

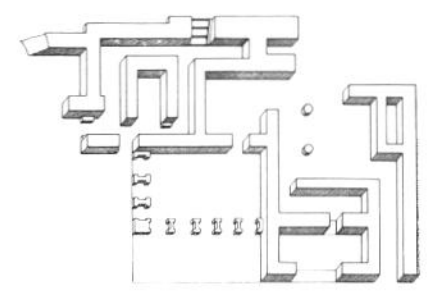

Plan der minoischen ›Villa‹ von Amnissos

Die noch sichtbaren Grundmauern eines repräsentativen, mehrstöckigen Hauses der Neuen Palastzeit in Nirou Chani lassen die architektonischen Strukturen gut erkennen: Wie bei vergleichbaren Bauten vereinigte das Ensemble mit dem gepflasterten Hof, der Eingangshalle samt Polythyron, den Magazinen und einem im Süden gelegenen kleinen Heiligtum agrarische, kultische und ›private‹ Funktionen.

Spätminoische ›Villen‹ in Tylissos

Auf einem Plateau an der Nordostflanke des Psiloritis liegt Tylissos. Der weite Blick auf das von Oliven und Wein bestandene Hügelland läßt darauf schließen, daß von hier aus die landwirtschaftliche Produktion kontrolliert wurde. Zugleich dürfte Tylissos aber auch eine wichtige Rolle als Station auf dem Verbindungsweg nach Anogia und zu den Mittel- und Hochgebirgsregionen des Psiloritis-Massivs gespielt haben, dessen Wälder für die Holzgewinnung und dessen Viehweiden für die Käse- und Wollproduktion seit frühminoischer Zeit zentrale Bedeutung besaßen. Das eingezäunte und bewachte Ausgrabungsareal ist ausgeschildert und befindet sich mitten im Ort. Über Resten einer älteren Siedlung liegen drei große Gebäudekomplexe der Phase mittelminoisch III/spätminoisch I (ca. 1700 v. Chr.).

Grundriß der minoischen ›Villen‹ von Tylissos

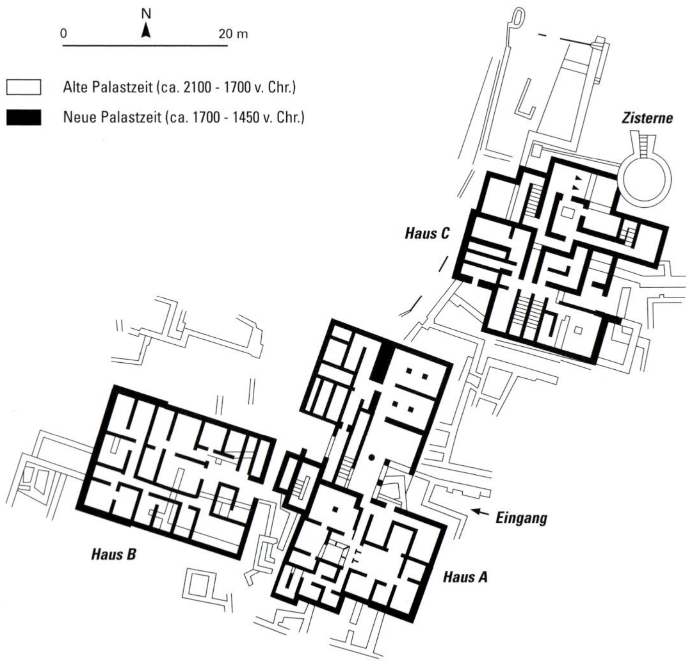

Große Bronzekessel, Linear-A-Täfelchen, aber auch Votivfiguren, die hier gefunden wurden, sind Hinweise auf die wirtschaftlichen, administrativen und religiösen Funktionen des Platzes. Nach einer Zerstörung wurden die alten Gebäude von einer spätminoisch-mykenischen Siedlung überlagert, zu der ein Megaron ähnlicher Raum in Gebäude C ebenso wie die nördlich angrenzende Zisterne gehören.

Das Nikos Kazantzakis-Museum in Myrtia

Kazantzakis-Museum in Myrtia
Dieses kleine Literaturmuseum bietet eine umfassende Dokumentation zu Leben und Werk des berühmtesten Dichters Kretas.

Als Nikos Kazantzakis in diesem Dorf geboren wurde, hieß es noch *Varvari*, und unter jenem Namen erscheint es auch in all seinen Schriften. Erst in den 1970er Jahren bedrängte die Militärjunta die Einwohner, einen hellenischer klingenden Namen zu akzeptieren, der nicht an irgendwelche feindlichen »*Barbari*« erinnerte. Inzwischen wünschen sich viele Bewohner den alten Ortsnamen zurück, und es ist wohl nur eine Frage der Zeit, bis aus Myrtia wieder Varvari wird.

Das 1983 anläßlich des 100. Geburtstags von Nikos Kazantzakis im Elternhaus des Dichters hinter der Platia eingerichtete **Museum** (wechselnde Öffnungszeiten, Do geschl.) läßt nicht nur ein wichtiges Stück griechischer Geschichte erleben, sondern vermittelt aus griechischer Sicht einen interessanten Ausschnitt mitteleuropäischer und sogar deutscher Kulturgeschichte der ersten Hälfte des 20. Jh. Eine Diashow (auch in deutscher Sprache) und internationale Literatur zum Thema bieten zusätzliche Informationen. Das kleine Museum ist deshalb so sehenswert, weil es nicht, wie sonst zumeist üblich, sich lediglich als Sammlung von ›Reliquien‹ versteht und biographische Erinnerungen weckt, sondern die Wirkung und Rezeption von Kazantzakis' Werken in der ganzen Welt präsentiert. Man gewinnt am Beispiel von Person und Œuvre des Dichters Einblicke in die internationale und griechische Kulturszene jener Epoche: von Modezeichnungen über Theaterprospekte, Bühnenbilder und Filmplakate zu Bucheditionen, Reiseberichten und kulturpolitischen Manifesten.

Wie bei Kazantzakis' Literatur selbst, wirkt der Stil der hier dokumentierten Theaterinszenierungen stark expressionistisch und zugleich klassizistisch: ein Habitus, wie er in Deutschland bis in die 50er Jahre nachgewirkt hat und in Griechenland noch heute dominiert. Einfache, großflächige Bühnenkulissen hinterfangen die ekstatische Gestik der Akteure. Die großartige, aber auch pathetische Geste jener Zeit, ob in Musik, Sprache oder Bild, wird in dieser Ausstellung besonders eindrucksvoll deutlich. Man begreift: Jene Ekstase war ein notwendiges Stück Befreiung, ein gewaltsames Abschütteln all der selbstgeübten Zurückhaltung und aufoktroyierten Kontrolle, die im 19. Jh. und in der späten Monarchie in Griechenland nicht

Blick über die Ruinen von Tylissos Richtung Ida-Gebirge

Myrtia, in ganz Kreta berühmt für seine blumengeschmückten Straßen und seine von Feigen- und Gummibaumlauben überdachten schmalen Gassen, ist sogar in der Hochsaison ein von touristischem Trubel weitgehend unberührter Ort geblieben. Die hübsche kleine Pfarrkirche entstand an der Schwelle zum 20. jh. und birgt einige sehenswerte Ikonen des 18./19. Jh.

anders als in Deutschland und vielen europäischen Staaten Sprache und Verhalten beherrschten.

Für Nikos Kazantzakis war Schreiben immer religiöses und politisches Bekenntnis. Wie sehr seine Botschaft auch so verstanden und als Auseinandersetzung mit Amtskirche und Staat ernst genommen wurde, zeigen in dieser Ausstellung eindrucksvoll die Bilder von Tod und Begräbnis des Dichters: Am 26. Oktober 1957 wurde die Leiche des in Freiburg gestorbenen Kazantzakis mit *Olympic Airways* zunächst nach Athen geflogen und dort von Georgios Papandreou und einer riesigen Menschenmenge empfangen. Nicht weniger triumphal war der Empfang in Iraklion: Ganz Kreta war zusammengeströmt, um seinem Dichter die letzte Ehre zu erweisen. Doch die Orthodoxe Kirche verweigerte zunächst die Beerdigung, mußte dann aber auf Drängen von Bevölkerung und Politikern einer Einsegnung in der Agios Minas-Kirche in Iraklion zustimmen. Den Sarg trugen ehemalige Partisanen, darunter Kapetan Manoussakas, und sie warfen, wie es die Sitte verlangt, Münzen mit ins Grab. Der mutige Priester, der die Leiche von Agios Minas bis zur Festung Martinengo begleitete, wo Kazantzakis auf eigenen Wunsch beigesetzt wurde, bekam für mehrere Jahre Berufsverbot und wurde erst unter der Regierung Papandreou wieder in sein kirchliches Amt eingesetzt.

Das Töpferdorf Thrapsano und byzantinische Kirchen im Umkreis von Kastelli

Im Umland von Kastelli
Besonders sehenswert: Agios Pandeleimon

Die Dörfer im Westen des Dikti-Gebirges sind in einem halbtägigen Ausflug von Archanes bzw. Myrtia oder von Limin Chersonnissou aus zu besuchen.

Riesige Pithoi und andere unglasierte Tongefäße werden im architektonisch unscheinbaren Töpferdorf **Thrapsano** noch wie zu minoischen Zeiten hergestellt: als Aufbaukeramik, wobei der Töpfer sich um das Gefäß herumbewegt und Schicht für Schicht auflegt und glättet, oder aber auf Töpferscheiben, die langsam mit der Hand oder dem Fuß gedreht werden, so daß der Töpfer bei seiner Arbeit stehen oder sitzen bleiben kann. Auch das Brennen der vorgetrockneten Gefäße in holzbefeuerten, teils gemauerten, teils aus Lehm gefügten überkuppelten Öfen gleicht dem antiken Verfahren, wie es aus Ofenfunden und bildlichen Darstellungen rekonstruiert werden kann.

Deutsche Archäologen haben in den 1960er Jahren die Töpferinnen und Töpfer von Thrapsano und Margarites bei ihrer Arbeit studiert und im Analogieverfahren daraus wichtige Schlüsse auf die antike Keramikherstellung gezogen. Nur bei flankierenden Maßnahmen hat in diesen Werkstätten moderne Technik Einzug gehalten: Beim Vortrocknen wird Sonne und Luft schon einmal mit dem

Schweißbrenner nachgeholfen, und auch für den Nachschub an Kleinholz fürs Brennen sorgt in den größeren Betrieben inzwischen eine Maschine. Auch Dekor und Form der Gefäße standen bis vor kurzem in einer uralten ungebrochenen Tradition. Dies ändert sich langsam, denn die Großbesteller, vor allem aus England, liefern nun – wenngleich nach antiken und byzantinischen Vorbildern – Musterblätter, nach denen sich die Töpfer zu richten haben. Auch der Gebrauch der einstigen Vorratsgefäße ist ein anderer geworden. Sie dienen heute in Griechenland, nicht anders als in den mitteleuropäischen Abnehmerländern, als Pflanzenkübel und als Dekor.

Formen und Verfahren haben sich seit minoischer Zeit kaum geändert: Herstellung moderner Pithoi in Thrapsano.

Unter einer »Diestel« – griech. *angarathos* –, so will es die Legende, wurde bei der Rechristianisierung Kretas im 10. Jh. eine wundertätige Ikone gefunden. Sie wies den Platz für die Gründung von **Moni Angarathou.** Kirche und Klostergebäude stammen allerdings erst aus venezianischer Zeit und wurden später noch erweitert und verändert. Wahrscheinlich war es die Adelsfamilie der Kalergis, die den Bau des Klosters veranlaßte. Jedenfalls steht es auf dem Lehensgrund dieser politisch einflußreichen Familie und wurde von ihr mit ausgedehnten Ländereien beschenkt, die es zu einem der reichsten Klöster Kretas werden ließen. Sehenswert ist der idyllische, von Kiefern, Palmen und Fruchtbäumen beschattete, blumengeschmückte Hof mit seinen beiden reliefverzierten *Brunnen und Skulpturen aus venezianischer Zeit:* darunter marmorne Löwen, Masken und groteske Fratzen sowie Konsolen mit Flußgöttern, die an antike Darstellungen von Silenen erinnern. Das alte Refektorium birgt eine kleine *Sammlung von Ikonen* aus dem 16. und 17. Jh. Wenige Kilometer nördlich von Moni Angarathou steht am Ortsrand von Episkopi die Ruine der überkuppelten Hallenkirche des verlassenen Klosters **Kera Limiotissa.**

Evangelismos, 3 km östlich von Thrapsano gelegen, hieß früher mit seinem türkischen Namen *Muchtari* und wurde erst vor einigen Jahrzehnten umbenannt. Die weißgekalkte wuchtige Dorfkirche steht auf kreuzförmigem Grundriß und ist von zwei sich schneidenden Tonnen überwölbt: ein kurioser Bau, der durch seine spärlichen winzigen Fenster, vor allem aber durch sein massiges Querschiff, das in der Höhe weit über das Längsschiff hinausragt, und schließlich durch eine die ganze Ostseite einnehmende Abstützung wie eine Wehrkirche wirkt. Die leidlich erhaltenen *Fresken im westlichen Kreuzarm* stammen aus der zweiten Hälfte des 14. Jh. Neben den für kretische Kirchen üblichen Themen sind hier selten abgebildete Szenen mit Adam und Eva dargestellt: ihre Erschaffung, ihr Leben im Paradies und ihre Vertreibung.

Ebenfalls wie eine Komposition aus zwei quer gegeneinander gestellten Einzelbauten wirkt die Friedhofskirche **Agios Ioannis** außerhalb von **Liliano** (3 km südlich von Kastelli, westlich der Landstraße). Die zuerst errichtete dreischiffige basilikale Hauptanlage verschwindet fast hinter einem wuchtigen Narthex, der mit seinem querliegenden hohen Tonnengewölbe und seinem Glockenturm auf den ersten Blick wie eine eigene Kirche erscheint. Beide Bauteile wurden weitgehend aus Spolien der benachbarten antiken Stadt *Lyttos* errichtet; nicht nur Quader von Gebäuden hat man dabei für den Kirchenbau wiederverwendet, sondern auch römische Grabreliefs, Säulenstücke und Statuenbasen mit Inschriften.

Von der zeitweilig politisch mächtigen antiken Stadt **Lyttos** selbst ist außer Resten einer Akropolismauer und im Gelände herumliegenden Architekturfragmenten nichts erhalten. Denn die Kirche von Liliano ist nicht der einzige Bau, für den die Ruinen von Lyttos als Steinbruch verwendet wurden; fast alle venezianischen Kirchen der Gegend bestehen aus Bautrümmern dieser antiken Stadt. Sie erstreckte sich oberhalb des gleichnamigen modernen Orts auf einem Bergplateau, das einen weiten Ausblick auf das Dikti-Gebirge im Osten, die Küste der Ägäis im Norden und – für die einstigen Bewohner sicher am wichtigsten – die fruchtbare Messara-Ebene im Westen gewährt. Schon durch diese Lage gibt sich die Stadt als dorische Gründung zu erkennen. Ca. 1 km östlich des modernen Orts zweigt von der Landstraße ein kleiner Feldweg zu zwei hoch auf einem Bergplateau gelegenen venezianischen Kirchlein ab, die auf dem einstigen Stadtgelände von Lyttos stehen und die ebenfalls zu großen Teilen aus antiken Blöcken errichtet sind; die eine der beiden Kapellen besitzt ein hübsch ornamentiertes Seitenportal, die andere ist umgeben von Säulenbasen und Kapitellen der antiken und frühbyzantinischen Siedlung, die zeigen, daß der Ort bis zum 6. Jh. n. Chr. bewohnt war, erst dann aufgegeben wurde und anschließend verfiel.

Zu **Agios Pandeleimon bei Pigi** führt von der Landstraße aus ein ausgeschilderter ca. 1,5 km langer Fahrweg. *Pigi* bedeutet »Quelle«, und tatsächlich liegt die schöne Kirche in einem schattigen Tal, das von einem auch im Sommer Wasser führenden Bach durchflossen

Unbefangene Nutzung des Altertums: Zur Säule zusammengestellte antike Kapitelle in Agios Pandeleimon bei Pigi

wird. Die dreischiffige, im Außengrundriß rechteckige Hallenkirche wird von venezianisch-gotischen Spitztonnen überwölbt, wobei jedes der Schiffe mit einem eigenen Giebeldach gedeckt ist, so daß die unterschiedlich hohen Baukörper auch nach außen hin einzeln in Erscheinung treten. Blendarkaden aus Quadern und Ziegelsetzungen gliedern die Wände, in die *antike Spolien* – griechische Inschriften, spätantike Akanthuskapitelle und ornamentierte Gesimse – schmuckhaft verbaut sind; auch das Portal wird von einem antiken mäandergeschmückten Fries eingefaßt.

Die in ihren Dimensionen für Kreta ungewöhnlich weiträumige Hallenkirche ruht innen auf runden gemauerten Pfeilern. Einer der Pfeiler aber ist durch ein wahres Kuriosum der Architektur ersetzt: Wie die Bremer Stadtmusikanten stehen vier spätantike korinthische Kapitelle auf einer Basis übereinander und übernehmen die Last der darüberliegenden Wand und des Gewölbes. Die ursprüngliche Anlage – möglicherweise eine Kreuzkuppelkirche mit Tambour – entstammt wohl dem 12. Jh., die gotischen Gewölbe ebenso wie die stark verblaßten Fresken datieren auf das 13.–14. Jh. Auch die Kirchenglocke vor dem Portal ist ein Kuriosum: Sie wurde, wie nicht nur ihre Form, sondern auch eine Inschrift ausweist, 1949 aus einer Bombe des Zweiten Weltkriegs gefertigt – in Analogie zu »Schwerter zu Pflugscharen!«, hier also »Bomben zu Glocken!«

Alte Dörfer und Kirchen im Westen von Iraklion

Rogdia und Moni Savathianon

Von Iraklion nach Fodele
Besonders sehenswert: Fodele ☆

Am steilen Nordhang des kegelförmigen Stroumboulas oberhalb der Ruine des venezianischen Kastells Paleokastro liegt, mit wunderbarem Blick auf Iraklion, das verschlafene Bergnest **Rogdia**, heute auch »*Rodia*« genannt. Aus dem 15. Jh. ist hier noch ein palastartiger venezianischer **Wohnturm** erhalten. Die übrigen Gebäudeteile dieses Lehenssitzes, der noch in türkischer Zeit in dieser Funktion bestand, existieren heute leider nicht mehr.

Von Rogdia gelangt man auf einer gut ausgebauten Stichstraße zum 400 m hoch, zurückgezogenen in einer waldigen Schlucht gelegenen Kloster **Savathianon.** Malerisch gruppieren sich die weiß gekalkten Gebäude um den von Zitronen- und Mandarinenbäumen bestandenen Hof. Die Anlage wird heute von etwa 20 Nonnen bewohnt, die Besucher herzlich willkommen heißen und ihnen voller Begeisterung die Schätze ihres Klosters zeigen. Dazu zählen eine *Marien-Ikone* des 17. Jh., vor allem aber eine vorzüglich erhaltene *Antonios-Ikone* aus dem Jahr 1741. Der Heilige ist großformatig im

Vom Garten führt ein von Kiefern und Blumen gesäumter Kreuzweg mit den zwölf Leidensstationen Jesu zur in den Felsen gehauenen modernen Antonios-Kapelle.

Zentrum der Bildtafel dargestellt, gerahmt von kleinen Bildszenen aus seiner Vita: Auf immer neue Weise wird der ägyptische Eremit von Versuchungen geplagt, die ihn in Gestalt abenteuerlicher Dämonen und Teufel, aber auch antiker Kentauren und Pansfiguren bedrängen. Weitere Ikonen des Klosters kamen ins Byzantinische Museum von Iraklion.

Fodele und Moni Pandeleimon

Seit den 30er Jahren, als eine Kommission sich recht willkürlich darauf festlegte, gilt **Fodele** offiziell als Geburtsort des berühmten manieristischen Malers Domenico Theotokopoulos, der, nach Spanien ausgewandert, der Einfachheit halber »der Grieche«, *El Greco*, genannt wurde. Eine Reliefbüste auf der Platia, ein ›Museum‹, in dem es außer gedruckten Reproduktionen seiner Werke allerdings nichts zu sehen gibt, und das angebliche Geburtshaus des Malers erinnern an den weltberühmten ›Sohn der Stadt‹. Daß El Greco tatsächlich in Iraklion aufwuchs und wahrscheinlich dort auch geboren wurde, mindert nichts an dem Charme des schattigen, von einem Bach durchzogenen Ortes inmitten von Orangenplantagen. Fodele mit seinen hübschen Boutiquen und Tavernen ist beliebtes Ausflugsziel

Die Kreuzkuppelkirche Panagia Loumbinies liegt am Ortsrand von Fodele.

nicht nur für Touristen, sondern ebenso für Kreter, die besonders zu Hochzeiten und anderen Familienfesten gern hierher kommen. Die **Dorfkirche** am oberen Ortsrand stammt aus dem 19. Jh. und verwahrt eine hochverehrte *Ikone der das Jesuskind stillenden Madonna;* die hier aufgehängten *Votive* bezeugen den Dank der Gläubigen für Heilung von Krankheiten.

1 km hinter Fodele (ausgeschildert) findet man neben dem angeblichen Geburtshaus El Grecos die alte Kirche **Panagia Loumbinies.** Der kleine, im Grundriß fast quadratische Kreuzkuppelbau steht auf den Grundmauern einer dreischiffigen Pfeilerbasilika des 8. Jh., deren Mittelschiff er in der Breite ausfüllt; Teile der Hauptapsis sowie der rechten Seitenapsis dieser älteren Basilika sind noch gut zu erkennen. Der von Blendarkaden mit Ziegelbändern gegliederte Bau des 11. Jh. mit hohem, durch elf Fenster belichteten Tambour birgt in den Farben vorzüglich erhaltene *Freskenfragmente,* die teilweise wohl noch dem 11. Jh. (Westwand; Pfeiler), in der Hauptsache aber dem 13. und frühen 14. Jh. (Bilder in Altarraum und Eckräumen) entstammen. Zur jüngsten Malschicht gehören die mit einer Stifterinschrift von 1323 versehenen Bilder im südlichen Kreuzarm. Die älteren Fresken orientieren sich in höfischem, auf zurückhaltende Noblesse bedachtem Stil an Malereien, wie sie von der Komnenen-Dynastie in Kleinasien gestiftet wurden.

Eine alte Einsiedelei erreicht man auf einem Fahrweg von Fodele weiter nach **Agios Pandeleimon.** Bis zum Jahr 2001 lebte hier ein Mönch in seiner Klause neben der Kirche mit einigen Ziegen, Schafen und Hühnern. Sein Grab hatte der Eremit bereits an der Außenwand der Kirche gemauert, denn er wollte unbedingt an diesem Ort, wo er über 30 Jahre gelebt hatte, bestattet werden, was schließlich auch geschah. Zu Lebzeiten diente ihm die Grabstelle als mittäglicher Ruheplatz. Heute kommt nur sporadisch ein Geistlicher vom Ort Fodele hierher, um nach dem Rechten zu sehen. Vor der Einsiedelei steht, einige Schritte hangaufwärts, ein überkuppelter **Brunnen** aus türkischer Zeit. Ornamentale Reliefverzierung war den dörflichen Steinmetzen wohl vertraut, die ›Löwen‹ als Bildmotiv weniger; sie gerieten zu zauberlichen dicken Katzenmonstern, wie man sie ähnlich auf gewebten Decken und Stickereien wiederfindet.

Tip:
Man muß von Agios Pandeleimon nicht nach Fodele zurückkehren, sondern kann auch den holperigen Weg weiter bergauf fahren und kommt dann auf die alte Landstraße von Iraklion nach Rethymnon. Besonders am Abend wird die Rückfahrt auf der gewundenen Bergstraße nach Iraklion zum romantischen Erlebnis, wenn in der Stadt und entlang der Küste die Lichter zu glitzern beginnen.

Von Tylissos zur Zeus-Höhle am Psiloritis

Psiloritis
Besonders sehenswert: Nida-Hochebene ☆

Die alten Verkehrswege von Iraklion zum Westen der Insel verliefen nicht entlang der steilen Küste, wo heute die Autobahn die Felsen durchschneidet, sondern weiter landeinwärts, jenseits des über 1000 m hohen Kouloukonas-Gebirges: die eine Straße unmittelbar südlich dieses Bergrückens, die andere, noch südlicher und noch höher gelegene quert die Nordhänge des Ida. Hier in dieser Binnenregion liegen alte, gewachsene Orte mit kunsthistorischen Sehenswürdigkeiten. Der Grund hierfür besteht im Schutzbedürfnis kleinerer Orte vor plötzlichen feindlichen Übergriffen von See her. Für den Bau einer Küstenstraße gab es deshalb bis zur Mitte des 20. Jh., als Industrie und Tourismus auch Kreta erreichten, keinen Anlaß.

Von Tylissos steigt die Straße durch Olivenhaine in Kurven weiter an. Immer wieder bieten sich weite Ausblicke auf das hügelige Hinterland von Iraklion bis hin zum Dikti-Gebirge. Dann knickt die Straße in einen engen Felsencañon ein. Hier sieht man unmittelbar links und rechts des Wegs teils in den Felsen gehauene, teils aus Steinen aufgemauerte bienenkorbförmige Kuppelbauten von 3–6 m Durchmesser. Es handelt sich bei diesen in ihrem Oberbau eingestürzten archaisch anmutenden Bauten nicht, wie man meinen könnte, um minoische Tholos-Gräber, sondern um Lagerräume für Käse und andere Lebensmittel. Das exakte Alter dieser Bauten können die Bauern und Hirten der Gegend nicht angeben, wohl aber versichern sie mit Bestimmtheit, daß sie schon zur Zeit ihrer Urgroßväter bestanden. Form und Konstruktionsweise verraten tatsächlich eine Orientierung an minoischen Grabanlagen, wie sie die Hirten der Gegend kannten und für ihre Zwecke nutzten.

Über Anogia auf die Nida-Hochebene

Am oberen Ausgang der Schlucht öffnet sich das Tal zu einer weiten fruchtbaren Fläche, die von dem Bach, der den tiefer liegenden Cañon gebildet hat, bewässert wird. Hier liegen neben der Straße die Ruinen des minoischen **Sklavokambos.** (Das Areal selbst ist eingezäunt und ohne vorherige Genehmigung nicht zu betreten.) Was von Sklavokambos bisher ausgegraben wurde, ist ein Komplex aus Wohn-, Magazin- und Werkstatträumen der Zeit um 1500 v. Chr. Wahrscheinlich handelt es sich um ein Großgehöft bzw. einen Herrensitz, in Anlage und Funktion Vathypetro und Tylissos vergleichbar. Für Ackerbau in bescheidenem Umfang bietet das grüne Tal ausreichend Platz, für ausgedehnte Weidewirtschaft die umliegenden Berge.

Im unteren Ortsteil von Anogia werden handgewebte Wollwaren und Stickereien angeboten; eine Fraueninitiative bemüht sich, die in diesem Erwerbszweig tätigen Bewohnerinnen von Anogia institutionell zu unterstützen und ihnen zu ökonomischer und sozialer Selbständigkeit zu verhelfen.

Zwischen der Hochgebirgsregion des Psiloritis und der Ebene von Iraklion gelegen, könnte der Platz aber auch eine wichtige administrative und ökonomische Funktion gehabt haben. Der Name *Sklavokambos* wird von manchen Historikern als Sklavensiedlung interpretiert, die hier nach der Rückeroberung Kretas durch byzantinische Heere im 10. Jh. entstanden sei. Tatsächlich wurde in der byzantinisch-griechischen Sprache jener Zeit zwischen dem Wort für Slawen und dem für Sklaven nicht unterschieden, denn viele Slawen wurden eben als Sklaven nach Byzanz importiert. Doch gibt es keine Hinweise für eine Ansiedlung von Slawen an diesem Ort. Wahrscheinlicher bedeutet deshalb der Name *Sklavokambos* soviel wie ›Sklaven-Camp‹ und erinnert daran, daß hier im Mittelalter ein byzantinischer

Schon auf der Platia des unteren Ortsteils von Anogia begegnet man einer naiven Plastik von Alkibiades Skoulas: einem ehemaligen Hirten aus Anogia, der als älterer Mann seine Begabung als Maler, Schnitzer und Steinbildhauer entdeckte. Inzwischen gibt es ein von seinem Sohn betreutes Museum mit seinen Arbeiten im oberen Ortsteil an der Straße zur Nida-Hochebene.

oder venezianischer Sklavenmarkt bestand; Sklaven wurden nicht nur im eigenen Land gehalten, sondern auch nach Nordeuropa und in den Vorderen Orient verhandelt. Weitere Orte auf Kreta tragen den Namen *Sklavopoula,* d. h. ›Verkaufsplatz von Sklaven‹, und *Sklavochori,* d. h. ›Sklavenort‹.

Von Sklavokambos führt der Weg über einen kleinen Paß nach Anogia, dem heutigen Wirtschafts- und Verwaltungszentrum dieser Region. **Anogia** *(Anója),* malerisch in steiler Hanglage mit Blick auf das Psiloritis-Massiv gelegen, ist ein gänzlich moderner Ort, denn das alte Dorf wurde 1944 nach Entführung des Generals Kreipe durch den englischen Geheimdienst und kretische Partisanen in einer mörderischen Vergeltungsaktion von der deutschen Wehrmacht dem Erdboden gleichgemacht. Sämtliche Bewohner, einschließlich der Kinder und Greise, wurden ermordet.

Anogias Widerstandstradition reicht weit zurück. Stolz werden noch heute die Namen der Partisanen genannt, die im 19. Jh. gegen die türkische Besatzungsmacht kämpften. Heute ist Anogia ein typisch griechisches Städtchen mit Platia und Platane, Cafés, Kneipen und Läden für die Bewohner des Orts und seiner ländlichen Umgebung. Auch deutsche Besucher werden freundlich empfangen, wobei das im Zweiten Weltkrieg Geschehene nicht verdrängt und totgeschwiegen, sondern als Vergangenheit begriffen und von den nun in jedem Fall friedlichen, oft auch herzlichen Beziehungen der Gegenwart unterschieden wird. Anogia bietet Unterkunftsmöglichkeiten und eignet sich als Standort für Ausflüge per Auto und zu Fuß.

Von Anogia führt eine 22 km lange Stichstraße zunächst nach Zominthos, wo der Archäologe Giannis Sakellarakis in den 80er Jahren einen minoischen Haus- und Wirtschaftskomplex freilegte. Links der Straße sieht man aus Feldsteinen modern rekonstruierte lang-

Blick in das Museum von Alkibiades Skoulas, Anogia

rechteckige Gebäude, wie man sie sich als Käsereien minoischer Zeit vorstellt; rechts der Straße liegen in einem umzäunten Areal zwischen neuzeitlichen Hirtenhütten die ausgegrabenen Ruinen der kleinen minoischen Siedlung. Von hier geht es durch wild zerklüftete Felslandschaft weiter bergan zur **Nida-Hochebene** am Fuß des Psiloritis. Immer wieder bieten sich grandiose Ausblicke auf das Idamassiv und auf die ägäische Küste im Norden. Auf einer gut ausgebauten Stichstraße kann man vom Hauptweg bis zum 1752 m hohen Gipfel des Skinakas hinauffahren. Der Weg frißt sich durch eine wahre Mondlandschaft aus rotbraunem und schwarzem Lavagestein, über der Adler und Lämmergeier ihre Kreise ziehen. Unterhalb dieser Einöde beginnt die Rouvas-Schlucht (s. S. 191), deren oberen Eingang man von der Fahrstraße aus in der Ferne erkennt (Fußweg bis dorthin ca. 5 Std.). Das weithin sichtbare **Observatorium** auf dem Gipfel des Skinakas – eines der modernsten seiner Art in Europa – dient der Erforschung von Erdbeben und Erdmagnetismus, an der seit vielen Jahren Wissenschaftlerteams der Technischen Universität München maßgeblich beteiligt sind. Das Observatorium ist auf einer asphaltierten Straße zu erreichen.

Schon vor Erreichen des ovalen, ca. 1,5 × 2,5 km großen, völlig ebenen Nida-Plateaus in 1370 m Höhe sieht man kleinere grün bewachsene, nach allen Seiten hin abgeschlossene Senken inmitten der sonst nur für Schaf- und Ziegenzucht genutzten Felseinöde. Diese kleineren, von fruchtbarer roter Tonerde bedeckten und feuchten Kammern entstanden vor Millionen von Jahren durch Abschwemmung der Erdkrume von den umliegenden Bergen und wurden in vorgeschichtlicher und antiker Zeit zum Getreideanbau genutzt. Heute ist dieses Hochland Kretas größter Produzent von Wolle und Käse. Abertausende von Schafen und Ziegen werden hier in den Sommermonaten in die höher gelegenen Regionen getrieben, während sie den Winter in den Tälern verbringen. Auf- und Abtrieb – jeweils im April und im Oktober bis November – werden von tagelangen Festen mit Musik, Tanz und Gottesdiensten, bei denen sogar die Leithammel gesegnet werden, und natürlich frugalem Essen und Trinken begleitet.

Auf dem Weg sieht man aus Feldsteinen ohne Mörtel in kunstvoller Schichtung errichtete kreisrunde Hütten mit konischen Gewölben, sog. *mitata,* die in ihrer ›falschen‹, durch immer weiteres Vorkragen erreichten Wölbetechnik an minoische Tholos-Gräber erinnern und wahrscheinlich von diesen überall in der Landschaft noch anzutreffenden Grabbauten inspiriert wurden. Früher dienten diese Hütten den Hirten als Schlaf- und Aufenthaltsplatz bei schlechtem Wetter. Heute werden zumeist nur noch die angrenzenden, ebenfalls aus Feldsteinen errichteten Räume und Mauergevierte als Schaf- und Ziegenpferche genutzt. Schaf- und Ziegenzucht war schon in minoischer Zeit ein tragender Wirtschaftszweig. Außerdem bot dieses Gebiet bewässertes Ackerland für Weizenanbau. So verwundert es nicht, daß sich seit dem Neolithikum Menschen in dieser hohen Gebirgsregion zu saisonalen Festen mit Opfern, Gebet und Tanz versammelten. Zwei Kulthöhlen liegen unterhalb des Psiloritis-Gipfels: im Süden die Kamares-Höhle (s. S. 194), deren Eingang man von Festos aus sehen kann, und im Nordosten oberhalb der Nida-Ebene in 1495 m Höhe die Idäische Grotte *(Ideon Andron).*

Die **Idäische Höhle** (von dem kleinen Hotel am Rand der Hochebene in etwa 15 Min. zu Fuß erreichbar) wurde seit 1885 immer wieder untersucht, zuletzt von Giannis Sakellarakis 1982–84; die tiefsten, d. h. frühesten Schichten sind noch nicht ausgegraben. Die bislang zutage geförderten Funde reichen von spätminoischer bis in römische Zeit und belegen eine durchgängige Nutzung der Höhle als Kult-

Hirten-Mitato auf der Nida-Hochebene

stätte. Größte Bedeutung hatte die Höhle offenbar für die dorischen Einwanderer des frühen 1. Jt. v. Chr. Ein vor dem Eingang heruntergestürzter Felsen wurde zu einem großen Altar mit Stufen behauen. Auch auf der kleinen Anhebung vor der Höhle stehen mehrere Steinaltäre aus klassischer und hellenistischer Zeit. Die feuchte, von Moos bewachsene und einen großen Teil des Jahres schneebedeckte Höhle hat zwei Hauptkammern, deren Böden von hohen Ascheschichten, Holzkohle und Knochenresten bedeckt waren: offenkundig Relikte von Opferhandlungen. Zu den in reicher Fülle gefundenen Votivgaben gehörten außer Ton- und Metallgefäßen Miniaturwagen, Siegel, Elfenbeinstatuetten und Geräteteile, vor allem Musikinstrumente, wie sie für den hier ausgeübten Kult benutzt wurden: Gongs und Zymbeln, Tambourine und schließlich die berühmten, nicht als Waffen gedachten, Schilde aus der Zeit von etwa 750–650 v. Chr. aus dünnem Bronzeblech über einem lederbezogenen Holzgrund. In rituellen Waffentänzen vertraten sie echte Schilde und wurden zugleich als Gongs oder Becken benutzt, die mit ihrem Klang den Grundrhythmus erzeugten.

Ein geheimnisvoller **Mythos** rankt sich um diese orgiastische Kultpraxis. Die wilden Tänzer im Kult verkörperten die *Koureten,* Tänzer aus einer fernen, göttlichen Vergangenheit. Die Koureten (*kouros* heißt »Jüngling«) galten als Kinder der Erde, als erste Hirten, die es verstanden, Schafe und Ziegen in Herden zu halten und zu domestizieren. Zugleich aber waren sie, nicht anders als die frühen Dorer, Krieger: gute Bogenschützen und Wesen, die schnelle Bewegung mit Waffen zur Grundform der Selbstäußerung stilisierten und in ekstatischem Tanz, der bis zur Trance führte, überhöhten. Der Sage nach sollen die Koureten mit ihren Waffen das Schreien des neugeborenen Zeuskindes in der Höhle übertönt und so den göttlichen Thronanwärter vor seinem den eigenen Nachwuchs verschlingenden Vater Kronos gerettet haben.

Vom Hotel am Ende der Fahrstraße führt ein 4–5 Std. dauernder Wanderweg auf den **Timios Stavros,** mit 2456 m der höchste Gipfel Kretas. Ein Ausflug zur Nida-Hochebene und zur Ida-Höhle bietet jedoch nicht nur Naturerlebnisse und steinerne Wegmarken, die an jahrtausendlang tradierte Lebensgewohnheiten und Bräuche erinnern, sondern führt auch zu einem der beeindruckendsten modernen Kunstwerke Kretas. **›Andartis – Monument für den Frieden‹** nannte Karina Raeck ihre mehr als 30 m große Landschaftsskulptur am Ostrand des Plateaus. *Andartis* heißt »Widerstandskämpfer«, »Partisan«. Die Skulptur erinnert an die Katastrophe von Anogia: die Zerstörung und das Massaker, das die Deutschen im August 1944 dort anrichteten. Der ›Partisan für den Frieden‹ ist Ergebnis einer aufrichtigen und intensiven deutsch-griechischen Begegnung. Mehrere Jahre lebte die von *Spurensicherung* und *Land Art* her kommende Künstlerin hier und lernte das tägliche Leben und die geschichtlichen Erinnerungen der Hirten und Dorfbewohner kennen. Mit ihnen zusammen entstand – wie ein *mitato,* aber auch wie das Auslegen von Fels-

Die Felsskulptur ›Andartis – Monument für den Frieden‹ wurde 1989–91 von Karina Raeck geschaffen.

brocken gegen Landungsversuche der Deutschen im Zweiten Weltkrieg – die in der Ebene ausgebreitete Figur. Ihr 13 m langer Flügel erinnert an Engel ebenso wie an die sagenhaften Koureten, die das Zeuskind in der Ida-Höhle bewachten; der Tanzschritt ist dem *pendozalis,* einem kretischen Tanz, entnommen. Die auf vielen Gängen durch die Umgebung ausgesuchten Steine, deren Felscharakter beibehalten wurde, laden ein zu einem intensiveren Gewahrwerden der Landschaft und ihrer mythischen wie modernen Geschichte.

Antike Siedlungen und byzantinische Kirchen an den Nordhängen des Ida-Gebirges

Axos und Eleutherna

Im Norden des Ida-Gebirges
Besonders sehenswert: Eleutherna

Von der einst mächtigen antiken und frühbyzantinischen Stadt **Axos,** nach der auch das moderne Dorf an dieser Stelle benannt wurde, ist außer minimalen Spuren am Ort selbst nichts erhalten. Die durch Kunstraub in Museen in aller Welt verstreuten Funde von reliefverzierten Bronzepanzern, -helmen und Bauchplatten (sog. *Mitren*) zeugen aber von der Bedeutung dieser dorischen Stadt vor allem im 7. Jh. v. Chr. Der Unterbau und die Umfriedungsmauer der oberhalb des heutigen Dorfes gelegenen gotisch-venezianischen Friedhofskirche **Agios Ioannis** besteht teilweise aus den Blöcken antiker Bauten. Im Innern der Kirche finden sich *Reste des Mosaikfußbodens* einer frühchristlichen Basilika des 5.–6. Jh. Die Wände der Kapelle sind mit

Oberhalb von Axos zweigt beim Dorf Zoniana ein Fahrweg zur sehenswerten und gut zugänglichen Svendoni-Höhle ab.

Fresken des 14.–15. Jh. geschmückt. Kunsthistorisch bedeutsamer ist das im Ort selbst gelegene Kirchlein **Agia Irini** (Schlüssel im Laden nebenan), dessen hoher, von Blendarkaden verzierter *Tambour* von vier gotischen Keilsteingewölben getragen wird. Auch die reliefverzierte *gotische Eingangstür* verrät stilistisch ihre venezianische Herkunft.

Eleutherna gehört zu den wenigen Orten auf Kreta, wo der Besucher noch auf eindrucksvolle Reste der klassischen Antike stößt. Zwar war die Region um Eleutherna herum, wie Funde gezeigt haben, bereits in minoischer Zeit besiedelt, die Stadt selbst aber ist eine griechische Gründung des 8. Jh. v. Chr. Ein bedeutender Fund frühgriechischer Plastik noch aus der ersten Hälfte des 7. Jh. wurde hier gemacht und ist jetzt im Archäologischen Museum von Iraklion ausgestellt. Die Akropolis von Eleutherna, von der man einen weiten Ausblick auf die Nordküste Kretas und das Ida-Gebirge genießt, liegt auf einem schmalen, nach Norden auslaufenden Felssporn, der von zwei Schluchten flankiert wird, in deren Sohlen Bäche fließen, die sich hinter diesem Grat vereinen. Wahrscheinlich hat die fast uneinnehmbare Lage des Felsplateaus die frühen Griechen dazu bewogen, hier eine Akropolis anzulegen. Hinzu kam der ungewöhnliche Wasserreichtum des Platzes: nicht nur in den beiden Schluchten, sondern auch am oberen Rand des Felssporns. Ackerbau allerdings kann in Eleutherna nur in bescheidenem Umfang betrieben worden sein; zudem lag die Unterstadt Angriffen von oben ausgeliefert da. Warum hier also eine recht bedeutende Stadt vom 8. Jahrhundert bis in die Spätantike bestand, ist nicht so recht ersichtlich.

Noch vor dem östlichen Ortseingang von *Archea Eleftherna* zweigt ein Fahrweg (Hinweisschild »Altertümer«) ins Tal ab und führt, vorbei an einer hübschen venezianisch-byzantinischen Kapelle (sie liegt auf halbem Weg ein paar Schritte nach rechts), zu einem in den 1980er Jahren sorgfältig ausgegrabenen und konservierten sowie für Besucher übersichtlich gestalteten Siedlungsareal, das detaillierte Einblicke in das Leben der Bewohner vom 5. Jh. v. Chr. bis zur Spätantike bietet. Noch aus klassischer Zeit stammen die aus großen Quaderblöcken gefügten **Terrassenmauern,** die das Gelände in bebauungsfähige Flächen teilen. Wie die ganze Stadt, war auch dieses Wohnquartier vorzüglich mit Wasser versorgt; Zu- und Ableitungen durchziehen das gesamte Viertel. Man passiert zuerst eine kleine **Badeanlage** aus römischer Zeit. Dahinter liegen hellenistische und römische **Peristylhäuser,** links eine dreischiffige **Basilika** des 6. Jh. mit gut erhaltenem *Mosaikfußboden* samt Dedikationsinschrift eines Bischofs. Neben der Basilika sieht man die Quadermauern eines hellenistischen Baus, der später in den kirchlichen Komplex mit einbezogen und möglicherweise als Bischofspalast genutzt wurde.

Das **Plateau der Akropolis** erreicht man vom modernen Dorf aus; der Fahrweg endet an einer Taverne, von dort geht es zu Fuß weiter bis zu einem mittelalterlichen Turm. Am Westhang (kleiner Pfad nach links) stößt man auf eindrucksvolle, wie riesige Pfeilerdome tief in den Felsen eingeschnittene **Zisternen** (die erste dieser Kammern kann gefahrlos betreten werden). Der Hauptweg auf dem Plateau führt an den Grundmauern eines Heiligtums vorbei zur Nordspitze der Akropolis und von dort über antike Terrassierungen herunter zum Zusammenfluß der beiden Bäche, hinter dem sich eine aus Quadern gemauerte und durch Orthostatenplatten gegliederte **Brücke** spätklassischer oder frühhellenistischer Zeit nahezu intakt und heute noch begehbar erhalten hat. Der den Fluß überspannende Bogen besteht aus einem ›falschen Spitzgewölbe‹ mittels immer weiter vorkragender Steine; ob diese Technik hier noch vor Kenntnis des echten Keilsteingewölbes oder aber als Alternative dazu angewandt wurde, ist ungeklärt. Oberhalb der Brücke sind noch mehrere in den Fels eingetiefte **Kammergräber** identifizierbar, sie aufzusuchen lohnt aber kaum. Die Brücke ist vom Nachbarort Eleftherna aus auch auf einem Fahrweg erreichbar, der ein weiteres, inzwischen zum Teil ausgegrabenes Stadtquartier in der westlichen Schlucht passiert.

Die Kirchen von Episkopi, Kalamas und Agios Dimitrios

In **Episkopi** (Bezirk *Mylopotamos)* etablierten die Venezianer 1212 – zu einem Zeitpunkt, als faktisch noch die Genuesen weitgehend Herren der Insel waren – ihren ersten lateinischen, d. h. dem Papst in Rom unterstellten Bischof, Matteo. Ob diese machtpolitisch wichtige Inthronisation sogleich auch durch einen eigenen Kirchenbau zur Geltung gebracht wurde oder zunächst mehr nur als juristischer Anspruch bestand, ist unbekannt. Die heute im Ort sichtbare, in den 1960er Jahren restaurierte **Ruine** ist Teil einer Kreuzkuppelkirche, die erst drei Generationen später, wohl nach dem großen Erdbeben von 1303, errichtet und im 16. Jh. noch einmal verändert wurde. Nur der Ostteil dieser dem Agios Ioannis geweihten Anlage steht noch aufrecht. Reizvoll ist die zweigeschossige, durch offene und geschlossene Blendarkaden mit Rund- und Fünfpaßbögen gegliederte *Hauptapsis.*

Auf dem Hügel oberhalb von Episkopi sieht man noch die Ruinen herrschaftlicher Häuser aus venezianischer Zeit.

Aus dem 11. Jh. stammende, wenn auch stark verblaßte *Freskenfragmente* sind in der **Agios Georgios-Kirche** von **Kalamas** erhalten (Schlüssel zur Kirche im Nachbarhaus). Sie zählen zu den ältesten Zeugnissen byzantinischer Malerei auf Kreta. Einer Legende zufolge geht die Gründung der Kirche auf die Zeit unmittelbar nach der Wiedereroberung Kretas durch die Byzantiner zurück; die Mönche Nikon o Metanoites und Ioannis o Xenos stellten damals im frühen 11. Jh. im Gefolge des byzantinischen Eroberungsheers die ›christliche Ordnung‹ auf Kreta wieder her. Der erhaltene Bau – in seinem Kern eine hohe Kreuzkuppelkirche von fast quadratischem Grundriß mit vorgelagertem Narthex – dürfte allerdings erst gut 100 Jahre später, zu Beginn des 12. Jh. entstanden sein. Die Heiligenbilder in

Venezianische Kirchenruine in Episkopi, Anfang 14. Jh.

Prothesis und Diakonikon, den beiden kleinen Räumen seitlich der Apsis, stammen noch aus dem 11. Jh., die drei im Gewölbe des Narthex erhaltenen Szenen des Martyriums des Kirchenpatrons aus dem ersten Drittel des 12. Jh.: Man sieht den hl. Georgios in der Teergrube, auf das Rad geflochten und unter einer Steinplatte. In der eleganten Konturierung und Detailzeichnung der Körper sowie in der pseudoperspektivischen Schrägführung von Architektur- und Landschaftselementen haben die Fresken erkennbar höfische Kunsterzeugnisse der Komnenen-Dynastie in Konstantinopel zum Vorbild.

Auch auf zwei erstaunliche Denkmäler des 20. Jh. trifft man in diesen verschlafenen Dörfern am Nordhang des Psiloritis: Ein gewaltiger **Bronzekopf** mit Schlapphut steht, ohne Hals, Büste oder Sockelung, wie abgestellt und dann vergessen auf einem rohen Steinklotz

neben der Landstraße auf einem sonst leeren Platz in **Choumeri.** Wie ein Teil der umgebenden Landschaft und doch zugleich ein Fremdkörper darin wirkt dieses merkwürdige Riesenporträt. Man fühlt sich plötzlich in den Westen Amerikas versetzt – High Noon im Mittleren Westen Kretas? Doch der durchaus nicht martialisch und nicht einmal heroisch dreinschauende bärtige Herr ist kein amerikanischer Rancher oder Pionier, der sich um einen Nationalpark verdient gemacht hat, sondern die Skulptur stellt, wie ihre Inschrift mitteilt, einen politischen Pionier dar: einen Sohn dieses Dorfes, den Gründer und langjährigen Führer der sozialistischen Bewegung Griechenlands Stavros Kalergis. Kalergis (1865–1926) organisierte die sozialistische Partei Griechenlands und führte 1893 den Labour Day als Feier- und Demonstrationstag in Griechenland ein.

Ein ›ewiges Arkadi‹: Mahnmal der griechischen Freiheitsbewegung in Orthesi

Wenige Kilometer westlich von Choumeri kommt man, gleich hinter Kalamas, nach **Orthesi,** das eine hübsche Kirche aus venezianischer Zeit besitzt. Vor allem aber stößt man hier an der Landstraße oberhalb des Ortes auf ein zu einem Steingarten arrangiertes **Ensemble von Freiheitsdenkmälern** bizarrster Art. Aus Beton und Ton gefertigt wirken die Zitate von Pyramiden, Loggien und Kirchenteilen, Tempelsäulen, Pagoden und Standarten fast postmodern: eine kuriose Mischung aus naiver Bastelarbeit, gartenzwerghaft aber doch geradezu dramatisch symbolbeladen. Das Opfer von Arkadi, metaphorisch als Arkade versinnbildlicht, wird hier zur Chiffre jedweden Kampfes gegen Fremdherrschaft. Georgios Manakos hieß der Mann, dessen Büste mit der roten Evzonenmütze (griech. *fesi,* abgeleitet vom türkischen *Fez!*) das Stilgemisch krönt: Name und Tracht identifizieren ihn als einen Kämpfer vom Festland, vermutlich aus der Mani (Peloponnes). Abgehackt wie ein Telegramm lesen sich die Inschriften des Denkmals: »Ein gewaltiges Geschenk – Traurig und stumm für die Ewigkeit – Die Krieger Freiwillige – Alles junge Leute – Koroneos hat hier 1866 Wache gehalten«. Sogar Hinweise auf Museen, in denen die historischen Ereignisse thematisiert sind, finden sich unter diesen ›Mitteilungen‹. Offenbar wurde das Denkmal von einem kretischen Bauern und Künstler, Nachkomme jenes Freiheitskämpfers Manakos, konzipiert und bis zum Jahre 1976 ausgeführt.

Auf dem Weg von Orthesi über Eleftherna nach Moni Arkadiou passiert man das hübsche Töpferdorfs **Margarites.** Einige Werkstätten – man ist zu einem Besuch herzlich eingeladen – stellen hier auf eine Weise, die sich von der der alten Minoer und frühen Griechen kaum unterscheidet, noch riesige Pithoi her. Bis vor kurzem wurden diese Pithoi in abgelegenen Gegenden Kretas noch als Vorratsgefäße genutzt, heute dienen sie eher als Blumenkübel. Mit dem wachsenden Tourismus hat sich das Angebot auf geschmacklich ›passendere‹ und vor allem leichter zu transportierende Souvenirs erweitert, doch haben sich inzwischen auch junge, teilweise aus dem Ausland kommende Künstler hier angesiedelt, die hochwertige moderne Keramik produzieren.

Arkadi – Symbol des kretischen Freiheitskampfs

Arkadi ☆
Herausragendes Beispiel venezianischer Renaissance-Architektur auf Kreta

Das festungsartige Geviert von Moni Arkadi am Rand einer fruchtbaren, von Bergen umgebenen kleinen Hochebene südöstlich von Rethymnon ist für griechische, aber auch für ausländische Besucher zunächst weniger kunsthistorische Sehenswürdigkeit denn Schauplatz einer historischen Tragödie.

Geschichte

Im 19. Jh. hatte bei allen Aufständen der Bevölkerung gegen die türkische Herrschaft das wohlhabende Kloster eine führende Rolle als Widerstandszentrum gespielt. 1866, im Hauptjahr der am Ende militärisch erfolglosen Revolution, war Arkadi Versammlungsort der Anführer, die die regionalen Truppen der Aufständischen kommandierten. Abt Gabriel, der Gastgeber dieses Revolutionstreffens, wurde sogar zum Leiter der Aktivitäten für den Bezirk Rethymnon gewählt und das Kloster zur Zentrale des revolutionären Komitees der Provinz bestimmt.

Natürlich blieben dem in Rethymnon residierenden Pascha diese Aktivitäten nicht verborgen, und natürlich war all dies aus seiner Sicht kein berechtigter Kampf um Freiheit, sondern Separatismus und Terror. An den Abt erließ er die Aufforderung, sich umgehend aus den Aktivitäten der Aufständischen zurückzuziehen und das Kloster nicht als Basis für militärische Aktionen zu mißbrauchen. Abt Gabriel und die Revolutionäre lenkten jedoch nicht ein, und so entsandte der Pascha ein 15 000 Mann starkes Heer aus türkischen, ägyptischen und albanischen Truppenteilen in die Region. Nur eine relativ kleine Gruppe von Bewaffneten hielt sich zu diesem Zeitpunkt im Kloster auf, dafür aber um so mehr Zivilisten, die sich im Zuge der Unruhen vor dem türkischen Militär hinter die Klostermauern geflüchtet hatten. Die Lage der von den osmanischen Truppen eingeschlossenen Klosterinsassen war aussichtslos. Auch der zuvor mit einem kleinen Kontingent vom griechischen Festland zu Hilfe geeilte General Koroneos hatte dies erkannt und war wieder abgezogen mit dem Rat an die Belagerten, aufzugeben.

Am 8. November 1866 treten die Türken zum Sturm an und nehmen einen Tag später das Kloster ein. Die Belagerten hatten sich zuvor in einer Abstimmung unter Anführung des Abts mehrheitlich dafür entschieden, in diesem Augenblick das Pulvermagazin mit all

Die Tragödie von Arkadi fand breites Echo in der internationalen Presse: Die Illustrated London News vom 26. Januar 1867 zeichnete u.a. dieses Bild vom Angriff der Türken.

den im Kloster eingeschlossenen Menschen in die Luft zu sprengen. Kostas Giamboudakis – heute als kretischer Freiheitsheld gefeiert und in zahlreichen Denkmälern verewigt – war dazu ausersehen worden, den Schuß auf die Pulverfässer abzugeben. Dem Massenselbstmord fielen mehr als 800 Kreter zum Opfer, etwa ebenso viele osmanische Soldaten wurden durch die Detonation getötet.

Militärisch bewirkte die Aktion nichts, aber die Tat ging als Fanal durch die internationale Presse. Vereine sammelten Spenden für den Befreiungskampf, doch es sollte noch Jahrzehnte dauern, bis die Großmächte, von durchaus anderen politischen Interessen motiviert, 1898 der türkischen Herrschaft auf Kreta ein Ende setzten. Das makabre Ereignis mag heutige Betrachter an den kollektiven Suizid von Sektenmitgliedern in den USA bei der Erstürmung ihrer Camps durch die Bundespolizei erinnern oder an palästinensische Selbstmordkommandos in den israelisch besetzten Gebieten. Die Bewertung solcher Taten hängt immer von der jeweiligen Perspektive des Betrachters ab: Für heutige Griechen ist Arkadi *das* Symbol kretischen Leidens und kretischer Freiheit. An jedem 8. November, dem Vorabend des kretischen Nationalfeiertags, machen sich Tausende von Menschen wie zu einer Wallfahrt nach Arkadi auf und gedenken voller Stolz des schaurigen Ereignisses. Eine von Erzbischof Timotheos Veneris 1937 im Pulvermagazin angebrachte Inschrift stiftet dem Geschehen sogar religiösen Sinn: »Die Flamme, die in dieser Krypta entzündet wurde und ihren Feuerschein über das glorreiche Kreta verbreitete, war Gottes Feuer, in dem sich die Kreter für die Freiheit opferten.« Nachdenkliche Besucher werden aber auch an die in jener Abstimmung Unterlegenen denken, die Gefangenschaft dem Freitod vorgezogen hätten und hier mit ums Leben kamen.

Besichtigung

Der alte Haß auf die Türken wird in Arkadi auf Schritt und Tritt wachgehalten. Bereits vor dem Eingang zum Kloster trifft man auf eine ehemalige **Windmühle**, die zum Beinhaus umfunktioniert wurde; in einer Vitrine sind dort Schädel mit Schuß- und Stichwunden aufgereiht. Der alte Toreingang zum Kloster war während der Erstürmung von 1866 völlig zerstört worden. Das heute sichtbare **Tor** wurde vier Jahre nach den traurigen Ereignissen errichtet und indiziert, daß der türkischen Administration relativ rasch an einer Normalisierung des Klosterlebens gelegen war, und sie sogar einen prächtigen Wiederaufbau im alten Stil zuließ. Auch daß nahezu alles kirchliche Inventar damals von den Türken zerstört oder geraubt worden sei, ist – mindestens in dieser Ausschließlichkeit – doch eher eine Legende, denn das **Klostermuseum** von Arkadi stellt etliche Ikonen, Meßgewänder und weiteres wertvolles sakrales Gerät des 16.–18. Jh. aus. Heute wird die Anlage von wenigen Mönchen bewohnt, die vom Souvenirverkauf und einer kleinen Landwirtschaft leben. Refektorium und Küche (beide auf der Nordseite) sowie einige Mönchszellen der zweigeschossigen Anlage werden derzeit renoviert; das einstige **Pulvermagazin** liegt in der nordöstlichen Ecke des Gevierts.

Arkadi ist indessen nicht nur Symbol und Träger von Spuren der Geschichte der letzten 200 Jahre, sondern dank der Klosterkirche vor allem auch ein künstlerisch und historisch herausragendes Denkmal seiner Entstehungszeit, des 16. Jh. Das laut einer Inschrift unter dem Glockenstuhl 1587 fertiggestellte **Katholikon** hat die Kriegsereignisse, von zahlreichen Einschußlöchern abgesehen, relativ intakt überstanden. Der Bau mit seiner prächtigen *Renaissancefassade* ist eines der wichtigsten, vor allem aber das besterhaltene Beispiel byzantinisch-venezianischer Kirchenarchitektur auf Kreta.

In ihrer an antiken Triumphbögen orientierten strengen Dreigliederung, den auf Sockeln stehenden vorgeblendeten korinthischen Doppelsäulen und der darüberliegenden Attikazone mit ihren querovalen Fenstern ist die Fassade ganz und gar italienisch, in ihrem speziellen Design obendrein keineswegs provinziell, sondern absolut auf der Höhe der Zeit. Was der Betrachter zu Beginn des letzten Viertels des 16. Jh. hier erblickte, war modernste venezianische Baukunst, wie man sie von Serlios Entwürfen für Kirchenfassaden her kannte. Bezüge zu den von Sansovino und Palladio entworfenen *Scuolen,* den Versammlungs- und Repräsentationshallen des venezianischen Stadtbürgertums, sind ebenfalls nachweisbar. Wer das Geld zum Bau des Katholikon von Arkadi spendete, ist urkundlich nicht überliefert, aber man darf venezianische Kaufleute und Grundbesitzer auf Kreta vermuten; eben jene nicht zur Hocharistokratie zählende Schicht, die damals in der Zentrale Venedig ihren wachsenden ökonomischen Einfluß durch Errichtung repräsentativer *Scuolen* im Stadtbild zur Geltung brachte.

Hier in Arkadi allerdings liegt hinter der Renaissancefassade kein Versammlungshaus, sondern eine orthodoxe Klosterkirche. Auch dieser Bau ist venezianisch in seinen einzelnen Architekturelementen, bildet jedoch als Ganzes einen verblüffenden Kontrast zur vorgeblendeten Front. Schon beim genaueren Betrachten der dreigegliederten Fassade fällt auf, daß die mittlere Tür und das mittlere Rundfenster verschlossen sind: nicht später zugemauert, sondern von vornherein als Scheinöffnungen konzipiert. Der Grund für diese Lösung wird offenbar, wenn man das *Innere* betritt und sich plötzlich – anders als sonst üblich und hier zusätzlich durch die Fassade suggeriert – nicht in einer ein- oder dreischiffigen, sondern in einer Kirche mit zwei gleich großen Längsschiffen befindet. Dieser eigentümliche Hallenbau wirkt wie zwei parallel nebeneinander gestellte Einraumkirchen, deren angrenzende Wände nur durch Stützen ersetzt wurden. Tatsächlich aber wurden beide Schiffe in einem Zuge errichtet. Flache Kappengewölbe teilen den Raum in Längsrichtung, gotische Spitzbögen, wie sie für jene Zeit charakteristisch sind, überwölben die Schiffe in Querrichtung. Derselbe Bogenwechsel kehrt bei den die Kirche umgebenden Bogengängen des Klosters wieder: dort sind es Spitzbögen unten, flache Kappenbögen oben. Das Süd-

Venezianische Renaissance-Fassade der Klosterkirche von Arkadi

schiff ist Konstantin und Helena geweiht, das Nordschiff der Verklärung Christi. Möglicherweise hat das so besondere Phänomen der Zweischiffigkeit in dieser Dedikation seinen liturgischen Grund, vielleicht aber sollte hier auch demonstrativ auf eine ältere spezifisch kretisch-byzantinische Tradition verwiesen werden, auf Zweiraumkirchen wie die von Valsamonero (s. S. 192) oder Roustika (s. S. 193).

Als kulturpolitische Geste von seiten venezianischer Bauherren gegenüber der einheimisch-griechischen Bevölkerung würde ein derartiger architektonischer Verweis Sinn machen. Orthodoxe Klosterstiftungen durch reiche venezianische Kaufmannsfamilien auf Kreta waren während der letzten 100 Jahre vor der endgültigen türkischen Machtübernahme Teil einer Politik, die auf vorsichtigen Machterhalt, aber auch auf Ausgleich mit der ansässigen griechischen Bevölkerung bedacht war. In der Gestaltung seiner Fassade wie auch in seiner Zweischiffigkeit wurde das Katholikon von Arkadi zum Vorbild weiterer Kirchen auf Kreta.

Auf dem Weg von Arkadi nach Rethymnon passiert man kurz vor der Küste beim Ort Pigi das winzige Dörfchen **Agios Dimitrios** mit seiner gleichnamigen Kirche aus dem 11.–12. Jh. (s. S. 253); wenige Kilometer entfernt liegt das sehenswerte venezianische Gebirgsdorf **Maroulas** (s. S. 254).

Messara-Ebene und Südküste

Festos (Phaistos) – prachtvolles Zentrum der Alten Palastzeit

Festos zählt für jeden Besucher zu den unvergeßlichen Eindrücken eines Kreta-Aufenthalts. Im Vergleich zu Knossos sieht man hier zwar viel weniger aufragende Architektur, dafür aber (fast) nur Authentisches (Rekonstruktionen sind durch Jahreszahlen gekennzeichnet). Hinzu kommt ein Landschaftspanorama, das bei jedem Licht und Wetter seinesgleichen sucht. Rundum gleitet der Blick vom steil abfallenden Bergrücken über die weite Fläche der fruchtbaren Messara-Ebene, die im Süden von der Asteroussia-Kette, im Norden vom Psiloritis-Massiv begrenzt wird; wer genau hinschaut, erkennt oben in der Südflanke des Psiloritis als dunklen Fleck den Eingang zur Kamares-Höhle, deren Kult mit Festos und Agia Triada verbunden war. Unten im Tal fließt der Geropotamos, der die Messara von West nach Ost durchzieht und bei Kalamaki ins Libysche Meer mündet; er versorgte das minoische und später griechische Festos mit Wasser.

Festos (Phaistos) ☆☆
Der nach Knossos bedeutendste minoische Palast liegt auf einem steilen Bergrücken über der Messara. Von hier stammen einige der berühmtesten Funde Altkretas wie z. B. der Diskus von Festos.

Ausgrabung und Geschichte

1884 von dem italienischen Archäologen Frederico Halbherr entdeckt, wurde der Palast 1900–09 von der Italienischen Archäologischen Schule Athen freigelegt und 1950–71 erneut systematisch untersucht und weiter ausgegraben. Einige der schönsten Gefäße des Kamares-Stils aus der Zeit der Alten Paläste kamen hier zutage. Nach mythischer Überlieferung der Griechen gehörte Festos – neben Knossos und Kydonia (Chania) – zu den drei wichtigsten von König Minos auf Kreta gegründeten Städten, und in der Tat war Festos während der Alten Palastzeit (ca. 2100–1700 v. Chr.) *die* führende Stadt Zentralkretas. Der antike Name *Phaistos,* der wohl auch die Siedlung Agia Triada miteinschloß, erscheint auf Linear-B-Täfelchen als *»pa-i-to«*.

Die Besiedlung des Ortes geht in neolithische Zeit zurück; Keramik sowie Statuetten aus Ton und Obsidian-Klingen aus jener Epoche wurden im Gebiet des späteren Palastes und am Südabhang entdeckt. Ab ca. 2100 v. Chr. entstand in mehreren Baustufen die erste Palastanlage, um die sich zahlreiche Wohnhäuser, ohne erkennbare Hierachisierung oder Ordnung, gruppierten. Die zum Ort gehörigen Friedhöfe wurden, ebenso wie diejenigen aus der Neuen Palastzeit, noch nicht entdeckt. Zeitgleich mit den anderen Palästen wurde um 1700 v. Chr. auch Festos durch eine verheerende Feuersbrunst, vermutlich durch ein Erdbeben verursacht, zerstört. Anders als in Knossos oder Malia, wurde der nach dieser Katastrophe errichtete neue Palast nicht durchweg auf den Grundmauern des alten erbaut, sondern seine Westfassade um 7 m nach Osten versetzt: ein für die Archäologie glücklicher Umstand, weil sich dadurch mehr als in

Tip:
Da der Ausgrabungsbezirk während der Sommermonate bis Sonnenuntergang geöffnet bleibt, das nahegelegene Agia Triada aber schon um 15 Uhr schließt, sollte man Agia Triada möglichst vor Festos besuchen.

◁ Blick in die Hauptapsis der Titus-Basilika von Gortyn

Blick über die Ausgrabungen von Festos nach Südosten, im Hintergrund das Asteroussia-Gebirge

Knossos und Malia über den alten Palast ermitteln ließ. Im Gegensatz zum ersten Palast lag der neue Palast relativ isoliert in seiner Umgebung, da in den alten Wohnquartieren nur noch einzelne Häuser genutzt wurden, während die nahegelegene Siedlung von Agia Triada an Größe gewann. Auch fehlen zahlreiche und kostbare Funde, wie man sie von einem bedeutenden Palast erwarten würde; so traten im neuen Palast nur vergleichsweise wenige Siegel und Tontäfelchen zutage, auch die Freskenmalereien beschränken sich auf einige wenige Räume des Gebäudes. Dies alles deutet darauf hin, daß Festos seine Macht und Geltung teilweise an das benachbarte Agia Triada verloren haben muß.

Nur ein Teil der wissenschaftlich hochinteressanten und auch für den Betrachter instruktiven Ausgrabungen ist zugänglich. Abgesperrt sind derzeit vor allem Areale des alten Palastes am Ostabhang. Auch in Festos wurden manche Baustrukturen von den Ausgräbern nicht nur freigelegt, sondern auch ergänzt – allerdings weitaus zurückhaltender als von Evans in Knossos. So muß man bei Fußböden oder Wandvertäfelungen sehr genau hinschauen, um Altes von Neuem unterscheiden zu können.

Um 1450 v. Chr. wurde auch der zweite Palast ein Raub der Flammen; er wurde anschließend nicht wieder aufgebaut. In der frühgriechischen Epoche zählte Festos zu den einflußreichsten Stadtstaaten Kretas; dem homerischen Epos zufolge, soll er am Trojanischen Krieg teilgenommen haben. In hellenistischer Zeit erreichte die Siedlung, zu der auch ein Tempel (44) gehörte, fast die Ausdehnung der minoischen Epoche; das alte Palastareal war von – im Zuge der Ausgrabungen abgetragenen – Häusern überbaut. Im 2. Jh. v. Chr. wurde Festos in einem Krieg mit Gortyn zerstört und dessen Territorium einverleibt, besiedelt blieb der Ort aber bis in byzantinische Zeit.

Rundgang

Der heutige Eingang liegt im Norden oberhalb des Palastes. Man kommt zunächst auf einen gepflasterten **Hof** (1), der von einem griechischen Herdhaus überbaut ist. Von hier führt eine **Treppe** (2) hinunter auf den **Westhof,** der zu den eindrucksvollsten Relikten des Palastes gehört. Wie in Knossos und Malia ist auch dieser Hof von erhöhten, spitzwinkelig aufeinander zulaufenden ›Prozessionswegen‹ durchzogen. Die **Stufentribüne** (3) im Norden ähnelt dem ›Theater‹ von Knossos und muß ähnliche Funktionen bei religiösen Festen gehabt haben; auch vier runde **Schächte** (4), ähnlich den ›Kouloures‹ von Knossos, befinden sich hier. Das alles gehört in Festos aber zum alten Palast des frühen 2. Jt., während der mit Stuck gepflasterte Westhof des Neuen Palastes gut $^{1}/_{2}$ m höher lag und, entsprechend der verschobenen Fassade, weiter nach Osten reichte.

Der Westhof mit der großen Schautreppe gilt als das ›älteste Theater der Welt‹, diente jedoch kultischen Zwecken.

Festos 1 Nordwesthof mit Prozessionsweg 2 Treppe 3 Stufentribüne 4 Kornsilos (?) 5 Freitreppe 6 Propylon 7 Lichtschacht des Propylon 8 Westmagazin 9 Magazinraum mit Pithoi 10 Vorhalle zum Westmagazin 11 Pfeilerstellung des alten Palastes 12 Gang 13 Wächterraum (?) 14/15 Kulträume 16 Pfeilerkrypta 17/18 Lustralbassin 19 Kulträume 20 Lustralbassin 21 Toilette oder Bad 22 Polythyron 23 Aussichtsterrasse 24 Felsengarten 25 Werkstätten 26 Osthof 27 Treppe 28 Magazin 29 Vorraum zum Magazin 30 Nordhof 31 ›Gemach der Königin‹ 32 Peristylhof 33 ›Megaron des Königs‹ 34 Lichthof 35 Vorhalle des ›Megaron‹ 36 Wächterraum (?) 37 ›Saal der Königin‹ 38 Lustralbassin 39 Toilette? 40 ›Archiv‹ 41 Pfeilerkrypta (?) 42 Peristylhof 43 Töpfermagazin 44 Hellenistischer Tempel

Die Stufen der monumentalen Treppe vor dem Propylon sind zum besseren Ablauf des Regenwassers leicht gewölbt.

Der grandioseste noch heute sichtbare Bau des Palastes ist die 14 m breite **Freitreppe** (5) mit dem **›Propylon‹** (6) auf ihrer oberen Plattform: Die Vorhalle wurde von einem Mittelpfeiler gestützt, dann kam das Türgewände mit einem mächtigen Pfeiler in der Mitte und dahinter die durch drei Säulen gegliederte Rückhalle. Wider Erwarten öffnete sich dieses ›Propylon‹ aber nicht zu einem dahinter liegenden Saal, einer Hofanlage oder einer weiteren Freitreppe ins Obergeschoß, sondern es stieß auf einen **Lichtschacht** (7), von dem man sich nur durch schmale, unauffällige Pforten ins Innere des Palastes weiterbewegen konnte! Wahrlich keine Empfangshalle nach unseren, von neuzeitlicher, aber auch schon von griechisch-römischer Architektur geprägten Vorstellungen. Vielleicht muß man sich die Nutzung dieses repräsentativen Baus in umgekehrter Richtung denken: Eine Priesterschaft oder andere Würdenträger könnten – aus dem rückwärtigen Teil des Propylons kommend – in der wirkungsvoll erleuchteten Halle Aufstellung genommen und rituelle Handlungen ausgeführt haben, während die übrigen Festteilnehmer auf dem Westhof und der Schautribüne versammelt waren. Nach dieser Interpretation wären die sog. Propyläen weniger ein Propylon als vielmehr eine zum Westhof hin orientierte Zeremonialhalle.

Die **Hauptmagazine** (8) liegen, wie in Knossos und Malia, zwischen West- und Zentralhof; im **letzten Magazinraum rechts** (9) stehen noch drei in situ gefundene *Pithoi* für Öl oder Wein. Verschüttete Flüssigkeiten flossen über eine Rille in ein in den Boden eingelassenes Gefäß. Bemerkenswerterweise war das Magazin über eine nach Osten offene **Vorhalle** (10) direkt mit dem kultisch so wichtigen Zentralhof verbunden; in dieser Vorhalle entdeckten die Ausgräber ein Archiv der Alten Palastzeit mit Linear-A beschrifteten Täfelchen und mehr als 7000 Siegelabdrücken, aus denen sich etwa 300 Siegelzeichen rekonstruieren ließen.

Der ca. 44 × 23 m große, mit Poros-Platten gepflasterte **Zentralhof,** um den herum sich die verschiedenen Raumtrakte gruppierten, war das Herz der Anlage. Ähnlich wie in Malia war er auf der Ostseite von einer Kolonnade aus alternierenden Pfeilern und Säulen gesäumt. Die etwas schräg verlaufende Reihe von quadratischen **Vertiefungen** (11) auf der gegenüberliegenden Platzseite stammt noch vom alten Palast und ist als Stützreihe zu deuten. Höchst ungewöhnlich ist **›Gang 12‹,** der den Westflügel in einen nördlichen Magazin- und einen südlichen Kultbereich teilte und eine direkte Verbindung zwischen West- und Zentralhof schuf; vielleicht wurde dieser Gang von **›Raum 13‹** aus kontrolliert. Daß der Trakt südlich des Korridors religiösen Zeremonien vorbehalten war, verrät seine Ausstattung: In den beiden sich zum Zentralhof öffnenden Räumen (14–15) zieren Bänke zum Ablegen der Kultgegenstände die Wände; im nördlichen fand sich ein Stucktisch mit mehreren Mulden für Opfergaben. **›Raum 16‹** war wohl eine Pfeilerkrypta, wie es sie an ähnlicher Stelle auch in Knossos und Malia gab. In keinem Palast wurden so viele **Kultbassins** gefunden wie in Festos: Zwei davon liegen in den ›Räumen 17

Die Vielzahl der gepflasterten Höfe von Festos findet bei den anderen minoischen Palästen keine Parallele.

und 18‹. Erstaunlicherweise waren vier kleine Räume (19) nur vom Westhof, d. h. von außen her, zugänglich; eingeritzte heilige Zeichen sowie hier gefundene Steinaltäre weisen auch diese Zimmer als kultisch genutzte Örtlichkeiten aus. Vielleicht hatten Besucher hier die Möglichkeit, vor dem Betreten des Palastes ein Opfer darzubringen, wie ein entsprechendes Heiligtum in Malia nahelegt.

Die Südostecke des Hofes ist zusammen mit den angrenzenden Gebäuden den Hang hinabgestürzt. Die noch erhaltenen Räume im Norden des Osttraktes zeigen eine enge Verbindung von Wohnen und Kult: In einem **Kultbassin** (20) wurden wertvolle Gefäße für Trankspenden gefunden; der Nebenraum könnte – wie ein Abwasserrohr vermuten läßt – eine **Toilette** oder ein **Bad** (21) gewesen sein. Ein **Polythyron** (22) öffnet sich nach Westen zu einer auf zwei Seiten überdachten **Aussichtsterrasse** (23), deren Säulenbasen unmittelbar aus dem Fels herausgearbeitet sind. Vertiefungen im angrenzenden **Felsengarten** (24) werden, in Analogie zu minoischen Fresken, als Krokusbeete gedeutet: Auf diesen Bildern werden Krokusse von Priesterinnen, aber auch von dressierten Affen, für kultische Zwecke gesammelt, und eben diese Bestimmung könnte der Garten in Festos gehabt haben.

Im Nordosten des Palastes waren die **Werkstätten** (25) untergebracht. Zu ihnen gehörte auch der (heute umzäunte) große hufeisenförmige Ofen auf dem **Osthof** (26), der – nach Schlackeresten zu urteilen – zum Metallschmelzen verwendet wurde; in der Nähe wurden außerdem zwei Töpferscheiben gefunden.

Für den Bedarf des Palastes und der hier vollzogenen Kulthandlungen arbeiteten spezialisierte, in Gruppen organisierte Handwerker. Nur so lassen sich die heiligen Zeichen erklären, die auf Mörsern, Tiegeln und sonstigen Arbeitsgeräten in den Palast-Werkstätten zu sehen sind.

Die prunkvollen **Wohngemächer des Nordflügels** erstreckten sich hinter einer repräsentativen – für minoische Architektur erstaunlich symmetrischen – Fassade, die den Zentralhof im Norden abschließt: Das zweiflügelige Eingangstor flankierten zwei hölzerne Halbsäulen auf steinernen Basen; in den Nischen rechts und links davon, deren Rückwände ein *Fresko mit einem Rauten-Muster* schmückte (heute in Kopie), standen vielleicht Wächter, die den Zutritt kontrollierten. Hinter dem Eingang befindet sich eine weitere Wächternische zur Überwachung der ins Obergeschoß führenden **Treppe** (27). Vielleicht nahmen die Nischen aber auch einfach nur die heilige Doppelaxt der Minoer auf. An den Wänden des **›Raumes 28‹** standen hölzerne Schränke, die etwas Wichtiges enthalten haben müssen, zumal in **›Raum 29‹** Reste eines Freskos – eine Seltenheit in Festos – gefunden wurden. Die Funktion der Zimmer östlich des Nordkorridors, von denen aus man die Werkstätten erreichen konnte, ist ungeklärt. Die von den Ausgräbern teilweise wieder aufgebauten ›königlichen Wohngemächer‹ erstrecken sich auf erhöhtem Niveau hinter dem **Nordhof** (30). Über eine Treppe mit dem großen **Peristylhof** (32) verbunden ist das **›Gemach der Königin‹** (31). Boden und Wände sind mit Alabaster ausgekleidet; die Raummitte nimmt ein von vier Säulen getragenes Atrium ein, während sich an der West- und Südwand Bänke entlangziehen: ein gewiß repräsentativer, aber als Residenz für eine Königin völlig ungeeigneter Raum. Noch großartiger ist die

In Festos (Phaistos) soll im 6. Jh. v. Chr. der antike Theologe und Wundertäter Epimenides geboren worden sein, der den paradoxen Ausspruch prägte: »Alle Kreter lügen!«

Raumanlage, die in Anlehnung an den Palast von Knossos den Namen **›Megaron des Königs‹** (33) erhielt: Eine Tür-Pfeiler-Wand teilt den Raum in zwei Hälften; der Boden besteht aus feinen Alabasterplatten mit roten Stuckfugen, die Wände waren mit Fresken geschmückt. Im Norden öffnet sich eine weitere Tür-Pfeiler-Wand zu einer von Säulen getragenen **Vorhalle** (35), die den Raum hervorragend klimatisierte und von der aus man einen weiten Blick auf das Ida-Gebirge und die Kamares-Höhle hatte.

Das Zimmer östlich der Vorhalle wurde als **Wächterraum** (36), das im Westen angrenzende freskengeschmückte Gemach als **›Saal der Königin‹** (37) mit **Kultbassin** (38) und **Toilette** (39) bezeichnet. Die ganze Hilflosigkeit der Ausgräber bei der Interpretation solcher Räume drückt sich in der willkürlichen Zuweisung aus, die dem Prinzip folgt: Der größte Raum gebührt dem König, der nächst kleinere der Königin, ein noch kleinerer – wie z. B. das Polythyron des Osttraktes (22) – einem Prinzen. Wie schon ausgeführt (s. S. 45), deutet jedoch nichts konkret darauf hin, daß überhaupt königliche Familien in den Palästen lebten und regierten. Sehr viel wahrscheinlicher ist, daß solche Räume von Priestern und Priesterinnen bewohnt wurden.

Aus der Alten Palastzeit stammen die Ruinen eines Baukomplexes im Nordosten, der auch während der Neuen Palastzeit in Gebrauch blieb. Im westlichen dieser Räume, dem sog. **Archiv** (40), fanden die Ausgräber den berühmten *Diskus von Festos,* der von einem höher liegenden Stockwerk herabgefallen war. Der sich östlich anschließende Raum wird **›Pfeilerkrypta‹** (41), aber auch ›Küche‹ genannt. Ebenso unbekannt ist die Funktion des benachbarten gepflasterten **Peristylhofs** (42). Im östlichsten Raum dieses Komplexes lagen unbenutzte ineinandergestapelte Tongefäße, weshalb die Zuweisung als **Töpfermagazin** (43) hier zumindest wahrscheinlich ist. Teile der Wohnstadt am Hang wurden ausgegraben, sind aber eingezäunt und für Besucher nicht zugänglich.

Agia Triada – Villa oder Verwaltungssitz der Minoer?

Agia Triada ☆☆ Architektur und Funktion dieser in traumhafte Landschaft eingebetteten Anlage geben noch viele Rätsel auf.

Nur 2 km von Festos entfernt und ursprünglich mit diesem Palast durch eine gepflasterte Straße verbunden, liegt – in traumhafter Position mit Blick auf den Golf von Tymbaki und die Südhänge des Psiloritis – der bedeutende minoische Ort Agia Triada. Der Name rührt von einem der hl. Dreifaltigkeit geweihten in der Nähe gelegenen Kirchlein her; die freskengeschmückte Kapelle auf dem Ausgrabungsbezirk selbst (Schlüssel an der Kasse) ist dem hl. Georg gewidmet. Agia Triada wird seit 1902 von italienischen Archäologen ausgegraben; Forschungen am Ort dauern bis heute an. Durch die

Agia Triada 1 Gebäude unbekannter Funktion (angeblich für Dienerschaft) 2 Kleines Heiligtum (›Schrein mit Delphinfresko‹) 3 Gepflasterter Hof der ›Villa‹ (Funde: Boxer-Rhyton und ›Prinzen-Vase‹) 4 Treppe 5 Kultraum mit Postamenten für standartenartig aufgestellte Doppeläxte 6 Repräsentative Raumflucht mit Polythyra (Wohntrakt?) 7 Mykenische (oben) und minoische (unten) Wasserrinnen 8 Mykenisches Megaron, darunter minoische Magazine 9 Siegel-Archiv 10 Raum mit erlesener Wandvertäfelung und Bänken 11 Saal mit Polythyra 12 Magazine, Werkstätten und Lichthof (Fund: ›Schnittervase‹) 13 In einer Platzanlage endende Straße, sog. ›Rampa del mare‹ 14 Pfeiler-Portikus 15 Bastionartiger Komplex unbekannter Funktion 16 Freier Platz, sog. Agora 17 Minoische und mykenische Siedlung 18 Halle mit Stützwechsel aus Säulen und Pfeilern, dahinter Magazine

In der ›Villa‹ von Agia Triada lassen sich noch gut steinerne Wasserrinnen identifizieren. Wie alle minoischen Paläste und städtischen Zentren, war auch Agia Triada mit einem ausgeklügelten System von Zu- und Abwasserleitungen versehen.

sehr unvollständige Grabung (und noch ungenügendere Dokumentation) bietet sich heute ein zwar beeindruckendes, aber verwirrendes Bild. Häuserreste und vor allem Tholos-Gräber im Umkreis der Anlage lassen eine dichte Besiedlung der Region seit dem 3. Jt. v. Chr. erkennen. Die **sog. Villa** – ein politischer und sakraler Verwaltungssitz – wurde um 1600/1580 v. Chr. erbaut und bereits gut 100 Jahre später durch ein Erdbeben zerstört. Anders als bei den Palästen, aber auch den städtischen Zentren von Vassiliki und Gournia, gruppierten sich hier nur locker zusammenhängende Gebäudetrakte um einen Hof von unregelmäßiger Form; die Gesamtstruktur ist jedoch beim derzeitigen Stand der Ausgrabungen noch nicht erkennbar. Der Hanglage entsprechend verbinden Treppen die einzelnen Bereiche.

Den außerordentlich reichen Funden (alle im AMI) zufolge, dürfte Agia Triada während seiner Blüte, trotz des Fehlens eines Palastes, noch größere Bedeutung gehabt haben als Festos. Nach der Zerstörung der ›Villa‹ – und auch des Palastes von Festos – um 1450 v. Chr. gewann Agia Triada noch einmal Einfluß. Aus dieser Periode stammen ein großer **mykenischer Megaron-Bau** (8), der die Ruinen der ›Villa‹ überlagerte, ein **kleines Heiligtum** (2) sowie die **Häuser im Norden** (17) und vor allem der eindrucksvolle monumentale **Magazinbau** (18) im Nordosten.

Aus der griechischen Epoche wurde ein Tempel des Zeus Velchanos gefunden, jedoch komplett von den Ausgräbern auf ihrer Suche nach Älterem abgeräumt. Im Osten und Norden des eingezäunten Ausgrabungsbezirks wurden weitere Areale der Siedlung und Teile der Nekropole mit frühminoischen Tholos- und spätminoischen Haus- und Schachtgräbern freigelegt; dort wurde 1903 der stuckierte und mit Kultszenen bemalte Sarkophag von Agia Triada (AMI) entdeckt.

Kommos – eine minoische und phönizisch-griechische Hafenstadt

Kommos
Hinter einem der schönsten Strände Kretas liegen die meterhohen Schichten dieser jahrtausendealten Hafenstadt und gewähren einen faszinierenden Einblick in moderne Ausgrabungstechniken.

An einem der schönsten Strände Kretas erstrecken sich die Ruinen von Kommos, des minoischen Hafens von Festos. Erstaunlicherweise legten die Minoer den Hafen nicht in einer geschützten Bucht an, sondern an einem langgestreckten Strand. Bei Wind konnten die Schiffe nicht vor Anker gehen, sondern mußten auf den Strand gezogen werden. Drei Areale sind bisher erforscht: auf der Hügelspitze im Norden ein Stadtviertel aus der Zeit von ca. 2000–1450 v. Chr., darunter am Hang ein weiteres Stück der minoischen Stadt.

Das bei weitem interessanteste Areal ist das am tiefsten gelegene und auch am besten einzusehende im Süden: Eine breite, auf das Meer zulaufende Straße teilt den Bereich in Ost-West-Richtung.

Südlich dieser Achse liegen, erst teilweise freigelegt, repräsentative Gebäude mit großen Höfen und Säulenstellungen. Nördlich der Straße sieht man in tiefen Schichten Grundmauern minoischer Gebäude aus riesigen, über 3,50 m langen Steinblöcken, den größten bisher auf Kreta gefundenen. In den mehr als 2 m höheren Schichten, die mit großem technischen Geschick teilweise konserviert wurden, haben sich **vier Altäre** und **Reste zweier kleiner Tempel** des frühen 1. Jt. v. Chr. erhalten: Zeichen einer neuen Besiedelung des Platzes nach mehr als 200 Jahren Verlassenheit. Der erste dieser Tempel entstand um 1000 v. Chr. und ist der älteste bisher bekannte griechische Bau auf Kreta. Wie bei späteren kretischen Tempeln handelt es sich um eine schlichte Rechteckanlage mit Eingang im Osten sowie einer Feuerstelle im Innern. Der zweite Tempel entstand im 8. Jh. v. Chr. und war ebenfalls ein schreinartiger Rechteckbau mit Wandbank und Feuerstelle im Innern, nun aber mit einem Mittelpfeiler im Eingang sowie mit einem Kultmal aus drei Stelen, das in seiner Form zweifelsfrei als phönizisch identifiziert werden kann – Zeichen einer längeren Präsenz phönizischer Händler in dieser kosmopolitischen Hafenstadt. Im 4. Jh. v. Chr. wurden diese altertümlichen Kultstätten durch zwei in der Form ähnliche Rechtecktempel überbaut und um einen Rundbau ungeklärter Funktion ergänzt.

Der minoische Hafen von Kommos wird seit 1976 von Archäologen der Universität Toronto mit modernsten Methoden ausgegraben und vermittelt ein eindrucksvolles Bild aktueller Grabungs- und Konservierungstechnik, wie man ihr sonst auf Kreta kaum begegnet. Der Bezirk ist eingezäunt und, obwohl durch Laufstege und Brücken für den Publikumsverkehr vorbildlich hergerichtet, leider nur von außen einzusehen.

Mit *Kommo-Beach* empfiehlt sich **Pitsidia** als Standquartier für Ausflüge zu den Sehenswürdigkeiten des südlichen Zentralkreta. Die Einwohner des hübschen, blumengeschmückten Dorfs haben es trotz erheblichen Touristenandrangs verstanden, den griechischen Charakter des Ortes zu erhalten. Wer noch stiller wohnen und essen möchte, dem sei das 4 km entfernte **›Traditional village‹ Sivas** *(Syba)* empfohlen, das ausnahmsweise diese Titulatur wirklich verdient. Hier haben die Einnahmen durch den Tourismus nicht zur Errichtung einer Kunstkulisse, sondern zum vorsichtigen Erhalt gewachsener Bausubstanz geführt, innerhalb derer Tavernen und Privatunterkünfte ihr Auskommen finden – langfristig vielleicht besser als an manch anderem Ort.

Tanzen mit dem Tod – die minoischen Grabanlagen von Platanos und Kamilari

Platanos und Kamilari sind eindrucksvolle Beispiele einer großen Reihe grandioser Grabbauten aus dem Jahrtausend vor den ersten Palästen. An die 80 solcher Anlagen des 3. Jt. v. Chr. wurden in Zentralkreta, vor allem in der Messara und den Asteroussia-Bergen, mittlerweile entdeckt: wie beispielsweise in Agia Triada, Moni Odigitria, Lendas und Fourni bei Archanes.

Minoische Nekropolen in der Messara-Ebene
Besonders sehenswert: Kamilari

Grundriß der Grabanlagen von Platanos: In den beiden Rundgräbern fanden sich zahlreiche Siegel, Steingefäße und Schmuck, die vom Wohlstand der Messara-Bewohner im 3. Jt. v. Chr. zeugen.

Zwischen Pombia und **Platanos** liegt (direkt südlich der Straße) das mit 13 m Durchmesser und einer Wandstärke von 2,5 m größte der bisher entdeckten **frühminoischen Rundgräber:** ein, leider nur in seinen Grundmauern erhaltener, monumentaler Kuppelbau mit schmalem Eingang im Osten und davor mehreren, kleiner dimensionierten, rechteckigen Anbauten. Wie bei den meisten dieser Anlagen stand das Grab nicht isoliert, sondern war Teil einer kleinen Gruppe solcher Bauten: so auch im nahen **Apessokari** (s. Marginalie unten).

Noch weitaus beeindruckender ist das gut erhaltene Kuppelgrab südlich des Dorfes **Kamilari.** Man findet es von der Landstraße Richtung Tymbaki (Tibaki), von der 1 km außerhalb Kamilaris eine Nebenstraße in Richtung Metochi/Agios Ioannis abzweigt; nach wiederum 1 km folgen Hinweisschilder, die bis zur Ausgrabungsstätte führen. Der Grabbau steht an einem atmosphärisch ganz besonderen Platz, zu dem sich schon des Blicks wegen ein Spaziergang am späten Nachmittag oder kurz vor Sonnenuntergang lohnt: Man sieht von der 80 m hohen Hügelkuppe über die Messara auf den Bergrücken von Agia Triada und den Golf von Tymbaki.

Beim **Grab von Kamilari** sind die massiven Mauern bis zum Wölbungsansatz erhalten; die Kuppel war, darin den Hirten-Mitatos am Psiloritis vergleichbar, als ›falsches Gewölbe‹ konstruiert, wobei flach aufeinander gelegte Steine nach innen hin immer weiter vorkragen und im Kuppelscheitel von einer großen flachen Verschlußplatte überdeckt werden. Wie in Platanos und bei vielen anderen frühminoischen Tholos-Gräbern schließen sich an den monumentalen Rundbau im Eingangsbereich kleine, teils rechteckige, teils in der Form unregelmäßige Räume an. Auch der Komplex von Kamilari war Teil einer größeren Nekropole, die leider nicht von Archäologen freigelegt, sondern von Grabräubern, deren Spuren man überall im Gelände sieht, auf der Suche nach Schätzen für den Kunsthandel durchwühlt und geplündert wurde.

Es ist ein wahrhaft erstaunliches Bild, das sich aus diesen Bauten und den Spuren ihrer Nutzung ergibt. Mehr als anderthalb Jahrtausende, von etwa 3000 v. Chr. bis in spätminoische Zeit, wurden sie kontinuierlich als Grablege und Festplatz genutzt, Fokus des gesamten sozialen Lebens aber waren sie den Hirten und Bauern der ›Vorpalast-Zeit‹ des 3. Jt. v. Chr. Ganze Sippenverbände oder Clans mit bis zu Hunderten von Personen wurden in den großen Haupträumen in Pithoi und ›Larnakes‹ bestattet: nicht als Individuen, sondern als Verstorbenen-Gemeinschaft; bis zu 20 Leichname, den Kopf nach Osten gerichtet, konnte man sukzessive in eine solche Larnax pakken! Die reichen Beigaben – Amulette, Goldschmuck, Ton- und Steingefäße – wurden bezeichnenderweise häufig nicht in, sondern neben und unter den Larnakes, d. h. getrennt von den einzelnen Toten, deponiert. Das Ritual im Innern des Grabbaus war eher bescheiden und umfaßte nur eine kleine Zahl von Teilnehmern, wohl die engeren Familienangehörigen: Man trank auf das Wohl der Lebenden und Toten, wie die Vielzahl der auf dem Boden gefunde-

Bis in 2 m Wandhöhe erhalten ist ein frühminoisches Kuppelgrab mit Vorkammern oberhalb von Apessokari (500 m Landstraße Richtung Lendas, dann ausgeschilderter Fußweg, 5 Minuten).

Luftaufnahme der Grabanlage von Kamilari: Hunderte von hier gefundenen Gefäßen belegen als archäologische Überreste die Praxis des minoischen Trinkrituals, das vor allem in der Messara-Ebene als Teil der Bestattungsfeierlichkeiten praktiziert worden sein muß.

nen Kelche andeutet. Aber so wie der Übergang vom Leben zum Tod nicht als plötzlicher und einmaliger Akt, sondern als zyklischer Prozeß aufgefaßt wurde, so war auch der Grabkult mit dem beschriebenen Akt noch keineswegs beendet; die erstaunlichsten Handlungen sollten erst folgen: Man ließ die Toten nicht im Hauptraum ruhen, sondern überführte sie nach einer Weile in die Vorkammern. Nun nicht mehr nach Personen, sondern ›systematisch‹ geordnet – Schädel zu Schädel, Bein zu Bein –, wurden sie in einem Akt der Vergemeinschaftung in den Ossuarien neu versammelt. Ein anderer Brauch ging sogar so weit, die Knochen zu kleinsten Splittern zu zerbrechen, auf der Erde auszustreuen und dann die gänzlich entindividualisierte ›Masse‹ in die Vorkammern zu bringen. In diesem Zustand waren die Toten keine Bedrohung mehr für die Lebenden, mußten nicht mehr im verschlossenen Kuppelraum eingesperrt bleiben, sondern waren als Ahnengemeinschaft dem weiteren Kult zugänglich. All dies geschah mit einer Sorgfalt, die große Achtung vor den Toten verrät. In gewissen Abständen wurden die Kuppelhallen mit Feuer ausgeräuchert, wenn der nächsten Generation von Verstorbenen Platz gemacht werden mußte.

Bereits in frühminoischer Zeit wurde das Trinkritual ins Freie verlegt. Eine Vielzahl von Funden vor den Gräbern – darunter Idole

Minutiöse archäologische Untersuchungen, kombiniert mit ethnologischen und religionswissenschaftlichen Erkenntnissen, haben aus den Befunden der Gräber in der Messara-Ebene und in den Asteroussia-Bergen ein faszinierendes Bild der frühminoischen Gesellschaft entstehen lassen, das religiöse Riten sowie Vorstellungen von Leben und Tod ebenso einschließt wie Arbeit und Besitzverteilung und den täglichen Umgang der Menschen miteinander.

Ein, wenn auch aus spätminoischer Zeit stammendes, bewegendes Zeugnis gleichrangigen Miteinanders in Musik und Tanz bei der Totenverehrung ist ein in Kamilari gefundenes Ton-Votiv (AMI): Vier Männer fassen einander an den Schultern und tanzen einen Reigen in einem runden Gebäude oder auf einem runden Platz, der mit Kulthörnern geschmückt ist.

einer Vegetationsgöttin, aber auch Ton-Phalloi und Gefäße mit Brüsten – verraten, daß man sich hier regelmäßig versammelte, um Frühlings- und Erntefeste zu begehen, ja es scheint so, als habe sich die gesamte minoische Religion samt ihren Riten und sozialen Funktionen zunächst im Rahmen dieses Grabkults herausgebildet. Sogar die älteste Wiedergabe des Stierspiels in Form eines plastischen Ton-Rhytons (vgl. S. 53 und 105) fand sich in einem solchen Grab, und welchen Sinn hätte ein solches Votiv gehabt, wenn nicht auch Stierspringen und Stieropfer (letzteres zweifelsfrei nachgewiesen) an diesen Orten stattgefunden hätten? Solcher Aspekte einmal gewahr, stießen die Archäologen denn auch bei mehreren Gräbern auf gestampfte und sogar gepflasterte, mit Altären und Fruchtbehältnissen versehene Plätze für derartige Festversammlungen. Erst als die Palastzentren erbaut wurden und im 2. Jt. v. Chr. kultische und soziale Funktionen dieser uralten Grabrituale übernahmen, verloren diese Grabanlagen selbst an Bedeutung.

Antike Städte im Süden Zentralkretas

Die drei in Ruinen heute noch zu besichtigenden antiken Orte Mittelkretas Prinias, Gortyn und Lebena könnten nicht nur ihrer Lage nach kaum unterschiedlicher sein, auch historisch weisen sie differenzierte Funktionen und ungleichen politischen Status auf. *Prinias,* wohl auf das 10. Jh. v. Chr. zurückgehend, ist offenbar die älteste der Siedlungen: wie ein Adlerhorst in luftiger Höhe thront die Siedlung auf einem steilen Berg und ist bereits durch diese herausgehobene Position mit atemberaubender Fernsicht, jedoch in gehörigem Abstand zum Meer, als typische dorische Stadtanlage identifizierbar.

Auch bei dem 20 km weiter südlich gelegenen *Gortyn* handelt es sich um eine dorische Gründung, möglicherweise aber erst des 8. Jh. v. Chr. Für eine dorische Siedlung ist Gortyns Lage recht untypisch, denn die Stadt besaß zwar eine befestigte Akropolis, liegt aber nicht auf einem hohen Berg, sondern am Rand der weiten, fruchtbaren Messara-Ebene. Dennoch war es nicht Prinias, sondern Gortyn, das sich bereits im 7. Jh. v. Chr. zur beherrschenden Stadt Südkretas entwickelte und diese Vormachtstellung während der gesamten Antike bis zur Eroberung Kretas durch die Araber im 9. Jh. behielt, während Prinias wahrscheinlich schon in archaischer Zeit seine Selbständigkeit einbüßte und zu einer Art Dependance der mächtigeren Nachbarstadt wurde.

Der Küstenort *Lebena* (das heutige Lendas) besaß trotz seines überregional bekannten Asklepios-Heiligtums keine politische Selbständigkeit; Lebena fungierte neben Matala als Hafen des in römischer Zeit zur Inselhauptstadt avancierten Gortyn.

Prinias

Antike Städte im Süden Zentralkretas
Besonders sehenswert:
Gortyn ☆☆
Lebena (Lendas)
Matala

1906 entdeckte der italienische Archäologe Luigi Pernier auf einem Tafelberg oberhalb des Dorfs Prinias an den Ostausläufern des Psiloritis eine frühgriechische Siedlung mit zwei Tempelanlagen des 7. Jh. v. Chr., die, zusammen mit dem Tempel von Dreros, zu den frühesten griechischen Steintempeln gehören. Beide Tempel weisen die für kretisch-dorische Tempel charakteristische Form auf: einfache Rechteckbauten ohne Außensäulenstellung, dafür aber mit einem Herd bzw. Brandopferaltar und einer Wandbank im Innern. Bei den kretisch-dorischen Tempeln handelt es sich nicht wie bei griechischen Tempeln üblich um ausschließliche Aufbewahrungsorte für ein Kultbild und für Weihgeschenke, sondern um kultische Versammlungshäuser.

Von **Tempel A** (dem nördlichen der beiden), dessen einstiges Aufrißdesign im einzelnen bis heute umstritten ist, stammt die früheste erhaltene griechische Bauplastik (vgl. S. 58): Die im Archäologischen Museum von Iraklion ausgestellten ›dädalischen‹ Tierfriese schmückten neben thronenden und stehenden Göttinnen den Türsturz (s. Abb. unten). Die größerformatigen Relieffriese mit Darstellungen von Tieren und Mischwesen sowie bewaffneten Reitern waren wahrscheinlich als Orthostatenreihe an der Sockelzone des Baus angebracht. Unmittelbar neben Tempel A liegen die Grundmauern des noch etwas älteren, wohl aus dem Beginn des 7. Jh. stammenden **Tempels B;** seine Grundform gleicht der von A, nur besitzt er zusätzlich eine Rückhalle sowie im Innern ein *Libationsbecken* für flüssige Spenden. Prinias war, wie die hier gefundene Keramik aufweist, seit dem Ende der minoisch-mykenischen Epoche bewohnt, und an minoische Kulttradition knüpft die Gestaltung der Eingangsbereiche ebenso wie die Bank im Innern der beiden Tempel an, während die

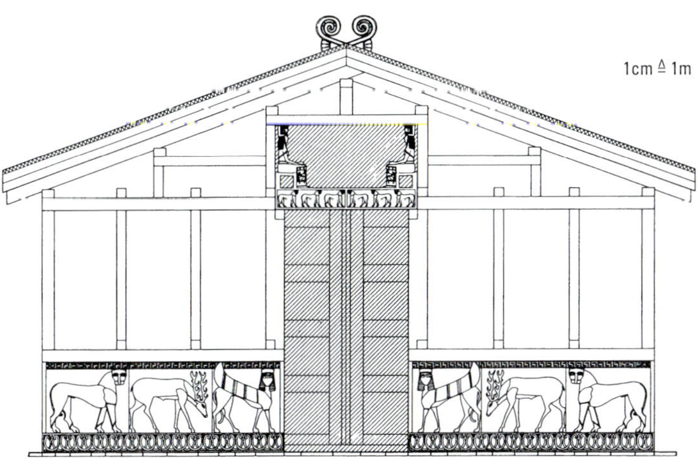

Hypothetische Rekonstruktion des Tempels von Prinias mit seinem Skulpturenschmuck aus dem 7. Jh. v. Chr. Weitere Friese mit bewaffneten Reitern schmückten die Seiten des Baus (heute zu sehen im AMI von Iraklion, s. S. 102).

übrige Raumanordnung mit dem Herd im Zentrum an mykenische Megaronbauten, wie man sie sowohl aus Kreta als auch vom griechischen Festland her kennt, erinnert. Die im Süden und Westen von einer **hellenistischen Quadermauer** geschützte Siedlung wird seit einigen Jahren von Archäologen der Universität Catania (Sizilien) erforscht und teilweise freigelegt.

Man erreicht die Ausgrabung auf einem Fahrweg, der von der Landstraße bis zu einem Parkplatz unterhalb des Plateaus führt. Das eingezäunte Grabungsareal wird im Sommer von einem Wächter geöffnet. Ca. 500 m nördlich des Felsplateaus sieht man neben der Straße zwei **hellenistische Felsgräber** mit in den Stein gehauenen Bänken vor den Eingängen sowie *Arkosol-Nischen* mit steinernen Klinen im Innern; kleine Nischen an den Wänden dienten zur Aufstellung von Votivgaben, während die Toten in kistenförmigen Schächten im Boden bestattet waren.

Gortyn – antike Hauptstadt Kretas

Keine andere Stadt Kretas hat in der Antike eine so große politische und kulturelle Bedeutung erlangt, keine andere so viele Baudenkmäler und sonstige archäologische Zeugnisse hinterlassen wie Gortyn. An der antiken und modernen Hauptstraße von Iraklion zur Südküste, zugleich am Rand der Messara, der größten fruchtbaren Anbaufläche Kretas gelegen, war der Platz vom 8. Jh. v. Chr. bis zum 9. Jh. n. Chr., d. h. mehr als anderthalb Jahrtausende lang kontinuierlich besiedelt. Schon im 7. Jh. v. Chr. entwickelte sich Gortyn zu einer der mächtigsten Städte der Insel. In hellenistischer Zeit rivalisierte es nicht nur mit Knossos und eroberte die Häfen Lebena und Matala, sondern betrieb auch eine eigenständige Außenpolitik, die schließlich in eine Unterstützung der Römer bei ihrer Eroberung Kretas 68–66 v. Chr. mündete. Die Folge: Während andere Orte wie z. B. Knossos damals zerstört und geplündert wurden, verschonte der römische Feldherr Caecilius Metellus Gortyn, ja ließ es sogar zur Hauptstadt der neuen römischen Provinz *Creta,* bald darauf der zusammengefaßten Großprovinz *Creta et Cyrenaica* (Libyen) ausbauen. In römischer Zeit war Gortyn nicht nur administratives Zentrum der Insel, sondern besaß auch eine eminent wirtschaftliche Bedeutung, denn die Messara war eine der wichtigsten Kornkammern Roms während der gesamten Kaiserzeit. 46 n. Chr. von einem Erdbeben teilweise zerstört, wurde die Metropole sogleich noch prächtiger wieder aufgebaut. Im Jahr 59 besuchte der Apostel Paulus Gortyn und ließ seinen Gefährten Titus als Bischof der jungen Gemeinde zurück (Apostelgeschichte 27,7 und Titusbrief); Gortyn wurde in der Folgezeit zum Zentrum der Christianisierung Kretas. Unter dem Soldatenkaiser Decius wurden 250 n. Chr. wegen Verweigerung des offiziellen Kaiseropfers 10 Bischöfe – die späteren *Agii Deka,* »die Heiligen Zehn« – in Gortyn hingerichtet und am Stadtrand im Gebiet des heutigen Dorfs Agii Deka bestattet. An die 300 000 Einwohner dürfte die sich in der Ebene weit ausdehnende Stadt in jenen Jahrhunderten gehabt haben, und diesen Weltstadtcharakter behielt der Platz – im Gegensatz zu vielen anderen antiken Städten – auch im frühen Mittelalter bei, bis 824 arabische Sarazenen Kreta eroberten. Gortyn wurde damals offenbar gänzlich entvölkert und danach nicht wieder besiedelt.

Rundgang

Die am Rand der Ebene verlaufende Landstraße Iraklion/Mires teilt das Ruinenfeld in zwei Bereiche: die Akropolis sowie das darunter liegende bewachte Areal (8–16 Uhr) im Norden und die in der olivenbestandenen Ebene verstreuten Ruinen im Süden, deren wichtigste durch gepflasterte Fußwege von der Straße aus zugänglich und jederzeit zu besichtigen sind.

Die **Akropolis** lieferte die ältesten Funde: Neben einem riesigen römischen Gebäude (Zisterne?) und den Resten einer frühchristlichen Kirche fanden sich die Grundmauern eines säulenlosen, im Grundriß quadratischen **Tempels** (1) von 13 m Seitenlänge aus der 1. Hälfte des 7. Jh. v. Chr. sowie ein zugehöriger **Opferaltar** und eine große **Opfergrube.** Zahlreiche bei Tempel und Altar gefundene Votivstatuetten weisen darauf hin, daß das Heiligtum ursprünglich einer nackt dargestellten weiblichen Gottheit – oder auch einer Trias solcher Göttinnen – geweiht war, während in späteren Jahrhunderten Athena Poliouchos hier verehrt wurde. Auch Großplastik des 7. vorchristlichen Jh. wurde hier gefunden: eine weibliche Sitzstatue mit reich verziertem Gewand und – wohl die Sockelzone des Tempels schmückend – metopenartige Reliefplatten mit Darstellungen jener nackten Göttin (AMI). Am Hang der von einer römischen und byzantinischen Befestigungsmauer umgebenen Akropolis erkennt man noch die Reste eines großen späthellenistischen oder römischen **Theaters** (2).

Zu Füßen der Akropolis lag in der archaischen und klassischen Epoche die **Agora** der Stadt. Zu deren Bebauung dürfte ein – heute nicht mehr erhaltener – halbrunder Bau gehört haben, an dessen konkaver Rückwand die ins mittlere 5. Jh. datierende einzigartige Inschrift mit dem berühmten *Rechtskodex von Gortyn* eingemeißelt war. Jenes alte, der Bürgerversammlung dienende Gebäude verschwand, die konkaven Blöcke mit der Inschrift aber wurden im 1. Jh. v. Chr. in ein **Odeion** (3), d. h. einen Saal für musikalische Aufführungen verbaut, der – um 100 n. Chr. noch einmal erneuert – sich samt Sitzreihen, Bühnengebäude und farbigem Plattenbelag der Orchestra weitgehend erhalten hat und von den Ausgräbern sorgfältig konserviert und teilweise rekonstruiert wurde. In den Trümmern herumliegende *spätantike Togastatuen* zeigen, daß diese römische Anlage bis mindestens ins 4. Jh. hinein in Funktion blieb.

Grundsätzlich sind antike Ruinenstätten für den modernen Betrachter Symbole eines beharrlichen, jedoch am Ende vergeblichen Widerstands gegen die Zeit. Kaum irgendwo aber schlägt das Pendel so sehr zu Vergehen, ja zu Auslöschung hin, kaum irgendwo wird Vergänglichkeit so erlebbar wie beim Betrachten und Durchwandern dieser Stadt. Lange müssen die von Erdbeben in Mitleidenschaft gezogenen und halb eingestürzten Gebäude der totalen Vernichtung getrotzt haben; selbst die jahrhundertelange Ausschlachtung der Bauten als Steinbruch konnte derart monumentale Strukturen nicht völlig zum Verschwinden bringen. Schließlich aber waren auch diese Ruinen nichts weiter als lästige Stein- und Ziegelmasse für die Olivenbauern, die für die gründlichste Zerstörung sorgten, indem sie Steine, Ziegel und Zementbrocken neu ordneten: zu anbaufähigen Flächen samt eingestreuten Mauern und Materialhaufen.

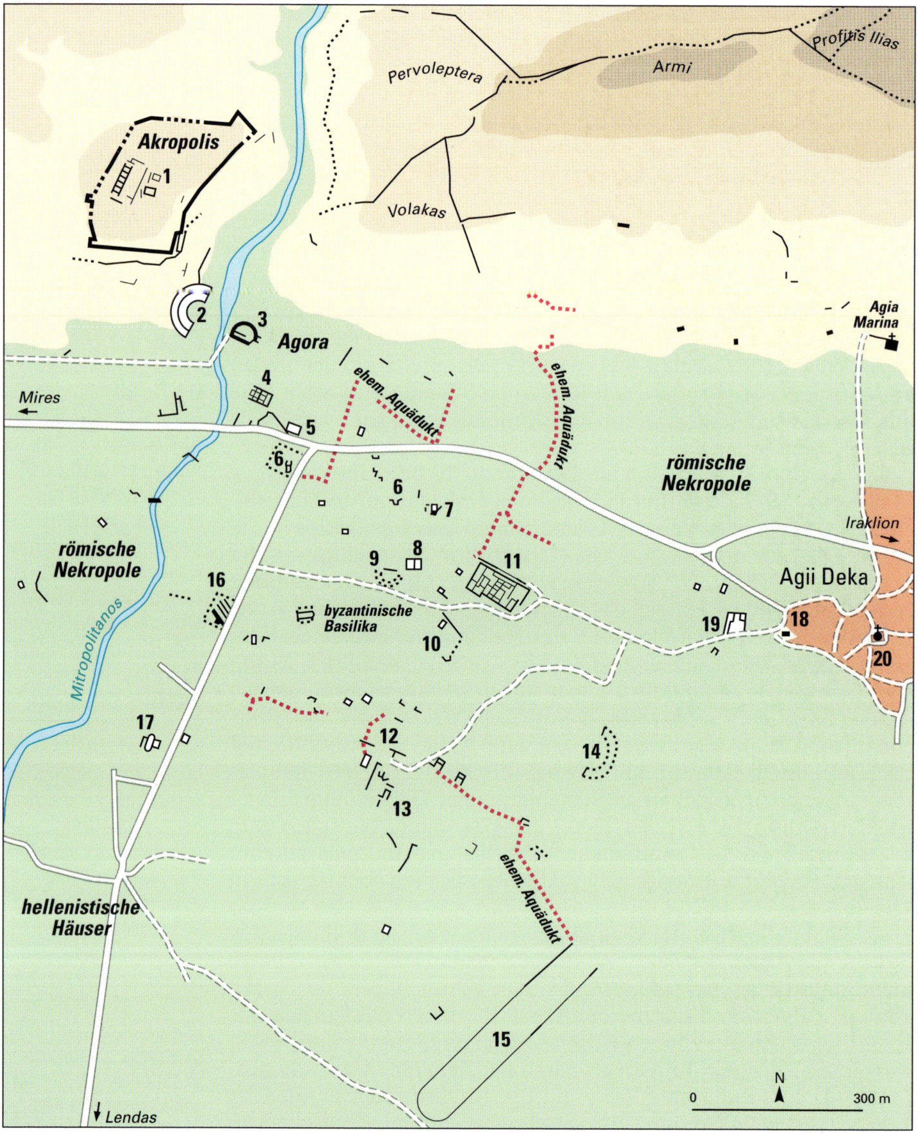

Das antike und frühbyzantinische Gortyn 1 Tempel auf der Akropolis 2 Hellenistisch-römisches Theater 3 Odeion mit Inschrift des Rechtskodex von Gortyn 4 Titus-Basilika 5 Museum 6 Römische Thermen 7 Isis- und Serapis-Heiligtum 8 Tempel des Apollo Pythios 9 Römisches Theater 10 Nymphäum 11 Prätorium 12 Nymphäum 13 Römische Thermen 14 Amphitheater (?) 15 Zirkus 16 Spätantike Basilika 17 Dreikonchenbau 18 Memorialkirche Agii Deka 19 Fundmagazin 20 Ortskirche von Agii Deka

Das **Stadtrecht von Gortyn** ist der einzige komplett überlieferte juristische Kodex aus der griechischen Antike. Die auf 42 Quader zu je 12 Kolumnen à 52 Zeilen gemeißelte, in altertümlichem Dorisch verfaßte Inschrift muß *boustrophedon*, d. h. »wie der Ochse pflügt«, gelesen werden: von rechts nach links, dann die nächste Zeile von links nach rechts, usw. Nicht systematisch, sondern nach verwandten Situationen geordnet, regelt das offenbar aus älteren Zeiten stammende Recht das Zusammenleben der Stadtbewohner: das der männlichen Vollbürger ebenso wie das der Frauen und Sklaven. Breiten Raum nehmen privatrechtliche Fragen wie Vermögensangelegenheiten, Erbschaft, Ehe und Scheidung ein: »Wenn ein Sklave zu einer Freien zieht und sie heiratet, sind die Kinder Freie, wenn umgekehrt eine Freie zu einem Sklaven zieht, sollen die Kinder Sklaven sein; bei Geburt freier und unfreier Kinder von derselben Mutter sollen nur die freien Kinder die Mutter beerben ...«. In diesem Zusammenhang wird auch die Sühnung aller möglichen Vergehen bis ins einzelne geregelt; so sind z. B. bei Vergewaltigung einer freien Person durch einen Freien 1200 Obolen Strafe vorgesehen, ist der Täter aber ein Sklave, 2400 Obolen; vergewaltigt ein freier Bürger einen Sklaven, muß er nur 30, vergewaltigt ein Sklave einen anderen Sklaven, muß er dagegen das Doppelte entrichten. Analog sind die Geldstrafen für Ehebruch festgelegt. Bei aller offensichtlichen Ungleichheit dieses patriarchalischen und standesbezogenen Rechts bleibt doch auffällig, daß im Vergleich etwa zu Athen und vielen anderen griechischen Stadtstaaten in dieser dorisch geprägten Gemeinschaft Frauen und auch Sklaven Rechte besaßen, die ihnen anderswo verwehrt waren.

Die politische Macht lag nicht bei der Bürgerversammlung, sondern bei einem Gremium von 10 gewählten »kosmoi«, die einem Ältestenrat Rechenschaft abzulegen hatten, während ein ebenfalls erwähnter ›Rat der Jungen‹ machtpolitisch offenbar nur wenig zu sagen hatte.

Am Südende der einstigen Agora erheben sich die immer noch mächtigen Ruinen der in mehreren Bauphasen zwischen dem 6. und 8. Jh. errichteten **Titus-Basilika** (4). Die Schädelreliquie des 105 in

Das für die Kenntnis antiker Rechtsgeschichte so bedeutsame Stadtrecht von Gortyn ist eine in das Odeion verbaute Inschrift des 5. Jh. v. Chr.

Im Grund- und Aufriß (s. Abb. S. 60) bildet Agios Titos, der Hagia Sophia in Konstantinopel und Bauten Kleinasiens und Syriens folgend, eine raffinierte Verquickung von Zentral- und Längsbau: Der Apsisbereich besitzt, analog zur Sophienkirche in Konstantinopel, die Form eines Trikonchos, während die Gestaltung des tonnengedeckten und im Zentrum von einer Kuppel überwölbten, doppelgeschossigen Schiffs z. B. an die Basilika B von Philippi (Ostmakedonien), die Sophien-Kirche in Thessaloniki sowie an Bauten in Syrien erinnert: Ausdruck vielfältiger und reger Beziehungen der östlichen Reichsprovinzen untereinander und zur Metropole Konstantinopel in jener Zeit.

Gortyn enthaupteten Heiligen soll einst in dieser Kirche aufbewahrt, dann aber 1669 von den Venezianern geraubt und nach San Marco in Venedig gebracht worden sein, von wo sie 1966 in feierlichem Geleitzug an Kreta zurückgegeben wurde und seitdem in der Titus-Kirche von Iraklion ruht.

In voller Höhe erhalten hat sich nur der *Apsisbereich im Osten*, doch auch von der Großartigkeit des restlichen Baus läßt sich aufgrund der noch sichtbaren Architekturteile ein deutliches Bild gewinnen. Für griechische Kirchenbaukunst erstaunlich ist die *Quadertechnik*, in der der monumentale Bau errichtet wurde, wobei Packstein- und Ziegelfüllungen nur im Innern der Pfeilermassive Verwendung fanden. Wie Dübel- und Klammerlöcher zeigen, wurden zwar zu einem erheblichen Teil Blöcke antiker Bauten wiederverwendet, doch genügt dies nicht als Erklärung dieser besonderen Technik gerade im Gewölbebau. Vielmehr zeigen die reich gegliederten Konsolen unter den Apsiden, die sorgfältig geschnittenen Keilsteine und Entlastungsbögen eine Orientierung an Architekturen, wie man sie von Syrien und Armenien her kennt. Exzeptionell und an vergleichbaren Architekturen nicht wiederzufinden sind die vom Schiff seitlich nach Süden und Norden vorspringenden *Apsiden*. Wie die neben der Hauptapsis über den Gewölberand hinaus hochgezogenen Mauern mit ihrem Abschlußgesims verraten, war das Tonnengewölbe mindestens in diesem Bereich von außen nicht sichtbar, sondern von einem Flachdach überdeckt; ähnliches kann man sich für das Kirchenschiff vorstellen. So mag der Bau von außen wie eine flachgedeckte Basilika gewirkt und erst beim Eintreten seine überlegene Gewölbetechnik offenbart haben. Teile der reich ornamentierten vielfarbigen Innenausstattung, namentlich des Bemas, haben sich erhalten, ebenso *Monolithsäulen des Narthex* und die Pflasterung des Atriums. Wie eine Vielzahl von Bodengräbern, aber auch im Raum aufgestellte *Steinsarkophage* deutlich machen, wurde die Kirche von Beginn an als Grablege benutzt.

Ebenfalls im bewachten Bezirk befindet sich ein kleines **Museum** (5) dessen einziger Raum aus einer vergitterten Halle besteht, an deren Rückwand – unzugänglich, aber wenigstens sichtbar – römische Marmorstatuen von herausragender Qualität aufgestellt sind: an hellenistischen Vorbildern orientierte Figuren, vor allem von Priesterinnen des Isis-Heiligtums. Vor dem Museum thront unter einem Baum die weit überlebensgroße *Sitzstatue* eines bärtigen Mannes in der Pose des Philosophen: Das Ehrenbildnis stellt jedoch nicht einen Intellektuellen dar, sondern Kaiser Antoninus Pius (reg. 138–161).

Die als Ruinen noch sehenswerten römischen Baudenkmäler in der Ebene sind auf einem kurzen Spaziergang leicht erreichbar. Das mit einer kleinen Krypta versehene **Isis- und Serapis-Heiligtum** (7) entstand in hellenistischer Zeit und wurde in seiner vorliegenden Form um 100 n. Chr. neu gestaltet.

Sehr viel eindrucksvoller ist die Ruine des **Tempels für Apollo Pythios** (8) mit einem große **Stufenaltar** davor: Im 7. Jh. v. Chr. als schlichter Rechteckbau konzipiert, dann im Hellenismus um eine Vorhalle mit dorischen Halbsäulen erweitert, wurde der Bau in römischer Zeit durch die Anlage eines zentralen Prozessionswegs sowie der Installierung monolither Säulen im Innern und der Anfügung einer großen *Ziegelapsis* als Kultnische im Osten zur monumentalen Anlage ausgestaltet. Ein im Nordosten angrenzender gewaltiger **Theaterbau** (9) ist nur noch als Hügel im Gelände und durch einzelne Brocken seiner Zement- und Ziegelmauern erkennbar; von der Hügelspitze blickt man auf die olivenbestandene Ebene im Süden, aus der Bautrümmer von **Thermen** (13), **Nymphäen** (10/12), **Aquädukten,** einem **Zirkus** (15) und weiteren öffentlichen Bauten der Stadt fast trotzig emporragen.

Der grandioseste Baukomplex von Gortyn war das **Prätorium** (11), die fast zur Stadt in der Stadt ausgebaute Palastanlage des römischen Provinzgouverneurs. Mit seinen meterhoch anstehenden Ziegel- und Gußmauerwänden, seinem Gewirr von Wasserleitungen und Heizungsrohren, den farbigen Böden und Wandverkleidungen aus Marmor und der Fülle an glatten und kanellierten, teilweise auch schraubenförmig geriffelten Säulen vermittelt der Komplex noch als Trümmerfeld einen anschaulichen Eindruck einstiger Pracht. Man erkennt im Süden einen offenen Platz mit Statuenbasen, dann vier parallele Thermentrakte – das Caldarium mit Apsis – und schließlich, ganz im Norden, einen Tempel für den Kaiserkult mit monumentalem Atrium davor. Nachträgliche Zumauerungen von Eingängen und das Aufteilen der großen Baustrukturen des 1.–4. Jh. n. Chr. zu kleineren Räumlichkeiten verraten eine bescheidenere Nutzung der Anlage während der folgenden Epoche. Der eingezäunte Bezirk ist leider nur von außen einzusehen; von den italienischen Ausgräbern im Gelände aufgestellte Pläne erleichtern dabei die Orientierung.

Im Prätorium von Gortyn

Die nach Süden abzweigende Straße nach Lendas durchschneidet die Grundmauern einer drei-, möglicherweise sogar fünfschiffigen **spätantiken Basilika** (16) von außerordentlichen Dimensionen. Monolithe Granitsäulen trugen die Mauern des Mittelschiffs dieses in mehreren Phasen errichteten Baus. Auch *Teile des Bemas* haben sich gut erhalten. Noch weiter südlich sieht man rechts der Straße die spärlichen Ruinen einer ebenfalls monumentalen **Dreikonchenanlage** (17) des 6. Jh. mit Mosaikböden.

Der an das antike Gortyn im Osten angrenzende moderne Ort **Agii Deka** besitzt noch einige Häuser und Brunnen aus venezianischer und türkischer Zeit, ist aber ansonsten ein ödes Landstraßendorf. Die Kirche im Zentrum birgt innen monolithe Granitsäulen, die hier einfach auf den Kopf gestellt und deren Basen auf diese Weise zu Kapitellen umfunktioniert worden sind; sie stammen unverkennbar von einem der öffentlichen Bauten des antiken Gortyn. Am Südrand des Orts steht die **Memorialkirche** (18) für die heiligen zehn Märtyrer; in einer Gruft unter diesem Betonbau des 20. Jh. werden die Gräber (man sieht sechs identische, in den Stein eingetiefte leere Gräber, die übrigen sind überbaut) der Agii Deka gezeigt. Einige Schritte von die-

Mosaik aus weißen und blauschwarzen Steinen mit Darstellung eines Hippokampen im Asklepieion von Lendas; die Mähne des Seemonsters besteht aus Ziegelstücken, 2. Hälfte des 3. Jh. v. Chr.

Tip:
Bereits die Fahrt nach Lendas ist ein Erlebnis eigener Art: Zu Füßen der Asteroussia-Berge erstreckt sich die von Olivenbäumen silbergrün schimmernde Messara-Ebene nach Westen bis zum Golf von Tymbaki, während im Norden das Psiloritis-Massiv die Aussicht wie eine bildhafte Kulisse begrenzt. Hat man die kahle Asteroussia-Kette überquert, liegt tief unten die einsame Steilküste mit ihren von Felsen gerahmten Kies- und Sandbuchten. Das Wasser ist hier glasklar, Höhlen in den Kliffs spenden Schatten: ein schöner Platz für stille Ferientage.

ser Kirche entfernt befindet sich ein großes **Magazin** (19), das eine Fülle von Fundmaterial aus Gortyn enthält (Säulen, Kapitelle und reliefierte Friese von Bauten, Grabreliefs, Sarkophage, Inschriften und Keramik); es ist jedoch seit Jahrzehnten für den Publikumsverkehr geschlossen, obwohl viele Besucher interessiert anklopfen: eine Deponie von Antiken!

Nordwestlich des Orts, von der Landstraße ausgeschildert, findet man das einschiffige Kirchlein **Agia Marina** (20), ein möglicherweise aus dem 11. Jh. stammender und in venezianischer Zeit neu überwölbter Bau mit Arkadengliederung der Innenwände.

Lebena, Kali Limenes, Matala und Agia Galini

Lendas ist trotz traumhafter Kulisse und idealer Bademöglichkeiten in der Umgebung ein relativ stiller Ort geblieben. Das antike *Lebena* war ein Kur- und Pilgerort, zu dem die meisten Besucher sicher nicht auf dem Landweg über die Berge, sondern mit dem Schiff anreisten. Antike Unterkünfte für die Gäste, in langer Reihe wie eine Feriensiedlung angeordnet, sind in Spuren westlich des modernen Orts noch erkennbar.

Das **Asklepios-Heiligtum** mit seiner berühmten medizinischen Quelle erstreckt sich über mehrere Terrassen am Hang. Von der ursprünglichen Anlage des 4. Jh. v. Chr. haben sich nur einzelne, später in anderen Bauten wiederverwendete Blöcke erhalten. Die heute sichtbaren Baustrukturen, vor allem ein mit seinen Ziegelwänden in den Hang hineingebauter Tempel mit Monolithsäulen im Innern und einem bankartigen *Postament für Kultstatuen* an seiner Rückseite, stammen aus dem 2. Jh. n. Chr. In einer Stoa neben dem Tempel aber hat sich, über einer brunnenartigen Grube für Votivgaben, ein *Fußbodenmosaik* aus Kieseln und Tessara-Steinen des 3. Jh. v. Chr. erhalten; die noch vorhandene, von einem Wellenband und Palmetten gerahmte Fläche zeigt einen Hippokampen.

Östlich der in einem kleinen Taleinschnitt gelegenen Quelle entdeckt man auf einem künstlichen Plateau die Grundmauern und Säulen einer dreischiffigen **Basilika des 5./6. Jh.,** deren Hauptapsis und östliche Hälfte des Mittelschiffs von einer kleinen neuzeitlichen Kapelle überbaut sind. Im Küstengebiet zu beiden Seiten von Lendas wurden minoische Grabanlagen entdeckt, die denen von Platanos und Kamilari ähneln.

Weitere antike Hafenorte in diesem Küstenabschnitt waren Kali Limenes, Matala und Agia Galini. Die einsame Bucht von **Kali Limenes,** in der Paulus auf seiner Rom-Reise zwischenlandete, bietet heute ein Bild wie aus einem Science Fiction-Film: am Ufer unter Tamarisken ein paar Häuser und eine stille Taverne, draußen auf dem Meer aber ein Eiland, von dem sich – in der Sonne, vor allem aber nachts bei Mondlicht gespensterhaft schimmernd – riesige Treibstofftanks emporrecken. Man glaubt, Ufos landen oder wenigstens James Bond für eine Spezialaktion einem U-Boot entsteigen zu sehen. Relikte der antiken Siedlung **Lasaia** erstrecken sich 1 km östlich am Steilhang bis herunter zum Meer (zur Kirche Panagia Gorgoepikoos oberhalb von Kali Limenes s. S. 189).

Einen nicht weniger günstigen Naturhafen für die antike Seefahrt bot die Sandbucht von **Matala** mit ihrer von Höhlen durchzogenen Felswand im Norden. In klassischer Zeit war Matala Hafen von Festos, seit 220 v. Chr. von Gortyn. In Matala landete 824 die arabische Flotte unter Abu Hafs Omar und eroberte von hier aus die restliche Insel. Griechische Ausgrabungen haben am östlichen Ortsrand einen Teil der hellenistischen und römischen Siedlung freigelegt; das Areal ist für Besucher aber unübersichtlich und wenig informativ.

Wie Matala war auch **Agia Galini** in der Antike keine politisch eigenständige Stadt, sondern fungierte als Hafen für die Orte im Amari-Tal. Die im 19. Jh. gefundenen, spärlichen und heute kaum mehr zu erkennenden antiken Baureste stammen aus der römischen Kaiserzeit. Malerisch am Hang gelegen, hat der Ort seit Jahrzehnten Touristen angezogen und ist mit seinen Restaurants, Diskos, Souvenirshops und Unterkunftsmöglichkeiten mittlerweile einer der überlaufensten Treffpunkte Südkretas geworden. Der Badestrand im Osten des Orts verlockt freilich zu einem kurzen Aufenthalt.

Die Felsenhöhlen in der Bucht von Matala wurden in römischer und frühchristlicher Zeit zu Grabstätten ausgebaut und mit Arkosol-Nischen und mit Steinbänken versehen.

Der Süden Mittelkretas vom Ida-Gebirge bis zu den Asteroussia-Bergen: Messara-Ebene und Amari-Tal

Iraklion
Krousonas
Agios Mironas
Dafnes
Skinakas
1752 m
Koudouni
1860 m
Kato Assites
Venerato
Rouvas-Schlucht
Rizinia
Agios
kolaos
Agios
Efthimios
Prinias
Agios Thomas
Agia Varvara
Gergeri
Megali Vryssi
Ano Zaros
Apomarma
Oxi Kefala
807 m
Larani
Vourvoulitis-
Paß
Moroni
Valis
Gortyn
Agii Deka
Gangales
appariani
Assimi
Loures
e s s a r a - E b e n e
Geropotamos
Platanos
Platanos
Pyrgos
Charakas
Pyrgos
Vagionia
Sternes
Apessokari
Vassiliki
Stavies
Apezanon
Miamou
Kofinas
1231 m
roussia-Gebirge
Lendas
Lebena
h e s M e e r

Byzantinische Dorfkirchen und Klöster in der Messara-Ebene und in den Asteroussia-Bergen

Kirchen in der Messara-Ebene und in den Asteroussia-Bergen
Besonders sehenswert: Moni Odigitria

Klöster und Kapellen wurden in der byzantinisch-venezianischen Epoche bevorzugt in entlegenen Bergregionen gestiftet. Im Süden Zentralkretas konzentrieren sich Stiftungen vor allem im Amari-Tal an der Südflanke des Psiloritis, während in der fruchtbaren Messara-Ebene und den küstennahen Asteroussia-Bergen nur wenige solcher Kirchen zu finden sind. Zwei Kapellen liegen im Gebiet von Festos/Agia Triada: die eine unmittelbar im Grabungsbezirk von Agia Triada (s. S. 170), die andere in der Ebene zu Füßen von Festos, 500 m südlich der kleinen Ortschaft Agios Ioannis.

In seinem ältesten Teil geht der heute als Ruine offene Bau von **Agios Pavlos bei Agios Ioannis** möglicherweise auf das 7. oder 8. Jh. zurück. Ein baldachinartiger kleiner Kuppelbau – ursprünglich vielleicht Taufkapelle – wurde im frühen 14. Jh. an den Seiten zugemauert und als Altarraum eines neu davorgesetzen, ebenfalls überkuppelten Zentralraums benutzt; der gemalten Stifterinschrift zufolge wurde dieser Trakt 1303/04 unter Kaiser Andronikos II. Palaiologos und seiner Frau Irene gestiftet. In späterer Zeit erhielt die Kirche einen offenen Exonarthex. *Fresken* mit Darstellungen der Muttergottes im Altarraum sowie der vier Evangelisten in den Pendentifs unter dem Tambour sind erhalten.

Der Evangelist Lukas, Fresko des frühen 14. Jh. in der Kirche Agios Pavlos bei Agios Ioannis

Die von einem wuchtigen Wehrturm bewachte Klosteranlage **Odigitria** liegt malerisch in einem weiten Hochtal am Westende der Asteroussia-Berge (am besten zu erreichen von Sivas über Listaros). Nur ein einziger Mönch lebt noch in dem großen Kloster, fast wie der Wächter einer antiken Ruinenstätte, und tatsächlich erwartet den Besucher hier eine Archäologie besonderer Art: Als ob die Mönche und ihre Knechte nach einem Erdbeben oder einer anderen Katastrophe das Kloster gerade erst verlassen hätten, liegen die Wirtschaftsräume mit allem Zubehör da. Riesige *Ton-Pithoi* stehen wie in den Magazinen der kretischen Paläste aufgereiht. Neben dem venezianischen Backofen hängt noch archaisch anmutendes *Haushaltsgerät* an der Wand. *Trauben- und Olivenpressen* sowie eine große *Kornmühle* aus dem 19. Jh. stehen an ihrem angestammten Platz, der erst jetzt wieder aufgeräumt und langsam zum ›Museum‹ hergerichtet wird.

Von Moni Odigitria gelangt man auf zwei ausgeschilderten Fahrwegen zum Kephali-Felsen oberhalb vom Kap Lithino und zur wildromantischen Marzalo-Schlucht, die zu einer einsamen Bucht am Libyschen Meer herunterführt (Fußpfad).

Von der Plattform des **Wehrturms** blickt man über die Klostergebäude hinweg auf die von Olivenbäumen bestandenen Berghänge. Die über Treppen und Leitern zugänglichen Flachdächer, die dem Ganzen den Eindruck einer arabischen oder afrikanischen Siedlung verleihen, waren Teil der Nutzfläche; hier konnte man kühl schlafen, tags aber auch Trauben dörren oder Wäsche bleichen. Auch im Winter war ein gewisser Komfort gegeben: Manche Räume waren beheizt,

Moni Odigitria, Blick vom Wehrturm über die Klosteranlage

wie die charakteristischen Schornsteine mit ihrer Dachbekrönung aus Feldsteinen zeigen. Die zweischiffige **Kirche** des 1618 gegründeten und in der Folgezeit mehrfach erneuerten Klosters birgt wertvolle *Ikonen,* die unter den unzureichenden Lichtverhältnissen jedoch kaum zu sehen sind. In geringer Entfernung vom Kloster wurde eine große minoische Grabanlage, ähnlich denen von Platanos und Kamilari, entdeckt; der Platz ist aber im Dickicht nur mit einheimischer Hilfe zu finden.

Mehr eine Sache für Spezialisten sind die nur dürftig erhaltenen *Fresken* im Südschiff der Zweiraumkapelle **Agios Georgios und Konstantinos** in **Pyrgos** am Ostrand der Messara-Ebene (Schlüssel im Nachbarhaus). Die durch eine Inschrift in die Jahre 1314/15 datierten Malereien thematisieren u. a. die Vita des Kaisers Konstantin (darunter die Schlacht an der Milvischen Brücke im Jahr 312): wahrscheinlich Ausdruck eines Strebens nach teilweiser Unabhängigkeit gegenüber Venedig und einer – historisch damals allerdings schon fast nostalgischen – Orientierung an Konstantinopel und seinem Patriarchat.

Hoch in den Bergen über Kali Limenes steht das hübsche freskengeschmückte Kirchlein Panagia Gorgoepikoos aus dem 14. Jh. (dorthin führt ein ausgeschilderter Fahrweg, der von der Strecke Kali Limenes – Pombia abzweigt).

Einblicke in Arbeit und Alltag auf Kreta – das Ethnographische Museum von Vori

Ethnographisches Museum in Vori* ☆ *Das kleine Museum dokumentiert in ästhetisch wie didaktisch hervorragender Weise traditionelle Lebens- und Arbeitsformen auf Kreta.

In den Jahren 1977–82 auf private Initiative begonnen, hat das »Ethnographische Museum Kretas« mittlerweile weltweit Anerkennung gefunden. Durch die Kombination originaler Artefakte mit modellhaften Rekonstruktionen, Fotos von Herstellung und Gebrauch der Objekte und schließlich sorgfältig recherchierter Textinformation werden Blick und Interesse der Besucher für die traditionellen Lebens- und Arbeitsformen der zumeist sehr armen dörflichen Bevölkerung Kretas geschärft. Anders als in vielen ethnographischen Museen Griechenlands, wird hier der Gang durch das Museum zwar zum ästhetischen Genuß, doch wird keine Pseudoidylle geboten, auch keine vermeintliche Nähe des modernen Betrachters zu dieser in vielem sehr archaischen Welt. Die moderne Präsentation gewährt ebenso wie die systematisch klassifizierende Anordnung der Gegenstände in den Vitrinen Einblicke in technikgeschichtliche und soziale Zusammenhänge, veranlaßt aber auch zu langem, intensivem Hinschauen und läßt dabei Staunen und Achtung gegenüber jedem einzelnen Objekt und der Erfindungsgabe und dem Fleiß der Menschen aufkommen, die es schufen.

Es gibt keinen Aspekt des Alltagslebens, dem nicht ein faszinierendes Kapitel gewidmet wäre: Von den Wildkräutern und Agrarpflanzen, den Fischen und Schnecken, den Wildtieren und dem Haus- und Herdenvieh als Nahrungsgrundlage der Menschen sowie der Zubereitung und Aufbewahrung der Lebensmittel, über Handwerke wie Schmieden, Lederverarbeitung, Weben, Flechten und Töpfern reicht das Spektrum bis hin zu Tausch und Handel, Religion, Dichtung, Musik und Tanz. Allein die Abteilungen Ackergerät, Korbflechterei sowie Schmiede- und Schlosserhandwerk sind, jede für sich, eine kleine Reise wert; auch wer sich für Stoffe interessiert, wird hier vielfältigere Informationen erhalten als irgendwo in Griechenland sonst.

Viele prähistorische und frühgeschichtliche Arbeits- und Lebensgewohnheiten haben sich auf Kreta aufgrund der Armut seiner Bewohner und ihrer Distanz zu den fremden Herrenschichten bis ins 20. Jh. hinein erhalten. Umgekehrt lassen sich im gegenwartsbezogenen Vergleich Rückschlüsse auf antike und vorgeschichtliche Werkzeuge und Arbeitsprozesse aus rezentem Material ziehen, wenn dieses so sorgfältig analysiert und so instruktiv ausgestellt wird wie hier. Nach einem Besuch des Museums von Vori wird man mit wachem Blick durch Kretas dörfliche Regionen reisen, auf Hauseingänge, Türen und Geländer oder Gerätschaften ebenso achten wie auf Arbeitsweisen und soziale Gewohnheiten der Menschen.

An der Südflanke des Psiloritis-Massivs

Zaros und die Rouvas-Schlucht

Südhänge des Psiloritis
Besonders sehenswert: Moni Vrondissi Klosterkirche von Valsamonero ☆

Ano Zaros mit seinen angenehmen Unterkunftsmöglichkeiten und Tavernen bietet sich als ein idealer Ausgangspunkt für Erkundungen der Südhänge des Psiloritis und des Amari-Tals an. Von einem am oberen Ortsende beim Hotel *Idi* gelegenen Wasserreservoir aus führt ein markierter kurzer Spazierweg zu **Moni Agios Nikolaos** am Ausgang der Rouvas-Schlucht (ebenso über eine Stichstraße westlich des Orts zu erreichen). Das Katholikon des Klosters birgt vom Kerzen- und Öllampenruß geschwärzte *Fresken des 14. und 15. Jh.*

Die früher durchgängig dicht bewaldete **Rouvas-Schlucht** ist heute in ihrem unteren Abschnitt weitgehend kahl, seit eine Feuersbrunst hier den meisten Baumbestand vernichtete. Langsam aber kehrt die Vegetation wieder zurück, und auch in diesem Zustand zählt das Durchwandern der bereits in der Antike besiedelten Schlucht zu einer der landschaftlich schönsten Touren auf Kreta. Wer den gesamten, etwa 8 Std. dauernden, markierten Weg gehen will, sollte von Norden her kommend am Skinakas beginnen (vgl. S. 150) und die Schlucht herunterlaufen. Aber auch kürzere Spaziergänge vom Nikolaos-Kloster aus sind reizvoll. Zwei Wege bieten sich hier an: Der eine führt in die Schlucht selbst (bis zur Kapelle Agios Ioannis, von wo man dann umkehrt, insgesamte Dauer: 6 Std.), der andere, ca. 1 Std. dauernde Weg, zweigt von hier ab zu der auf der gegenüberliegenden Hangseite gelegenen **Felsenkapelle Agios Efthimios,** in deren winziger Apsis sich eine ergreifende Darstellung des ›Schmerzensmannes‹ aus der zweiten Hälfte des 14. Jh. erhalten hat. Man erreicht die Einsiedelei Agios Efthimios nicht nur zu Fuß vom Nikolaos-Kloster, sondern inzwischen auch auf einer Schotterpiste direkt von Ano Zaros aus.

Berühmt ist Zaros für sein wunderbares Wasser, das aus Quellen oberhalb des Orts ganzjährig sprudelt. In der römischen Antike wurde das Wasser über einen Aquädukt nach Gortyn geführt. Heute trinkt man auf ganz Kreta Mineralwasser aus Zaros. Auch Forellen werden hier gezüchtet und stehen als »pestrofa« überall auf der Speisekarte.

Moni Vrondissi und Valsamonero

Ein Schild an der Landstraße Zaros/Vorizia weist den kurzen Abzweig zu **Moni Vrondissi.** Vor dem Klostertor empfängt den Besucher ein schöner, von einer Platane beschatteter **venezianischer Brunnen** aus dem 15. Jh. mit großformatigen *Skulpturen:* Adam und Eva (die Köpfe leider abgeschlagen) im Paradies, das als wasserreicher, schattiger Garten vorgestellt wird; fragmentarische Gestalten bärtiger Flußgötter veranschaulichen zusätzlich den ikonographischen Bezug zum ›paradiesisch‹ kühlen, freundlichen Platz vor dem Kloster. Ein einziger Mönch bewohnt heute die Anlage und hält sie für Besucher offen.

Agios Fanourios von Valsamonero, Grundriß mit ikonographischem Programm der Fresken

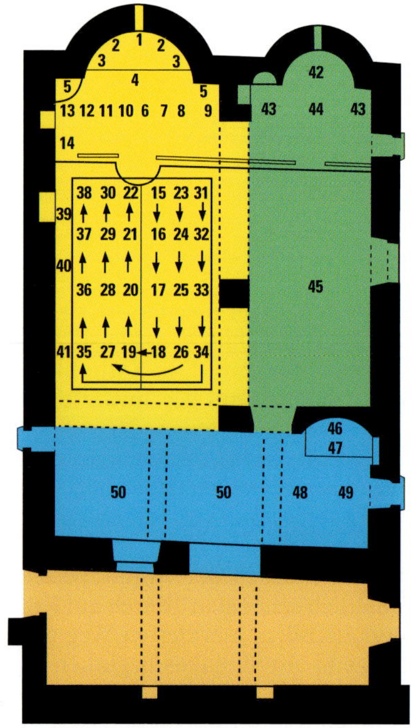

Nordschiff (Panagia) 1328, mit Fresken des gleichen Zeitraums (Nr. 15-41) sowie des späten 14. Jh. (Nr. 1-14)

Südschiff (Ioannis Prodromos) ca. 1400/1407, Fresken 1428 vollendet

Westschiff (Fanourios) 1426, Fresken von 1431

Narthex, nach 1431

0 Z◄ 3 m

Nordschiff: 1 Maria, flankiert von Engeln in Medaillons 2 Apostelkommunion 3 Liturgie feiernde Kirchenväter 4 Gastmahl von Abraham und Propheten 5 Diakon 6 Pfingsten 7 Frauen am Grab Christi 8 Tempelgang Mariens 9 Hierarchen 10 Himmelfahrt 11 Taufe und Verklärung 12 Mariengeburt mit Verkündigung an Joseph und Begegnung von Joachim und Anna 13 Opferung Isaaks 14 hl. Kyprianos 15 Verkündigung 16 Marias Staunen über ihre Empfängnis 17 Bestätigung des Wunders durch den Erzengel Gabriel und Annahme der Entscheidung durch Maria 18 Der hl. Geist kommt auf Maria herab 19 Maria umarmt Elisabeth, die Mutter Johannes des Täufers 20 Joseph zweifelt an der Jungfräulichkeit Marias 21 Verkündigung an die Hirten 22 Der Stern weist den Magiern den Weg zur Geburtshöhle 23 Anbetung der Magier 24 Rückkehr der Magier in ihre Heimat 25 Flucht der hl. Familie nach Ägypten 26 Simeon empfängt das Jesuskind 27 Gott segnet Evangelisten und Engelshierarchien 28 Mutter Gottes über Schar der Seligen 29 Christus im Himmel und auf Erden 30 Engelsscharen adorieren Christi Inkarnation 31 Das Empfängniswunder läßt Redner der Welt verstummen 32 Christus als Erlöser zwischen Aposteln 33 Die Gottesmutter von Jungfrauen umgeben 34 Verehrung des thronenden Christus 35 Maria über Licht der Erlösung (Erleuchtung aus geistiger Dunkelheit) 36 Christus zerreißt das Schuldbuch der Menschheit 37 Preisung der Gottesmutter 38 Verehrung der thronenden Gottesgebärerin 39 Marientod 40 hl. Zosimos und hl. Leon 41 Ganzfigurige Heilige

Südschiff: 42 Johannes der Täufer und ganzfigurige Hierarchen 43 Diakon, in der linken Nische Schmerzensmann 44 Beweinung Christi 45 Leben und Wirken Johannes des Täufers

Westschiff: 46 Pantokrator, darunter hl. Liturgie mit Christus als Priester (s. Abb. S. 193) 47 Dreifaltigkeit als Engel mit Evangelistensymbolen und Engeln 48 Vita des hl. Fanourios 49 Christologische Szenen (v. a. Wundertaten Jesu) 50 Szenen in Zusammenhang mit dem Jüngsten Gericht, u. a. Darstellung der Klugen und der Törichten Jungfrauen

Die zweischiffige **Kirche** enthält in ihrem südlichen, dem hl. Antonios geweihten Trakt relativ gut erhaltene *Fresken aus dem ersten Drittel des 14. Jh.:* Elegante, von den Malerschulen in den Klöstern Mystras (Mistra) auf der Peloponnes beeinflußte Gestalten werden in lebhafter Kommunikation miteinander gezeigt; derb-realistische Details sind hier zugunsten einer choreographisch anmutenden Stilisierung beinahe gänzlich zurückgedrängt. Ungewöhnlich sind Auswahl und Plazierung der Bildthemen: In der Apsis erscheint nicht die Gottesmutter oder Christus, sondern eine *Darstellung des Abendmahls* mit reich gedeckter Tafel nach zeitgenössischer Sitte, während den Triumphbogen Medaillons mit Brustbildern von Heiligen und Erzengeln schmücken. Das Tonnengewölbe – sonst christologischen Themen und Heiligenviten vorbehalten – ist hier mit Bildern bedeckt, die sich auf den liturgischen Festkalender der orthodoxen Kirche beziehen. Im Nordschiff hängen mehrere *Ikonen,* darunter eine des Malers Angelos aus den Jahren um 1600.

Valsamonero, von der Landstraße Zaros/Vorizia aus auf der gegenüberliegenden Hangseite zu sehen und von Vorizia aus auf einem ausgeschilderten Fahrweg gut zu erreichen, zählt zu den schönsten spätbyzantinischen Kirchen Kretas. Vom einstigen Kloster steht nur noch die Kirche. Der gotisch-venezianische Komplex mit seiner reichen Außengliederung entstand aus einer schlichten, der

Engel bei der Liturgiefeier, Fresko von 1431 im Westschiff (s. Plan Nr. 46) der Fanourios-Kirche von Valsamonero

Tip:
Für interessierte Besucher wird Valsamonero von einem »Fylax« (»Wächter«) aus Vorizia geöffnet, deshalb sollte man gleich in Vorizia nach dem Fylax fragen!

Panagia geweihten Einraumkirche. Diesem Ursprungsbau des frühen 14. Jh. wurde etwa 100 Jahre später ein einhüftiges Seitenschiff im Süden angefügt, das Johannes dem Täufer gewidmet war. Kurze Zeit später wurde dieser Doppelkirche ein drittes, nun quergelagertes Schiff im Westen vorgesetzt; dieser westliche Trakt diente dem im 15. Jh. aus Rhodos nach Kreta eingeführten Fanourios-Kult: eines Heiligen, dessen Existenz sich allein darauf gründete, daß ein rhodischer Abt des 14. Jh. diesen Namen auf einer Ikone zu lesen glaubte. Endlich wurde, offenbar wiederum nur in geringem zeitlichem Abstand, dieser Dreierkomplex im Westen noch durch einen Narthex vervollständigt.

Das gesamte Innere ist ausgemalt: stilistisch unterschiedlich nicht nur zwischen den Raumkomplexen, sondern teilweise auch innerhalb dieser. *Altarraum und Apsis des Nordschiffs* (d. h. des linken Hauptschiffs) folgen in ihrem eleganten Formalismus aristokratischen Mustern. Um so interessanter sind inhaltlich die in der Tendenz veristischen, wenngleich handwerklich provinziell ausgeführten Gewölbedarstellungen des Schiffs (s. Plan Nr. 15–38): Den alphabetisch geordneten Strophen des noch heute in der orthodoxen Kirche während der Fastenzeit gesungenen Akathistos-Hymnos folgend, reihen sie sich buchartig zu einer liturgischen Folge, in der Vita und heilsgeschichtliche Wirkung Marias textgebunden und zugleich in freier symbolischer Ausdeutung vor dem Betrachter entwickelt werden. Nicht auf den gesamten Inhalt des Hymnos beziehen sich die Bilder, sondern immer nur auf den jeweiligen Beginn der einzelnen Strophen. Wenn etwa unter dem Buchstaben *Rho* eine Strophe mit »Die wortgewaltigen Rhetoren (Redner)« beginnt, so setzte der Maler Maria als jungfräuliche Mutter ins Bild, vor deren wunderbarer Empfängnis alle weltlichen Redner wie Fische verstummen (s. Plan Nr. 31). Auf Anfang des 15. Jh. datiert die *Ausmalung des Südschiffs.* Bereits der Ikonenmalerei verpflichtet sind die stark formalistischen, auf Gleichklang der gedämpften Bewegungen hin abzielenden spätesten Malereien im westlichen, dem Fanourios geweihten Anbau. Auch im Kolorit dieser von Konstantinos Rikos gefertigten Fresken sind dramatische Gegensätze vermieden; Orange- und Ockertöne herrschen vor und bilden, nur durch wenige Weißhöhungen aufgelockert, kompakte, schönlinig begrenzte Flächen.

Schnabelkanne im Kamares-Stil mit aufgesetzten Augen (AMI): Die Kamares-Keramik wurde nach ihrem Fundort benannt, der minoischen Kulthöhle oberhalb des Dorfs Kamares.

Vom Dorf **Kamares** führt ein vierstündiger sehr steiler, schattenloser Pfad zur 1525 m hoch gelegenen, gleichnamigen **Kulthöhle,** in der Ende des 19. Jh. große Mengen der entsprechend benannten Palast-Keramik gefunden wurden (heute AMI). Den riesigen Eingang der Höhle kann man bei klarer Sicht von den Palästen von Festos und Agia Triada aus als schwarzen Fleck in der hellen Südflanke des Psiloritis erkennen, und wahrscheinlich waren beide Anlagen absichtlich auf dieses Bergheiligtum hin ausgerichtet worden. Heute lohnt der Weg nur für passionierte Bergwanderer, denn die Höhle ist zwar zugänglich, doch archäologische Spuren sind keine mehr zu sehen.

Antike Siedlungen und byzantinische Dorfkirchen im Amari-Tal

Amari-Tal ☆
Besonders sehenswert:
Monastiraki
Thronos

Das Amari-Tal zählt zu den für Kreta so charakteristischen in sich abgeschlossenen Binnenregionen. Entlang der schroffen Südwestflanke des Psiloritis-Massivs zieht sich die durch das Kedros-Gebirge von der Libyschen See abgeriegelte Senke fast wie ein geschlossenes Becken hin; nur im Südosten hat ein Bach sich einen schmalen Ausgang zum Meer hin gegraben und mündet bei Agia Galini. Agia Galini diente seit alters her als Hafen des wegen seiner Fruchtbarkeit seit vorgeschichtlicher Zeit über die gesamte Antike hin bis ins 19. Jh. dicht besiedelten Amari-Beckens. Getreide, Wein, Oliven und Obst werden hier angebaut.

Erhart Kästner hat in den 40er Jahren die vorgeschichtlich-archaischen, für heutige Reisende nur noch im Ethnographischen Museum von Vori nachvollziehbaren Anbau- und Verarbeitungsmethoden beobachtet und in seinem Buch ›*Kreta*‹ (1943) festgehalten: »Ich sah mir das Dreschen diesmal genauer an. Der hölzerne Schlitten, den die zwei Ochsen nach sich im Kreise ziehen, ist vorne emporgekuft wie ein Schneeschuh. Unterwärts ist er besetzt mit lauter ins Holz gezwängten Feuersteinen. Darauf steht der Bauer und läßt sich ziehen. Die scharfen Steine zerschneiden das Korn zu Häcksel, zugleich preßt der Druck die Frucht aus den Ähren. Lage um Lage von Korn wird neu aufgelegt; schließlich ist die ganze Tenne voll wie ein Rührtrog, voll glattweichen Gemenges. Das rohfarbene Holz des Schlittens ist von den blonden Ähren ganz glänzend geschliffen. Im Schuppen steht eine Dreschmaschine, funkelnd vor Neuheit, ... aus Saloniki, aber sie taugt nichts. Sie bringt weniger fertig als die Ochsen im Rund, und sie zerquetscht das Korn, während draußen saubere Arbeit gemacht wird.«

Bei den Ausgrabungen in Apodoulou fanden sich in einem tönernen minoischen Kochtopf Hundeknochen: Beleg für Speisegewohnheiten, wie sie noch im heutigen China üblich sind.

Zwar kein minoischer Palast, wohl aber mehrere minoische Ortschaften und Grabanlagen des 2. Jt. v. Chr. wurden in den letzten Jahrzehnten in dieser Region entdeckt. Archäologen der Universität Neapel haben 1 km südwestlich von **Apodoulou** (ausgeschilderter Fahrweg vom Ort talabwärts) eine Siedlung aus der Zeit der alten Paläste freigelegt; zu dieser Siedlung gehörten mehrere Tholos-Gräber im Umkreis von Apodoulou, eines davon unmittelbar an der Landstraße Richtung Amari (ca. 1 km nordwestlich des Orts). Wenige Meter von hier führt ein Fußpfad talabwärts zum nahegelegenen Kirchlein **Agios Georgios** mit seinen holzschnitthaft derben Fresken des 14. Jh., deren landschaftliche Elemente wie z. B. Felsen auf den modernen Betrachter fast kubistisch wirken.

In minoischer Zeit sehr viel bedeutender als Apodoulou war **Monastiraki.** Nach ersten Erkundungen durch deutsche Archäologen während des Zweiten Weltkriegs wurde unterhalb des modernen Orts in den 80er Jahren durch ein italienisch-griechisches Grabungsteam eine regelrechte Stadt freigelegt. Die in aufwendiger Technik errichteten kommunalen Gebäude lassen darauf schließen, daß in jener Epoche hier ein ökonomisches, administratives und auch religiöses Zentrum existiert haben muß, denn es fanden sich neben Wohnräumen auch große Vorratslager und zwei Archive mit Tonsiegeln sowie Miniaturmodelle von Kultschreinen. Darüber hinaus besitzt Monastiraki eine hübsche **Dorfkirche** mit einem *gotischen Portal,* das gerahmt wird von vorgeblendeten ›schwebenden‹ Säulen mit Kapitellen nicht nur auf der Ober-, sondern, auf den Kopf gestellt, auch an der Unterseite; die Fresken im Innern sind in schlechtem Zustand.

Aus der klassischen Antike hat sich, wie so oft auf Kreta, auch im Amari-Tal wenig erhalten. Eine Siedlung befand sich in einem *Elinika* genannten Gebiet neben dem heutigen Stausee am westlichen Ortsausgang von **Vizari.** Im Gelände zu entdecken sind jedoch nur noch die meterhoch aufragenden Mauern einer dreischiffigen **Basilika aus dem 7. Jh.:** Die auf den ersten Blick unansehnliche Ruine aus Packsteinmauerwerk mit eingestreuten Ziegelstücken – Zeichen ökonomischer und kultureller Depression – erweist sich bei näherem Hinsehen als interessanter Bau. Die *monolithen Innensäulen* stammen von einem älteren Bauwerk; da sie für die gewünschte Höhe der Kirche zu kurz waren, separierte man die Schiffe zunächst durch einen durchlaufenden zinnenartigen Mauersockel und stellte die Säulen auf dieses Postament. Dadurch waren Mittel- und Seitenschiffe völlig gegeneinander abgeriegelt und nur jeweils vom Narthex her zugänglich. Wie ein in den Boden eingelassenes *Becken* zeigt, diente das rechte Seitenschiff als Taufraum. Eine kleine, der Panagia geweihte **Friedhofskirche** mit *Fresken des mittleren 14. Jh.* liegt ca. 1 km westlich von hier, außerhalb des Nachbardorfs **Lambiotes** (nach Schlüssel im Ort fragen!).

Sybritos, oberhalb des modernen Orts Thronos gelegen, beherrschte in der klassisch griechischen Antike das gesamte Gebiet. Italienische Grabungen haben auf der Akropolis (der Weg ist vom Dorf her ausgeschildert) ein Areal der Siedlung und Reste von Terrassen- und Befestigungsmauern freigelegt. Der Besuch des Platzes lohnt weniger seiner antiken Überreste als der weiten Ausblicke wegen, die man auf das Amari-Becken und dahinter auf die Gipfel des Psiloritis genießt.

Auch im Süden des Kedros-Gebirges verfügen viele Orte über Kapellen mit sehenswerten Fresken aus byzantinischer Zeit, so etwa Paraskevi in Melambes, Michael Archangelos in Orne, Agia Panagia in Drymiskos und Agios Vassilios in Akoumia.

Kunsthistorisch sehenswert dagegen ist im Ort **Thronos** die über den Grundmauern einer mit *Fußbodenmosaiken* geschmückten Basilika des 5./6. Jh. errichtete **Kapelle der Panagia** (Schlüssel im Kafenion nebenan) mit fast komplett erhaltener *Freskenausstattung.* Eine erste Malschicht im Altarraum datiert noch ins 13. Jh., die übrigen Schichten in die mittleren Jahrzehnte des 14. Jh. Besonders die *Darstellung von Christi Verklärung* im ersten Joch zeigt durch ihre dramatische Inszenierung und perspektivische Modellierung der Figuren sowie durch ihren erzählerischen Realismus Verwandtschaft zur zeitgenössischen Ikonenmalerei.

Blick von Sybritos bei Thronos auf das Amari-Tal

Freskengeschmückte Kirchen hat in dieser Region fast jedes Dorf zu bieten, nur auf einige wenige sei, außer den bereits genannten, noch hingewiesen: Die **Einraumkapelle des hl. Onoufrios** am Ortsrand von **Genna** (Hinweisschild an der Landstraße, von dort 3 Min. zu Fuß) birgt elegante, dem Stil der Paläologen-Dynastie verpflichtete, jedoch nur dürftig erhaltene *Malereien von 1329.* Eine breite **venezianische Hallenkirche** mit verziertem Portal, Blendarkaden außen am Chor und ornamental durchbrochenen Steinfenstern steht in der Ortsmitte von **Meronas;** Teile ihres Freskenschmucks vom Ende des 14. Jh. kamen ins Historische Museum von Iraklion. Aus dem Jahr 1225 stammen Malereien einer winzigen, der hl. Anna geweihten Kapelle **(Agia Anna)** unterhalb der Ortschaft **Amari** (ausgeschildert), von einer weiteren Kirche des Orts wurden die Apsisfresken ebenfalls ins Historische Museum von Iraklion gebracht. Am westlichen Ortsrand von **Elenes** steht die Zweiraumkapelle **Agios Nikolaos** aus dem 13. Jh. mit noch stark an älteren byzantinischen Vorbildern orientierten Malereien aus der ersten Zeit der venezianischen Besetzung. Die Straße von Gerakari nach Kardaki führt vorbei an der Ruine **Agios Ioannis Theologos:** einst eine zweijochige Kirche mit angesetztem kuppelüberwölbtem Narthex, der später ein – heute weitgehend zusammengebrochenes – zweites Schiff zugefügt wurde; der *Freskenschmuck* im Innern ist stark verblaßt. Schließlich findet man im Weiler **Smilen** beim Nachbardorf Vrysses die **Panagia-Kapelle** mit *Malereien aus den Jahren um 1350.*

Malia und die Lassithi-Hochebene

Die minoische Stadt Malia

Der lange Sandstrand hat dem modernen Ort Malia einen Massentourismus beschert, der die Stadt zu einer heruntergekommenen Variante von Las Vegas werden ließ. Bis weit ins Binnenland hinein ist der Ort von Hotels, Diskotheken und Nippes-Shops überschwemmt. Um so größer ist der Kontrast zur Ausgrabungsstätte von minoischer Stadt und Palast, die im einzig noch unbebauten, stillen Küstenstreifen 4 km östlich von Malia liegt. Im Unterschied zu Knossos und Festos, ist das minoische Malia nicht auf einem Hügel oder Bergrücken plaziert, sondern in der flachen Küstenebene, die in weitem Abstand von den Ausläufern des Dikti wie von einem Amphitheater hinterfangen wird. Noch augenfälliger als bei jenen Anlagen wird hier sichtbar, wie seebezogen die Minoer waren und wie sicher sie sich vor fremden Zugriffen fühlten.

Malia ☆
Um die grandiose Palastanlage herum gruppieren sich sorgfältig ausgegrabene und für Besucher hervorragend erschlossene Stadtviertel.

Ausgrabung und Geschichte

Die Erforschung der Stätte begann im Sommer 1915 durch den griechischen Archäologen Joseph Chatzidakis, der jedoch nach sechs Jahren seine Grabungsrechte an das *Französische Archäologische Institut* in Athen abgab, das bis heute die Grabungen leitet. Witterungsanfällige Befunde, vor allem des Stadtareals, sind durch weiträumige, elegant geschwungene Überdachungen aus Holz und Plexiglas geschützt, die zu der kleinteiligen kubischen Bauweise der Minoer einen wirkungsvollen ästhetischen Kontrast bilden.

Wenn auch nicht ganz so alt wie Knossos und Festos, reicht die Besiedlung von Malia doch bis in die erste Hälfte des 3. Jt. v. Chr. zurück. Etwa 500 Jahre später gewann der Ort durch den Bau des ersten Palastes maßgeblich an Bedeutung hinzu, wenngleich die Häuser der Stadt – bis auf das Viertel *My* – in ihren Maßen bescheiden blieben. Eine ungewöhnliche Erscheinung im minoischen Kreta ist die ca. 1,75 m breite Stadtmauer, von der ein Abschnitt ca. 100 m östlich des Palastes entdeckt wurde; spätestens in der Neuen Palastzeit wurde diese Mauer jedoch von Häusern überbaut, wobei man auf eine erneute Befestigung verzichtete. Nach Zerstörung des ersten Palastes um 1700 v. Chr. wurde unverzüglich an der gleichen Stelle ein neuer Palast errichtet. Dessen archäologische Überreste sind heute zu besichtigen. Malia muß während der Neuen Palastzeit an Geltung noch hinzugewonnen haben, wie Häuser von der Größe des ›Kleinen Palastes‹ von Knossos zeigen. Die Stadt verfügte über zwei Häfen; der eine an der kleinen Badebucht, der andere weiter nördlich bei Agia Varvara. Diese Entwicklung wurde etwa 200 Jahre später jäh durch die zweite Zerstörung des Palastes unterbrochen: eine Katastrophe, von der sich Malia nicht mehr erholte. Nur geringe Spuren zeugen noch von einer weiteren Besiedelung des Ortes.

◁ *Das Apsisfenster von Panagia Gouverniotissa vereinigt im Dekor venezianische und byzantinische Stileinflüsse.*

Rundgang

Vom Eingang aus betritt man den für minoische Paläste charakteristischen gepflasterten **Westhof,** der von ›Prozessionswegen‹ durchzogen wird. Wie in Knossos auch, war die Westfassade mit ihren Vor- und Rücksprüngen gänzlich abgeschlossen. So empfiehlt es sich auch heute, den Palast über seinen ursprünglichen **Südeingang** (3) zu betreten, und nicht direkt durch die Ruinen der Westmagazine. Man passiert dabei einen Komplex von acht **Kornsilos** (1) und ein **kleines Heiligtum** (2), die beide nicht vom Palastinnern, sondern nur von außen zu betreten waren. Die kleinteiligen Räume rechts des Eingangs waren wahrscheinlich **Werkstätten** (4), wie es sie auch in Knossos, Festos und Kato Zakros gab.

Opferstein mit Mulden (Kernos) im Palast von Malia

Einer der bedeutendsten Funde des Palastes liegt noch an seinem ursprünglichen Auffindungsort: Der in den Plattenbelag des Bodens eingelassene **Kernos** (5) aus Kalkstein mit einer Mulde in der Mitte und 34 kleinen Näpfen am Rand, von denen man vermutet, daß sie bei einer Art ›Erntedankfest‹ mit den ersten Früchten der Ernte gefüllt wurden. Einer wenig überzeugenden Interpretation zufolge, dienten Steine dieser Art – da auch sonst im Eingangsbereich gefunden – als Spielbretter für die Wächter des Palastes und ankommende Besucher. Die **vier Stufen** (6) hinter dem Kernos erinnern, trotz ihrer bescheidenen Dimension, an die Schautreppe von Festos und an das gestufte ›Theater‹ von Knossos; wahrscheinlich dienten sie als Tribüne für religiöse Zeremonien.

Der **Zentralhof,** dessen originale Pflasterung teilweise noch zu sehen ist, ist mit 48 × 22 m nur geringfügig kleiner als die entsprechenden Innenhöfe von Knossos und Festos. Einzigartig hingegen ist die (heute überdachte) **Brandopfergrube** (*Eschara,* 7) in der Mitte des Hofes mit vier Ziegelstützen zum Auflegen eines Rostes, auf dem – nach der gefundenen Asche zu urteilen – Opfertiere verbrannt wurden. Der Altar liegt genau in der Blickachse mit der von zwei Säulen getragenen, an der Südwand mit einer Bank ausgestatteten **Halle** (8) und der anschließenden **Pfeilerkrypta** (9), wie man sie aus allen minoischen Palästen und vielen ›Villen‹ kennt: Altar und Pfeilerkrypta mit ihren Einritzungen der heiligen Doppelaxt waren also rituell aufeinander bezogen. Im dahinter liegenden Raum, vermutlich einem **Heiligtum** (10), fanden die Ausgräber verbrannte Tierknochen, eine Opfergrube sowie eine Bank zum Niederlegen von Kultgerät. Der sich nördlich an die Pfeilerkrypta anschließende Raum wurde wegen seiner umlaufenden Bänke als priesterlicher **Versammlungsraum** (11) gedeutet, doch könnten auch hier die Bänke zur Ablage von Kultgegenständen gedient haben.

Wie bei anderen Palästen auch liegen im Westen des Zentralhofes wichtige Heiligtümer samt einer Pfeilerkrypta im Süden und repräsentativen Kulträumen im Norden; hinter diesem Komplex schließen sich – durch einen langen Korridor getrennt – die Hauptmagazine (s. Plan-Nr. 16) an.

Wie in Knossos führt eine breite **Treppe** (12) vom Zentralhof ins Obergeschoß des Westflügels. Und, wie in Knossos, schließt sich auch hier einer der repräsentativsten Räume des Palastes an: die sog. **Loggia** (13), die von zwei Seiten über Stufen zu betreten ist. Auf der rechteckigen Steinplatte im Boden der ›Loggia‹ hat man sich – in

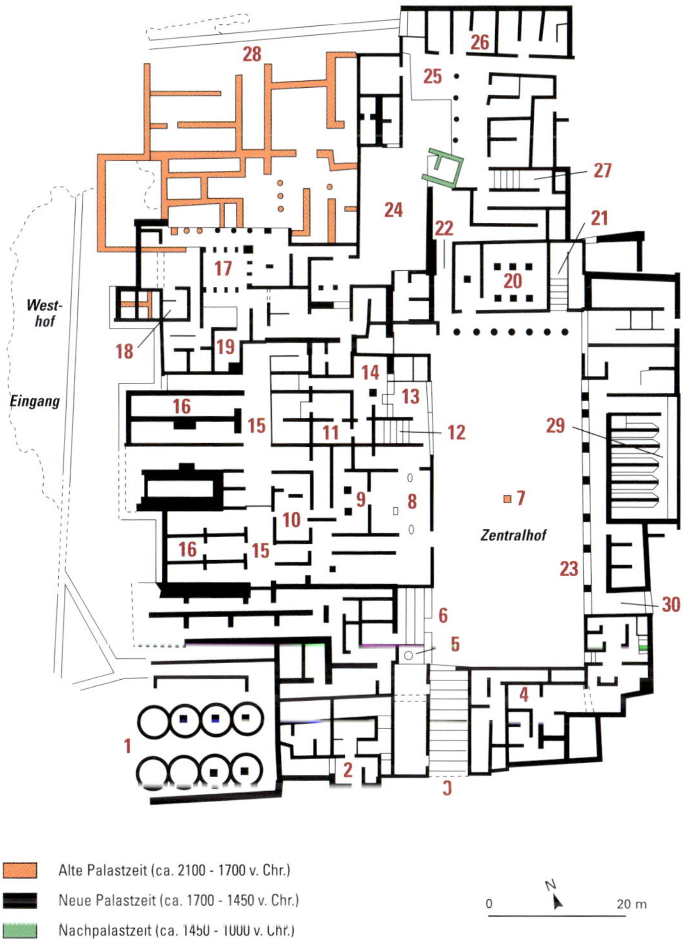

Der Palast von Malia
1 Getreidespeicher
2 Heiligtum
3 Südeingang
4 Werkstätten
5 Kernos
6 Schautreppe
7 Brandopfergrube
8 Vorhalle der Pfeilerkrypta
9 Pfeilerkrypta
10 Heiligtum
11 Raum mit Bänken
12 Treppe ins Obergeschoß
13 ›Loggia‹
14 ›Schatzkammer‹
15 Westkorridor
16 Westmagazin
17 Halle mit Polythyra
18 Kultbassin
19 ›Archiv‹
20 Pfeilerhalle
21 Treppe
22 Nordkorridor
23 Reihe alternierender Pfeiler und Säulen
24 Nordwesthof
25 Nordhof
26 Magazine
27 Treppe
28 Gepflasterter Weg
29 Ostmagazin
30 Südosteingang

Anlehnung an Knossos – einen Thron vorgestellt, doch spricht die Position eher für einen Altar oder Opfertisch. Die besondere Exklusivität der ›Loggia‹ sowie der angrenzenden Gemächer bestätigen eine in **Raum 14** gefundene Ritualaxt in Form eines steinernen Leoparden und ein großes bronzenes Schwert mit einem Knauf aus Bergkristall (beide heute AMI).

Der **Westkorridor** (15), von dem die **Magazine** (16) abzweigen, war erstaunlicherweise durch eine Mauer in zwei Bereiche separiert. Wahrscheinlich gab es eine Verbindungstür, doch ist deren Existenz in den alten Grabungsberichten nicht sicher dokumentiert und heute nur noch schwer nachzuweisen. Einen eigenen Komplex, der nur vom Norden aus zu betreten war, bilden die Räume, die sich um das

Plan der näheren Umgebung des Palastes von Malia: Bei keinem der minoischen Paläste wurde die angrenzende Stadt so systematisch und gründlich freigelegt und dem Publikum so gut präsentiert wie in Malia.

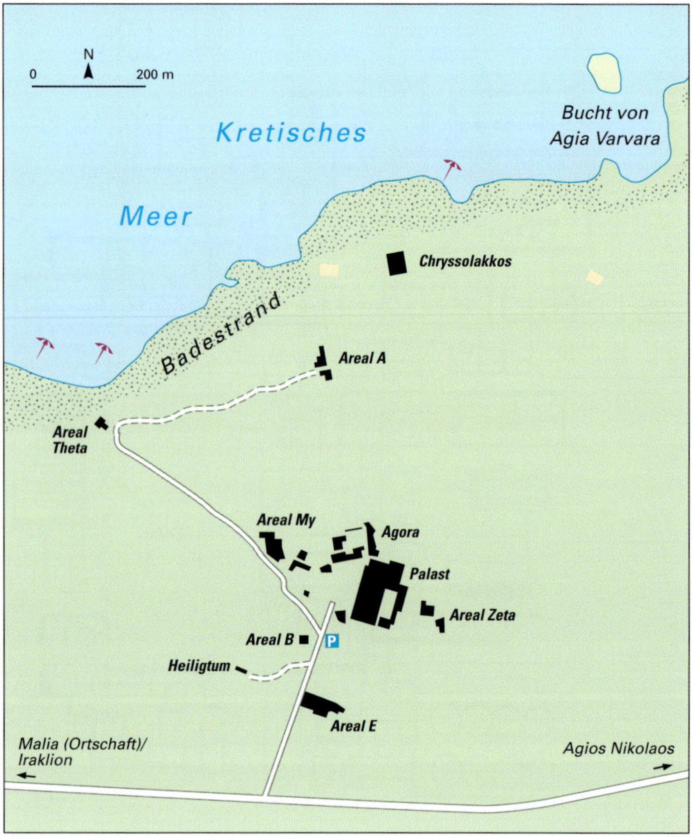

zentrale, gepflasterte **Polythyron** (17) (›Megaron des Königs‹) gruppieren und möglicherweise als Wohngemächer dienten. Doch auch hier fehlte, wie das **Kultbassin** (18) zeigt, der religiöse Bezug nicht. Im Eingang zum **Raum mit der Pfeilerbasis** (19) wurden mit minoischen Hieroglyphen beschriftete Tontäfelchen gefunden.

Wie üblich bei den Palästen, liegt nördlich des Zentralhofes – hier hinter einer Säulenstellung – eine große **Pfeilerhalle** (20), zu deren Obergeschoß (wahrscheinlich ein Bankettraum) eine **Treppe** (21) führte. Ganz im Norden schließen **zwei Höfe** (24/25) mit angrenzenden **Magazinen** (26) und einer weiteren **Treppe** (27) ins Obergeschoß an. Der Nordtrakt, auf den ein **gepflasterter Weg** (28) zuführt, bildete zugleich einen wichtigen Eingangsbereich des Palastes. Von hier führte, wie in Knossos, ein **Korridor** (22) auf den Zentralhof. Daß der Besucher beim Betreten des Nordeingangs eine 90-Grad-Wendung machen mußte, ist – ebenso wie die nicht mittig angeordneten Durchgänge – ein Verfahren, das den an Symmetrie und Axialität gewohnten Betrachter verwirren mag, jedoch für die minoische Baukunst typisch und auch in der altorientalischen Architektur häufiger anzutreffen ist. Den Osten des Zentralhofes begrenzt eine **Reihe aus alternierenden Pfeilern und Säulen** (23); die zwischen den Stützen heute noch sichtbaren Bodenlöcher verraten, daß der östliche Trakt – und möglicherweise ähnlich der nördliche – durch eine Brüstung oder ein Gitter vom Hof separiert waren. Die bereits aus der Alten Palastzeit stammenden (heute überdachten) **Ostmagazine** (29) sind technisch hervorragend durchdacht: In dem mit wasserbeständigem Estrich gedeckten Fußboden verlaufen Rillen, die verschüttete Flüssigkeiten wie Wein und Öl auffingen und in einem in den Boden eingelassenen Gefäß sammelten. Über den **Südosteingang** (30) waren die Magazine und der Palast mit der umliegenden Stadt verbunden.

Vom Nordeingang des Palastes führt geradlinig ein gepflasterter Weg zu einem 30 × 40 m großen freien Platz, der von Gebäuden aus der Alten Palastzeit umgeben ist. Ein Teil dieser Gebäudereste, die in den 1960er Jahren ausgegraben wurden, ist heute überdacht und zu besichtigen. Die irreführende Bezeichnung **›Agora‹** entstand in Anlehnung an spätere griechische Platzanlagen. Der **Kultkeller** des Viertels ist der älteste seiner Art auf Kreta. Wegen Wärtermangels (!) nicht zugänglich ist das hochinteressante, von einer großen Halle überspannte **Stadtviertel ›My‹,** das überwiegend aus der Alten Palastzeit stammt. Hier wurden nicht nur wertvolle Kunstgegenstände, sondern auch ein Archiv mit minoischen Hieroglyphen gefunden. Offensichtlich nahmen die Bewohner des ›My-Viertels‹ administrative Aufgaben wahr, wie sie sonst nur für den Palast belegt sind.

Auch die weiteren ausgegrabenen Stadtviertel sind für Besucher geschlossen, so der 1930 von griechischen Archäologen freigelegte, aber inzwischen wieder weitgehend zugewachsene Bezirk **Chryssolakkos** nördlich des Palastes gleich hinter dem Strand. *Chryssolakkos* heißt »Goldgrube«, benannt nach dem in dieser Nekropole zutage gekommenen erlesenen Goldschmuck, wie z.B. dem berühmten Bienen-Anhänger (s. Abb. unten).

Dieser Anhänger in Form von Bienen, die einen Honigtropfen in einer Wabe deponieren, wurde in der Nekropole Chryssolakkos gefunden. (AMI)

Kirchen und Klöster zwischen Nordküste und Lassithi: Limin Chersonissou, Potamies und Avdou

Zwischen Nordküste und Lassithi-Ebene
Besonders sehenswert: Klosterkirche Panagia Gouverniotissa

Limin Chersonissou mit seinen küstenlang wildwüchsigen Hotel- und Appartmentbauten ist eines der abschreckenden Zentren des Massentourismus auf Kreta. Doch der Ort birgt Zeugnisse alter Vergangenheit: Spuren, die allerdings nur von Reisenden mit viel Liebe zu Altertümern und ausgeprägter Ich-Stärke aufgesucht werden sollten.

Wem der Sinn nach frühchristlichem Kunstgenuß bei gedämpfter Diskomusik steht, der mag sich zum *Eri-Beach-Club* begeben, quer durch die Hotelanlage über die gepflegten Rasenflächen vorbei am palmengesäumten Swimmingpool mit seinen badebehosten Urlaubern joggen bis zu einem niedrigen Felsenriff über dem Strand, wo das weißgetünchte Kirchlein **Agios Nikolaos** steht. Dort findet man inmitten all des vergangenheitslosen Getümmels die verwahrlosten und mittlerweile kläglich verkommenen Reste der sog. **Basilika A** von Chersonissos aus dem 5./6. Jh. mit ihren geometrischen und floralen *Fußbodenmosaiken* im Mittelschiff und im Narthex. Lange wird es nicht mehr dauern, bis auch diese Fragmente gänzlich verschwunden sind, und der Gedanke, sie immerhin gesehen zu haben, mag über das zwiespältige Gefühl eigener Deplaziertheit ein wenig hinwegtrösten, das wohl jeder kulturell Interessierte an diesem Ort empfindet. Die Basilika mit ihrer eckig ummantelten Apsis stand nicht isoliert, sondern war von Bauten umgeben, deren Mauern infolge von Küstensenkung inzwischen teilweise unter Wasser liegen.

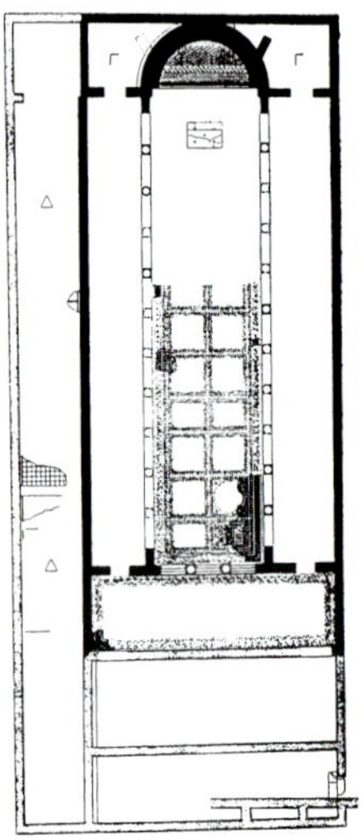

Grundriß der Basilika B von Limin Chersonissou

Die Grundmauern einer weiteren dreischiffigen **Basilika B** mit runder, von den Außenmauern umbauter Apsis – auch sie im späten 5. oder frühen 6. Jh. errichtet – findet man am Westeingang des Ortes, ebenfalls auf einem Felsvorsprung über dem Meer neben einer weißgetünchten Kapelle. Im Mittelschiff der Basilika liegt noch der monumentale reliefierte *Marmordeckel eines heidnisch-römischen Sarkophags* des 2. Jh., der hier als Basis für die christliche Kanzel wiederverwendet wurde. Von den farbigen *Mosaikböden* dieser Kirche und der angrenzenden Gebäude sind noch große Flächen erhalten, aber ebenfalls dem rapiden Verfall ausgesetzt. Die Basilika wurde auf den Ruinen der hellenistischen und römischen Siedlung *Chersonesos* errichtet; große Blöcke der einstigen Hafenbefestigung sieht man noch im Boden unter der Vorhalle der christlichen Kirche.

Die alte Landstraße von Limin Chersonissou zur Lassithi-Hochebene ist gesäumt von byzantinischen Klosterkirchen und Kapellen. Nordwestlich von **Potamies** zweigt ein ausgeschilderter asphaltierter Weg von der Hauptstraße ab zur ehemaligen Einsiedelei der **Panagia Gouverniotissa.** Bis 1926 lebte hier noch ein Mönch, heute bewohnt das ehemalige Klostergebäude ein Bauer, von dem man den Schlüssel zur Kirche erhält. Der kleine Kreuzkuppelbau mit seinem von

Fresko aus der Mitte des 14. Jh. in Panagia Gouverniotissa

einer schlanken Säulenarkade gegliederten Tambour stammt, ebenso wie die Fresken im Innern, aus der Mitte des 14. Jh. Während das *Portal* in Form und Verzierung venezianischen Vorbildern folgt, integriert das aus einem Werkstein geschnittene hübsche *Apsisfenster* westliche und byzantinische Muster zu einem dekorativen Erzeugnis typisch kretischer Volkskunst. Die elegante *Formensprache der Fresken* ist durchsetzt mit einzelnen Manierismen wie z. B. extrem betonten Tränenkanälen bei trauernden Gestalten. Am besten erhalten haben sich die Heiligenfiguren im Eingangsbereich, während die übrigen Partien stark mit Kerzenruß bedeckt sind.

Unterhalb der Gouverniotissa zweigt ein kleiner Weg nach Osten ab zur **Afendis Christos-Kapelle** aus den Jahren 1360–70 (Schlüssel ebenfalls beim Bauern neben der Gouverniotissa). Der leider von Feuchtigkeit z. T. zerstörte Freskenschmuck ist ein herausragendes Beispiel ›hyperrealistischer‹, bis in Extreme von Häßlichkeit und

Östlich der Hauptstraße zur Lassithi-Ebene liegt das Bergdorf Krasi mit der angeblich größten und ältesten Platane Kretas an seiner Platia. Von hier führt ein Wanderweg zum weithin sichtbaren markanten ›Nagelkopf‹, dem 1200 m hohen Karfi mit seiner subminoischen Siedlung (s. S. 211).

Schmerz vordringender *spätbyzantinischer Malerei,* in der die religiöse Botschaft für die zeitgenössische Gegenwart drastisch aktualisiert wurde: Vor blauschwarzem Hintergrund entfaltet sich eine lebhafte Farbigkeit von Figuren und Landschaftselementen; Weißhöhungen verstärken den Eindruck plastischer Modellierung einzelner Gewand- und Körperteile wie Schenkel und Gesäß. Die Gesichter drücken durch gesteigerte Mimik die emotionale Beteiligung der Personen am Geschehen aus. Geradezu schockierend ist die Darstellung der Heilung eines Krüppels: brutal verzerrt nach hinten gebogen.

Nur für besondere Kenner und Liebhaber spätbyzantinischer Malerei lohnt ein Besuch der winzigen Einraumkapelle **Agios Antonios** im Ort **Avdou** (Schlüssel im Nachbarhaus). Die schönen, aber *ausgeblaßten Fresken* sind nur noch in ihrer Linienführung zu erkennen und wirken im jetzigen Zustand wie Grisailles. Kaum besser erhalten und in ihrer Ausführung sehr viel schlichter sind die Malereien von **Agios Konstantinos** außerhalb des modernen Dorfes (am nördlichen Ortsausgang Straße nach Aski, nach 800 m nach einer Brücke Wegkreuzung, wo man sich rechts halten muß und dann gleich bei der Kirche anlangt; Schlüssel im Kafenion im Ortszentrum). Die Kirche war auch außen mit Fresken geschmückt: Im Tympanon des gotischen Bogens über dem bäurisch verzierten Türsturz erkennt man den hl. Konstantin mit Kaiserkrone.

Eine besonders wundertätige Ikone – Panagia Kera Kardiotissa

***Panagia Kera Kardiotissa* ☆**
Eine zauberhafte Legende rankt sich um die idyllische Klosteranlage.

Das Marienkloster Kera Kardiotissa (*Kera* = *Kyria,* d. h. »Herrin«), am Nordabhang des Dikti-Gebirges in 650 m Höhe gelegen, verdankt seinen Ruf einer wunderbaren Legende, die für orthodoxe Spiritualität und religiöse Praxis auf Kreta so bezeichnend ist, daß sie hier erzählt sei: Eine wundertätige *Ikone der Madonna* – angeblich ein Werk des mittelalterlichen Heiligen Lazaros – wurde im Kloster verehrt. Ein Venezianer stahl das Bild jedoch und brachte es 1498 nach Rom, wo es heute in der Kirche San Alfonso (zwischen Esquilin und Stazione Termini) aufbewahrt wird; eine späte päpstliche Ordensgründung knüpft sich an dieses geraubte Bild, so daß es heute in Reproduktionen über die ganze Welt von den Philippinen bis Lateinamerika verbreitet ist. Im verwaisten Kloster Kera aber übernahm eine andere Ikone die Kraft des geraubten Bildes und heilte fortan die Krankheiten der Gläubigen.

Das in Panagia Kera Kardiotissa heute verehrte Bild der herrschaftlichen Muttergottes in Frontalansicht ist demjenigen in Rom keineswegs ähnlich, doch tut das nichts zur Sache, da die Bevölkerung der Umgegend ohnehin dieses als das ›ursprüngliche‹ Bild ansieht. Diese Ikone hingegen sei dreimal von den Türken geraubt und nach Istanbul gebracht worden, jedesmal jedoch habe es sich aus eigener Kraft zurückbegeben. Beim dritten Raub hätten es die Türken sogar an eine Säule in ihrer Hauptstadt gekettet, und da sei das Marienbild eben samt Säule und Kette nach Kreta zurückgeflogen. Ermüdet von der langen Reise, habe es kurz vor dem Kloster bei einem Felsen Rast gemacht und dabei einen riesigen Abdruck seiner rechteckigen Gestalt im Gestein hinterlassen – die *Apotyposis* neben einer Kapelle wird an jedem 8. September von Hunderten von Pilgern aufgesucht –, dann aber sei es das letzte Stückchen bis zum Kloster geflogen, habe die Säule im Garten abgestellt und in der Kirche seinen angestammten Platz eingenommen. Ein hoffentlich letztes Mal wurde die Ikone 1982 entwendet, doch auch diesmal kehrte sie schnell zurück, im Geleit einer großen Menschenmenge.

Die kleine **Monolithsäule** findet der Besucher in dem stillen blumengeschmückten Garten des heute von Nonnen bewohnten Klo-

Kera Kardiotissa: Im Vordergrund ist die kleine Säule zu sehen, auf die eine auf Kreta berühmte Marienlegende Bezug nimmt.

sters, die *wundertätige Ikone nebst Kette* in der Ikonostase des Altarraums der Kirche. Aufgehängte Votivplättchen mit Darstellungen von Augen, Beinen und anderen Körperteilen zeigen die dankbare Verehrung, die dem vielgeküßten Bild zuteil wird; die Kette hängt sich um, wer von Kreuzschmerzen oder Unterleibsbeschwerden geheilt werden will.

Der älteste Bauteil der Kirche ist der Altarraum: ursprünglich eine kleine Einraumkapelle; hieran wurde, leicht schräg versetzt, eine winzige Nebenkapelle angefügt und davor der große Hauptraum und der Narthex gesetzt. Alle drei oder vier Bauphasen gehören dem 14. Jh. an. Die beiden Stufen, die zum Altarraum führen, bestehen aus großen, hier wiederverwendeten spätantiken Blöcken mit Einlassungen für Schranken (5./6. Jh.).

Die 1970–73 bei Renovierungsarbeiten freigelegten *Fresken aus dem zweiten und dritten Viertel des 14. Jh.* zählen zu den schönsten und besterhaltenen auf Kreta. Die ältesten Malereien sind die des Altarraums: in der Apsiswölbung die Panagia mit dem Jesuskind, darunter Hierarchen; im Tonnengewölbe die Himmelfahrt, darunter Themen aus dem Marienleben sowie Heilige und Engel; am Tympanon die Verkündigung. Proportionen und Linienführung der bewegten Gestalten wirken sicher: Wie von selbst scheinen sich die Figuren in ihrer perspektivischen Modellierung und Tiefenerstreckung zu einem rhythmischen Flächendekor der Wand zu ordnen. Fließend und nicht auf abstrakte Chiffren reduziert sind die Gebärden und die geradezu rauschenden Gewänder. Alle Details sind dem Ganzen so zugeordnet, daß das Auge zwar eine Zeit lang bei ihnen verweilt, dann aber immer wieder zu Anordnung und Inhalt des gesamten Bildes zurückkehrt. Unterstützt wird dies durch reich differenzierte, aber in ihren Grundtönen immer wiederkehrende leuchtende Farben. Verwandt im Stil und von nicht minderer Qualität sind die etwas späteren Fresken der übrigen Raumteile. Die Darstellungen gehen hier, im Vergleich zur harmonisch noblen Altarraummalerei, mehr auf erzählerische Details ein. Im Mittelschiff sind außer dem Marientod vor allem Christus-Themen dargestellt, außerdem an einem Pfeiler eine gewisse Anna als Stifterin der Fresken. Hauptthema im Südschiff ist das Jüngste Gericht.

Die Lassithi-Hochebene

Lassithi-Hochebene ☆
Besonders sehenswert:
Agios Dimitrios in Agios Georgios
Zeus-Höhle bei Psychro

Das Lassithi-Becken in 830 m Höhe an der Nordflanke des Dikti-Gebirges ist die bei weitem größte der für Kreta so charakteristischen, rundum von Bergen abgeschlossenen Hochebenen (vgl. S. 19). Der fruchtbare Boden des fast kreisförmigen, völlig ebenen Plateaus wird jedes Frühjahr von der Schneeschmelze überschwemmt und ermöglicht seit Urzeiten intensive Landwirtschaft: in Antike und Mittelal-

Blick über die Lassithi-Ebene auf das Dikti-Massiv

ter Getreide-, heute Kartoffel- und Obstanbau. Ein Absinken des Grundwasserspiegels machte die Installation von Tausenden von Wasserpumpen erforderlich. Früher wurden diese Pumpen von Windrädern angetrieben, die mit ihren weißen Segeln der Ebene im Frühsommer von weitem das Aussehen einer riesigen Margeritenwiese verliehen. Inzwischen werden nur noch einige wenige dieser Windräder für die Touristen in Bewegung gehalten und das Wasser durch Dieselmotoren aus der Erde gepumpt.

Das **Kanalsystem,** das Teile der Ebene durchzieht, geht in seinen Ursprüngen auf die Venezianer zurück, die im 16. Jh. hier Korn für ihre Heimatstadt Venedig produzieren ließen; mehr als 200 Jahre lang hatte die Lassithi-Ebene brach gelegen, nachdem die Venezianer die rebellische Bevölkerung in einer Strafaktion vertrieben und bei Androhung des Todes verboten hatten, das Land zu bebauen.

Die großen Getreidemühlen am Seli-Ambelou-Paß stammen aus venezianischer Zeit. Sie besitzen keine Drehvorrichtung – auf den fast immer starken Nordwestwind konnte man sich hier verlassen.

Von den 21 Dörfern am Rand der Ebene sind manche inzwischen halb verlassen. Hauptort der Lassithi-Ebene ist **Tzermiado,** wo unzählige Reisebusse täglich Zwischenstopp machen, allerdings meist nur für einen Kaffee, vielleicht auch ein Mittagessen. Dann bieten die Bewohner ihre Waren feil und sind, sobald die Reisewelle durch den Ort geschwappt ist, wieder unter sich. Man findet in den Läden hübsche traditionelle Web- und Stickarbeiten, sollte sich aber ohne Groll vor Augen halten: Selbst die Nonnen in den Klöstern betreiben zwar ihre eigene Stickerei, kaufen aber bei Bedarf auch aus Fernost zu.

Auf ein interessantes Dokument des Selbstverständnisses kretischer Kultur im 19. und frühen 20. Jh. stößt man in **Agios Georgios.** Am Südrand des Dorfes steht die zweischiffige, der Genesis Theotokou (Mariengeburt) und dem hl. Dimitrios geweihte **Kirche** aus dem späten 19. Jh. mit hübschem Glockenturm aus dunklem Stein und einem *Portal*, in das Reliefs eingearbeitet sind, die aussehen wie spätantik-frühbyzantinischer Dekor des 7. oder 8. Jh. Sie stammen jedoch, nicht anders als die Kirche selbst, aus dem 19. Jh. Es handelt sich hier um eine sehr volkstümliche Bildkunst, wie sie ähnlich an Schnitzereien, Stick- und Häkelarbeiten, ebenso aber auch noch bei traditionellen Backwaren wiederzufinden ist.

Tip:
Eine der schönsten Aussichten im südöstlichen Mittelmeerraum genießt, wer vom Paß Seli-Ambelou aus über Krasi und Mochos zurück auf die New Road bei Malia fährt. Hinter Mochos überwinden zwei weit gezogene S-Kurven mehrere hundert Höhenmeter: An klaren Tagen reicht die Sicht bis weit an die Ost- und Westküste Kretas.

Hier liegt nicht etwa ungebrochene Tradition aus frühbyzantinischer Zeit vor, sondern vielmehr eine nationale Neubesinnung auf ›uralte Tradition‹ während und nach den Befreiungskriegen. Altbyzantinische Bau- und Skulpturenreste wurden damals gesammelt, in Zeichnungen publiziert und als heimatlich-byzantinisches Erbe verbreitet. Haben auch die Steinmetze von Agios Georgios und anderswo solche Bücher gezeigt bekommen und sich an diesen Mustern orientiert? Und haben auch die Hausfrauen nun nach diesen Bildvorlagen gestickt und gebacken?

Neben der Kirche ist in den Resten eines venezianischen Hauses ein kleines **Folklore-Museum** untergebracht, in dem man solche Erzeugnisse besichtigen kann. Ebenfalls neben der Kirche erinnert ein kleines **historisches Museum** an Leben und Wirken von Eleftherios Venizelos und von Nikos Kazantzakis.

Avrakondes ist Ausgangspunkt für eine Besteigung des 2148 m hohen Nordgipfels des Dikti, das Dorf **Psychro** für eine Besichtigung der gleichnamigen Höhle.

Missing Links zwischen minoischer und griechischer Kultur? – Die Zeus-Höhle am Dikti und die Gipfelsiedlung Karfi

Ida und Dikti waren die Gebirge des Zeus, und so wurde schon in der Antike darum gestritten, welche der beiden Höhlen – diejenige oberhalb der Nida-Hochebene an der Nordflanke des Psiloritis oder diejenige am Dikti – der Geburtsort des Gottes sei. Ob die **Zeus-Höhle bei Psychro** *(Dikteon Andron)* oberhalb des Lassithi-Beckens überhaupt mit der in der Antike legendären Dikti-Höhle zu identifizieren ist, bleibt unsicher. Gewiß ist aber, daß diese in 1025 m Höhe gelegene durch ihre bizarren Stalaktiten- und Stalagmitenformationen besonders eindrucksvolle Grotte vom frühen 2. Jt. bis in archaisch-griechische Zeit als Kultplatz diente. In und vor der Höhle wurde gebetet und an kleinen Altären geopfert, vor allem aber wurden unzählige Weihegaben deponiert (ein großer Teil der Objekte befindet sich heute im *Ashmolean Museum* in Oxford). Gefunden wurden hier steinerne Libationsvasen und Lampen, weibliche und männliche Adorantenfiguren aus Bronze, Doppeläxte, Miniaturwagen, Reliefsiegel und Tontäfelchen mit Linear A-Schrift.

Die Kontinuität in der Nutzung dieser Kultstätte scheint somit über jeden Zweifel erhaben. Doch drückt sich hierin auch eine kulturelle Kontinuität zwischen der Welt der Minoer und derjenigen der späteren Griechen aus? Religiöse Riten knüpften hier offenbar stets von neuem an Altes an, verwoben sich mit Vorgefundenem. Das aber impliziert nicht notwendig einen nahtlosen Übergang, eine lineare Fortentwicklung von der spätminoischen zur frühgriechischen Epoche. Im Gegenteil: Die reichen Funde der Zeus-Höhle bei Psychro belegen eindrucksvoll das stufenweise Abebben der minoischen Tradition. Darauf folgte eine mehrere Jahrhunderte andauernde Periode äußerst weniger und relativ einfacher Devotionalien und erst mit dem 7. Jh. v. Chr. wieder ein Anwachsen der – nun gänzlich andersartigen – Votive. Die Höhle ist auf Stegen begehbar, ratsam sind Wanderstiefeln (vom Parkplatz oberhalb des Dorfs Psychro 20 Min. Fußweg; man kann auch ein Maultier mieten).

Lesetip:
Das an Mythen reiche Dikti-Massiv ist Hintergrund des auf Kreta lokalisierten Kriminalromans ›Bericht von einem vorbestimmten Mord‹ von Jorgi Jatromanolakis. Jatromanolakis wurde 1940 auf Kreta geboren und erhielt 1983 für seinen Roman ›Schlaf der Rinder‹ den Ersten Griechischen Nationalpreis für Literatur sowie den Nikos-Kazantzakis-Preis.

Zu den Besuchern der Zeus-Höhle müssen während der Übergangszeit zwischen der spätminoischen und der frühgriechischen Epoche auch die Bewohner der unweit gelegenen Bergstadt **Karfi** gehört haben. In mehr als 1100 m Höhe siedelten sie sich auf dem »Nagelkopf« (griech. *Karfi*) an, einem an den Seiten fast senkrechten Felskegel, ohne jegliches bebaubares Land, ja sogar ohne Quelle. Alles Lebensnotwendige mußte von weit her herangeschafft werden: Getreide und Gemüse aus der Lassithi-Hochebene, Fleisch, Wolle und Milchprodukte von den Almen unterhalb des Felsmassivs, Brennholz aus den Tälern. Und doch entwickelte sich hier zwischen ca. 1190 und 1050 v. Chr. eine regelrechte Stadt mit mehr als 3000 Einwohnern und mit Kultplätzen, deren im Archäologischen Museum von Iraklion ausgestellte Votivgaben – insbesondere Tonfiguren von ekstatischen Adorantinnen oder Göttinnen in Trance – noch unverkennbar minoischer Tradition folgen.

In altminoischer Zeit hatte hier ein Gipfelheiligtum bestanden, doch niemand wäre auf die Idee gekommen, hier zu siedeln. Nur in äußerster Bedrohung können sich Menschen einen solch unwirtlichen Platz als Wohnsitz gewählt haben, und solche Zeiten müssen es auch gewesen sein, in denen diese offenbar letzten ›Ureinwohner‹ Kretas (sog. *Eteokreter*) zurückgezogen aber offenbar autark – möglicherweise als Räuber – auf diesem im Winter sturmumtosten Felsgipfel lebten. Im 10. Jh. v. Chr. wurde, wie aus dem Abbrechen der Keramikfunde zu schließen ist, auch diese Siedlung verlassen – kein ›missing link‹ also im Sinne einer kontinuierlichen Fortentwicklung zwischen minoischer und griechischer Lebensweise und Zivilisation. Man erreicht Karfi auf markierten Wanderwegen von Kera oder Tzermiado aus (jeweils 2 Std.).

Am Golf von Mirabello

Agios Nikolaos – Perle Ostkretas zwischen Tradition und Tourismus

Mirabello, »schöner Anblick«, nannten die Genuesen ein von ihnen zu Anfang des 13. Jh. hier errichtetes, später von den Venezianern zerstörtes und heute gänzlich abgetragenes Kastell. Auf dieses Kastell bezieht sich noch heute der Name der ganzen Bucht – zu Recht, denn von allen Seiten bietet der weite, im Westen von den Steilfelsen der Thripti-Berge malerisch gerahmte Golf ein unvergeßliches Panorama. Auch die Stadt Agios Nikolaos selbst verdiente durchaus diesen Namen: nicht wegen sehenswerter Bauten, sondern aufgrund ihrer zauberhaften Lage zu beiden Seiten eines gegen das Meer vorspringenden Bergrückens, der den Ort in zwei Uferbereiche teilt: den südöstlichen mit dem Jachthafen und einer kleinen Sandbucht und den nordwestlichen mit dem Haupthafen und dem dahinter liegenden Voulismeni-See.

In der Antike war Agios Nikolaos lediglich Hafen des landeinwärts gelegenen Lato (s. S. 220). Auch während der byzantinischen und venezianischen Epoche erlangte der Ort kaum Bedeutung, erst in der zweiten Hälfte des 19. Jh. begann die Siedlung zu wachsen. Heute ist Agios Nikolaos mit ca. 10 000 Einwohnern Kretas fünftgrößte Stadt und Sitz der Bezirksregierung Ostkretas. Der Ort expandiert dank zahlreicher Arbeitsplätze im Dienstleistungssektor, vor allem im Tourismus. Der seit den 1970er Jahren boomende Fremdenverkehr hat hier keine traditionell vorhandenen Strukturen zerstört, sondern zu einer urbanen Atmosphäre beigetragen. Stadtzentrum der Einheimischen ist die Platia E. Venizelou – von den Anwohnern schlicht *Platia Kentriki* genannt – samt angrenzenden Straßen mit ihren vielen Läden und belebten Tavernen. Treffpunkte der Touristen dagegen sind die Bars und Terrassenrestaurants, die das Nord- und Ostufer des **Voulismeni-Sees** in dichter Reihe säumen. Tatsächlich genießt man von hier einen wundervollen Ausblick auf die tiefblaue Wasserfläche des auf seiner Westseite von senkrechten Felsen begrenzten, über 60 m tiefen Binnensees, der von unterirdischen Quellen gespeist wird; seit dem 19. Jh. verbindet ihn ein schmaler Kanal mit dem Hafenbecken. Am Nordufer des Sees weist, mitten im größten Touristengewühl, ein Schild auf ein privates **Volkskundemuseum** (1) hin: in Wahrheit ein Kuriositätenkabinett, das einen Besuch kaum lohnt. Auch die **Panagia-Kirche** (2) mit Fresken des 14. Jh. ist nicht sehenswerter als Hunderte anderer kretischer Dorfkirchen.

Sehr viel interessanter ist das dem Patron der Seefahrer geweihte **Nikolaos-Kirchlein** (3), nach dem die Stadt in der Neuzeit benannt wurde. Es liegt auf einer kleinen Halbinsel im Nordwesten, auf dem Gelände des Luxus-Hotels *Minos Palace* (Schlüssel dort an der Rezeption). Die Einraumkapelle, deren mittleres Joch von einer kleinen Kuppel überwölbt ist, birgt *Freskenreste des 14. Jh.* von hoher

Agios Nikolaos ☆
Besonders sehenswert:
Voulismeni-See
Agios Nikolaos-Kirche ☆
Archäologisches Museum ☆

Tip:
Agios Nikolaos bietet sich an als Ausgangspunkt sowohl für die Besichtigung archäologischer und kunsthistorischer Stätten der umliegenden Region als auch für Bergwanderungen im Dikti-Gebirge. Die Küste im Osten von Agios Nikolaos ist felsig und wild zerklüftet; dazwischen liegen – von der Landstraße über befahrbare Wege erreichbar – geschützte, nach wie vor einsame Kies- und Sandstrände (z. B. bei Istro, Pachia Ammos und Tholos).

◁ Agios Nikolaos, Blick über den Voulismeni-See auf Stadt und Golf von Mirabello

Agios Nikolaos
1 Volkskunde-Museum
2 Panagia-Kirche
3 Agios Nikolaos (Richtung)
4 Archäologisches Museum

Qualität. Darunter aber entdeckt man – einzigartig auf Kreta – noch anikonische, d. h. figurenlose, rein geometrisch-ornamentale Fresken. Ob diese in hell-bunten Farben gemalte und eher wie ein Küchenanstrich wirkende erste Freskenschicht allerdings, wie ihr Dekor zunächst vermuten läßt, noch der Zeit des Bilderstreits, d. h. dem 8. Jh. oder frühen 9. Jh., angehört oder erst im 11. Jh. entstand und nur jener älteren Tradition folgt, ist noch ungeklärt; in jedem Falle aber handelt es sich hier um die ältesten auf Kreta erhaltenen byzantinischen Fresken.

Archäologisches Museum

Das 1972 eingerichtete Archäologische Museum (4), dessen Räume sich um ein offenes Atrium herum gruppieren, präsentiert in chronologischer Abfolge Funde aus Ostkreta von der frühminoischen bis zur römischen Epoche.

Saal I: Aus einer Höhle bei Kato Zakros stammt ein *neolithisches Kultmal,* in dem viele Betrachter die Form eines Phallus erkennen wollen; Dolchklingen, Angelhaken und älteste *minoische Keramik* (3000–2300 v. Chr.; vgl. Abb. S. 38) wurden in der Nekropole von

Agia Fotia und in Myrtos gefunden. **Saal II:** Neben *Goldschmuck* und *ägyptisierenden Steingefäßen aus Mochlos* mit wunderbarer Maserung (2. Hälfte 3. Jt. v. Chr.) sowie Tonsiegeln, Täfelchen mit Linear-A-Schrift und Webgewichten beeindruckt hier vor allem die ›*Göttin von Myrtos*‹: ein Ton-Rhyton in Gestalt einer Frau mit stangenartig langem Hals, die in ihrem linken Arm ein Gefäß hält, aus dessen Mündung die Trankspende beim Opfer gegossen wurde.

Aus einer Nekropole von Agios Nikolaos stammt ein Totenschädel des 1. Jh. n. Chr. mit Goldkranz und ›Charon-Münze‹ im Mund, als Obulus für den Fährmann ins Jenseits.

Saal III: Herausragendes Exponat ist hier ein *Stein-Rhyton aus Malia,* das täuschend ähnlich eine Tritonschnecke nachahmt und außen mit einer Reliefdarstellung versehen ist: Zwei orientalische Löwendämonen bringen ein Trankopfer dar; während der eine das Gußgefäß hält, bläst der andere in eine Tritonmuschel – direkter Rückbezug der Darstellung auf ihren Träger und seine rituelle Verwendung. Eine Tonfigur aus Myrsini bei Sitia zeigt eine Adorantin oder *Göttin mit zum Gebet gefalteten Händen.*

Saal IV enthält spätminoisches und frühgriechisches Material, vor allem aus dem Gebiet von Sitia.

Saal V: Funde der geometrischen bis früharchaischen Epoche (9.–6. Jh. v. Chr.) aus den Gebieten um Agios Nikolaos und Sitia, darunter Tonplaketten mit in Matrizentechnik hergestellten Reliefs, die – in stets identischer Form – nackte und bekleidete Göttinnen im ›dädalischen Stil‹ sowie Wagenfahrten zeigen. Aus Sitia stammt der *Kopf einer handmodellierten Statuette des 7. Jh. v. Chr.* Die **Säle VI und VII** enthalten weitere griechische und römische Objekte.

Die Panagia Kera-Kirche von Kritsa

In der von Olivenbäumen bestandenen Ebene unterhalb des malerischen Hangdorfs Kritsa steht die wegen ihres fast komplett erhaltenen byzantinischen Freskenschmucks berühmte Kirche der Panagia Kera. Die dreischiffige Anlage ist in ihrem zentralen Joch von einer Kuppel überwölbt, die nach okzidentaler Bauweise durch vier Rippenbögen gegliedert und statisch unterstützt ist. Ob zunächst nur das Mittelschiff als Einraumkapelle errichtet und die Seitenschiffe später angefügt wurden oder das Ganze in einem kontinuierlichen Bauprozeß entstand, ist nicht geklärt. Für die drei Schiffe müssen jedenfalls verschiedene Stifterfamilien verantwortlich gewesen sein, und die Freskenausstattung erstreckte sich über die gesamte erste Hälfte des 14. Jh.

Panagia Kera bei Kritsa ☆☆ Nirgends sonst auf Kreta ist byzantinische Freskenkunst so vollständig erhalten wie in dieser Kirche des 14. Jh.

Die ältesten und konventionellsten Fresken sind diejenigen im **Mittelschiff.** In der Darstellung des Personariums und der Inszenierung des kulissenartig flachen Bildraums folgten die Maler paläologischen Vorbildern der Hauptstadt Konstantinopel, wie sie sich etwa in der Kahrye Čami erhalten haben. Die dort strahlende Farbigkeit ist hier allerdings auf Braun- und Ockertöne abgeschwächt, die bewegte

Panagia Kera-Kirche von Kritsa: Wie ein ruhendes Tier an den Boden geschmiegt wirkt der Bau mit seinen schrägen Strebemauern an den Seiten.

Gestik der Figuren unbeholfen umgesetzt. Mit Einzelchiffren aus einem höfisch-eleganten Stil wird hier eher das Gegenteil verwirklicht – und vielleicht auch angestrebt: eine derb realistische, theologisch-didaktische Zeichensprache. Zugleich finden stilistische Zitate italienischer Malerei Eingang in diese Bilder, bei der Zeichnung von Landschaften ebenso wie bei den Gesichtern mancher Figuren. Auch thematisch sind italienische Einflüsse spürbar: Wie ein Gast taucht unter den orthodoxen Heiligen Franziskus (s. Plan Nr. 6) als Mönch mit Tonsur und in brauner Kutte auf.

Konsequenter und kühner sind erzählerische und porträthafte Details in dem der hl. Anna geweihten **südlichen Seitenschiff** ausgebreitet: Ob es die reich gedeckten Tische in biblischen Szenen, die Ritterrüstungen von Landsknechten oder die Trachten und derben Gesichter von bäurischen Gestalten der biblischen Geschichte sind, immer wieder hat man den Eindruck, daß hier Heilsgeschichte in Szenen zeitgenössischen Lebens übersetzt wurde, die bei aller Stilisierung äußerst genau und treffend geschildert sind. Auch in der Farbgebung von Figuren und Landschaft sind diese Bilder sehr viel

Themenübersicht der Fresken in der Panagia-Kera-Kirche

Mittelschiff:
1 Panagia Platytera (die Muttergottes als Symbol der Inkarnation); an der Seite: Verkündigung
2 Kirchenväter (Hierarchen)
3 Himmelfahrt
4 Heilige
5 Christus-Themen (u. a. Taufe, Einzug in Jerusalem); Erzengel, Propheten, Evangelisten
6 hl. Franziskus
7 Heilige
8 Maria im Tempel
9 Abendmahl
10 Christi Geburt
11 Kindermord des Herodes
12 Gastmahl des Herodes
13 Abstieg Christi in die Unterwelt
14 Paradies
15 Kreuzigung
16 Höllenstrafen

Rechtes (südliches) Seitenschiff:
17 hl. Anna (Brustbild)
18 die Liturgie feiernde Kirchenväter
19 Geschichten von Anna und Joachim: Verkündigung an Joachim im Zelt; Annahme des Opfers; Begrüßung an der Goldenen Pforte; Gebet der Anna im Garten
20 Marienlegende (apokryph): Segnung durch den Hohepriester; Mariä Geburt;

nuancierter als die des Mittelschiffs. Thema ist hier die Mariengeschichte, die sich um das Dogma der jungfräulichen Empfängnis rankt und bis in theologisch abseitige Details – Prüfungen der Jungfräulichkeit, die Zweifel des Vaters Joachim (s. hintere Umschlaginnenklappe) und Marias Kummer über die Schwangerschaft, die geschlossene Pforte als Symbol für Mariens Schoß – verfolgt wird.

Gänzlich ungewöhnlich sind die, wahrscheinlich jüngsten, Bilder des **Nordschiffs:** In der Apsis erscheint zwar das übliche Ausstattungsprogramm mit dem Pantokrator; »Kommt alle zu mir, ihr mit Mühsal Beladenen!« steht, beziehungsreich für die zum Gottesdienst Versammelten, im aufgeschlagenen Buch. Dann aber wird in großformatigen Szenen über die gesamte Wölbung des Schiffs die Wiederkehr des Weltenherrschers am Jüngsten Tag erzählt, die an der Westwand mit der Seelenwägung und den Höllenstrafen für die Verdammten endet. Die Seitenwände sind, wie in den übrigen Schiffen auch, mit Heiligenbildern bedeckt, deren Vielzahl zuweilen nur noch durch hintereinander gestaffelte Heiligenscheine bildlich umgesetzt werden konnte.

Die Fülle dieser bäurisch einfachen Heiligenbilder auf so engem Raum – viele davon, bei allem Einzelrealismus, doch in stereotyper Wiederholung – ist für heutige mitteleuropäische Betrachter etwas Fremdartiges. Man sollte sich aber vor Augen halten: Es geht hier nicht um Abwechslung, es geht um die bildhafte Vergegenwärtigung aller Heiligen. Die Bilder sind so etwas wie eine gemalte Litanei, in der heilsgeschichtlich bedeutsame Inhalte zwar singulär herausgestellt werden, zu der Vollständigkeit der Heilsgemeinschaft und damit

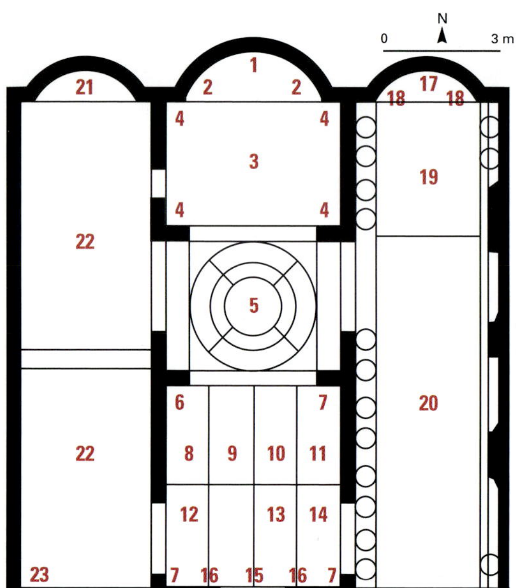

Darstellung des hl. Petros von Alexandria und des hl. Gregorios an einer Seitenwand im Südschiff

Repetition als konstitutives Element ebenso dazugehört. Andächtige Betrachter konnten sich in diesen Bilderkosmos einfügen und im Gebet sich als Teil der Gemeinschaft aller Heiligen empfinden.

Eine selbsterlebte Begebenheit kann diese religiöse Praxis vielleicht besser illustrieren als kunsthistorische Begriffe: In einer kahlen Talsenke im Süden Kretas lebte bis vor kurzem ein uralter Eremit, der sich im Laufe der Jahrzehnte dort ein winziges Paradies geschaffen hat: Auf mühevoll angelegten Terrassen stehen, in Miniaturformat, von ihm selbst erbaute weißgetünchte Kapellen zwischen liebevoll bewässerten Zypressen, Oliven und schattenspendenden Eukalyptusbäumen. Als meine Frau und ich vor Jahren dort hin kamen, empfing uns der alte Mönch herzlich, mochte aber über Religiöses zunächst nicht sprechen, sondern bot uns die *agapi* – das orthodoxe Liebesmahl – an: trockenes Brot, Wasser und Oliven. Schweigend sah er uns zu bei dieser Mahlzeit, während seine Gefährtin, eine nicht minder uralte Nonne, die ihn betreute, damit beschäftigt war, Wespen mit Zuckerwasser anzulocken und sie dann in einem Glas zu ersäufen – eine wahre Sündenplage, die ständig neu erzeugt wurde, um dann um so intensiver bekämpft zu werden. Um Sühne und Verdammnis ging es im anschließenden Gespräch: Der Eremit befragte mich zu Heiligen, Erzengeln und Patriarchen, auf deren Bilder er deutete und deren Legenden er mir erzählte. Kannte ich den betreffenden, war's gut, kannte ich ihn nicht, wog der alte Mann bedenklich den Kopf. Endlich kam er zum Ergebnis, daß es noch Hoffnung für mich gebe, doch einige Jahre Buße in der Unterwelt seien bei meinem – wie ich mir einbildete, immerhin ordentlichen – Kenntnisstand als angemessene Sühne zu erwarten.

Daß viele Betrachter gerade von diesen provinziell bäurischen Bildern so fasziniert und angerührt sind, beruht auf deren teils freiwilli-

Fortsetzung (Nr. 20): Wasserprobe vor dem Hohepriester; Liebkosung; Trauer und Traum Josephs; Tempelgang; Reise nach Bethlehem; Muttergottes verschließt einem Hohepriester die Tür. *An den Seitenwänden:* Heilige; *über der Tür:* Stifterinschrift

Linkes (nördliches) Seitenschiff:
21 Pantokrator
22 Jüngstes Gericht und Paradiesverheißungen (u. a. Märtyrer, Kluge und Törichte Jungfrauen, Auferwekkung des Lazarus); Auferstehung der Toten, die von Land und Meer zurückgegeben werden; Seelenwägung; Höllenstrafen. *An den Seitenwänden:* Heilige
23 Familienbild der Kirchenstifter

Agios Ioannis Prodromos und Agios Georgios sind zwei weitere Kirchen mit Fresken des 14. Jh.; sie sind jedoch in aller Regel verschlossen und können nur nach Anfrage beim Papas von Kritsa besichtigt werden.

ger, teils unfreiwilliger Distanz zu den östlichen wie westlichen Vorbildern. Natürlich wollte diese Malerei nicht naiv und auch nicht rückständig sein, ihre heutige Betrachtung aber ist von dieser Komponente nicht zu trennen. Es ist jener altmodische und selektive Umgang mit formalistisch byzantinischer Tradition auf der einen und psychologisierender und rationalisierender westlicher Malweise auf der anderen Seite, der diese Bilder heute interessant macht und unerwartete Sympathien auf sich lenkt. Dies mag z. T. Ausdruck und Spiegel gegenwärtiger Verunsicherungen und Distanzierungen gegenüber ›Fortschritt und Modernität‹ sein.

Dorische Bergsiedlungen und der antike Hafen Olous bei Spinalonga

Lato

Griechische Siedlungen im Nordosten
Besonders sehenswert:
Lato ☆
Spinalonga-Kalidona ☆

Das antike *Lato* ist von Kritsa aus auf einer Stichstraße zu erreichen, die an einem Parkplatz unterhalb des Ausgrabungsgeländes endet. Wie Dreros (s. S. 223) liegt auch diese im 8. Jh. v. Chr. gegründete Siedlung auf einem hohen Bergsattel mit grandiosem Fernblick auf den Golf von Mirabello und das Binnenland; und wie das kleine Dreros macht auch diese sehr viel größere Stadt mit ihren – teilweise recht gut erhaltenen – Gebäuden des 4. und 3. Jh. v. Chr. einen ausgesprochen rustikalen und wehrhaften Eindruck. Alles wirkt hier grobschlächtig und krumm, die Straßenführung und Gebäudeanordnung ebenso wie die einzelnen Architekturen: ein auffälliger Kontrast zur baulichen Sorgfalt und architektonischen Verfeinerung spätklassischer und hellenistischer Städte auf dem griechischen Festland und in der Ägäis. Polygonales Mauerwerk wird an den ausgesetzten Kanten durch rechtwinkelige Quader begrenzt; besonders an Türgewänden sind großdimensionierte Blöcke verwendet. Lato war nicht von einem durchgehenden Mauerring umzogen, sondern wurde durch einzelne, sicherlich von bewaffneten Truppen besetzte, Bollwerke geschützt.

Rundgang

Man betritt die Stadt durch eine **Toranlage** (1), die von einem mächtigen Turm aus *Polygonalmauerwerk* gesichert ist. Von hier windet sich eine gepflasterte Gasse steil den Hang hinauf. Links schützt ein weiterer **Wachturm** (2) die Siedlung, rechter Hand liegen, auf Terrassen gestaffelt, **Handwerksbetriebe und Läden** (3). Man erkennt die verschiedenen Gewerbe am Inventar der Räume: Eckige und runde *Steinbottiche* gehörten zu einer Färberei, in den Felsen gehauene

Die Freitreppe an der Agora von Lato bot als Sitzgelegenheit bei religiösen Festen oder Versammlungen der Bürgerschaft ca. 250 Menschen Platz.

oder einzeln aufgestellte Mahlsteine zu einer Mühle oder Bäckerei. Viele Räume verfügen über eigene Zisternen. Die meisten Betriebe waren nicht nur separat von der Straße aus zu betreten, sondern über Rampen und Treppen auch untereinander verbunden, was auf enges Zusammenarbeiten der hier tätigen Menschen schließen läßt.

Oberhalb dieses Handwerkerviertels liegt im Sattel zwischen zwei Bergrücken die **Agora** der Stadt. Man stößt zunächst auf eine lang-

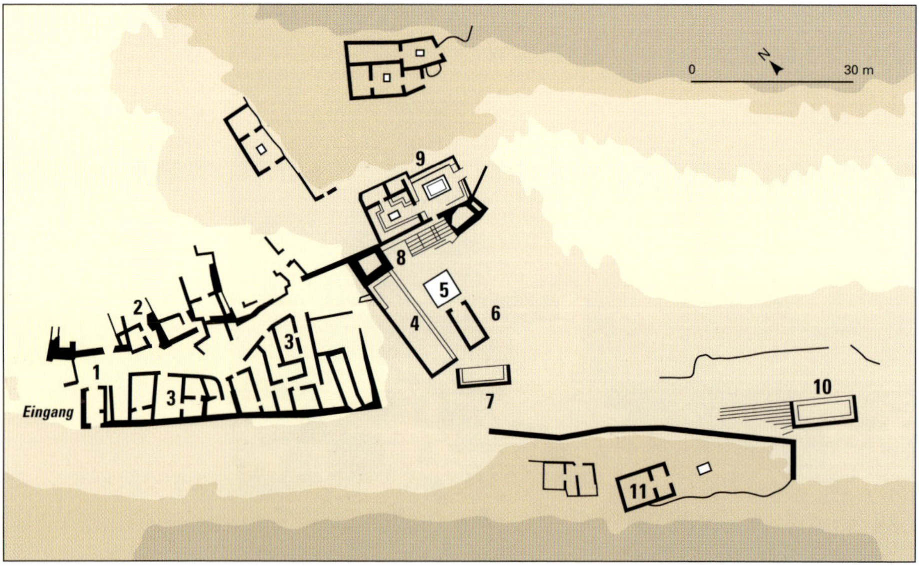

Lato
1 Toranlage
2 Wachturm
3 Handwerksbetriebe und Läden
4 Halle
5 Zisterne
6 Tempel
7 Exedra
8 Freitreppe
9 Prytaneion
10 Rechteckige Exedra
11 Haupttempel der Stadt

gestreckte **Halle** (4) mit einem Fußboden aus grauen Flußsteinen, der von einer kreisrunden Steinsetzung überlagert ist: einem in der Neuzeit hier angelegten Dreschplatz; *dorische Kapitelle* von eigenartiger Topfform, die zu Säulenstellungen in Parterre und Obergeschoß gehörten, liegen am Boden. In der Mitte der Agora dominiert eine große **Zisterne** (5), deren Abdeckung von hohen Säulen gestützt wurde und zu deren Boden eine Steintreppe hinunterführt. Davor erkennt man die Grundmauern eines schlichten **Einraum-Tempels** (6) ohne Säulen aus dem 6. Jh. v. Chr. sowie einer rechteckigen **Exedra** (7). Der Platz wird im Norden gerahmt von einer breiten **Freitreppe** (8), die auf beiden Seiten von turmartigen Bauten flankiert wird: wahrscheinlich Ort der Bürgerversammlung und Sitzgelegenheit für die Teilnehmer religiöser Festveranstaltungen. Auf der Plattform darüber liegt das **Prytaneion** (9), ein Amtsgebäude mit einem Saal für Bankette, Archivräumen und einem offenen Peristylhof rechts; dahinter zieht sich die Wohnstadt den Akropolis-Berg hinauf.

Der gegenüberliegende Hang im Süden ist durch zwei lange Terrassenmauern gestützt. Auf der unteren Plattform befindet sich eine weitere rechteckige **Exedra** (10), daneben sieht man eine Reihe von Treppenstufen, die wiederum als Tribüne gedient haben müssen: möglicherweise bei Sportveranstaltungen. Auf der oberen Terrasse steht, unmittelbar an den steilen Berghang gelehnt, der in seinem Sockelbereich vollständig erhaltene **Haupttempel** (11) der Stadt: ein reiner Cella-Bau mit Vorhalle, ohne Säulen selbst an seiner Frontseite. An der Rückwand stand auf einem *Steinpostament* die Kultstatue: wohl Leto (Mutter von Apollon und Artemis): Patronin und

Namensgeberin der Stadt. Auch der dreistufige Opferaltar vor dem Tempel ist erhalten. Die im Gelände nur schwer erkennbaren Häuser der Siedlung glichen, jedes für sich, einer kleinen Festung. Das Ende der Stadt scheint aber nicht durch Krieg herbeigeführt worden zu sein, sondern es müssen wohl wirtschaftliche Gründe gewesen sein, die im 2. Jh. v. Chr. die Menschen dazu veranlaßten, aus dieser herben Berglandschaft wegzuziehen und sich in küstennäheren und fruchtbareren Gebieten des Golfs von Mirabello anzusiedeln.

Dreros

Von der Strecke Neapolis/Elounda zweigt eine ausgeschilderte Stichstraße zu einem Parkplatz unterhalb der antiken Siedlung *Dreros* ab; von hier führt ein kurzer markierter Pfad vorbei an den antiken Bauresten bis zum Gipfel mit seiner weiß getünchten Kapelle, von wo man einen weiten Ausblick auf die Mirabello-Bucht und das Binnenland genießt. Wie die übrigen Gründungen des frühen 1. Jt. auch, liegt Dreros in gehörigem Abstand zum Meer im Sattel eines das umliegende Land beherrschenden Berges. Und wieder ist es geradezu bestürzend zu beobachten, von welch bescheidenen, ja primitiven Anfängen der später so gefeierte griechische Tempelbau seinen Ausgang nahm. Denn der **Tempel von Dreros** gleicht so sehr einer der vielen im Gelände anzutreffenden Hirtenbehausungen und Schafställe, daß man ihn tatsächlich genau dafür halten könnte, wären nicht hier die heute im Archäologischen Museum von Iraklion ausgestellten Bronzefiguren des 7. Jh. v. Chr. gefunden worden.

Tip:
Von Neapolis lohnt der kurze Abstecher in das Gebirgsnest Vrachasi mit seinem venezianischen Dorfbrunnen, seinen alten Wohnhäusern und traditionellen Handwerksbetrieben. Der Ort, in den sich bisher nur wenige Touristen verirren, steht als Gesamtensemble unter Denkmalschutz.

Der schmucklose Eingang lag an der nördlichen Schmalseite (heute betritt man den Bau von seiner Querseite). In der Mitte des Raums, dessen Holzdach von zwei Säulen abgestützt war, erkennt man die schlichte viereckige **Steinfassung einer Feuerstelle,** wie sie ein Hirte hier gerade benutzt haben könnte – das kultische Zentrum der Anlage! –, an der Rückwand die gemauerte Bank, auf der die Kultbildgruppe stand. Der südlich angrenzende, ebenso anspruchslose, Gebäudekomplex wird als Ratssitz gedeutet. Unterhalb davon lag die Agora der kleinen Stadt: von einer Treppentribüne wie in Lato gesäumt. Die tiefe **Zisterne** am Rande des Platzes wurde in hellenistischer Zeit angelegt. Von den Häusern der Siedlung ist im Gestrüpp der Macchia nur wenig zu entdecken.

In der Zisterne von Dreros fanden sich, von der Wand des Tempels herabgefallen, Griechenlands älteste Gesetzesinschriften aus dem 7. Jh. v. Chr.

Spinalonga

Spinalonga, »langer Dorn«, nannten die Venezianer die Elounda vorgelagerte kahle Halbinsel, die heute nur durch einen Damm und eine Brücke mit dem Festland verbunden ist. Ende des 19. Jh. stachen französische Ingenieure einen Kanal durch die Landenge und trennten Spinalonga so vom Festland ab. Auf dem einst breiteren Isthmus lag

Spätantikes Fußbodenmosaik der Basilika von Elounda. Wie ein unregelmäßig zusammengesetzter Teppich wirkt das Ganze, und tatsächlich waren es, wie Dedikationsinschriften verraten, mindestens 3 Personen – ein Theodoros, An[taxios] und Heliodoros –, die »ob ihrer Erlösung« bzw. »Errettung« den Mosaikfußboden stifteten.

das antike **Olous,** der Hafen von Dreros. Die Küstensenkung Ostkretas in der Spätantike aber ließ die Siedlung allmählich im Meer versinken, so daß heute nur noch einige Mauerzüge im flachen Wasser auszumachen sind. Erhalten haben sich jedoch (rechts der Windmühle hinter einer Taverne) Grundmauern einer dreischiffigen **Basilika des 5. Jh.** und in deren Mittelschiff ein großes *Fußbodenmosaik* mit floralem und geometrischem Dekor sowie zwei Bildfeldern mit Delfinen und Fischen. Ob die Mosaiken, wie die Basilika selbst, noch dem 5. Jh. oder aber erst dem 6. Jh. entstammen, ist ungeklärt.

Spinalonga heißt nicht nur die große Halbinsel, sondern – häufig mit dem Zusatz *Kalidona* – auch ein Eiland im Norden davon, das per Boot von Elounda oder, noch näher, von Plaka aus zu erreichen ist. Hier errichteten die Venezianer 1579 ein gewaltiges kanonenbestücktes Fort, das die Hafeneinfahrt von Elounda kontrollierte und von dem noch ein Großteil der Bastionen steht. Unter der türkischen Herrschaft war die Festung strategisch bedeutungslos, nach der Angliederung Kretas an den griechischen Staat aber erhielt die kleine Felseninsel eine neue Funktion als Ghetto für Leprakranke, die man aus ganz Griechenland zwangsweise hierher brachte. Besuch von Angehörigen durften sie zwar empfangen, doch die Insel zu verlassen war ihnen auf Lebenszeit verboten. Die Maßnahme scheint grausam, doch lebten die damals unheilbar Kranken hier besser als an ihren Heimatorten, wo sie, als ›Aussätzige‹ von ihrer Dorfgemeinschaft verstoßen und auf Almosen angewiesen, zumeist in größtem Elend dahinvegetierten. Auf Spinalonga entwickelten sie eine eigene Infrastruktur mit Läden, einer Taverne und sogar einer Spielstätte für Theateraufführungen. In den 1930er Jahren wurde ein Krankenhaus gebaut, nach dem Zweiten Weltkrieg die heute als Ruinen zu besich-

Blick auf die Festung der Leprainsel Spinalonga-Kalidona

tigenden Wohnblöcke. 1957 wurde die Quarantänestation, die als Kulisse der vom BBC gesendeten Fernsehserie ›*Who pays the ferryman?*‹ (Wer bezahlt den Fährmann, d. h. den Totenbegleiter Charon?) in den Blickpunkt der Öffentlichkeit gerückt war, aufgelöst.

Literaturtip:
M. J. Bird, ›Who pays the ferryman?‹ (Athen 1981)

Minoische Siedlungen am Golf von Mirabello

Gournia

Minoische Siedlungen am Golf von Mirabello
Besonders sehenswert:
Gournia ☆
Vassiliki ☆

Auf einem sanft ansteigenden Hügel in der Nähe des Meeres liegt an der schmalsten Stelle Ostkretas – und damit der kürzesten Landverbindung zum Süden – die minoische Stadt Gournia: Seit Beginn des 20. Jh. wird Gournia von amerikanischen Archäologen in verschiedenen Kampagnen ausgegraben und vom griechischen Antikendienst sorgfältig konserviert, so daß man hier beim Durchwandern der Straßen mit ihren bis in beträchtliche Höhe erhaltenen Häusergruppen einen plastischen Eindruck dieser Großsiedlung des 2. Jt. v. Chr. gewinnt. Keramikfunde belegen, daß der Ort schon im 4. Jt. besiedelt war; die heute sichtbaren Strukturen aber stammen aus der Alten und – mehrheitlich – der Neuen Palastzeit, d. h. dem 18.–15. Jh. v. Chr. Gournia wurde, zusammen mit den Zentren von Kato Zakros, Malia und Festos gegen 1500 v. Chr. zerstört und bald darauf noch einmal für eine kurze Periode von Mykenern besiedelt, danach aber gänzlich verlassen.

Gewundene Pflasterstraßen und Treppenwege teilen die Stadt in annähernd gleich große Quartiere, deren Häuser agglomeratartig ineinander gebaut sind und die enge Sozialgemeinschaft der Bevölkerung dokumentieren. Viele der terrassenförmig angelegten Häuser sind miteinander durch Treppen verbunden und waren von der Straße her nicht direkt zugänglich. Wie noch heute im Jemen wurden die unteren Stockwerke offenbar vom Dach her über Leitern erschlossen, und wie dort bestanden die Häuser nur im unteren Bereich aus Steinmauern, die Fensterwände darüber waren aus Fachwerk und Lehmverstrich gefügt: ganz so, wie man es auf dem ›Stadtmosaik‹ von Knossos (s. Abb. S. 41) sieht. Die Außenmauern sind im Sockelbereich aus recht großen Quadern gefügt, die Binnenstrukturen dagegen aus kleineren Packsteinen und zuweilen auch Lehmziegeln. Oft sind es winzige Räume oder Schächte, die lediglich Platz für einen oder zwei Pithoi boten, jedoch eine gute Belüftung gewährleisteten. Ein verzweigtes **System von Wasserleistungen** aus Ton indiziert ein Höchstmaß an Gemeinschaftssinn und sozialem Zusammenwirken mit dem Ergebnis einer Infrastruktur, von der die späteren griechischen Dorer nur noch träumen konnten.

In fast allen Häusern von Gournia sieht man, auf Bänken plaziert oder auch unmittelbar in das Felsgestein eingetieft, Tröge und kleine Mulden: Den ganzen Tag muß man das Schaben und Kratzen in den Mörsern gehört haben, wenn die Frauen das Getreide und die Oliven zerstampften.

Ein Besuch von Gournia ist äußerst aufschlußreich für das Verständnis minoischer Siedlungsformen, denn hier wurden Gebäude und Straßenzüge weitgehend ausgegraben.

Übersichtsplan der minoischen Siedlung Gournia

Der Hügelkamm wird von einem großen, länglichen freien Platz eingenommen, an dessen Nordseite **L-förmige Schautreppen** – ähnlich denen der großen Paläste – Teilnehmern von Kultritualen Platz boten. Auch der sich hieran nördlich anschließende, technisch aufwendig aus riesigen Quadern errichtete repräsentative Baukomplex erinnert in vielem an die Paläste von Knossos, Malia, Festos und Kato Zakros. Wie dort waren an dieser Stelle Kultisches genauso wie die Ansammlung und Verteilung von Gütern konzentriert. Große Vorratslager konnten ebenso nachgewiesen werden wie die Kultstätte einer weiblichen Gottheit. Dennoch sollte man sich hier keinen Herrscherpalast (auch nicht den einer Herrscherin) vorstellen, sondern eher so etwas wie ein religiöses und administratives Gemeindezentrum.

Vassiliki

Fast so beeindruckend wie Gournia ist die uralte Siedlung **Vassiliki,** auf einem Hügel ca. 1 km landeinwärts rechts der Straße Richtung Ierapetra (ausgeschildert) gelegen. Auch hier handelt es sich um eine regelrechte Stadt mit einem freien Platz oder Hof als Zentrum und einen daran angrenzenden Gebäudekomplex, der als ältester Palast Kretas gedeutet wurde. Schon zu Beginn des 3. Jt. bestand hier eine

Überblick über die minoische Siedlung von Vassiliki

kleine Siedlung aus dicht ineinander gebauten Häusern, die durch ein ausgesprochen egalitäres soziales Zusammenleben gekennzeichnet war. Um die Mitte des 3. Jt. entstand der **zentrale freie Platz** als Fokus des politischen und kultischen Lebens, erst danach die von manchen Archäologen als Palast gedeuteten Bauten, die sich gegen die umgebende Siedlung nicht deutlich abgrenzen. Brandschichten zeigen eine Vielzahl von Zerstörungen, immer wieder aber wurde der Ort prompt wieder aufgebaut, bis er, zusammen mit fast allen minoischen Plätzen Kretas, im 15. Jh. v. Chr. einer Feuersbrunst zum Opfer fiel.

Nach Funden in Vassiliki wird die charakteristisch geflammte Tonware aus frühminoischer Zeit als ›Vassiliki-Gattung‹ bezeichnet (vgl. auch Abb. Nr. 2, S. 38).

Auch südlich von Vassiliki fanden sich Spuren minoischer Besiedlung: Beim Dorf **Episkopi** wurden Gräber des 2. vorchristlichen Jt. entdeckt. Sehenswerter für Reisende ist hier aber die **spätbyzantinische Kirche** im Zentrum des Ortes unterhalb der Landstraße nach Ierapetra: Der *Tambour* dieses hübschen Kuppelbaus wird durch ziegelgerahmte Fenster mit Schmuckbögen aus kleinen tönernen Blüten gegliedert, die wie vom Konditor geformt und in den Putzgrund eingedrückt sind.

Auf dem Weg nach Mochlos

Nur schwer zugänglich sind die Orte Vrokastro und Kavoussi: Beide Siedlungen stammen aus der Übergangszeit zwischen der spätminoischen und der frühgriechischen Epoche (13.–10. Jh.), und beide sind auf mühsam zu erklimmenden Berggipfeln plaziert. **Vrokastro,** lediglich 300 m hoch gelegen, aber nur in einem längeren Fußmarsch zu erreichen, erstreckt sich südlich von Kato Chorio: eine kleine Siedlung aus bienenwabenartig ineinander gebauten Häusern aus Feldsteinen. Nach **Kavoussi,** 700 m hoch in den Thripti-Bergen gelegen, führt ein (lediglich zu Anfang ausgeschilderter) Weg, auf den man sich nur mit geländegängigem Fahrzeug wagen sollte, und dessen letztes Stück ohnehin zu Fuß zurückzulegen ist.

Psira, im Osten der Bucht von Mirabello, war durch seine geschützte Hafenbucht vom 4. Jt. an bis zum Ende der minoischen Epoche Warenumschlagplatz im Seehandel mit der Ägäis. Amerikanische, französische und griechische Ausgrabungsteams haben im Osten der Insel eine ausgedehnte Siedlung freigelegt. Man erreicht Psira per Boot von Agios Nikolaos und vom Ort Mochlos aus.

Die durch ihre in den archäologischen Museen von Iraklion und Sitia ausgestellten Funde berühmt gewordene kleine Insel **Mochlos** liegt dicht vor der Nordküste beim heutigen Küstenort Mochlos. Schon vom kretischen Ufer aus erkennt man auf dem kahlen Felseneiland die Mauern der minoischen Siedlung im Umkreis einer weiß getünchten Kapelle. Möglicherweise war Mochlos in vorgeschichtlicher Zeit mit dem kretischen Festland verbunden und wurde erst infolge der Küstensenkung Ostkretas zur Insel. Auch im Dorf Mochlos auf dem Festland wurden Grundmauern minoischer Häuser freigelegt.

Weder als Insel noch als Ort lädt Mochlos zu längerem Verweilen ein; es gibt zwar einige nette Fischtavernen, aber keinerlei Bademöglichkeit.

Tambour der Agii Apostoli-Kirche in Episkopi

Von Sitia zur Ostküste

Sitia – weiße Stadt am Meer

Wie Agios Nikolaos liegt auch Sitia an der Westseite einer weiten Bucht und zugleich an einem der Verbindungswege hin zur Südküste. Heute hat die Hafenstadt mit knapp 10 000 Einwohnern ähnliche Ausmaße wie Agios Nikolaos oder Ierapetra, wirkt allerdings wesentlich stiller und geruhsamer. Von der Uferpromenade her staffeln sich die weißen und pastellfarbenen Häuserkuben malerisch den Hang hinauf. Besonders gegen Abend, wenn die Lichter der Stadt zu leuchten beginnen, bietet Sitia einen bezaubernden Anblick. Badefreuden an dem schmalen Sandstrand im Osten der Stadt sind durch die vielbefahrene Uferstraße beeinträchtigt. Aus Sitia stammt Vintzentios Kornaros, der Verfasser des Liebesromans ›*Erotokritos*‹ aus dem 17. Jh.

Sitia
Besonders sehenswert: Archäologisches Museum ☆

Wer Ausgrabungsplätze im Osten Kretas aufsucht, sollte dem **Archäologischen Museum** von Sitia (an der Ausfallstraße nach Makrygialos) einen Besuch abstatten. Die modernen Räume sind hell erleuchtet, die z. T. außerordentlich sehenswerten Exponate gut zu betrachten; leider fehlt praktisch jede Information zu den recht ungeordnet präsentierten Stücken, oft sogar Herkunftsangabe und Datierung.

Im Südwesten der Stadt, an der Ausfallstraße nach Agios Nikolaos (Odos Therissou), liegt ein kleines Volkskundemuseum.

Herausragendes Exponat ist eine fast 50 cm große, meisterhaft geschnitzte *minoische Jünglingsstatuette aus Nilpferd-Elfenbein.* Sie wurde in Palekastro gefunden und stammt aus dem 15. Jh. v. Chr. Bis in feinste Detail ist der Körper modelliert, etwa die Gelenke und Sehnen der Hände. Die Figur trägt goldene Sandalen, auch am übrigen Körper erkennt man Goldfolie: Armreifen und einen Gürtel, wohl auch einen Schurz. Das fein ziselierte Haar besteht aus Serpentin-Stein, die Augäpfel waren aus Bergkristall eingesetzt. Ebenfalls aus Palekastro stammt *früh- und mittelminoische Keramik.*

Eine weitere Fundgruppe bilden Stücke aus Agia Fotia, vor allem aber aus Mochlos, darunter *Tassen mit erlesenem geometrischem Dekor* sowie eine fast 30 cm messende tönerne *Pyxis mit Darstellung der Epiphanie einer Gottheit.* Aus Psira stammen schön geformte Steingefäße, u. a. ein Becken auf hohem Sockel, aus Petras bei Sitia die bereits erwähnten Täfelchen mit Linear-A-Schrift sowie eine steinerne *Weinpresse,* aus Kato Zakros ein Pithos mit reliefierten Doppeläxten.

Eine bemerkenswerte Fundgruppe bilden ›*dädalische*‹ *Tonvotive* des 7. Jh. v. Chr. aus Agios Georgios und Tourtouli, Vororten von Sitia: auf der Töpferscheibe gedrehte glockenförmige weibliche Figuren mit von Hand wie aus Teig angesetzten Armen; am Hals befindet sich ein Loch, in das mit einem Zapfen der aus einer Model mechanisch geformte Kopf eingesetzt wurde. Dazu gehören Reliefplaketten mit Darstellung eines Frauenraubes auf einem Wagen sowie Statuetten und Reliefs bekleideter sowie nackter Göttinnen, außerdem Figurinen, die mit beiden Händen ihre Brüste umfassen und schließlich eine Frau, die ein Kind stillt: alles zweifellos Zeugnisse eines Mutterkultes in Sitia.

◁ Die Wanderung durch das ›Tal der Toten‹ nach Kato Zakros zählt zu den Höhepunkten einer Reise durch Ostkreta.

Minoische und byzantinische Sehenswürdigkeiten im Hinterland von Sitia

Chamezi, Achladia, Agia Fotia

Im Süden des Golfs von Sitia
Besonders sehenswert: Chamezi Achladia

Von der Hauptstraße Agios Nikolaos/Sitia zweigt zwischen Exo Mouliana und **Chamezi** ein ausgeschilderter Fahrweg zu einem höchst merkwürdigen, in seinen Grundmauern wohlerhaltenen Gebäudekomplex des späten 3. Jt. ab. Wegen der exponierten Lage auf einem kegelförmigen Hügel hatte man in der Anlage zunächst ein Gipfelheiligtum erkennen wollen, doch handelt es sich eher um einen profanen Landsitz. Einzigartig für minoische Architektur sind die ovale Außenform und die teilweise gekurvten Innenmauern. Unter diesem Gebäude erkennbare noch ältere Strukturen des 4. Jt. folgen bereits ähnlichen Bauprinzipien (s. Abb. S. 37).

Auf den ersten Blick wirkt ein in der Neuen Palastzeit (ca. 1700 v. Chr.) bei **Achladia** errichteter Komplex ebenfalls wie ein isolierter Landsitz. Von der Landstraße Piskokefalo/Achladia führt ein ausgeschilderter Fahrweg dorthin. Die massive Bauweise und die Größe mancher Räume, darunter einer mit Polythyron, verraten repräsentativen Anspruch. Doch scheint es sich, wie umliegende *Mauerstrukturen* verraten, hier lediglich um ein besonders großes Haus innerhalb einer noch nicht erforschten Siedlung zu handeln. Von diesem Ausgrabungsplatz führen Hinweisschilder zum 1,5 km entfernten sehenswerten spätminoischen **Tholos-Grab von Platyskinos.** Das mit seiner Kuppel, seinem mächtigen Türsturz und dem als Rampe nach unten führenden Dromos vollständig erhaltene Rundgrab liegt inmitten einer Friedhofsanlage aus einfachen Schachtgräbern. Am Hang oberhalb dieses Friedhofs erkennt man *antike Terrassierungen* aus großen Steinen, auf der Hügelkuppe lassen sich inmitten von Macchia Strukturen einer größeren noch nicht ausgegrabenen Siedlung identifizieren.

Zugang zum mykenischen Tholos-Grab von Platyskinos

Auf einem niedrigen Felsplateau unmittelbar über dem Meer liegt der wegen seiner massiven Befestigung in der minoischen Architektur bisher einzigartige Hauskomplex von **Agia Fotia** (1 km westlich des Orts Agia Fotia Fahrweg zum Meer, Hinweisschild »Villa Dionnyssades«). Die überaus sorgfältige Ausgrabung des griechischen Antikendienstes ließ die ovale Ummauerung und die rechtwinkeligen Binnenstrukturen klar hervortreten. 37 Räume gruppieren sich um einen länglichen Hof oder Korridor. Wahrscheinlich handelt es sich bei dieser noch vor der Palastzeit an der Wende vom 3. zum 2. Jt. entstandenen Anlage um den Wohnsitz eines Clans. Warum der Komplex im Gegensatz zu vielen anderen so stark befestigt wurde, ist ungeklärt. Bei den hier ebenfalls sichtbaren Grundmauern von Rundbauten, die die alte Anlage überschneiden und erst errichtet wurden, als diese schon verlassen war, handelt es sich möglicherweise um

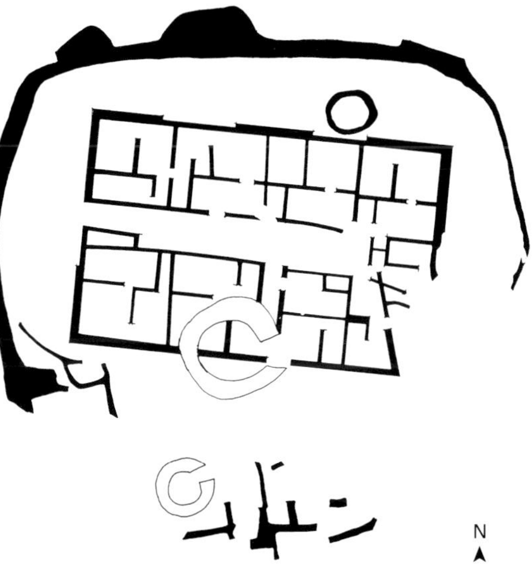

Grundriß des minoischen Landsitzes von Agia Fotia

spätminoische Gräber. Eine große **Nekropole** mit über 250 frühminoischen Gräbern des 4. und 3. Jt. liegt hinter dem Strand auf der gegenüberliegenden Seite des Weges; die reichen Funde wurden auf die Museen von Sitia, Agios Nikolaos und Iraklion verteilt.

Zwei byzantinische Kirchen auf dem Weg nach Praisos

Wenige Kilometer südlich von Sitia steht am westlichen Dorfrand von **Kato Episkopi** die kleine Friedhofskirche **Agii Apostoli** aus dem 11. Jh. Der von außen wie eine gekalkte Lehmarchitektur wirkende Bau ist auf kreuzförmigem Grundriß errichtet. Trompen (statt der üblichen Pendentifs) vermitteln im Innern den Übergang vom Viereck zur Kuppel. Auf der Strecke von Epano Episkopi nach Nea Pressos zweigt gleich hinter Epano Episkopi ein kleiner Weg talabwärts ab zu **Agios Vassilios,** einem kleinen Schmuckstück spätbyzantinischer Architektur mit seiner östlichen Quertonne an Stelle einer Apsis.

Von **Nea Pressos,** einem winzigen, über und über mit Blumen geschmückten Dorf führt ein ausgeschilderter Fahrweg zu den Ruinen der antiken Stadt **Praisos.** Viel gibt es in dieser noch weitgehend unerforschten, halsbrecherischen Steinwüste nicht zu sehen. Ein Pfad führt links um die Hauptakropolis herum, vorbei an antiken Terrassierungen, zu einem großen **hellenistischen Haus,** dessen Mauern noch fast bis in voller Höhe aufrecht stehen; in einem der Räume sieht man eine steinerne Olivenpresse. Auf dem Gipfel der **Akropolis** befand sich ein Tempel, dessen Fundamente teilweise erhalten

Praisos soll, so berichten antike Historiker, das Zentrum der Eteokreter, d. h. der ›echten alten Kreter‹, gewesen sein, die sich nach Einwanderung der Dorer um 1000 v. Chr. hierher zurückzogen. Ihre Blütezeit erlebte die auf drei Hügeln angelegte Stadt in spätklassischer und hellenistischer Zeit. Um 140 v. Chr. wurde der Ort in einem Krieg mit Hierapytna zerstört und anschließend verlassen.

sind. Zwischen Nea Pressos und der antiken Siedlung wurden mykenische **Tholos-Gräber** sowie, rechts des Weges, die Grundmauern eines Hauses aus der Zeit um 1700 v. Chr. entdeckt.

Das Toplou-Kloster und seine Ikonensammlung

Toplou-Kloster* ☆ *Das karge Klostergeviert in den ostkretischen Bergen birgt eine der wertvollsten Ikonensammlungen der Insel.

Wie eine Trutzburg erheben sich die grauen, abweisenden Mauern des Toplou-Klosters auf dem kargen, nur von Phrygana bewachsenen und von Schluchten zerfurchten Sandsteinplateau östlich von Sitia. Beinahe wie Schießscharten wirken die hoch angebrachten quadratischen Fensterluken. Dieser Wehrhaftigkeit verdankt die Anlage auch ihren aus dem Türkischen abgeleiteten Namen, der »Kanonenkugel« bedeutet; offiziell ist das Kloster der *Panagia Akrotiriani,* der »Gottesmutter vom Felsenkap«, geweiht. Während die Kirchengründung auf das frühe 14. Jh. zurückgeht, ist die weitere Anlage Ergebnis zahlreicher Um- und Neubauten nach Erdbeben und kriegerischen Zerstörungen. Der Grundstock zu dem enormen Reichtum des Klosters, der sich bis heute erhalten hat – fast das gesamte Gebiet zwischen Sitia und der Ostküste zählt zu seinen Ländereien –, wurde zu Beginn des 17. Jh. gelegt durch großzügige Geldspenden der Stadt Venedig und der einheimischen Feudalfamilie der Kornaros, zu der der berühmte Dichter des ›*Erotokritos*‹ ebenso gehörte wie der Ikonenmaler Ioannis, von dem das Kloster ein bedeutendes Bild besitzt. Immer wieder wurde Moni Toplou in kriegerische Auseinandersetzungen verwickelt, im 19. Jh. als Zentrum des Widerstandes gegen die Türken, im Zweiten Weltkrieg als Verbindungsstelle zwischen den Alliierten und dem griechischen Widerstand. Der arkadengesäumte Innenhof wurde in den letzten Jahren von Grund auf renoviert und besitzt nun in seiner architektonischen Kargheit, die mit den üppigen Gewächsen und Amphoren kontrastiert, einen zwar modernen aber doch ansprechenden Charakter.

Der südliche Trakt der Zweiraumkirche ist heute **Museum.** Wie in anderen Klöstern auch, sieht man hier Meßgewänder und Kirchengerät des 16.–19. Jh., außerdem *Erinnerungsstücke an die Freiheits- und Widerstandsbewegungen,* bis hin zum Zweiten Weltkrieg. Ungewöhnlich reich ist die in einem eigenen Raum untergebrachte *Sammlung alter Handschriften und Drucke,* darunter zahlreiche Inkunabeln mit Bildern des monastischen Lebens, aber auch Stadtansichten und Karten von Kreta und anderen Gebieten Griechenlands, vor allem des Athos. Der eigentliche Schatz des Klosters aber ist seine *Ikonensammlung.* Die Stücke sind sorgfältig restauriert und gut beleuchtet. Aus dem 15. Jh. stammt eine *Pantokrator-Ikone,* aus dem 16. Jh. ein vorzüglich erhaltenes *Bild der Panagia Amolindos* (der unbefleckten Jungfrau mit dem Jesuskind) vor neutralem Gold-

»Megas ei, Kyrie« – »Groß bist du, Herr« ist der Titel der 1770 von Ioannis Kornaros gemalten Ikone im Toplou-Kloster ▷

grund. Inschriftlich in das Jahr 1642 datiert ist eine weitere *Marienikone,* die von Szenen aus der Vita des hl. Nikolaos gerahmt wird. Ioannis Kavertzas malte um 1600 das großformatige Bild *Johannes der Täufer* vor einer Felslandschaft, in der links unten attributiv bereits sein abgeschlagenes Haupt liegt; um das Hauptbild herum sind, in kleinerem Format, Szenen aus der Vita des Heiligen gruppiert.

Das noch als Kirche genutzte **Nordschiff des Katholikon** bewahrt verblaßte *Fresken des mittleren 14. Jh.* Die bedeutendste Sehenswürdigkeit ist hier aber die 1770 von Ioannis Kornaros gemalte *Ikone »megas ei, kyrie«* – »Groß bis du, Herr!«, benannt nach der Anfangsstrophe eines liturgischen Hymnus. Mit wahrhaft kosmischem Blick hat der Maler mehr als 60 Szenen der Heilsgeschichte zu einem fast räumlich wirkenden Ganzen verwoben. Wie in einer sich in der Ferne verlierenden Landschaft agieren die z. T. in winzigem Format dargestellten, wohl in die Tausende gehenden Gestalten: Auf der obersten Ebene erscheint die Trinität, umgeben von anbetenden himmlischen Heerscharen; Gestirne und Tierkreiszeichen deuten die himmlische Sphäre an. Die zentralen Bilder darunter thematisieren die Taufe Jesu, Maria mit Adam und Eva und, am unteren Bildrand, Christi Abstieg in die Unterwelt (›Hadesfahrt‹). Immer wieder sind es Wasserfluten, die die Szenen metaphysisch miteinander verknüpfen: sind die Taufe Jesu am Jordan mit der Sintflut ebenso wie mit Moses' Durchzug durch das Rote Meer oder Jonas, der vom Wal wieder ausgespien wird. In der Wiedergabe von Landschaft und einzelnen Menschen folgt der Maler italienischen Vorbildern der Spätrenaissance, die theologische Gesamtsicht aber ist ganz und gar von orthodoxen Vorstellungen bestimmt.

In die Außenwand der kleinen Klosterkirche verbaut sieht man hinter Glas eine Inschrift aus Itanos mit einem umfangreichen Vertragstext der Jahre um 70 v. Chr., in dem Besitzansprüche zwischen Hierapytna und Itanos geregelt werden.

Der Palmenstrand von Vaï und die antike Siedlung Itanos

Die Nordostspitze der Insel
Besonders sehenswert: Palmenstrand von Vaï ☆

Über das zur Ostküste hin abfallende verkarstete und öde Bergland fegen fast zu allen Jahreszeiten scharfe Winde. Nur wenige Dörfer konnten sich in dieser rauhen Landschaft in tief eingeschnittenen Tälern mit Wasservorkommen und geringem Ackerland halten. Die von den Berghöhen durch die Cañons heruntergeschwemmte Erde aber ließ an den Mündungen längs der Ostküste üppige Vegetationszonen entstehen: manche oasenartig eng begrenzt wie in Vaï und Itanos, andere weiter ausgedehnt wie in Palekastro, Kato Zakros und noch weiter im Süden Xerokambos.

Die traumhaft schöne **Bucht von Vaï** mit ihrem feinen Sand und dahinter dem dichten Palmenwald zieht seit vielen Jahren Scharen von Urlaubern an; von Mai bis Ende September ist der Platz, ein-

Am Strand von Vaï

schließlich der angrenzenden Strände, überfüllt. Wer dem Rummel entgehen und einen kaum minder reizvollen, von Tamarisken und Palmen gesäumten Strand genießen, dabei aber zugleich auch noch Reste einer antiken Stadt kennenlernen möchte, muß nur einige Kilometer weiter nach Norden zur antiken Hafensiedlung Itanos fahren.

Historische Quellen schildern das antike **Itanos** als die mächtigste Stadt Ostkretas. Reich vor allem durch Fischfang und durch Handel mit Zypern und der Levante sowie durch die Erträge aus einem Zeus-Heiligtum im Gebiet von Palekastro, kontrollierte die Stadt das gesamte umliegende Gebiet. Innenpolitische Auseinandersetzungen und Streit mit Nachbargemeinden führten im 3. Jh. v. Chr. zu einer Intervention der Ptolemäer – der griechisch-hellenistischen Herrscherdynastie in Ägypten –, die seither Itanos als ihren Flottenstützpunkt auf Kreta nutzten. Auch in römischer Zeit behielt Itanos seine führende Position als Hafenstadt, im 8. oder 9. Jh. aber wurde der Platz verlassen und war seitdem nur noch sporadisch besiedelt.

In den 1950er Jahren wurden von französischen Archäologen erste Ausgrabungen in Itanos durchgeführt, seit Beginn der 90er Jahre wird Itanos von griechischen, französischen und italienischen Teams systematisch untersucht.

Heute gibt es nicht einmal eine Taverne in Itanos. Das einzige Gebäude, das man auf der Hügelkuppe sieht, war Sitz des russischen Gouverneurs während der halbautonomen Phase Kretas zwischen 1898 und 1913. Meterdicke Schuttschichten bedecken die antike Siedlung: Unter byzantinischen und darunter römisch-republikanischen Schichten liegt die hellenistische und schließlich die – bisher nur in Spuren erkennbare – klassische und archaische Stadt. Bislang am genauesten erforscht ist eine 200 m landeinwärts gelegene **Nekropole** mit einer durchgehenden Belegung vom 8. Jh. v. Chr. bis in römische Zeit. Wenigstens in den Grundmauern einigermaßen erhalten haben sich zwei Basiliken: auf dem Südhügel eine schlichte dreischiffige Anlage, daran angrenzend ein kleiner Apsidenbau: wohl Tauf- oder Memorialkirche; die zweite, am Hang des Haupthügels gelegene, wiederum dreischiffige Basilika wird in ihren Ursprüngen ins 5. Jh. datiert, war aber mehrfach umgebaut worden und entstammt in der vorliegenden Form vielleicht erst dem 7. Jh.: ein geradezu wüst aus Hausteinen, Schutt und Spolien zusammengeschusterter Bau.

Fundamente eines dritten Sakralbaus in Trikonchos-Form liegen, etwas schwer zu finden, weiter im Süden. Das nach Nordosten vorspringende Kap Sidero mit seinem antiken Athena-Heiligtum ist militärisches Sperrgebiet.

Die Minoer an der Ostküste Kretas

Die Ausgrabungen von Palekastro

Minoische Stätten an der Ostküste Kretas
Besonders sehenswert:
Palekastro
›Tal der Toten‹ ☆☆
Palast von Kato Zakros ☆☆

Hinter Palekastro, einem stillen, vom Tourismus noch unberührten Landstädtchen, liegen an einem weiten Sandstrand die Ruinen der größten bisher erforschten und erst teilweise ausgegrabenen minoischen Stadt. Man folgt der Asphaltstraße bis zur Ortseinfahrt von Agathia und zweigt hinter einer Betonbrücke Richtung »*Marina Village*« links zum Meer ab. Seit Beginn des 20. Jh. fanden hier Grabungen durch britische Archäologen statt. Manche Areale wurden später wieder zugeschüttet, besonders die neueren britisch-griechischen Ausgrabungen und Konservierungsmaßnahmen vermitteln ein anschauliches und wissenschaftlich fundiertes Bild dieser ›Großstadt‹ des 2. Jt. v. Chr.

Ein gleichförmiges Grabungsgitter, das den gewachsenen Schutt mit der darin liegenden Stadtruine immer nur stückweise anschneidet, legt die urbanistischen Strukturen frei und läßt zugleich das Erdreich unberührt für spätere Nachgrabungen mit neuen Fragestellungen. Nur einzelne Teilareale wurden zum besseren Verständnis horizontaler Zusammenhänge und auch, um interessierten Besuchern ein kompletteres Bild zu geben, gänzlich freigelegt und zum Schutz vor der Witterung überdacht. Vorsichtige Teilrekonstruktion wurde dabei sorgfältig als solche kenntlich gemacht und vom tatsächlich Erhaltenen optisch klar abgesetzt; Pläne im Gelände erleichtern nicht nur die Orientierung, sondern informieren auch über die wichtigsten Funde in den einzelnen Arealen: ein wissenschaftlich und didaktisch vorbildliches Vorgehen, wie man es auf Kreta leider nur selten antrifft.

Nach erster dörflicher Besiedlung im 4. Jt. entwickelte sich die Stadt um 2000 v. Chr. in ihren heute nachvollziehbaren Strukturen. Ca. 1450 v. Chr. wurde sie durch Feuer zerstört und anschließend für kurze Zeit noch einmal aufgebaut, um schließlich gegen 1200 v. Chr. aufgegeben zu werden. Breite gepflasterte Straßen – im Gegensatz etwa zu Gournia hier zumeist geradlinig verlaufend – teilen die Stadt in Quartiere, die mit ineinandergeschachtelten Häusern dicht bebaut sind. Die Hausfronten bestehen zumeist aus großen Blöcken, die raumteilenden Zwischenwände aus einfacherem Mauerwerk mit Lehmverstrich. Viele Häuser besitzen tiefe, gemauerte Zisternen. Überall erkennt man Sitzbänke, Herdstellen und vor allem unzählige Mörser. Treppen lassen häufig auf zwei bis drei Stockwerke schließen. Die Stadt besaß einzelne architektonisch herausragende Bauten von großer Dimension, ausgestattet mit Polythyra und Fußböden aus weinrotem Stein; ein Palast im eigentlichen Sinne aber wurde nicht gefunden, und es muß ihn hier auch nicht gegeben haben. Paläste waren zwar eine wichtige Facette minoischer Kultur – aus heutiger Sicht sogar ihr Markenzeichen –, genauso charakteristisch ist aber, wie hier in Palekastro, die Herausbildung urbaner Strukturen.

Plan der minoischen Stadt bei Palekastro, die ihre Blüte in der Neuen Palastzeit erlebte. Möglicherweise sind Größe und einstiger Wohlstand der Siedlung auf den Anbau von Oliven und auf die Nähe zum Meer zurückzuführen.

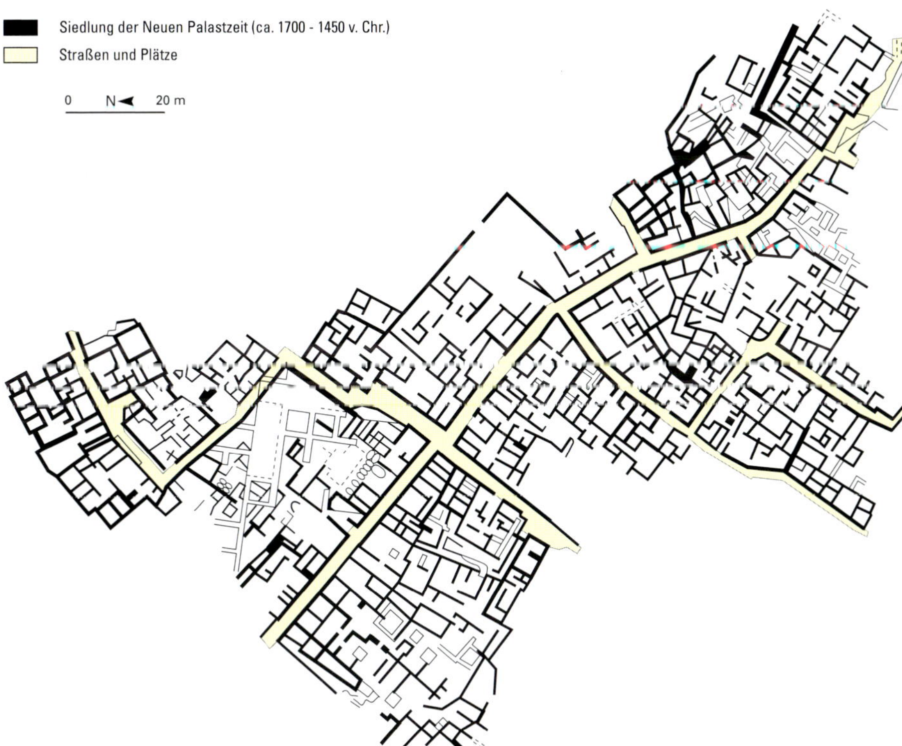

Durch das ›Tal der Toten‹ nach Kato Zakros

Tip:
Man kann mit der Wanderung durch das ›Tal der Toten‹ direkt in Ano Zakros beginnen, was mind. 2 Std. in Anspruch nimmt. Da der interessanteste Abschnitt aber im unteren Teil liegt, empfiehlt es sich, noch 2 km auf der Landstraße weiter zu fahren, wo man rechter Hand die Grundmauern eines neu ausgegrabenen minoischen Landsitzes sieht und von dem ausgeschilderten Parkplatz aus in die Schlucht einzusteigen. Von hier aus ist die Wanderung nach Kato Zakros in ca. 1 Std. zu schaffen. (Zurück muß man dann per Bus oder per Anhalter)

Durch die kargen ostkretischen Berge hat sich der Zakros-Bach im Laufe der Jahrhunderttausende einen tiefen Cañon gegraben und an seiner Mündung eine fruchtbare Schwemmlandebene gebildet, die von steil ins Meer abfallenden Bergen gerahmt wird. Der Spaziergang durch die von weißem und rotem Oleander bestandene Talsohle der Schlucht mit ihren rotbraunen Felsen und tiefen Höhlen zählt zu den eindrucksvollsten Naturerlebnissen auf Ostkreta. Seit dem 3. Jt. v. Chr. diente die Schlucht als **Nekropole.** Die meisten Gräber stammen aus der Zeit des Palastes und der Stadt von Kato Zakros, d. h. dem 2. Jt. Manche der Höhlen sind leicht zu erreichen; an Überbleibseln gibt es hier aber nichts, da die Höhlen von den Minoern im Naturzustand belassen wurden und die Funde natürlich in die Museen kamen.

Ausgrabung und Geschichte

Kato Zakros ist keine Ortschaft, sondern nur ein idyllischer weiter Kiesstrand, dahinter kleine Tavernen und der Ausgrabungsbezirk. Schon im 19. und frühen 20. Jh. waren im Bereich der minoischen Stadt einzelne Funde gemacht worden, doch erst sensationelle Kunstgegenstände im Besitz des Arztes und Privatsammlers St. Giamalakis, von denen bekannt war, daß sie bei Raubgrabungen hier zutage gekommen waren (heute im Besitz des AMI), veranlaßten die archäologischen Dienststellen, mit einer offiziellen Grabung zu beginnen. Zu abgelegen und allzu schwer zugänglich war die Region bis dahin geblieben, um genügend Interesse für eine groß angelegte Kampagne auf sich zu ziehen.

Bereits im 3. Jt. war Kato Zakros besiedelt, die meisten der heute sichtbaren Strukturen jedoch stammen aus der kurzen Zeitspanne von ca. 1600–1450 v. Chr. Gleichzeitig mit Festos und Malia fiel auch Kato Zakros einer Feuersbrunst zum Opfer; der Palast wurde teilweise geplündert, viele wertvolle Objekte aber wurden verschüttet und blieben so über die Jahrtausende erhalten. Zuerst entstand die Stadt – wohl mit einem freien Platz in ihrer Mitte –, dann wurde der **Palast** erbaut. Dieser kleinste der vier bisher bekannten minoischen Paläste war nicht nur von Stadthäusern umgeben, sondern mit ihnen architektonisch verflochten, daß an manchen Stellen kaum auszumachen ist, wo der Palast endet und die Stadt beginnt. Auch liegt er nicht auf einem erhöhten Platz, sondern im Gegenteil tiefer in einer Mulde, hinter der die Stadt sich den Hang hinaufzieht. Die Stadtbewohner blickten von oben auf diesen gänzlich ungeschützten Gebäudekomplex mit seinen Reichtümern, den sie offensichtlich als ›ihre‹ Anlage achteten: Auch dies ist ein Zeichen dafür, daß die minoischen Paläste kein Sinnbild aufoktroyierter königlicher Gewalt, sondern vielmehr Ausdruck gemeinschaftlicher administrativer und kultischer Nutzungsinteressen waren.

Die berühmte Bergkristall-Vase aus Kato Zakros (AMI)

Blick auf die Ausgrabungen von Kato Zakros

Rundgang

Man betritt das Palastareal auf einer vom einstigen Hafen herführenden gepflasterten **Straße** (1), die von Handwerksbetrieben (darunter ein Schmelzofen) gesäumt wird. Durch einen **Korridor** (2) gelangt man auf einen **Hof** (3), an den im Osten **Magazine** (4) angrenzen. Ein schmaler Gang führt von hier auf den großen **Zentralhof** (5), von dem aus sich die übrigen Räume erschließen. Im Osten liegen Gemächer, die gewöhnlich als **›Megaron des Königs‹** (6) und **›Megaron der Königin‹** (7) bezeichnet werden, doch deutet nichts konkret auf eine solche Funktion hin; es könnte sich ebenso um nicht-königliche Repräsentations- oder auch um Kulträume handeln. Dahinter öffnet sich ein **quadratischer Hof** (8) mit einem großen kreisrunden *Wasserbassin* samt Treppenzugang und – in Kopfhöhe an den Wänden – einem umlaufenden Sockel mit eingelassenen *Trögen,* deren Bedeutung bisher ein Rätsel darstellt. Südlich dieser Raumgruppe führt eine Treppe zu einem zweiten, diesmal rechteckigen **Wasserbassin** (9) hinab. Der Zentralhof verfügt im Süden über einen **zweiten Zugang** (10); daneben liegen **Werkstätten** und **Lagerräume** (11).

Kato Zakros
1 gepflasterte Straße
2 Korridor
3 Hof
4 Magazine
5 Zentralhof
6 ›Megaron des Königs‹
7 ›Megaron der Königin‹
8 Hof mit Wasserbassin
9 Wasserbassin
10 Südeingang
11 Magazine
12 Zeremonienhalle
13 ›Gelagezimmer‹
14 Magazin
15 Lustralbassin
16 Raum mit Bänken
17 Schatzkammer
18 Schriftarchiv
19 Werkstatt
20 Treppenhaus
21 ›Zentralraum‹
22 Pfeilerhalle
23 Magazine
24 mykenisches Haus

Der für heutige Besucher interessanteste Bezirk des Palastes schließt sich im Westen an: Bezeichnungen wie **›Zeremonienhalle‹** (12) und **›Gelagezimmer‹** (13) machen allerdings die Ratlosigkeit der Archäologen hinsichtlich der Raumfunktionen deutlich. Das gefundene Inventar läßt jedoch die Nutzung der mäanderförmig ineinander verschachtelten kleinen Zimmer im Südwesten rekonstruieren: Hier lagen neben **Magazinräumen** (14) ein über Treppenstufen zugängliches **Lustralbassin** (15), in dem eine Steinamphora mit verkohlten Früchten und 30 Kohlebecken gefunden wurden, daneben ein **Raum mit Sitzbänken** (16) und die **Schatzkammer** (17). Hier befanden sich in gemauerten Lehmtruhen die kostbaren Kultobjekte (u. a. aus Elfenbein und Bergkristall), die heute im Archäologischen Museum von Iraklion ausgestellt sind. Solche Gegenstände wurden in diesem Trakt nicht nur aufbewahrt, sondern auch hergestellt, wie eine unmittelbar benachbarte **Werkstatt** (19) mit ihrem Arbeitsabfall zeigt. Zuvor aber passiert man das **Schriftarchiv** (18) mit seinen Regalen, deren Wände wie Raumteiler aus Lehm bis zu 1 m Höhe aufgemauert sind und in denen auf – heute nicht mehr existierenden – Holzborden die in Ton geritzten Linear-A-Texte lagerten. Einige der Tontäfelchen wurden bei der Feuersbrunst um 1500 v. Chr. gehärtet und haben sich so erhalten.

Der gesamte Westtrakt war mindestens zweigeschossig; ein **Treppenhaus** (20) befand sich nordwestlich des Zentralhofs. Wie in Knossos und Malia liegt im Norden eine **große Pfeilerhalle** (22), in deren Obergeschoß man einen Bankettsaal vermutet; eine Herdstelle und Funde von Tierknochen lassen eine solche Interpretation zu, doch kommen ebenso Opferhandlungen in Frage. Auch die kleinen angrenzenden Räume (**Magazine,** 23) geben hierüber keinen Aufschluß.

Von der **Stadtanlage** ist bisher nur ein einziges, von gepflasterten Straßen umgrenztes Quartier ausgegraben. Wie in anderen minoischen Städten auch, wirken die z. T. so aufwendig wie kleine Paläste errichteten Häuser labyrinthartig ineinander verschachtelt, was auf dichte Kommunikation der hier lebenden und arbeitenden Menschen schließen läßt. Lediglich ganz im Norden des Areals hebt sich ein großes quadratisches Mauergeviert mit nur zwei schmalen Eingängen aus dieser egalitären Gemeinschaftsarchitektur heraus: ein während der letzten Phase der Stadt errichtetes **mykenisches Herrenhaus** (24).

Die Straße von Kato Zakros zum weiter südlich gelegenen **Xerokambos** führt in steilen Windungen durchs Gebirge. Der Abstecher lohnt sehr: Unterwegs bieten sich grandiose Ausblicke in eine wilde Schlucht und zum Schluß auf die wundervolle felsige Küstenlandschaft mit ihren Buchten und kleinen vorgelagerten Riffen. Feinster Sand und glasklares blaugrünes Wasser laden zum Baden ein an diesem Strand, der zu den entlegensten und schönsten auf Kreta zählt. Auf dem Gebiet von Xerokambos lag, wie Funde aus Gräbern bezeugen, in hellenistischer Zeit eine Siedlung.

Die riesigen, in Kato Zakros gefundenen Baumsägen aus Bronze belegen, daß hier Bau- und Schiffsholz geschlagen wurde, möglicherweise für den Export nach Ägypten und in die Levante. Überhaupt muß Kato Zakros aufgrund seiner Lage für den Seehandel mit dem Orient und Afrika eine bedeutende Rolle gespielt haben, denn es fanden sich hier nicht nur erlesenste handwerkliche Produkte, sondern auch Elfenbein und Bergkristall als Rohmaterial zur Weiterverarbeitung.

Faszinierend ist die extreme Kargheit der Landschaft bei Xerokambos

Ierapetra und die Südküste

Kunsthistorische Spurensuche zwischen Gewächshäusern

Kunsthistorisch wie auch landschaftlich hat die Region um Ierapetra nur wenig zu bieten. Der flache, zum Meer hin meist in einer Abbruchkante abfallende Küstenabschnitt besitzt zwar weite Sandstrände, das Hinterland aber ist alles andere als reizvoll. Besonders der Landstrich westlich von Ierapetra ist wildwüchsig zersiedelt, ohne Infrastruktur. Viele der isoliert stehenden Bauten und Bauruinen sind umweht von Müll, den der scharfe Wind von den Deponien überall hinträgt. Vor allem aber prägen Tausende von Gewächshäusern mit ihren nur langsam verrottenden, sturmzerzausten Plastikplanen das Landschaftsbild. Die Region ist zwar dank Agrarwirtschaft reich, für Touristen aber eher ein Alptraum.

Ierapetra – die südlichste Stadt Europas

Ierapetra
Besonders sehenswert: Archäologisches Museum

Auch Ierapetra, Europas südlichste und klimatisch bereits afrikanische Stadt, besitzt einen riesigen und sogar sauberen Sandstrand. Doch wer mag sich hier aufhalten vor der Kulisse der gesichtslosen Betonbauten dieses mit seinen ca. 10 000 Einwohnern viertgrößten Ortes auf Kreta, an dessen historische Vergangenheit nur spärliche und im Stadtbild isolierte Denkmäler erinnern?

Das kleine **venezianische Hafenkastell** geht auf das 13. Jh. zurück; es bleibt mit seiner schlichten rechteckigen Form weit zurück hinter den fortifikatorischen Raffinessen der späteren Befestigungsanlagen von Iraklion, Rethymnon und Chania. Inner- und außerhalb des Kastells liegen, wie an vielen Plätzen der Stadt, römische und byzantinische Säulen, Kapitelle und Skulpturenfragmente achtlos herum und verkommen; sie stammen von der einst bedeutenden antiken Stadt *Hierapytna,* deren Gebäude jedoch noch nicht ausgegraben wurden. Die jahrzehntelange Ignoranz gegenüber der geschichtsträchtigen Vergangenheit der Stadt beginnt nun zu weichen: Die alte **Moschee** – wertvollste Bausubstanz der Orts – ist zwar seit Jahren verschlossen, das Innere aber inzwischen restauriert. Der benachbarte zierliche türkische **Reinigungsbrunnen** zitiert in seiner eleganten *Säulengliederung* venezianische Architekturmuster. Moschee und Brunnen liegen am Rand der Altstadt, deren Reiz allerdings mehr in der Stille der verwinkelten Straßen und der vom Tourismus noch unberührten Tavernen besteht als in sehenswerter Architektur.

Türkischer Reinigungsbrunnen in Ierapetra

◁ Fresko von 1436/37 in Agios Georgios, Emvaros (Embaros)

Das **Archäologische Museum** ist in der ehemaligen türkischen Schule an der Platia Kothri im Stadtzentrum untergebracht. Es präsentiert die Funde der Region zwar ohne visuellen Kontext, vermittelt

Spätminoische Larnax (Archäologisches Museum, Ierapetra)

aber durch kompetente Beschriftungen und erklärende Texte zuverlässige historische Informationen. Der dem Eingang nächstgelegene Flügel enthält minoische und griechische Funde, vor allem Keramik, aus Ierapetra und seiner Umgebung. Im anschließenden zentralen Raum stehen *spätminoische Ton-Larnakes* (Totenbehältnisse) aus einer Nekropole von Episkopi, die – ebenso wie die in Rethymnon ausgestellten aus Armeni – aus dem 13. Jh. v. Chr. stammen. Eine der Larnakes ist mit figürlichen Szenen geschmückt, die religiöse Riten wiedergeben, aber auch die Lebensgrundlagen jener bereits von Mykenern dominierten Gesellschaft mit ins Bild setzen: Wagenprozession mit Flötenspielbegleitung ist ein Thema, ein anderes die Jagd mit Hunden auf Steinböcke und Wildziegen und deren Domestikation sowie säugende Kühe als Symbol für Viehzucht; plastische Deckelaufsätze führen die Thematik fort: Auf der einen Seite erscheint ein Rinderkopf, auf der gegenüberliegenden eine Frau.

Der rückwärtige Trakt des Museums stellt griechische und römische Skulpturen aus dem Umland von Ierapetra zur Schau. Herausragendes Exponat ist hier eine exzellent erhaltene *Demeter-Statue* (oder einer Priesterin der Demeter?) mit Ährenbündel in der linken Hand und einem Kopfschmuck in Form eines Altärchens, das von Schlangen flankiert wird. Die sorgfältig gemeißelte und mit dem Steinbohrer gearbeitete, in ihrer Oberfläche fast seifig glatt polierte Marmorstatue entstand im 2. Jh. n. Chr. und kam im Stadtbereich von Ierapetra zutage.

Minoische und klassisch-antike Stätten an der Südküste

Der einst idyllische Ort **Makrygialos** ist von Hotel- und Apartmentbauten mittlerweile förmlich überwuchert und verlockt heute weder zu einem Badeaufenthalt noch zu einem Besuch aus archäologisch-kunsthistorischem Interesse. Grundmauern eines minoischen Landsitzes aus der Mitte des 2. Jt. v. Chr. mit palastähnlichen Raumensembles sowie einer Kultstätte für eine weibliche, offenbar mit der Seefahrt verbundene Gottheit wurden in den 1970er Jahren ausgegraben. Sie sind ausgeschildert oberhalb der Landstraße zu finden; der eingezäunte Ausgrabungsplatz ist jedoch inzwischen weitgehend wieder zugewachsen und zur Müllkippe verkommen.

Von Makrygialos bis Myrtos
Besonders sehenswert: Ausgrabung von Myrtos-Pyrgos

Römisches Fischbekken in Koutsoumari. Dic großc in dcn Fclsen geschlagene Kammer, zu deren Grund eine Steintreppe herabführt, ist mit dem Meer durch zwei fensterartige Öffnungen verbunden, die durch Metallgitter abgeriegelt waren. Das Ganze war mit einer Balkendecke überspannt, von der aus Fütterung und Fang der Tiere leicht vonstatten ging.

Tip:
Von Makrygialos fahren bei gutem Wetter und hinreichender Nachfrage im Sommer Schiffe zu einem Tagesausflug nach Koufonissi, das nicht nur ein reizvoller Badeplatz ist, sondern das durch die neuen Ausgrabungen des kretischen Antikendienstes auch Archäologie bietet. Eine hellenistisch-griechische und römische Siedlung samt Mosaikböden wurde freigelegt; des weiteren sind Reste eines Theaters erhalten.

Eine Küstenstraße führt von Makrygialos in östlicher Richtung über Analipsi zum einsam über dem Meer gelegenen **Felsenkloster Kapsa.** Im 19. Jh. lebte hier, zurückgezogen in einer Höhle der Perivolia-Schlucht, der für seine Wundertaten hoch verehrte kreto-venezianische Eremit Ioannis Vicenzio. Das Kloster mit seinem zweischiffigen Katholikon ist mehr wegen seiner malerischen Lage denn aufgrund der Baulichkeiten sehenswert.

Edle und besonders seltene Fische standen bei den Römern weit oben auf der Speisekarte. Berühmte Dichter waren sich nicht zu schade, blumige Verse auf die appetitlich angerichteten Leckereien zu verfassen, in denen auch das Aussehen der noch lebendigen Tiere und ihr aufwendiger Fang und Transport geschildert werden. Besonders der kaiserliche Hof ließ sich mit Muscheln, Fisch und Krustentieren aus aller Herren Länder versorgen. So verwundert es nicht, daß **Fischbecken** (vgl. S. 314) zu den Standards römischer Bau- und Ingenieurstechnik gehörten. Eine besonders gut erhaltene und recht eindrucksvolle Anlage kann man in **Koutsoumari** besichtigen (an der Straße Hinweisschild, von dort zu Fuß in südlicher Richtung ein kurzes Stück über die Felsen zur Ostseite der zerklüfteten Klippe; man muß fast bis zur Spitze und ganz an den Felsrand gehen, um den Schacht zu entdecken).

Myrtos

Westlich von Ierapetra, an einem langen Kiesstrand, liegt die touristisch erschlossene, aber nach wie vor angenehme Ortschaft Myrtos. Beiderseits der Uferpromenade im Westen sieht man, von den herabgeschwemmten Erdmassen des Bergs weitgehend verschüttet, noch **byzantinische Baureste,** die nach ihrer Schichtung von Packsteinen und Ziegellagen zu urteilen, aus dem 6. Jh. stammen müssen und wohl zur einstigen Hafenbefestigung sowie zu Thermenanlagen des antiken *Myrtos* gehörten. Historisch wichtiger als diese Relikte sind die minoischen Stätten Fournou Koryfi und Pyrgos außerhalb des Ortes.

2 km östlich von Myrtos weist ein riesiges Schild zum Ausgrabungsplatz **Fournou Koryfi,** dann allerdings wird der Besucher allein gelassen, denn man darf nicht etwa dem Fahrweg folgen und auf ein neues Schild hoffen, sondern muß sich gleich hinter der Landstraße nach rechts querfeldein durchschlagen und das 70 m hohe Kliff unmittelbar über der Küste erklimmen. Hier liegen die wie in einer Zellstruktur aneinandergrenzenden Häuser bzw. Räume eines frühminoischen Dorfs aus dem 3. Jt. v. Chr. Die Untersuchungen der englischen Ausgräber haben detaillierte Informationen über die materiellen Lebensgrundlagen der Bewohner (Getreideanbau, Oliven und Wein, sowie Schaf-, Ziegen- und Schweinehaltung) ebenso wie über soziale Organisation und Religion dieser frühen Gesellschaft erbracht. Die kleine, bereits Siegelsteine verwendende Dorfgemein-

schaft gliederte sich in etwa sechs Sippen, die, aufeinander angewiesen, außerordentlich dicht zusammenlebten und in gemeinsam genutzten Kulträumen eine weibliche Gottheit (Ton-Idol im Museum von Agios Nikolaos, s. S. 215) verehrten. Obwohl in den 1960er Jahren sorgfältig erschlossen, sind die Ausgrabungen in ihrem heutigen Zustand für Besucher nur bedingt ansehnlich und informativ.

Noch näher bei Myrtos, nämlich gleich am östlichen Ortseingang und schon aus der Ferne gut erkennbar, liegt auf einer Felskuppe die sehr viel eindrucksvollere Ausgrabung von **Myrtos-Pyrgos** (von der Straßenbrücke aus ca. 10 Min. Fußpfad zu den Ruinen). Der Ursprung der ebenfalls von britischen Archäologen ausgegrabenen, steil angelegten Siedlung liegt, wie bei Fournou Koryfi, in der ersten Hälfte des 3. Jt., die Benutzung des Platzes reicht aber, über mehrere Zerstörungen hinweg, bis in spätminoische Zeit. Um 2000 v. Chr. wurde ein großes Gemeinschaftsgrab in Form eines zweistökkigen Hauses mit angeschlossenen Ossuarien (Beinhäusern) angelegt, außerdem zwei große runde Zisternen. Aus spätminoischer Zeit stammt das palastartige Gebäude auf der Spitze des Hügels mit einer zum Libyschen Meer hin offenen Fronthalle, der ein Festplatz vorgelagert ist; gut erkennbar ist hier der auch farblich akzentuierte Stützenwechsel: Rote Säulenbasen wechseln mit grauen Pfeilern ab. Im linken Seitengang dieses Gebäudes erkennt man seitlich eines Raums mit Quaderwänden und einem Fußboden aus roten Flußsteinen eine Steinbank mit metopenartiger Verzierung.

Bergdörfer und Kapellen im Süden des Dikti-Gebirges: Über Kato und Epano Symi nach Ano Viannos und Emvaros

Im Süden des Dikti-Gebirges
Besonders sehenswert:
Ano Viannos
Emvaros

Wie in vielen Regionen Kretas, verlaufen auch im Abschnitt zwischen Myrtos und dem Kap Lithinon die Verkehrswege seit alters her nicht entlang der zerklüfteten Steilküste, sondern weiter landeinwärts. Hier ist es die bis zu 1230 m hohe Kette der Asteroussia-Berge, die die alten Ortschaften vom Meer trennt. Schon die Fahrt selbst ist ein Genuß dank erhabener Ausblicke auf die Gipfel des Dikti-Gebirges, das weite Hügelland bis herüber zum Psiloritis und die von Oliven bestandenen Täler. Die Hangdörfer mit ihren weiß getünchten Häusern haben hier noch ihren traditionellen Charakter bewahrt. Einzelne Stichstraßen führen über die pinienbestandenen Berge zur Steilküste nach Moni Arvi, Keratokambos und Tsoutsouros. Ausflüge dorthin geraten für Touristen allerdings zur Enttäuschung, denn diese winzigen einstigen Fischerorte an den Ausgängen der wasserreichen Schluchten mit ihrer üppigen subtropischen Vegetation – darunter Bananen- und Palmenhaine – sind heute nur noch Fuhrparks für den

Von Epano Symi erreicht man auf einer einstündigen Wanderung die Ruinen des 1130 m hoch gelegenen Gipfelheiligtums von Symi: ein Kultplatz, der seit spätminoischer Zeit kontinuierlich genutzt wurde, und in der klassischen Antike Hermes und Aphrodite geweiht war.

Transport des Gemüses, das unter den Plastikplanen gezogen wird, die weite Teile der hierfür wie im Tagebau umgegrabenen und planierten Landschaft bedecken.

Kato und Epano Symi wurden im Zweiten Weltkrieg von der deutschen Wehrmacht zerstört, die Bewohner erschossen. Schon auf dem Weg nach **Kato Symi** sieht man Hausruinen, die – konserviert und restauriert – an die grausige Tat erinnern, während der oberhalb einer wildromantischen Schlucht gelegene Ort selbst wieder aufgebaut wurde. Von Kato Symi führt ein Fahrweg zum nur 1 km entfernten **Epano Symi,** einem Geisterdorf, in dem sich einige arme Leute in den von der Wehrmacht zerstörten Häusern wieder eingerichtet haben. Epano Symi, 850 m hoch gelegen, war ein wunderschönes großes Dorf; heute sind die einstigen Wohnhäuser, Werkstätten und Läden von Walnußbäumen fast überwuchert: ein wahrhaft romantischer Anblick, der allerdings weder die gegenwärtige Armut noch die grausige historische Vergangenheit vergessen machen sollte. Auch hier kann es deutschen Besuchern widerfahren, herzlich eingeladen zu werden zu einem Stück Brot, Oliven und einem Raki und dann die traurigen Geschichten von Hitler, dem Krieg, den Erschießungen und dem Sprengen der Häuser zu hören. Die **Dorfkirche** mit ihren wohlerhaltenen *Fresken aus dem 15. Jh.* ist verschlossen, der Schlüssel beim Papas in Mournies zu holen.

Vor einem Kafenion in Ano Viannos

Schäfer am Westhang des Dikti-Gebirges

Auch das malerische Bergdorf **Ano Viannos,** das sich in Terrassen über einer von Oliven und Getreide bestandenen Ebene den Hang hinaufzieht, war Schauplatz deutscher Exekutionen und Zerstörungen während des Zweiten Weltkriegs. An die mehr als 400 hier ermordeten Bewohner erinnert auf ergreifende Weise eine **Gedenkstätte** auf einem Bergvorsprung neben der Landstraße zwischen Pefkos und Ano Viannos (s. Abb. S. 79). Die halbabstrakte Figur auf dem zentralen Pfeiler mit der herabstürzenden Gestalt darunter zitiert, selbst in der Verformung noch klar erkennbar, in Umriß, Proportion, Bewegung und Flügelmotiv, ja sogar in ihrer Kopflosigkeit, die berühmte Nike Statue von Samothrake im Louvre: eine antike Siegesgöttin also, hier zu einer Art Engel oder Totenwächterin umgedeutet. Wie weiße Schattenrisse der Ermordeten bilden Marmorstelen auf der Kante des Plateaus eine gespenstische Reihe; auf jede der Stelen ist eine Inschriftentafel montiert, die die Namen der Opfer festhält.

Südlich von Kato Viannos wurde beim Dorf Chondros eine spätminoische Siedlung freigelegt.

Fresken, die zu den schönsten und besterhaltenen auf Kreta zählen, birgt die kürzlich restaurierte Einraumkirche **Agios Georgios** im Dorf **Emvaros** (Embaros; Schlüssel nebenan bei Nikos). Die Malereien wurden, wie eine Inschrift lehrt, von den Brüdern Manuel und Johannes Phokas 1436/37 ausgeführt. Der Einsatz der lebhaften Farben ist klar und großflächig. Die Figuren wirken in der Bewegung verhalten, in der malerischen Modellierung fast wie Skulpturen, was dem neuen Klassizismus der Kretischen Schule entspricht, die die Ikonen- und Wandmalerei der folgenden Jahrzehnte prägen sollte. In der *Apsis* erscheint Christus als Pantokrator, darunter die die Liturgie feiernden Kirchenväter; am *Triumphbogen* ist das Gastmahl des Abraham dargestellt, im Gewölbe Pfingsten und Himmelfahrt. Die quadratischen Bildfelder im *Tonnengewölbe des Schiffs* zeigen in den oberen Registern christologische Themen, darunter Szenen aus der Vita des Kirchenpatrons. Die *Seitenwände* bedecken ganzfigurige Heiligenbilder, während die *Rückwand,* wie üblich, dem Jüngsten Gericht vorbehalten ist.

Der mittlere Westen

Entlang der Nordküste von Iraklion nach Rethymnon

Entlang der Nordküste
Besonders sehenswert:
Maroulas ☆

Von Agia Pelagia und dem Kap Stavros zieht sich die quer durch das Bergmassiv geschlagene New Road oberhalb der Küste entlang, vorbei am Abzweig nach Fodele (s. S. 146), zum malerischen Fischerort **Bali** mit seiner von Felsen gerahmten kleinen Sandbucht. Das einstige Idyll prägen inzwischen moderne Bungalows und Apartmenthäuser, die sich in Kolorit und Disposition dem Gewachsenen teils anpassen, teils dazu einen reizvollen Kontrast bilden.

Hoch über der Küste, und ursprünglich nicht von hier, sondern nur vom Binnenland aus zugänglich, thront das venezianische **Kloster Attali** mit seiner gut erhaltenen Renaissance-Fassade und seinem von einer Pergola überspannten Innenhof. Der weiter westlich gelegene, stillere Küstenort **Panormo** bietet nur mäßige Bademöglichkeiten, eignet sich aber als Standquartier für Ausflüge ins Hinterland und nach Rethymnon. Das antike *Panormos* war keine selbständige Stadt, sondern Hafen von Eleutherna (s. S. 154). Nur die Grundmauern einer großen dreischiffigen Basilika des 5. Jh. wurden ausgegraben; sie liegen auf einem Hügel oberhalb der New Road und sind am leichtesten vom Ort aus über eine Betonpiste, die die New Road unterquert, zu erreichen.

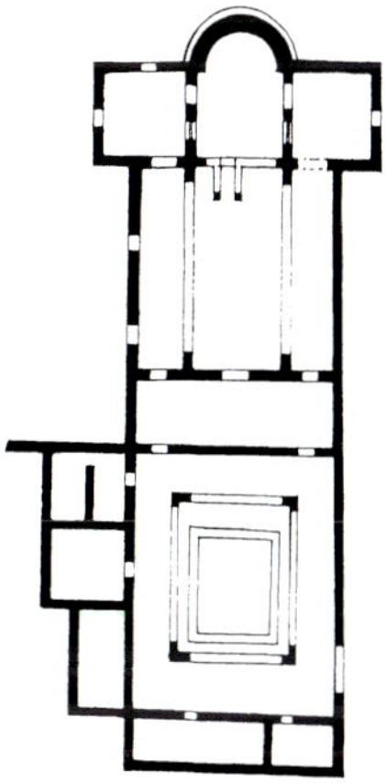

Grundriß der Basilika von Panormos, 5. Jh.

Landeinwärts führt von Panormo eine Straße über die Berge zur **Melidoni-Höhle** und nach Perama. Die Höhle, heute Wallfahrtsstätte für nationalbewußte Griechen, war während der Befreiungskriege Zufluchtsort der Bevölkerung von den türkischen Truppen. 1824 hatten sich hier Hunderte von Menschen versteckt. Als die Türken sie entdeckten, zündeten sie das Buschwerk am Eingang der Höhle an, so daß die Eingeschlossenen erstickten.

Agios Dimitrios

Von der Küstenstraße auf der Höhe von Stavromenos/Platanias aus gut zu erreichen, folgt gleich hinter dem Dorf Pigi der Weiler **Agios Dimitrios** mit der gleichnamigen Kirche (im Dorf der unbeschilderten kleinen Asphaltstraße nach Westen folgen, nach 300 m stößt man auf einen Parkplatz, von dort, nun wieder ausgeschildert, führt ein kurzer Fußweg zur **Dimitrios-Kirche;** falls nicht geöffnet, Schlüssel im Nachbarhaus). Der aus Hausteinen sorgfältig gefügte, an den Kanten durch *antike Spolien-Quader* verstärkte und durch *Ziegelornamentik* der Fensterlaibungen geschmückte Bau datiert ins 11.–12. Jh. Die wenigen, allerdings gut erhaltenen, *Freskenfragmente* stammen aus dem 14. Jh. Von Pigi aus sind in einer halbstündigen Fahrt durch kahle, aber reizvolle Gebirgslandschaften Moni Arkadi (s. S. 159) und Eleutherna (s. S. 154) gut zu erreichen.

◁ Der Venezianische Hafen von Rethymnon

Maroulas und Chromonastiri

Tip:
Keinesfalls versäumen sollte man den kurzen Abstecher von Pigi nach Maroulas. In keinem anderen kretischen Gebirgsdorf hat sich ländliche venezianische Architektur so gut und vollständig erhalten.

Hoch auf einer Hügelkuppe über der Ebene von Rethymnon ›thront‹ das malerische Gebirgsdorf **Maroulas.** Die Straße endet im unteren Ortsteil an einer kleinen Platia. Von hier sollte man zunächst immer der Hauptgasse entlang den Ort durchqueren und anschließend vom dahinter ansteigenden Hang aus den Blick auf dieses einzigartige Siedlungsensemble genießen. Das Dorf wird nicht von einer Kirche, sondern von dem **Wohn- und Wirtschaftsturm** des einstigen venezianischen Lehensherrn beherrscht; daneben sieht man das mächtige Geviert der dazugehörigen Arbeitshalle. Weitere, nicht minder wehrhafte Bauten venezianischer Großgrundbesitzer staffeln sich den Hang hinunter und vermitteln so den Eindruck, als sei der Ort eine geschlossene Burg. Die Häuser sind aus Sichtmauerwerk und erst in späterer Zeit teilweise weiß verputzt worden: die meisten von ihnen einfache Kuben mit flachen Terrassendächern – eine Anpassung venezianischer Renaissancearchitektur an das Klima Kretas – was solchen Dörfern ein orientalisch-afrikanisches Gepräge verleiht.

Zurück in den gebogenen und verwinkelten Gassen des Orts entdeckt man hinter den schön gemauerten Torbögen der Häuser mit Kieselsteinen gepflasterte Innenhöfe und, halb unterirdisch, immer wieder großräumige, von Bogenstellungen überwölbte Hallen, die als Vorratsspeicher, aber auch für handwerkliche Verrichtungen dienten. Die riesige mehrstöckige **Bogenhalle** neben dem Lehensturm auf dem höchsten Punkt des Hügels ist heute eine Ruine, das Flachdach eingestürzt, die Geschoßbalken zerbrochen. Geblieben aber sind – wenngleich nicht aus venezianischer, sondern erst türkischer Zeit – die alten **Öl- und Kornmühlen** dieser fast fabrikartig wirkenden Anlage. Die meisten Bauten von Maroulas dürften im 15. und 16. Jh. entstanden sein. Unter der anschließenden türkischen Feudalherrschaft blieb der Ort Zentrum des agrarischen Umlands, dann aber zogen die meisten Bewohner, der jahrhundertelangen Ausbeutung satt und nun auch nicht mehr vom Meer her bedroht, in die Ebene. Inzwischen belebt sich Maroulas wieder ein wenig; »Sanfter Tourismus« zeigt hier positive Auswirkungen: Alte Häuser werden von den Einwohnern wieder hergerichtet, kleine Läden locken mit Keramik, Wildkräutern und Berghonig, und echte kretische Küche wird in alten Gewölben und unter Pergolen mit Blick auf die weite Küstenebene serviert.

Auf dem Weg nach Perama sieht man, wie Köhler noch in mühsamer und gesundheitsgefährdender Arbeit Holzkohle herstellen.

Von Perivolia, einem östlichen Vorort von Rethymnon, erreicht man über Myli ein weiteres, einsam gelegenes venezianisches Gebirgsnest (8 km): **Chromonastiri.** Vor dem Ortszugang steht rechter Hand eine große, im venezianischen Stil erbaute Kirche des 20. Jh., von deren Vorplatz man einen weiten Ausblick auf die Küste von Rethymnon hat. Am unteren Ortseingang zweigt ein ausgeschilderter steiler Fahrweg nach links in eine Schlucht ab und führt (nur die letzten Meter müssen zu Fuß zurückgelegt werden) zu **Agios Eftichios,** einer im frühen 11. Jh. gleich nach der Rückeroberung Kretas durch die Byzantiner von dem Missionar Ioannis o Xenos gegründe-

Das Gebirgsdorf Maroulas überragt ein gut erhaltener Wohn- und Wirtschaftsturm aus venezianischer Zeit.

ten Kirche. Die dreischiffige Kreuzkuppelbasilika befindet sich in beklagenswertem Zustand; die kunsthistorisch bedeutsamen *Fresken aus der ersten Hälfte des 11. Jh.* mit ihren strengen, auf asketische Ideale ausgerichteten Darstellungen sind Wasser und Schimmel ausgesetzt und werden, wenn nicht bald konservierende Maßnahmen einsetzen, gänzlich vernichtet sein.

Eine weitere Kirche – **Panagia Kera** – mit ebenfalls stark verblaßten Fresken aus dieser Zeit steht südwestlich des Ortes (halbstündiger Fußweg). In dem stillen Gebirgsdorf findet man noch viele alte Häuser und Torbogen aus venezianischer Zeit, die, wenn sorgfältig restauriert, diesen Ort zu einer touristischen Attraktion machen würden. So aber verfällt alles, denn es fehlt an Geld und bislang auch an Interesse, diese Baudenkmäler zu erhalten. Auf der Hügelkuppe steht der palastartig ausgebaute **Großbauernhof** des venezianischen Lehensherren, der von hier aus das umliegende Land kontrollierte.

Tip:
Chromonastiri eignet sich als Ausgangspunkt für Wanderungen. Ein zweistündiger Fußweg führt auf den 858 m hohen Vryssinas mit seinem minoischen Gipfelheiligtum, dessen Funde im Archäologischen Museum von Rethymnon ausgestellt sind.

Rethymnon – ein Flair von Orient und Okzident

Rethymnon ☆☆
Besonders sehenswert:
Venezianischer Hafen ☆
Altstadt ☆☆
Fortezza
Archäologisches Museum ☆

Im Osten wie im Westen von weiten, für den Massentourismus erschlossenen Stränden gerahmt und mit einem landschaftlich reizvollen und kulturell interessanten Hinterland, ist Rethymnon während der Sommermonate Dreh- und Angelpunkt des Fremdenverkehrs dieser Region. Vor allem aber zieht der malerische Altstadtkern Besucher aus aller Welt an. Neben Chania ist Rethymnon wegen ihres Reichtums an historischen Baudenkmälern die schönste Stadt Kretas. 25 000 Einwohner, zahlreiche Studenten der geisteswissenschaftlichen Fakultät der Universität von Kreta sowie eine intakte Infrastruktur von kleinen Handwerksbetrieben und Geschäften machen Rethymnon zu einer lebenswerten und vitalen Stadt. Durch die gebogenen und verwinkelten Gassen der Altstadt zu bummeln und immer wieder unversehens vor einem in edlem Rustika-Mauerwerk erbauten Torbogen, einer säulenverzierten venezianischen Hausfront oder einer türkischen Häuserreihe mit ihren ornamental verzierten Holzerkern zu stehen, dem Charme dieses Ambientes wird sich kein Besucher entziehen können. Immer aufs Neue geben die schmalen Gassen den Blick frei auf eines der schlanken Minarette, die das Häusergewirr weithin sichtbar überragen: Keine andere Stadt Kretas zeigt ein derart orientalisch-mediterranes Kolorit, keine wirkt in ihrem heutigen Erscheinungsbild so sehr von ihrer multikulturellen Vergangenheit geprägt wie Rethymnon. Diese bunte Vielgestaltigkeit, dieses Nebeneinander optisch und historisch heterogener, ja sogar gegensätzlicher Elemente ist es, was den besonderen Reiz dieser Stadt ausmacht.

Kurze Stadtgeschichte

Besiedelt war die Gegend um Rethymnon schon in minoischer Zeit; im südlichen Stadtviertel *Mastaba* wurde ein **spätminoisches Felsengrab** entdeckt, doch eine zugehörige Stadt konnte bislang nicht nachgewiesen werden. Auch von der unbedeutenden antiken Siedlung *Rithymna*, nach der die heutige Stadt ihren Namen erhielt, ist außer einigen Streufunden nichts erhalten. Noch in der byzantinischen Epoche spielte der Ort offenbar keine Rolle; jedenfalls fehlt er in den überlieferten Bischofslisten, auch von byzantinischen Kirchen oder Profanbauten gibt es keinerlei archäologische oder historische Spuren. Städtisches Leben und die kontinuierliche Entwicklung von Handwerk und Handel waren bis in die Neuzeit hinein in Küstenorten nur hinter gesicherten Mauern möglich. Rethymnon aber besaß – im Gegensatz etwa zu Thessaloniki und Konstantinopel – lange Zeit keinen Mauerring. Erst die Venezianer befestigten den Ort und schufen so die Voraussetzung für eine urbane Entwicklung.

Für **Venedig** war Rethymnon nicht nur ein Umschlagplatz von Handelswaren, sondern auch Wirtschafts- und Verwaltungszentrum des gesamten mittleren Westens der Insel. Hier flossen die agrarischen Erträge zusammen, von hier aus kontrollierte und koordinierte die Serenissima die Lehensherren, die auf dem flachen Lande die Gewalt ausübten. Der überwiegende Bevölkerungsanteil war allerdings griechisch und wurde verstärkt durch Zuwanderer aus Konstantinopel, die hier nach der türkischen Eroberung der Hauptstadt 1453 eine neue Existenz gründeten. Hinzu kamen jüdische Kaufleute, die in einem eigenen Viertel wohnten.

Ein kleines Kastell hinter dem Hafen war bereits im 13. Jh. errichtet worden, aber erst die wachsende Bedrohung durch osmanische Flotten führte im 16. Jh. dazu, die inzwischen wohlhabende Stadt mit einer Mauer zu umgeben. Der erste Mauerring, von dem nur noch die Megali Porta im Süden der Stadt existiert, erwies sich schon bald als zu schwach. Mehrmals – 1562, 1567 und 1571 – wurde Rethymnon von türkischen Piraten verwüstet, bis sich die Venezianer entschlossen, unter größten wirtschaftlichen Anstrengungen den Platz zur ›uneinnehmbaren‹ militärischen Hochburg auszubauen. Zwischen 1571 und 1600 wurde an der Stelle der antiken Akropolis die bis heute erhaltene Fortezza errichtet, wobei griechische Bauern in großer Zahl zur Fronarbeit herangezogen wurden – eine Maßnahme, die die ohnehin vorhandenen Spannungen zwischen der venezianischen Herrenkaste und der ausgebeuteten griechischen Bevölkerung noch verstärkte; Aufständische unter Anführung des griechischen Adeligen Georgios Kantanoleon hatten die Stadt zu Anfang des 16. Jh. sogar zeitweilig unter ihre Kontrolle gebracht. So war das gewaltige Fort,

Rethymnon, von einem unbekannten Maler des 17. Jh. gesehen

Rethymnon 1 Venezianischer Hafen 2 Fortezza 3 Sultan Ibraim-Moschee 4 Archäologisches Museum 5 Folklore-Museum 6 Venezianische Loggia 7 Rimondi-Brunnen 8 Historisch-Ethnographisches Museum 9 Pascha Nerace-Moschee 10 Kara Mustafa Pascha-Moschee 11 Megali Porta 12 Minarett der Megali Porta-Moschee 13 Giamboudakis-Denkmal 14 Stadtpark 15 Veli Pascha-Moschee

wie andere solche Bauten auf der Insel auch, nicht nur Bollwerk gegen die Türken, sondern auch Zwingburg gegenüber der alteingesessenen Bevölkerung. Erst die letzten Jahrzehnte der venezianischen Herrschaft waren von einem Ausgleich zwischen italienischer und griechischer Bevölkerung geprägt. Während dieser Phase entstanden die meisten der heute noch in Teilen erhaltenen venezianischen Bauten, die Loggia, der Rimondi-Brunnen und die drei Stadtkirchen

Santa Maria Maddalena, Santa Maria und San Francesco. Zahlreiche Gelehrte und Dichter wirkten damals in Rethymnon, wo sie eine offenbar kulturell und politisch liberale und an ihren Werken interessierte Öffentlichkeit fanden.

1646, keine 80 Jahre nach Baubeginn des Riesenforts, eroberten die **Türken** nach kurzer Belagerung die Stadt. Sie machten Rethymnon zu ihrer Hauptstadt auf Kreta und beließen im übrigen die wirtschaftlichen Funktionen, die die Stadt bereits zuvor gehabt hatte. Während auf dem Lande die orthodoxe Kirche erstarkte, erhielt die Stadt nun Moscheen, teils als Neubauten, teils durch Umwidmung und Umbau der Kirchen. Keineswegs alle venezianischen Kaufleute und Handwerker verschwanden aus Rethymnon. Viele blieben und lebten offenbar weitgehend friedlich mit der orthodoxen Bevölkerung und der zahlenmäßig schmalen neuen Herrenschicht zusammen. Venezianisch inspirierte Bauten unter türkischer Administration sind Zeugnisse dieser multikulturellen Symbiose. 1879 wurde, nach einer Welle von Aufständen, die türkische Besatzung zum Abzug gezwungen und, nach einem kurzen Zwischenspiel unter **russischem Mandat,** die Stadt endlich griechisch. Viele assimilierte Türken blieben hier und gaben der Stadt ihr Gepräge, bis sie nach dem kleinasiatischen Krieg 1923 Kreta verlassen mußten. Der Schriftsteller Pandelis Prevelakis hat diese Vorgänge in seinem Roman ›*Die Chronik einer Stadt*‹ beschrieben.

Stadtbesichtigung

Am schönsten erschließt sich Rethymnon vom Ufer her. Wer mit dem Pkw anreist, sollte deshalb sein Fahrzeug im Bereich der Koundouriotou-Straße oder im Leoforos Paraliaki am Westufer unterhalb des Kastells abstellen und von dort das kurze Stück zur Strandpromenade und zum **Venezianischen Hafen** (1) gehen. Das von malerischen Häuserfronten gerahmte viereckige Hafenbecken, in dem sich die Pastelltöne der umgebenden Stadtkulisse spiegeln, wirkt in seinen bescheidenen Ausmaßen wie eine intime Piazzetta, auf die die schmalen Gassen des Orts münden. Zum Flanieren ist allerdings wenig Platz, denn die Tische und Stühle der dicht gereihten Cafés und Tavernen okkupieren fast die gesamte Fläche des Uferkais. Daß die Preise hier höher und die Qualität eher niedriger ist als anderswo, kann angesichts der vielen Touristen, die die zauberhafte Atmosphäre, besonders während der Abendstunden, genießen wollen, nicht verwundern. Am schönsten ist der Blick von der freien Südostecke des Gevierts und von der vorgelagerten Mole aus, und hier verlangt niemand Geld für längeres Verweilen.

Tip:
Für Rethymnon sollte man genugend Zeit einplanen, um die Stadt zu verschiedenen Tageszeiten, besonders abends, zu erleben. Lassen Sie sich treiben, schlendern Sie auch mal ohne Plan durch die Altstadtgassen oder sehen Sie von einem Café aus einfach dem Treiben der Passanten zu.

Über die Umstände, die zum Bau der riesigen, auch heute noch beeindruckenden **Fortezza** (2) über der Stadt führten, wurde bereits im Rahmen der Stadtgeschichte berichtet. Die zwischen 1571 und 1600 errichtete Anlage mit ihren lanzettförmig vorspringenden

Blick auf die Kuppel der Sultan Ibraim-Moschee in der Fortezza

Bastionen war noch aufwendiger geplant worden, als sie dann tatsächlich ausgeführt wurde. Der aus Verona stammende Architekt Michele Sanmicheli, der auch die Forts für Iraklion und Chania entwarf und sich bereits durch Planung und Ausführung von Festungen in Verona, Brescia und Bergamo einen Namen gemacht hatte, war Garant für modernste Wehrtechnik. Er hatte einen tiefen Graben rund um die in leichter Schräge ansteigenden Mauern vorgesehen. Das aber war der ohnehin gebeutelten ansässigen Bevölkerung zuviel, und nach Revolten und zähen Verhandlungen entschloß man sich, den Graben und zusätzliche Finessen der Fortifikationskunst wegzulassen und die Festung nach vereinfachten Plänen des Militäringenieurs Sforza Palaviccini auszuführen; Bauleiter war der Grieche Ioannis Therari. Das Innere der Fortezza nahmen Unterkünfte und Verpflegungseinrichtungen für die Truppen, Arsenale und eine Kirche ein. Heute ist die Anlage, von der man einen weiten Ausblick auf die Stadt, in der Ferne das Ida-Gebirge und die Lefka Ori genießt, eher von ihrer späteren Geschichte geprägt. Die unterirdischen Kasernen und Arsenale haben sich z. T. zwar als Ruinen erhalten und können auch besichtigt werden, doch das bedeutendste Bauwerk ist hier die nach dem Sultan Ibraim benannte, in den Jahren nach 1646 errichtete **Moschee** (3): ein äußerlich schlichter, von einer Kuppel überwölbter Bau auf quadratischem Grundriß. Beachtung verdient der Innenraum: *vier Spitzbögen* – sowohl von der islamischen als auch der venezianisch-gotischen Architektur her vertraut – führen an den Wänden vom Boden aus hoch zum Kuppelansatz. Auch die Ecken des quadratischen Raums sind von Spitzbögen überwölbt, die auf halber Höhe unvermittelt auf die Wandbögen treffen: eine tektonisch äußerst ungewöhnliche ›Improvisation‹. Die gotischen Gurtbögen demonstrieren, wie sehr die türkische Besatzungsmacht venezianische Architektur schätzte und sich hier auf Kreta nicht scheute, eine Moschee nach venezianischer Mode zu errichten. Unerklärt ist die *asymmetrische Plazierung der Fenster,* denn es handelt sich hier nicht um den Umbau einer älteren Kirche, sondern um eine genuin moslemische Architektur. Die mit einem Stalaktiten-Relief *(Muqarnas)* verzierte Gebetsnische ist noch erhalten, leider aber nicht durch Absperrung gesichert und infolgedessen von Besuchern über und über bekritzelt. Vom **Minarett** steht nur noch der Sockel. Überhaupt scheint man sich um das einzig wichtige Baudenkmal innerhalb der Festung wenig zu kümmern, während architektonisch anspruchslose Bauten wie ein ehemaliges Gefängnis (?) restauriert und teilweise wieder aufgebaut werden.

Gegenüber dem Eingang der Fortezza befindet sich, im ehemaligen venezianischen Gefängnisbau, das **Archäologische Museum** (4) (Di–So 8.30–15 Uhr). Die Sammlung ist chronologisch geordnet und präsentiert Material von Fundplätzen des Regierungsbezirks *Rethymnon,* d. h. des mittleren Westens Kretas bis hin zur Südküste. Handgeformte Keramik, Steinwerkzeuge und -anhänger aus der Gerani-Höhle setzen bereits im 5. Jt. v. Chr. ein; auch kleine *Marmor-Idole der Kykladen-Kultur* des 3. Jt. v. Chr. wurden an diesem Fundplatz entdeckt und bezeugen die engen Beziehungen Westkretas zum ägäischen Raum in jener Periode. Die ältesten *frühminoischen Keramikgefäße* stammen aus den Höhlen von Elenes und Melidoni. Funde aus mittelminoischer Zeit wurden vor allem an den Südhängen des Ida-Gebirges in Apodoulou und Monastiraki gemacht. Aber auch in der näheren Umgebung von Rethymnon fanden sich tönerne Votivgaben dieser Periode in Form von Stieren und – zumeist weiblichen – Adorantenfiguren; sie stammen aus einem minoischen Gipfelheiligtum auf dem Berg Vryssinas, den man vom Eingang des Museums aus linker Hand bei gutem Wetter sehen kann.

Das Archäologische Museum von Rethymnon ist zwar sehr viel kleiner als dasjenige von Iraklion, doch die herausragenden Objekte kann man hier in gut beleuchteten Vitrinen und unbelästigt von Massenandrang studieren und genießen

Einzigartig und zweifellos Höhepunkt der Sammlung sind die Funde aus der Nekropole von Armeni, die aus der minoischen Spätphase (ca. 1400–1200 v. Chr.) stammen, als bereits mykenische, d. h. achäische Festlandgriechen die Insel beherrschten. Viele – vor allem

Spätminoischer Sarkophag aus Armeni (Archäologisches Museum, Rethymnon): Dominierendes Thema der Darstellungen ist die Jagd auf Rehe und Hirsche sowie Wildziegen mit Speeren, Netzen und Hunden. Auch der im minoischen Kult so bedeutsame Stier ist auf den hier ausgestellten Sarkophagen zu sehen. Einmal, wie in älterer Zeit, als Gegenstand des Kults und in Verbindung mit zeichenhaft isolierten Stierhörnern, wie man sie von Knossos und anders woher kennt, dann aber auch als ganz profaner Rinderbestand zur Nahrungsgrundlage.

kultische – Elemente der früheren minoischen Kultur sind hier weiter tradiert, der gänzlich veränderte Charakter der Gesellschaftsstruktur aber drückt sich in zahlreichen Waffen (z. B. ein typisch *mykenischen Eberzahnhelm*) aus, die nun als Prestigegüter den adeligen Kriegern mit ins Grab gegeben wurden. Die eindrucksvollsten Objekte dieser Grabanlagen sind die bemalten *Tonsarkophage* (Larnakes), in denen die Toten beigesetzt wurden. Die schönsten und besterhaltenen Exemplare aus Armeni sind frei im Museum aufgestellt und so von allen Seiten zu bewundern. Der Stil der Malereien wirkt im Vergleich zu demjenigen der früheren minoischen Epochen (etwa dem nur 100 Jahre älteren Sarkophag von Agia Triada im AMI) trotz Beibehaltung der Spiralformen und geschwungenen Linien einfach und statisch. Um so mehr faszinieren diese Bilder durch ihre zeichenhafte Prägnanz. Vogel und Lilie sind stets wiederkehrende Motive, Steinbock und Hirsch andere, die auf eine neue Prestigebeschäftigung jener Adeligen verweisen: die Jagd. Darstellungen von Stieren und säugenden Kühen verweisen auf die Bedeutung der Viehzucht. Nicht alle rituellen Gaben verschwanden bei den Bestattungen in Armeni unter der Erde; einzelne über den Gräbern aufgerichtete *Steinstelen,* von denen ebenfalls einige im Museum ausgestellt sind, bezeichneten sichtbar die Stelle der Beisetzung.

Weitere Vitrinen zeigen *keramische Grabbeigaben des 10.–8. Jh. v. Chr.* aus den Friedhöfen der dorisch-griechischen Städte Eleutherna und Axos, außerdem *späthellenistische Bronzefiguren* (u. a. einen jugendlichen Ares von ca. 40 cm Höhe, der aus einem Schiffswrack bei Agia Galini geborgen wurde) sowie *römisch-kaiserzeitliche Marmorplastik* aus Lappa. Ein *Grabrelief des 5. Jh. v. Chr.* aus Stavromenos zeigt einen Jüngling mit seinen Sportutensilien, Spielzeug und einem Jagdhund. Wiederum aus Eleutherna stammen ein stark verwittertes *archaisches Grabrelief* aus der Mitte des 6. Jh. v. Chr. und ein bereits in der Antike in architektonischem Zusammenhang wiederverwendetes *Grabrelief des späten 5. Jh. v. Chr.,* sodann zwei frühkaiserzeitliche lebensgroße *marmorne Frauenstatuen,* vermutlich Ehrenbildnisse von Bürgerinnen der Stadt.

Die Fertigungstechniken antiker Skulpturen lassen sich an einer unvollendet gebliebenen *Aphrodite-Statue* im Typus der ›Venus Medici‹ beobachten: Jeder Arbeitsschritt war auf die gesamte Figur bezogen, nie isoliert – ein Vorgehen, das wesentlich zur plastisch-körperlichen Gelungenheit dieser Statuen beitrug. Eine Kollektion von Gläsern, Münzen und Schmuck rundet die Exponate ab.

Gleich unterhalb der Fortezza in der Messologion-Straße befindet sich ein kleines privates **Folklore-Museum** (5), das kretische Web- und Stickarbeiten ausstellt.

Die in schlichtem Rustika-Mauerwerk um 1600 errichtete **Loggia** (6), die den venezianischen Stadthonoratioren als Treffpunkt diente, ist heute leider keine Loggia mehr, sondern durch große Fensterscheiben verschlossen. Sie beherbergt einen von der Antikenverwaltung unterhaltenen Verkaufsstand, an dem Repliken klassisch griechischer

Skulpturen erhältlich sind. Im Innern verdienen geschnitzte hölzerne *Konsolen* für die von *vier polygonalen Pfeilern* mit ionischen Kapitellen getragene *Balkendecke* Beachtung. Ob der kleine Loggienbau von Rethymnon wie die Loggia in Iraklion und ihre florentinischen bzw. venezianischen Vorbilder einst ein Obergeschoß mit einem Versammlungssaal trug, wie es die Funktion eines solchen Baus eigentlich verlangt, ist nicht bekannt. Von der Loggia sind es nur ein paar Schritte zur Souliou-Gasse mit ihren Werkstätten und basarartigen Läden.

Am Rimondi-Brunnen: Wer genügend Zeit hat, sollte durch die Gassen westlich des Rimondi-Brunnens zwischen Melissinou und Dikastirion schlendern, wo sich besonders viel reizvolle Architektur aus türkischer Zeit erhalten hat. Vorbei an der Ruine einer kleinen Moschee, kommt man in die Odos Stylianou Klidi mit ihren verzierten venezianischen Hausportalen und türkischen Holzerkern.

Der zierliche, nach einem venezianischen Statthalter benannte **Rimondi-Brunnen** (7) mit seiner von korinthischen Säulen gegliederten Rückwand entstand 1629. Nur dieser Teil der Brunnenwand mit den *Löwenkopf-Wasserspeiern* hat sich von der ursprünglich größeren Anlage erhalten. In türkischer Zeit wurde dem Brunnen eine im Stil ebenfalls gotisch-venezianische Loggia vorgesetzt, von der auf der rechten Seite noch ein Stück aufrecht steht. Im Verputz über dem gotischen Bogen erkennt man noch den runden Gurt, dem eine Kuppel aufsaß, mit der die Türken das Bauwerk überdachten; sie wurde im Zweiten Weltkrieg von den Deutschen zerstört. Unklar ist die Bedeutung der fragmentierten Inschrift »*IACAE LIBERALITATIS FONTES IN*«.

Im Obergeschoß eines aufwendig restaurierten venezianischen Palasts des 17. Jh. in der Odos Vernardou ist das **Volkskunde-Museum** *(Historiko Laografiko Mouseio,* 8) untergebracht (Mo–Sa 9–13 und 18–20 Uhr). Es birgt eine Sammlung traditioneller, teilweise sogar recht alter kretischer Webwaren und Stickereien sowie Ensembles von Küchen- und Arbeitsgeräten (Körbe, Ton- und Kupfergefäße), hinzu kommen Fotos, die die Herstellung und den Gebrauch der Gegenstände in ihrem ursprünglichen Ambiente veranschaulichen. Das Ganze bleibt freilich Volkskunde im traditionellsten Sinn: Soziale Zusammenhänge, geschichtliche Veränderungen, Konflikte und Anpassungsprozesse werden weder in Text noch Bild thematisiert. So ist das Museum zwar eine wertvolle Sammlung von Objekten, bietet aber wenig Information über das tatsächliche Leben der Menschen auf Kreta.

Nicht anders als bei der Sultan Ibraim-Moschee in der Fortezza haben auch bei der Pascha Nerace-Moschee die türkischen Herren der Stadt an Venezianisches angeknüpft, vielleicht sogar am Ort gebliebene venezianische Baumeister beauftragt. Die Wendeltreppe, die im Innern des MInaretts zur Plattform führt, wurde nach einem Erdbeben gesperrt und bleibt bis auf weiteres unzugänglich. Ebenfalls für Besucher verschlossen ist die einst der Maria geweihte gotische Hallenkirche. Die Türken haben sie mit drei hintereinanderliegenden Kuppeln neu gedeckt und zur Moschee umgewandelt.

An der gleichen Straße steht das kunstvolle Minarett der nach Pascha Nerace benannten, bald nach 1646 errichteten **Moschee** (9). Mit seinem oktogonalen Sockel, dem kapitellartigen ersten Umgang und dann den beiden weiteren durch Reliefpfeiler gegliederten Stockwerken und schließlich den beiden obersten, nun wieder oktogonalen Aufsätzen erweckt es durchaus nicht den Eindruck einer rein osmanischen Architektur, sondern eher den eines venezianischen Leuchtturms. Auf der Nordseite der Nerace-Moschee, wo mächtige Stützpfeiler angebracht werden mußten, um den Seitenschub der Kuppeln abzufangen, sieht man noch die Reste eines überkuppelten türkischen **Brunnens** und den **Sockel eines venezianischen Denkmals,** dessen Plattform leer steht.

Eine kleinere, ebenfalls gut erhaltene, im 17. Jh. von Kara Mustafa Pascha errichtete **Moschee** (10) mit einer von drei Kuppeln gedeckten Vorhalle sowie einem Pavillon samt **Reinigungsbrunnen** im Garten findet man am östlichen Ende der von venezianischen und türkischen Hausfronten gesäumten Arkadiou-Straße, die hinter der Venizilou parallel zur Uferfront verläuft. Der Bau ist für Besucher verschlossen und dient als Abstellplatz für Baumaterial. Mustafa Pascha war der Großwesir des Sultan Ibraim, unter dessen Regierung Kreta von den osmanischen Truppen eingenommen wurde.

Nur eines der alten Stadttore Rethymnons, die **Megali Porta** (11) an der Platia Ethnikis Andistasseos ist erhalten: ein im Gegensatz zu seinem Namen eher bescheidenes Tor mit Pilastergliederung, das einst ein venezianisches Löwenwappen in einer Giebelzone krönte. Ganz in der Nähe steht ein aus größerer Entfernung immer wieder sichtbares, besonders schönes, im Grundriß polygonales und in seiner Wandung reich gegliedertes **Minarett** (12). Es ist leider jedoch vollständig von einem Häuserblock eingeschlossen und nur selten zugänglich. Von der Odos Ethnikis Andistasseos, wenige Schritte hinter der Megali Porta, erhascht man wenigstens einen Blick auf den oberen Teil.

Sozusagen noch im Schatten des alten Minaretts stellte man auf der Platia Tesseron Martyron mit ihrer gleichnamigen häßlichen neobyzantinischen Kirche ein **Bronze-Denkmal für Kostas Giamboudakis** (13) auf: den Sprengmeister von Arkadi und Symbolfigur des griechischen ›Sieges‹ über die türkische Besatzungsmacht. Mit gerecktem Kopf und geschwellter Brust kehrt er der Altstadt den Rücken zu und blickt zu den Bergen Richtung Arkadi, dem Ort seiner Tat.

Ein friedlicher Ort zum Ausruhen ist der zu Anfang des 20. Jh. angelegte kleine schattige **Park** (14) mit seinem bescheidenen Tiergarten schräg gegenüber der Platia Tesseron Martyron, jenseits der lauten Verkehrsachse Koundouriotou-Igoumeno Gavril. Weiter östlich in diesem Stadtteil findet man zwischen Odos Kazantzaki und Dimokratias, die in der zweiten Hälfte des 17. Jh. errichtete **Veli-Pascha-Moschee** (15). Dem Hauptraum ist eine von kleinen Kuppeln gedeckte Halle und dieser ein ebenfalls kuppelgedeckter *Portikus* vorgelagert; die Laibungen des Portals zieren Ranken- und Blütenmotive.

Von Rethymnon zur Südküste

Der minoische Friedhof von Armeni

Der Name der Ortschaft *Armeni* rührt von armenischen Siedlern her, die sich 961 bei der byzantinischen Rückeroberung Kretas im Heergefolge des Nikephoros Phokas befanden und sich hier niederließen. Die minoische Nekropole liegt unweit nördlich des modernen Ortes (das eingezäunte und bewachte Ausgrabungsareal ist von der Straße her ausgeschildert). Mehr als 200 in den flachen Felsboden geschlagene Kammergräber wurden hier in den 1960er Jahren vom griechischen Antikendienst freigelegt; viele von ihnen überdauerten unberührt von Grabräubern die Jahrhunderte, d. h. das komplette Inventar samt Grabbeigaben konnte geborgen werden. Die faszinierenden Funde sind in den archäologischen Museen von Rethymnon und Chania ausgestellt.

Von Rethymnon zur Südküste
Besonders sehenswert:
Armeni
Moni Preveli ☆
Myriokefala ☆

Am kahlen Berghang südlich der Stadt erkennt man von der Landstraße nach Armeni aus einen kuriosen byzantinisch-venezianischen Bau: Wie huckepack steht die kleine Kapelle Zoodochos Pigi, das heißt »lebensspendende Quelle«, auf einem zweischiffigen Hallenbau, der wohl einst als Wirtschaftsgebäude gedient haben muß.

Nur etwa 200 Jahre lang wurde dieser einer wohlhabenden Schicht vorbehaltene Friedhof benutzt, nämlich während der Phase Spätminoisch IIIA–IIIB, d. h. der Zeit von ca. 1390–1190 v. Chr., als bereits mykenische Festlandgriechen Kreta beherrschten; so kann man in diesem Falle auch von einer mykenischen Nekropole sprechen, zumal die Grabbeigaben das ausgesprochen kriegerische Selbstverständnis dieser Gemeinschaft belegen. Wie Beigaben und Skelette zeigen, handelt es sich zumeist um Familiengräber. Die hier Beigesetzten sind zumeist sehr jung gestorben: die Männer im statistischen Durchschnitt mit etwa 30, die Frauen mit 23 Jahren. Bemerkenswert ist der durchweg gleiche Typus der Gräber. Die meisten sind nach Osten ausgerichtet, möglicherweise auf den Berg Vryssinas mit seinem minoischen Gipfelheiligtum hin. In jedem Falle aber muß man sich einen solchen Begräbnisplatz zugleich als Kultstätte mit entsprechenden religiösen Zeremonien und Opfern vorstellen. Von der zugehörigen Siedlung ist bislang nichts bekannt.

Über Spili nach Plakias

Ein beschaulicher Ort ist Spili mit seinem berühmten Brunnen nur noch außerhalb der Saison. Ansonsten drängen sich hier zahlreiche Kurzbesucher vor den Souvenirgeschäften und in den Tavernen, um die besondere Atmosphäre dieses in üppiges Grün eingebetten Bergdorfes zu genießen.

Spilis Ruhm beruht auf seinem Reichtum an kristallklarem, schmackhaftem Quellwasser. Wohl im 16. Jh. gaben die Venezianer der sicher schon vorher bestehenden **Brunnenanlage** eine neue und ungewöhnliche Gestalt: Aus einer langen *Reihe von 19 Löwenköpfen* und sechs weiteren Öffnungen sprudelt unter hohem Druck das Wasser in ein schmales Brunnenbehältnis; die grimmig blickenden Löwenhäupter mit ihren eingelegten Augen sind noch die originalen, Rückwand und Trogfang hingegen wurden leider mit einem unpassenden modernen Plattenbelag verkleidet. Abseits vom Touristenrummel liegen mehrere hübsche Kapellen des 14. Jh., sehenswert ist wegen ihrer Fresken vor allem **Sotiros Christou** am südlichen Ortsrand.

Auch die Nachbardörfer Mourne und Lambini besitzen wohlerhaltene byzantinisch-venezianische Kirchen: **Agios Georgios** in **Mourne** mit relativ gut erhaltenen Fresken stammt vom Beginn des 14. Jh.; die in der gleichen Zeit unter Verwendung von antiken und venezianischen Spolien errichtete, der Gottesmutter geweihte **Kreuzkuppelkirche Panagia** von **Lambini** ist mehr ihrer Architektur wegen sehenswert, denn die Fresken im Innenraum sind vom beständigen Ruß der Kerzen z. T. bis zur Unkenntlichkeit geschwärzt.

Der Küstenabschnitt zwischen Plakias und Agios Pavlos ist berühmt für seine weiten, von Bergketten hinterfangenen und von Felsenriffen begrenzten Strände aus feinem weißen Sand. Gebirgsbäche haben diese Landschaft im Lauf von Jahrmillionen geschaffen, indem sie tiefe Schluchten in das Gestein gruben und an ihren Mündungen fruchtbare Küstenebenen entstehen ließen. **Plakias,** heute touristisches Zentrum der Region, liegt in einem weiten Talkessel unterhalb der wildromantischen **Kotsifou-Schlucht.** Der Ort selbst ist inzwischen völlig überlaufen, die landschaftlich und in ihrer Wasserqualität traumhaften Strände – im Westen Souda, im Osten Damioni, Preveli und Kerames – sind jedoch nach wie vor lohnende Ziele geblieben. Die Bergdörfer **Myrthios** und **Selia** hoch über der Bucht haben noch viel von ihrem traditionellen Charakter bewahrt und laden mit ihren Tavernen, von denen man besonders abends einen unvergeßlichen Ausblick auf die Küste von Plakias genießt, zum Verweilen ein.

Vor Kato Preveli quert links der Landstraße eine aus Quadern gemauerte elegante Bogenbrücke des 19. Jh. den durch die Kourtaliotiko-Schlucht verlaufenden Megalos Potamos (»Großer Fluß«), der sich von hier aus weiter windet und an dem Palmenstrand von Preveli ins Libysche Meer mündet. Noch vor dem Eingang dieser Schlucht steht unweit des Bachs die Kapelle Agia Fotini mit Fresken aus dem frühen 15. Jh.

Moni Preveli

Beide Klöster von Preveli – das verlassene am Rand eines Tals unterhalb der Kourtaliotiko-Schlucht gelegene Kato Preveli und das noch heute bewohnte Moni Preveli am Berghang hoch über dem Libyschen Meer – wurden im späten 17. Jh. oder frühen 18. Jh. erbaut. Mehrere Klöster im Umland wurden damals aufgegeben; die Mönche siedelten in die neue Anlage um, die ihrerseits mit großen Ländereien ausgestattet und durch Privilegien gefördert wurde. Während Moni Preveli als geistliches Zentrum fungierte, wurde von der Dependance Kato Previli aus der Wein-, Oliven- und Getreideanbau organisiert und beaufsichtigt. Im Zuge der aufständischen Aktivitäten der Mönche im Rahmen der Befreiungsbewegung wurde Kato Preveli um die Mitte des 19. Jh. von den Türken niedergebrannt und liegt seitdem als gespenstische Ruine verlassen in der weiten Tallandschaft.

Die **Ruinen von Kato Preveli,** gleich unterhalb der Landstraße gelegen, werden jeden Besucher faszinieren. Wie in einem arabischen Dorf sind die flachgedeckten kubischen Baukörper der Wohn- und

Die Ruinen des um die Mitte des 19. Jh. von den Türken niedergebrannten und seitdem verlassenen Klosters Kato Preveli

Wirtschaftstrakte agglomeratartig aneinandergefügt und werden lediglich von turmartigen Schornsteinen und einzelnen, ebenfalls als Rauchfang dienenden Ton-Pithoi überragt. Nach außen hin ist die Anlage wehrhaft abgeschlossen und durch eine schräg ansteigende Sockelzone wie ein Bollwerk gegen fremde Plünderer ebenso wie gegen aufmüpfige Zwangsarbeiter gesichert. Der Eingang wird von einem überkuppelten Brunnen flankiert. Vom Innenhof mit seinem Katholikon erschließen sich die zweigeschossigen Wohn- und Wirtschaftsräume. Die Anlage ist verschlossen und nur von der Straße aus einzusehen.

Den besonderen Reiz des auf Terrassen angelegten **Moni Preveli** mit seinen weißen und ockerfarbenen Gebäuden macht die herausgehobene Lage auf dem kargen Felsplateau 170 m hoch über der Libyschen See aus (siehe Titelbild). Man glaubt, über das weite Meer bis nach Afrika blicken zu können. Tatsächlich hat diese Ausrichtung auf den gegenüber liegenden Kontinent eine wichtige Rolle in der Geschichte des Klosters gespielt: Die Mönche unterstützten im Zweiten Weltkrieg aktiv den kretischen Widerstand gegen die deutsche Besatzungsmacht und gewährten Soldaten der Alliierten, die von Ägypten aus mit U-Booten vor der kretischen Küste operierten, Unterschlupf. Die deutsche Wehrmacht rächte sich für diese Aktivitäten durch Beschädigung der Kirche und Beraubung des Klosters. Eine *Gedenktafel* im Hof erinnert an diese Ereignisse.

Während der türkischen Besatzung gründeten die Mönche von Preveli in den umliegenden Dörfern geheim gehaltene Schulen, um die griechisch-orthodoxe Kultur zu erhalten und um Mönche und Lehrer auszubilden. Überlieferte Schriftdokumente belegen, daß Moni Preveli im 19. Jh. zu den Aufstandszentren gegen die Türken zählte und einen bedeutsamen Beitrag zur Ausbildung nationalgriechischer Identität leistete.

Vor der Klosteranlage liegt linker Hand der **Friedhof** mit einer kleinen Kapelle zur Aufbewahrung von Gebeinen. Die tieferliegenden Gebäudetrakte dienten als Ställe und Lagerräume, die auf den oberen Terrassen zum Wohnen und Arbeiten. Ein **Brunnen** im Klosterhof trägt die Jahreszahl 1701 mit der Mahnung: »Wasche nicht nur dein Gesicht, reinige dich auch von Sünden – die Quelle fließt reichlich«. Die in ihrer Zweischiffigkeit nach dem Vorbild von Arkadi errichtete **Hallenkirche** wurde 1836 geweiht. Stimmungsvoll ist der Innenraum mit seiner zwar nicht sehr alten, aber sorgfältig bemalten und vollständig erhaltenen vergoldeten *Holz-Ikonostase*. Kostbarstes Gut der Kirche ist ein silbernes *Reliquienkreuz* aus der Zeit um 1700, von dem gesagt wird, daß es einen Splitter des Kreuzes Jesu enthalte; die eine Seite ist mit einer Reliefdarstellung der Taufe Christi, die andere mit der Kreuzigung geschmückt. Das **Klostermuseum** enthält neben Ikonen vor allem Meßgewänder und Altargerät des 17. und 18. Jh.

1,5 km vor Moni Preveli zweigt ein steiler Fahrweg hangabwärts ab bis zu einem Parkplatz, von wo aus ein Fußpfad zum **Strand von Preveli** führt (etwa 20 Minuten, festes Schuhwerk ist angeraten). Auch wenn der Strand zwischen April und Oktober von Badegästen überfüllt ist, bleibt doch der landschaftliche Eindruck dieser Flußoase unvergeßlich. Schon der Blick vom Rand der turmhohen Felswand auf das üppig grüne Tal mit dem von Dattelpalmen, Eukalyptusbäumen und Oleander gesäumten Flüßchen weckt Vorstellungen von

◁ Die Ikonostase des Klosters Preveli

Der Strand von Preveli zählt zu den schönsten auf ganz Kreta.

Tropenparadiesen. Unten am Strand, inmitten der urwaldartigen Vegetation der Talsohle des Cañons, fühlt man sich vollends nach Afrika versetzt, und tatsächlich ist dieser Küsteneinschnitt nicht nur geographisch dem anderen Kontinent zugewandt, sondern dank seiner gegen die Nordwinde geschützten Lage klimatisch mehr Afrika als Europa verbunden.

Das antike Lappa und Myriokefala

In **Argyroupoli,** dem antiken *Lappa,* kann der Besucher, wenn er sich etwas Zeit für diesen hübschen Gebirgsort und seine romantische Umgebung nimmt, antike ebenso wie byzantinische und venezianische Spuren entdecken. Wie die meisten dorischen Gründungen des 8. und 7. vorchristlichen Jahrhunderts wurde Lappa zurückgezogen vom Meer, aber mit weitem Blick auf das Umland und die Ägäisküste angelegt. Nach seiner Gründungsphase führte der Ort ein eher bescheidenes Dasein und verwickelte sich, besonders im Hellenismus, in diverse kriegerische Handlungen. Im Kampf zwischen Oktavian, dem späteren Augustus, und seinen Gegnern Antonius und Kleopatra aber stellte sich Lappa – im Gegensatz zu vielen griechischen Städten – auf die ›richtige‹ Seite und wurde in der Folge konsequent durch die Gunst des römischen Kaiserhauses belohnt; Privilegien förderten die Entwicklung des Ortes und bescherten ihm eine lange Blütezeit, bis die Sarazenen im 9. Jh. Lappa zerstörten. Erst unter venezianischer Herrschaft erlangte Lappa erneut Bedeutung: nun als Zentrum der ›Landlords‹, die von hier aus das umliegende Land kontrollierten.

Die antike Siedlung erstreckte sich unterhalb des heutigen Dorfes Argyroupoli. Viele Häuser mit sorgfältig gemauerten und reliefverzierten Fenster- und Türlaibungen erinnern auf Schritt und Tritt an die venezianische Epoche. Sogar im 19. Jh. verstand man es noch, in diesem venezianisch-gotischen Stil und unter Einbeziehung späterer westlicher Elemente zu bauen, wie die Seitenfassade der zweischiffigen **Kirche von 1895** zeigt. Neue Häuser dürfen in Argyroupoli nur in Ausnahmefällen errichtet werden, denn überall finden sich in den Gärten und Kellern antike Baureste und Gebrauchsgegenstände. So muß man beim Rundgang durch die Gassen nur die Augen offen halten, um immer wieder auf unerwartete Spuren früherer Epoche zu stoßen: auf den antiken *Löwenkopf-Wasserspeier* in der Wand eines ehemals venezianischen Hauses etwa, oder auf Fragmente einer Inschrift mit Rechtsvorschriften für Fremde in Lappa, verbaut als Konsolen eines Hauseingangs. Vor der kleinen **Kapelle** am nordwestlichen Ortsrand stehen hellenistische und römische Säulen, ein ionisches Kapitell lehnt wenige Meter entfernt an einer Gartenmauer. Das wichtigste archäologische Monument in Argyroupoli ist ein großes geometrisches und florales *Fußbodenmosaik des 3. Jh. n. Chr.*, das ein römisches Haus auf der Kuppe des Ortshügels zierte. Auf **Reste eines Aquädukts** aus augusteischer Zeit, der die Stadt mit Wasser versorgte, stößt man oberhalb des Schulgebäudes (Fahrweg am oberen Ortsausgang, dann wenige Minuten zu Fuß).

Tip:
Für den mehrstündigen und z.T. mühsamen Abstecher nach Argyroupoli und Myriokefala entschädigen nicht allein die kunsthistorischen Sehenswürdigkeiten, sondern auch schöne Ausblikke in die Landschaft.

In der Senke unterhalb von Argyroupoli lohnen zwei kurze Abstecher: Auf der nach Kato Poros abzweigenden Straße gelangt man nach 300 m zu einem Fußweg, der hangabwärts zu einem verwunschenen Ort mit einer Kapelle führt, die den **Pente Parthenes** geweiht ist: den fünf heiligen Jungfrauen, die unter Kaiser Decius im 3. Jh. den Märtyrertod fanden, weil sie nicht am römischen Staatskult für den Kaiser teilnehmen wollten. Der Legende nach sollen sie hier begraben sein. **Antike Felsgräber,** die man hinter der Kapelle sieht, mögen dies belegen oder auch als Anlaß und Anknüpfungspunkt für solche frommen Erzählungen gedeutet werden. Ein paar Schritte weiter stößt man neben dem rauschenden Gebirgsbach auf einen **Brunnen** mit ›heiligem Wasser‹, beschattet von einer der ältesten und größten Platanen Kretas.

Fast an der gleichen Stelle der Hauptstraße, nur wenige Meter oberhalb des Abzweigs nach Kato Poros, führt eine Straße in Richtung Kallikriti an Wasserfällen vorbei ins Tal hinab, von wo aus man auf einem ausgeschilderten Fahrweg zu einem alten **Mühlwerk** für Oliven und Korn kommt, dessen Geräte in einer Taverne zu besichtigen sind. In Sichtweite steht ein **weißgetünchtes Kirchlein**, das auf den Fundamenten eines hellenistischen Gebäudes – vielleicht eines Tempels mit ionischen Säulen – errichtet wurde; ein solches Säulenkapitell steht zusammen mit einem korinthischen Kapitell aus römischer Zeit auf einem Säulenstumpf noch vor der Kirche. Das interessanteste historische Denkmal stammt hier aus venezianischer Zeit: Ganz unten am Fluß, wenige Meter von der

Ausschnitt aus dem Fresko ›Christi Einzug in Jerusalem‹ in der Panagia-Kirche von Myriokefala, Architektur und Fresken der Kirche wurden 1997 sorgfältig restauriert und konserviert.

Als Frau, die auf einem Drachen reitet und eine Schlange füttert, ist hier die Personifikation der Erde dargestellt, die – zusammen mit dem Meer – am Jüngsten Tag die Toten zurückgibt: Fresko in der Panagia und Sotiros-Kirche von Roustika aus den Jahren 1381/82 ▷

Kapelle entfernt (von der Taverne aus zu erreichen), trifft man in einem unscheinbaren Steingebäude ein von Wasser getriebenes hölzernes **Hammerwerk** an. Diese ›Manufaktur‹ diente dazu, feine Webwaren so zu bearbeiten, daß diese schmiegsamer und elastischer wurden und so auf den überregionalen Märkten Absatz finden konnten.

Das östlich gelegene Nachbardorf **Roustika** hat ebenfalls viel venezianische Bausubstanz bewahrt. Bei einem Spaziergang durch die Gassen des Ortes sollte man die an der gleichnamigen Platia gelegene, der Panagia und dem Sotiros Christos geweihte **Zweiraumkapelle** mit ihren teilweise gut erhaltenen *Fresken von 1381/82* aufsuchen.

Von Argyroupoli führt eine von Ginsterbüschen gesäumte Bergstraße nun weiter nach **Myriokefala** mit seiner **Panagia-Kirche.** In ihrer schlichten, wohlproportionierten Architektur und ihrem für kretische Verhältnisse frühen und wohlerhaltenen Freskenschmuck ist diese, einst einem Kloster zugehörige Kirche ein Kleinod byzantinischer Kunst. Das Kloster war nach der Rückeroberung der Insel durch die Byzantiner von Ioannis o Xenos als Zentrum der weiteren Missionierung der während der arabischen Herrschaft vom orthodoxen Glauben abgefallenen und teilweise islamisierten Bevölkerung Westkretas gegründet worden. Es konnte auch die folgenden Jahrhunderte über seine historisch bedingte Vorrangstellung im kirchlichen Leben Westkretas wahren. Eine *Dedikationsinschrift* datiert die in ihrem Grundriß ursprünglich gedrungene Kreuzkuppelkirche in die Jahre 1005 oder 1020; die Verlängerung des Schiffs um zwei Joche stammt aus etwas späterer Zeit. Zur ersten *Freskenschicht aus dem 11. Jh.*, d. h. noch der Epoche der makedonischen Kaiserdynastie in Konstantinopel, gehören: der Pantokrator in der Kuppel sowie Fragmente im Tambour (Gottesmutter, Erzengel und Propheten), geringe Fragmente im Altarraum sowie im südlichen Kreuzarm die Evangelisten Matthäus und Markus, schließlich Heiligenbilder in den Nischen seitlich der Apsis. Die *zweite und dritte Malschicht* stammt aus dem 12. Jh., d. h. bereits aus der Zeit der nachfolgenden Komnenen-Dynastie. Hiervon haben sich erhalten: im Altarraum die bei der Liturgiefeier dargestellten Kirchenväter, im westlichen Kreuzarm die Passion mit Einzug in Jerusalem und Judasverrat, Beweinung Christi und Hadesfahrt. Gesichter und Gewänder sind durch ornamental verlaufende Weißlinien akzentuiert und modelliert. Einzelne ausdrucksvolle Gebärden und die elegante Drapierung und Zeichnung der Gewänder mit ihren teilweise illusionistischen Licht- und Schatteneffekten verraten den Einfluß der hauptstädtischen Kunst Konstantinopels. Insgesamt aber gibt sich diese Malerei einfach und großflächig: Fast wie ›Schollen‹ werden einzelne Flächen klar gegeneinander abgegrenzt. Das Kolorit ist zurückhaltend und zumeist auf Pastelltöne beschränkt, Landschaftselemente sind auf einige wenige Architekturabbreviaturen reduziert.

Der äußerste Westen

Von Vrysses zur Souda-Bucht: Byzantinische Kirchen in Alikambos, Stylos, Kyriakoselia und Almiridia

Alikambos

Souda-Bucht und Kap Drepanon
Besonders sehenswert:
Alikambos ☆
Kyriakoselia ☆
Aptera

Auf dem Weg von Vrysses über die Askifou-Hochebene zur Imbros-Schlucht und weiter nach Chora Sfakion zweigt nach 5 km eine Straße nach Alikambos ab. Die **Panagia-Kapelle** mit ihrer großartigen und vorzüglich erhaltenen *Freskenausstattung des frühen 14. Jh.* liegt noch vor dem Ort; vom Brunnenplatz an der Landstraße führt ein kurzer Fußweg hangabwärts zu der meist verschlossenen Friedhofskirche (gewöhnlich sind Personen mit dem Schlüssel in der Nähe, sonst im Ort nachfragen!).

Die schlichte Einraumkapelle ist an ihrer Eingangsseite mit Keramikschalen dekoriert, die in die Mauer eingelassen sind. Die durch eine Stiftungsinschrift auf die Jahre 1315/16 datierten Fresken im Schiff stammen von Ioannis Pagomenos, der auch die Kirchen von Komitades, Maza und Kakodiki ausmalte. Mittels dunkler Streifen und spitz zulaufender Dreiecke werden Gewandfalten und Körperkonturen fast kerbschnitthaft markiert; auch die Beschränkung auf wenige, rhythmisch wiederkehrende Farben – vor allem dunkelgrün, beige, orangerot und weiß – verleiht den Bildern eine besondere Strenge. Wichtige Partien sind durch feine, parallel dicht nebeneinander geführte weiße Linien sorgfältig modelliert. Einzelne Realismen, sowie malerische Licht- und Schatteneffekte verraten zwar die Auseinandersetzung dieses Malers mit der neuen hauptsächlichen Kunst der Paläologen-Dynastie, zugleich aber werden hier alte Traditionen offenbar bewußt gepflegt und zu einem eigenständigen westkretischen Malstil entwickelt.

Im Tonnengewölbe des Schiffs sind dargestellt: auf der einen Seite *Geburt Christi* und *Judasverrat*, die *Erweckung des Lazarus* und *Christi Hadesfahrt,* auf der anderen Seite *Kreuzigung* und *Darbringung im Tempel* sowie *Mariä Tempelgang* und *Taufe Christi.* An den Wänden sieht man den thronenden Christus, den Erzengel Michael, Kaiser Konstantin und seine Mutter Helena, die Soldatenheiligen Georgios und Demetrios; an der Rückwand schließlich den *Marientod,* sodann den Stifter der Kirche mit einem Modell in den Händen und den hl. Mamas, Patron der Hirten. Die ebenfalls sehenswerten Fresken im Altarraum – Panagia Eleousa mit dem Jesuskind, Liturgie der Kirchenväter, Verkündigung und verschiedene Heilige – stammen nicht von Pagomenos, sie werden ins spätere 14. Jh. datiert.

◁ *Hoch über der Aradena-Schlucht thront die Michael Archangelos-KIrche aus dem 14. Jh.*

Die Panagia-Kirche von Alikambos birgt Fresken des frühen 14. Jh., so z.B. eine sehenswerte Darstellung der Muttergottes.

Stylos und Kyriakoselia

Stylos und Kyriakoselia liegen, dicht beieinander, im Hügelland östlich von Neochorio. Man entdeckt die südlich des Dorfes **Stylos** in einer Ebene zwischen Oliven- und Orangenplantagen gelegene **Ioannis-Kirche** am leichtesten von der die Hügel herabkommenden Straße aus und findet so rasch den nicht ausgeschilderten kleinen Fahrweg, der nach Osten abzweigt. Die um 1100 erbaute, dem hl. Johannes von Patmos geweihte Kirche geht offenbar auf eine kaiserliche Stiftung zurück. Zur Politik der Komnenen-Dynastie in Konstantinopel gehörte die Förderung des Johannes-Klosters auf der Insel Patmos, das mit Geldstiftungen und Ländereien reich ausgestattet wurde; auch das Gebiet um Aptera gehörte zu diesen Schenkungen. So war die Klosterkirche von Stylos samt dem umliegenden landwirtschaftlichen Gebiet eine Art Dependance des Mutterklosters von Patmos, zugleich aber auch dem byzantinischen Kaiserhaus eng verbunden und – zusammen mit anderen solchen Klöstern – geistliche und weltliche Stütze dieser Dynastie. (Zu den minoischen Funden in der Region um Stylos s. S. 261f.)

Die Kreuzkuppelkirche Agios Ioannis bei Stylos ist in ihrem Grund- und Aufriß geradezu klassisch klar gegliedert. Ihr Mauerwerk besteht aus dekorativ angeordneten Stein- und Ziegellagen, wobei zahlreiche Quader offenbar aus den Ruinen des nahegelegenen Aptera wiederverwendet wurden. Front und Seiten sind durch je drei Blendarkaden gegliedert. Der Tambour ist außen oktogonal, im Innern sind die Ecken dagegen verschliffen.

Die in einem Tal an den Ausläufern der Lefka Ori gelegene **Kreuzkuppelkirche von Kyriakoselia** erreicht man von Neo Chorio über Macheri – Ramni (10 km). Der sorgfältig aus Blöcken gemauerte Bau ist an den Fenstern durch Ziegelwerk sowie am Tambour durch Blendarkaden gegliedert. Er stammt aus der Zeit um 1100 und erhielt zu Beginn des 20. Jh. zur Verlängerung des Schiffs einen Erweiterungsbau. Die von der Kunst Konstantinopels geprägten, vielleicht sogar von hauptstädtischen oder kleinasiatischen Malern um 1230 ausgeführten edlen Fresken befinden sich in einem beklagenswerten Zustand und verdienen sorgfältige Restaurierung.

In der *Tambourkuppel* sieht man den Pantokrator, umgeben von den Erzengeln in Proskynese (d. h. kniefälliger Verehrung, wie sie vom kaiserlichen Hofzeremoniell in die christliche Ikonographie übernommen wurde), sodann die Mutter Gottes, darunter die alttestamentarischen Propheten. In der *Apsis* sind die Panagia mit Engeln sowie die Apostelkommunion dargestellt, darunter – wie in der gesamten *Sockelzone der Bilderwände* – weitere Heilige. Das *Gewölbe des Schiffs* ist den zentralen Themen Himmelfahrt und

Die um 1100 erbaute Agios Nikolaos-Kirche von Kyriakoselia ist eine idealtypische Kreuzkuppelkirche. Die wertvollen Fresken aus der Zeit um 1230 müssen dringend restauriert werden.

Am Scheitel der Souda-Bucht liegt der Friedhof für 1527 im Zweiten Weltkrieg gefallene Soldaten aus dem Commonwealth. In der Eingangshalle schildern Informationstafeln die ›Schlacht um Kreta‹ aus britischer Sicht.

Pfingsten, Christi Beweinung und Christi Verklärung sowie der Todesüberwindung – Auferweckung des Lazarus und Christi Abstieg in den Hades (›Vorhölle‹) – vorbehalten. Die Seitenwände des östlichen, an die Apsis grenzenden Jochs zeigen Themen des Marienlebens. An den Wänden des Jochs davor aber wird ausführlich die Vita des hl. Nikolaos, dem die Kirche geweiht ist, ausgebreitet: wie Kaiser Konstantin von ihm träumt, wie der hl. Nikolaos als Patron der Seefahrer Seeleute errettet, wie er zum Bischof geweiht wird und wie er einem Archonten im Traum erscheint.

Almiridia

Almiridia an der Felsenküste zwischen Kalyves und dem Kap Drapanon hat sich mit seinen Tavernen, kleinen Hotels und Ferienwohnungen inzwischen zu einem lebhaften Badeort entwickelt. An der westlichen Ortseinfahrt sieht man unmittelbar neben der Straße die Grundmauern sowie den geometrisch und floral dekorierten, gut erhaltenen Mosaikfußboden einer recht großen 3-schiffigen Basilika des 5./6. Jh. mit Narthex und Exonarthex. Der Bezirk ist eingezäunt, aber von außen gut einzusehen.

Das antike Aptera

Von der Küstenautobahn führt eine Straße (ausgeschildert Stylos/Aptera) zum modernen Ort **Aptera** (4 km), von dort leitet ein Asphaltweg zu einem Parkplatz im Zentrum des antiken Stadtgeländes (das Ausgrabungsareal ist eingezäunt und bewacht). Das Bergplateau der antiken Stadt *Aptera* liegt nur knapp 250 m hoch, beherrscht aber durch seinen steilen Abfall zum Meer und nach Osten hin die gesamte Souda-Bucht, die hier durch die in der Meerenge liegenden Inseln fast wie von einer Kette abgeriegelt wird. Der Blick zur Landseite ist grandios: Man sieht auf fruchtbare Ebenen mit Orangenplantagen und Hügelland mit Olivenhainen, dahinter die schneebedeckte Gipfelkette der Lefka Ori.

Die Stadt war vorzüglich befestigt. Eine **Quadermauer** (1) umzog das ganze Plateau. Weite Strecken dieser wohl aus dem 3. Jh. v. Chr. stammenden Umfassungsmauer sind noch erhalten, teilweise bis zu einer Höhe von 3 m. Nicht zu allen Zeiten und in allen Situationen war es selbstverständlich, an einem landschaftlich so herausgehobenen Platz zu siedeln, sondern militärisch-strategische Erwägungen bedingten eine solche Präferenz. Zwar war das Gebiet um Aptera schon in minoischer Zeit bewohnt, doch der exponierte Bergrücken selbst scheint hierbei keine besondere Rolle gespielt zu haben. Wohl aber muß den frühen Griechen die Lage als geeigneter Platz für eine Stadtgründung erschienen sein: dem Meer nahe, aber durch die Steilheit des Berges geschützt vor Seeangriffen, zudem umgeben von

*Tip:
An der Souda-Bucht ist Kokkino Chorio für Film-Fans ein absolutes Muß. Michael Cacoyannis drehte hier einige Schlüsselszenen von ›Alexis Sorbas‹ (1964), so z. B. die öffentliche Steinigung der Witwe (Irini Papas).*

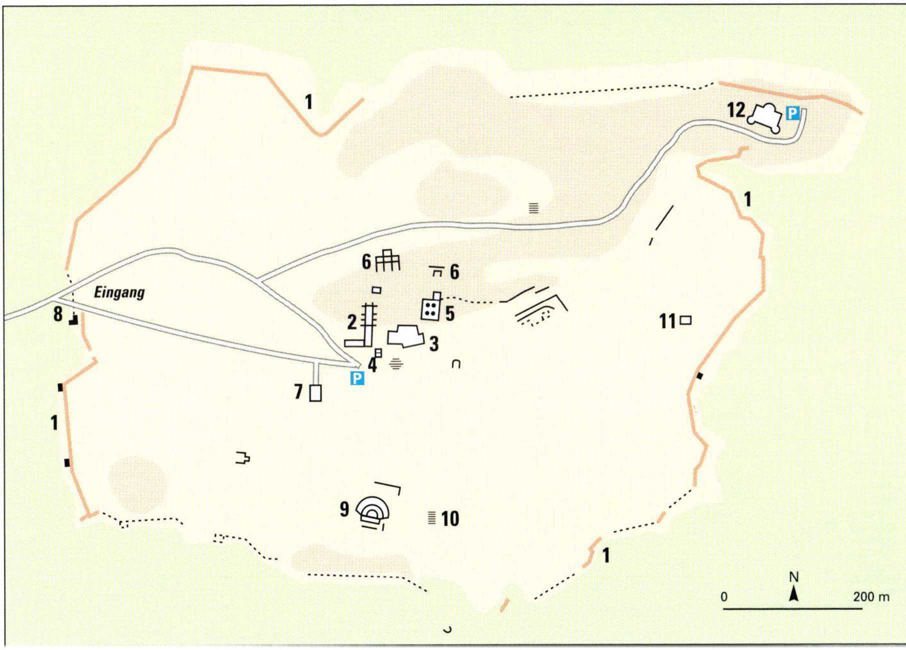

Aptera 1 antike Stadtmauer 2 wie ein L geformte römische Zisterne 3 venez. Klosteranlage 4 spätklassischer Quaderbau 5 römische Zisterne 6 Thermen 7 Peristylvilla 8 Gräber (»Heroa«) 9 hellenistisches Theater 10 dorischer Tempel 11 Spuren eines weiteren Tempels 12 türkisches Kastell Firkas

fruchtbarem Ackerland, wie es für die autarken archaischen Stadtstaaten notwendig war. Aptera muß einen eigenen Hafen besessen haben, jedoch ist nicht bekannt, wo er gelegen haben mag.

Noch vor Betreten des eingezäunten Geländes sieht man vom Parkplatz aus einen im Grundriß L-förmigen monumentalen Gewölbebau aus Ziegeln: wie die Fensterlosigkeit und der wasserfeste rötliche Stuck zeigen, ein **Wasserreservoir** (2) aus römischer Zeit. Rechts neben der restaurierten **venezianischen Klosteranlage** (3) liegen die Grundmauern eines **klassischen Quaderbaus** (4) mit zwei nebeneinander liegenden Räumen, im rechten Winkel dazu das Fundament einer Stoa: somit die Ecke eines öffentlichen Platzes, offensichtlich der Agora von Aptera. Von dieser hat sich im Hof des Klosters auch das antike Pflaster erhalten. Hinter dem Kloster steigt man talabwärts zu einer eindrucksvollen monumentalen **römischen Zisterne** (5) des 2. Jh. und zu zwei wohl dem 3. Jh. nach Chr. entstammenden und später noch einmal umgebauten **Thermen** (6).

Ein vom Parkplatz in westlicher Richtung zur Stadtmauer abzweigender Fußweg führt zu einer **römischen Villa** (7) mit einem Peristyl,

Blick entlang der Stadtmauer von Aptera auf die Weißen Berge (Lefka Ori)

Die meisten der noch aufrecht stehenden Ruinen sind bisher kaum erforscht, manche im Gestrüpp auch nur schwer zugänglich; neuere Grabungen blieben auf eng begrenzte Areale beschränkt. Die Bauwerke datieren, soweit bisher bekannt, vom 4. oder 3. Jh. v. Chr. bis ins 5. Jh. n. Chr. sowie in spätbyzantinisch-venezianische Zeit.

das von doppelstöckigen, ohne Architrav aufeinander gesetzten Säulen mit ionischen Basen und dorischen Kapitellen eingefaßt war: ein Kuriosum antiker Bauordnung. Am Ende des Wegs, bereits außerhalb der Stadtmauer, wurden – durch Inschriften als »Heroa« bezeichnete – **Gräber** (8) von Stadthonoratioren freigelegt. Die übrigen Monumente Apteras – ein hellenistisches Theater sowie die Reste zweier Tempel (9–11) – sind im Gestrüpp des weitläufigen Geländes nur schwer zu finden.

Keinesfalls versäumen sollte man einen Besuch des an der äußersten Nordspitze des Bergrückens gelegenen **türkischen Kastells Firkas** (12), zum einen wegen des von hier aus vorzüglichen Blicks auf die Ruinen der antiken Stadt und auf die Souda-Bucht, zum anderen wegen der gewaltigen Ausmaße dieses Baus. Das Kastell ist sinnfälliger Ausdruck einer vergeblichen ökonomischen und militärischen Anstrengung der Osmanen gegen die Zeitläufe. In den 60er Jahren des 19. Jh. wurde es zusammen mit einem tiefer gelegenen Konterfort an der Küste unter großem Aufwand errichtet, doch schon 30 Jahre später hatte es seine strategische Bedeutung völlig eingebüßt und war nur noch als Kaserne und Gefängnis zu nutzen.

An der Straße zwischen Aptera und Stylos verweist ein unscheinbares Schild auf ein östlich neben dem Weg in einem Olivenhain gelegenes monumentales **Kuppelgrab** aus der spätminoischen, d. h.

mykenischen Epoche (das Gatter ist durch eine Kette verschlossen, der Schlüssel aber angehängt). Das Grab ist aus großen Felsbrocken und behauenen Quadern gefügt, die ca. 5 m hohe Kuppel fast intakt erhalten, ebenso wie der aus riesigen Blöcken bestehende Türsturz; ein fast 20 m langer *Dromos* mit sich nach oben verjüngenden Wänden führt in langsamem Abstieg auf den Eingang zu. Das Grab lag nicht isoliert in der Landschaft: Bereits seit frühminoischer Zeit war die Gegend um Stylos bewohnt; Reste einer Siedlung, auch einer Töpferwerkstatt mit Brennofen, wurden oberhalb des modernen Dorfs gefunden.

Chania – Venezianische Grandezza in Kretas alter Hauptstadt

Chania ☆☆
Besonders sehenswert:
Venezianischer Hafen ☆☆
Altstadt ☆☆
Byzantinisches Museum
Arsenale
Archäologisches Museum ☆

Mehr noch als in Rethymnon sind es hier nicht so sehr die einzelnen Bauten, als vielmehr das um den Hafen herum angeordnete Stadtensemble als Ganzes, das den einzigartigen Zauber dieser wohl schönsten Stadt Kretas ausmacht. Die unterschiedlichen Stilen zuzurechnenden Gebäude bilden eine geschlossene Kulisse um das Hafenbecken herum, das so gleichsam zur zentralen Piazza wird, zu der man aus den engen Gassen heraustritt. Und, nicht anders als auf einer italienischen Piazza, ist sich auch hier das Publikum selbst Publikum: Wer in einem Café oder einer Taverne an diesem Uferrund sitzt und den Anblick auf sich wirken läßt, wird selbst Teil dieser Szenerie, fühlt sich gesehen und zugleich in den Ort und das Treiben der Menschen integriert. Von einem Besuch des Archäologischen Museums und der Besichtigung einiger weniger Bauten einmal abgesehen, liegt darin der eigentliche ›Kunstgenuß‹ Chanias.

Die Einheimischen scheinen es nicht anders zu halten: Aus- und Umbauten alter Bausubstanz sieht man häufig, sorgsame Konservierung und gar stadtplanerisch konzeptuelle Restaurierungsmaßnahmen dagegen kaum. Das meiste Alte verfällt schlicht, wird zur Ruine, in die sich Cafés, Läden, Werkstätten und Tavernen einnisten und das noch Vorhandene unbefangen und unbekümmert nutzen: unter konservatorischen Gesichtspunkten eine Katastrophe, dem Reiz der lebendigen Stadt ist dies aber keineswegs abträglich. Alles wird hier zum Ferment eines bunten Treibens, in das man sich hineinbegibt, so als ob eine Theaterbühne mit ihren Kulissen und ihren Schauspielern einmal für die Zuschauer geöffnet würde und sich beide Sphären miteinander vermischen. Schon früh fanden Reisende hier Häuserensembles mit Form- und Farbschattierungen wie auf impressionistischen Bildern von Utrillo vor, sie fühlten sich von dieser Kulisse angezogen, und Café- und Ladenbesitzer antworteten auf diese Begeisterung mit Erhaltung und Verstärkung jenes Charakters, indem sie ihre Häuser entsprechend tünchten oder abblätternden Putz durch Blumen und Rankengewächse dekorativ in Szene setzten. Inzwischen ist all dies längst Bestandteil lokaler Identität geworden, bildet eine neue Einheit, an der Besucher wie Einheimische Teil haben.

Bedeutung in Geschichte und Gegenwart

Natürlich gibt das oben gezeichnete Bild nicht die ganze Stadt wieder. Mit ca. 65 000 Einwohnern ist Chania nicht nur Kretas zweitgrößter Ballungsraum, sondern auch das wirtschaftliche Zentrum ganz Westkretas. Dies und eine wechselvolle, oft auch schmerzhafte Geschichte lassen Chania auf den zweiten Blick als nicht allein romantischen Blickfang und Symbol mediterraner Stadtkultur erscheinen.

Geschützte Ankerplätze an der Nordküste im Bereich der heutigen Stadt, aber auch an dem östlich gegenüberliegenden tiefen Einschnitt der Souda-Bucht, in Verbindung mit einer fruchtbaren Ebene im Hinterland machten den Platz seit dem Neolithikum zu einem der wichtigsten Siedlungszentren der Insel. Von **frühminoischer Zeit** an war Chania Hauptort der Region mit kleineren zugeordneten Siedlungen und Heiligtümern in den Bergen. Von schwedischen und griechischen Archäologen durchgeführte Grabungen in der Altstadt, besonders auf dem Kastelli-Hügel, haben zahlreiche minoische Siedlungsreste zutage gefördert; ein Palast jedoch, wie man ihn aufgrund antiker Schriftquellen, aber auch der Lage wegen hier erwarten würde, wurde noch nicht gefunden.

Minoischer Siegelabdruck aus Chania mit Darstellung eines jungen Gottes über einer Stadt (Umzeichnung eines Exponats aus dem Archäologischen Museum von Chania)

Von Palastanlagen her bekannte einzelne Architekturelemente, wie z. B. der 1989 entdeckte, mit marmoriertem Stuck umkleidete Pfeiler eines Adytons sowie mit Linear-A- und mykenischen Linear-B-Zeichen beschriebene Tonplaketten belegen die herausragende administrative und ökonomische Bedeutung, die Chania mit seinen Handelsverbindungen zur Ägäis und zum griechischen Festland besaß. Mit dem Ende der spätminoisch-mykenischen Zivilisation um 1200 v. Chr. hörte Chania als größere Siedlung für Jahrhunderte auf zu existieren. Nur spärliche Grab- und Siedlungsfunde aus dem 10.–8. Jh. v. Chr. belegen eine gewisse Kontinuität.

Die Kunde vom alten *Kydonia* – so sollte die Stadt nicht nur in der **klassischen Antike** heißen, sondern so wird sie bereits auf Linear-B-Täfelchen genannt – muß sich aber über die dunklen Jahrhunderte *(Dark Ages)* hinweg erhalten haben, und als Kolonisten aus Samos den Ort 524 v. Chr., bald gefolgt von Konkurrenten aus Aigina, neu gründeten, knüpften sie an den alten, bei Homer erwähnten Namen an. *Kydonia* bedeutet »Quitte«, und die klassischen Münzen der Stadt zeigen die aus Vorderasien nach Europa eingeführte Frucht im Wappen. Die einstige griechische und römische Siedlung ist im heutigen Stadtbild nicht mehr präsent: Die wenigen Ausgrabungsstätten

Römisches Mosaik ›Poseidon und Amymone‹ aus Kydonia, 3. Jh. n. Chr. (Archäologisches Museum, Chania)

wurden wieder zugeschüttet, die Funde ins Museum gebracht, eine hellenistische in den Felsen gehauene Gruft mit dekorativen Elementen von Palastarchitektur, wie man sie von Alexandria her kennt, liegt unter einem Privathaus und ist für Besucher nicht zugänglich. Auch aus spätantik-byzantinischer Zeit haben sich lediglich geringe Reste der Stadtmauer erhalten.

Nicht anders als in Rethymnon, waren es die **Venezianer,** die dem Ort seine bis heute andauernde Bedeutung gaben. *La Canea* nannten sie die Stadt nach Vertreibung genuesisch-maltesischer Herren, die hier zwischen 1266 und 1290 geherrscht hatten. Lange Zeit noch stand der Ort ganz im Schatten von Candia/Iraklion und sogar von Rethymnon; erst im 16. und 17. Jh. wurde La Canea, nun geschützt durch einen vom Veroneser Militäringenieur Michele Sanmicheli entworfenen Befestigungsring, zum urbanen Zentrum Westkretas. Wie in Rethymnon erwies sich der Befestigungsgürtel nur für kurze Zeit als effektiv. Nach nur zweimonatiger Belagerung nahmen die **Türken** 1645 La Canea als erste Stadt Kretas ein und organisierten von hier aus die weitere Eroberung der Insel. *Chania,* wie die Stadt nun hieß, blieb eines von vier Regionalzentren. Ein buntes Völkergemisch – mehrheitlich orthodoxe Griechen, des weiteren türkische und ägyp-

Der amerikanische Geschäftsmann Bayard Taylor beschrieb Mitte des 19. Jh. Chania als ein »malerisches Durcheinander von Moscheen, venezianischen Bögen und Mauern, gelben und hellroten Häusern, Palmenbäumen, winkligen Straßen, überschatteten Bazars und beturbanten Kaufleuten. Der Eindruck ließ weit mehr auf Syrien als auf Griechenland schließen«. (›Reisen in Griechenland‹, dt. Ausgabe Leipzig 1862)

tische Muslime, westliche Kaufleute und schließlich eine kleine, Handel und Geldgeschäfte betreibende jüdische Gemeinde – bestimmte das Leben der Stadt.

Erst 1841, d. h. fast zwei Jahrhunderte nach Eroberung des Platzes, machten die Türken Chania zur Hauptstadt Kretas, was sie bis 1971 blieb. Der nominelle Hauptstadttitel bescherte Chania während der kurzen Teilselbständigkeit Kretas von 1898–1913 noch einmal eine gewisse Nachblüte, als es Regierungssitz und dadurch Wohnort zahlreicher Diplomaten wurde, die sich im Stadtteil *Chalepa* niederließen. Im **Zweiten Weltkrieg** war Chania Hauptangriffsziel der Wehrmacht, wurde 1941 heftig bombardiert und blieb bis zum Abzug der Besatzer 1945 Zentrale der deutschen »Festung Chania«. Die bis dahin im Stadtviertel *Evraiki* ansässigen Juden wurden in Konzentrationslager deportiert, nur wenige haben dieses Schicksal überlebt.

Stadtbesichtigung

Das von Häusern umschlossene natürliche Hafenbecken und der östlich daran anschließende Hafen mit den venezianischen Arsenalen werden von einer langen Mole geschützt, deren Abschluß ein ursprünglich venezianischer, in seiner heutigen Gestalt türkischer

Markant heben sich die Kuppeln der Janitscharen-Moschee von den übrigen Gebäuden am Venezianischen Hafen ab.

Leuchtturm (1) markiert; im 19. Jh.trug er ein spitzes Kegeldach, wodurch er noch mehr als heute einem Minarett ähnelte. An den beiden Enden des Hafens beginnt die Befestigungsmauer, die die Stadt sternförmig umgab: Die Fortifikation ist in größerem Umfang nur noch von **Fort Firkas** (2) bis zur Schiavo-Bastion im Süden erhalten.

Fort Firkas beherbergt das *Nautische Museum* (tägl. 10–16 Uhr): Ausgestellt sind, neben Dokumenten zur Seekriegsführung von der Antike bis zur Gegenwart, Modelle des venezianischen Stadtensembles und einzelner Bauten, z. B. die noch heute sichtbaren Werften. Ein weiterer Themenschwerpunkt ist Chanias Rolle während der Autonomie Kretas und bei der Angliederung der Insel an den griechischen Staat 1913. Eine eigene Abteilung ist dem ›*Kampf um Kreta*‹ gewidmet: Fotos und andere Relikte der Zeit dokumentieren den deutschen Luftangriff auf Westkreta, die anschließende Besatzungszeit und den griechischen Widerstand; echte Informationen zu diesem dunklen Kapitel deutsch-griechischer Geschichte allerdings muß man Büchern entnehmen, da die Exponate hier kaum erläutert sind.

In der restaurierten venezianisch-gotischen Kirche San Salvatore ist das ästhetisch und didaktisch ansprechende kleine **Byzantinische Museum** (3) untergebracht. Ältestes islamisches Bauwerk Chanias ist die Yali-Čami, die »Ufer-Moschee« auf der gegenüberliegenden Seite der Hafenbucht. Gleich nach der türkischen Eroberung 1645, noch

Das Byzantinische Museum dokumentiert die Zeit vom Ende der Antike über die arabische Eroberung bis zum Beginn der Türkenherrschaft. Sehenswert sind neben einem Fußbodenmosaik des 6. Jh. aus Kastelli vor allem Freskenfragmente des 11. Jh. aus der Varvara-Kirche von Latziana (im Bezirk Kissamou), daneben Keramik und Münzen der Region sowie einige Ikonen des 17. und 18. Jh.

Chania 1 Türkischer Leuchtturm 2 Fort Firkas (Nautisches Museum) 3 Byzantinisches Museum 4 Janitscharen-Moschee 5 San Marco-Palast 6 Arsenale 7 ältestes Siedlungsgebiet auf dem Kastelli-Hügel 8 Venezianisches Palais (ehem. Stadtarchiv) 9 San Rocco 10 San Nicolo 11 Minoisches Siedlungsareal 12 Renieri-Palais 13 Loggia 14 Synagoge Etz Chajim 15 San Francesco (Archäologisches Museum) 16 Kathedrale Trimartyri 17 Markthalle 18 Historisches Museum 19 Chalepa (Richtung)

unter dem Diktat der Militärs errichtet, erhielt sie die Bezeichnung **Janitscharen-Moschee** (4), benannt nach der gleichnamigen Elitetruppe der Osmanen. Der außen quadratische, sorgfältig gemauerte Bau mit hohen Rundbogenfenstern wird von einem Kranz kleiner Kuppeln überwölbt. Über dem zentralen Raum aber erhebt sich, quasi schwebend, die etwas mehr als halbkugelförmige Hauptkuppel. Die Konstruktion ist so gewagt, daß sie nachträglich durch vier

Schwipp-Bögen gestützt werden mußte. Die architektonische Gliederung des nur für Ausstellungen zeitweilig geöffneten Innenraums ähnelt der nur ein Jahr später entstandenen Moschee in der Fortezza von Rethymnon. Weiter östlich prangt an der Hafenfront ein vorzüglich restaurierter gotischer Hallenbau. Das wegen seiner einstigen Arkaden **San Marco-Palast** (5) genannte Gebäude war Sitz des venezianischen Gouverneurs der Stadt und der Provinz Westkreta. Wenige Schritte entfernt stand später das Serail des türkischen Paschas, doch davon sind kaum noch Spuren erkennbar. Besser noch als in Iraklion sind in Chanias Hafen die venezianischen **Arsenale** (6) erhalten.

Von ehemals 14 Schiffshallen der venezianischen Arsenale aus dem 15. Jh. sind neun erhalten. Hier legten die großen Galeeren an und wurden in den tonnenüberwölbten Werften für die Weiterfahrt gerüstet. Heute dienen die Arsenale als Werkstätten und Lagerhallen; die, von der Hafenbucht aus gesehen, erste Halle wird als Ausstellungs- und Veranstaltungsraum genutzt und ist somit fast immer zugänglich.

Kastelli-Hügel und Splantzia-Viertel

Auf dem Kastelli-Hügel oberhalb der Janitscharen-Moschee und der Arsenale lag Chanias **ältestes Siedlungszentrum** (7). Schwedische und griechische Ausgrabungen, besonders längs der Odos Kanevaro, haben interessante Informationen über die minoische Stadt geliefert, die aufgelassenen Plätze sind in ihrem jetzigen Zustand jedoch sogar für einschlägig vorgebildete Besucher wenig mehr als ein unübersichtliches Gewirr von Mauerzügen. Auch die offenbar großartige Bebauung des Hügels in venezianischer Zeit ist zwischen den hübschen späteren Häusern nur noch als schwer entzifferbares Konglomerat von Ruinenfragmenten erhalten: hier ein Mauerstück mit einem Portal, dort eine Bogenkonstruktion oder die aufwendig gemauerte Ecke eines Gebäudes.

Die von venezianischen Hausfronten mit reich geschmückten Portalen gesäumte Lithinon-Straße endet als Sackgasse; dahinter lag, wie eine dort angebrachte Inschrift besagt, das im Jahr 1632 erbaute **Archiv der Stadt** (8).

Im Osten unterhalb des Kastelli-Hügels liegen hinter den Arsenalen, bereits zum Stadtteil *Splantzia* gehörig, die Kirchen San Rocco und San Nicolo. Die Einraumkapelle **San Rocco** (9), heute nur noch eine traurige Ruine, wurde laut einer Inschrift auf dem Architrav ihres Portals 1630 geweiht. **San Nicolo** (10) – an der nach dem Beginn des griechischen Freiheitskampfs 1821 benannten Platia, wo auch der rebellische Bischof Melchisech von den Türken erhängt wurde – geht auf eine Gründung der Dominikanermönche zurück. Der Bau des 14. Jh. mit einem noch erhaltenen gotischen Chor wurde von den Türken in eine Moschee umfunktioniert und diese nach 1898 wiederum in eine orthodoxe Kirche zurück verwandelt. Heute rahmen einträchtig ein Minarett und ein Campanile die schlichte, in klassizistisch-neobyzantinischem Stil errichtete *Fassade.* Das Innere bietet eine abenteuerliche, aber durchaus sehenswerte Mischung architekturhistorischer Zitate: Tuskanische und ionische Säulenordnungen und eine klassizistische *Kassettendecke* als Verkleidung des Tonnengewölbes kontrastieren mit Farben und Dekorationselementen, die Evans' Rekonstruktion des Palastes von Knossos entsprungen sein könnten. Auch in diesem Stadtteil wurde an der Odos Epimenidou ein **minoisches Siedlungsareal** (11) freigelegt.

Die Stadtviertel Topanas und Evraiki

Topanas zählte auch unter türkischer Herrschaft zu den bevorzugten Wohnvierteln Chanias, und so entdeckt man neben venezianischen Portalen unvermittelt türkische Brunnenanlagen, ein Badehaus und, über den Grundmauern älterer Häuser die für die osmanische Bauweise typischen hölzernen Kioske. Die Synagoge (mit jüdischer und interkonfessioneller Bibliothek und reichem historischem Material) wurde unter der Schirmherrschaft des World Monument Fund in New York und des Zentralrats der jüdischen Gemeinden Griechenlands wieder aufgebaut.

In den von der Westseite des Hafens her ansteigenden Gassen des **Topanas-Viertels** – zu nennen sind hier vor allem die Gassen Angelou und Theotokopoulou mit ihren drei *parodoi* (d. h. »Stichstraßen«), sowie Theofanou und Sarpaki – findet man die schönsten **venezianischen Stadthäuser und Paläste** von Chania: eng aneinandergeschmiegt, aber durch ihre Höhe und terrassierte Anlage mit Blick von den oberen Stockwerken auf das Hafenrund. Heute beherbergen viele dieser Bauten Hotels und Pensionen, so daß auch die liebevoll gepflasterten Innenhöfe, prachtvollen Empfangsräume und Aussichtsterrassen Besuchern zugänglich sind. An einem Knick der Odos Moschou steht der 1608 errichtete **Renieri-Palast** (12) samt zugehöriger Privatkapelle (heute Hotel *Porto Colombo*). Einen auf persönliche Leistung gründenden Familienstolz bringt hier die mit dem Baudatum versehene Inschrift auf einem Torbogen zum Ausdruck: »*Multa tulit, fecitque pater, sudavit et alsit. Et studuit dulces semper requiscere natos.*« – »*Vieles ertrug und machte der Vater, er schwitzte und fror und mühte sich ab, damit sich die süßen Nachkommen immer ausruhen könnten.*« Wie Iraklion und Rethymnon, besaß auch Chania seine **Loggia** (13), in der sich die Stadthonoratioren trafen: vermutlich in der südlich anschließenden Odos Zambeliou. Erhalten ist hier eine zweigeschossige Fassade mit der lateinischen Inschrift: »*Nulli parvus est census, cui magnus est animus*« (»Keiner wird gering geschätzt, der einen großen Geist besitzt« – oder in anderer Bedeutung: »der freigiebig und großherzig ist«.) An der Kondylaki-Straße erinnert die auf das 16. Jh. zurückgehende **Synagoge Etz Chajim** (14) an 2400 Jahre jüdischer Kultur in Griechenland (s. S. 61; 79 f.).

Archäologisches Museum

Das Archäologische Museum an der Odos Chalkidon, die von der Platia Venizelou am Hafen nach Süden führt, ist im schönsten Raum der Stadt untergebracht: der ehemaligen Klosterkirche **San Francesco** (15), einer dreischiffigen gotischen Hallenkirche mit weitem Mittelschiff, dessen Pfeiler die Baudaten 1606 und 1617 tragen; etwas später angefügt wurde ein weiteres Seitenschiff im Norden. Man betritt den Raum heute von Osten, d. h. von der Altarseite her, und blickt von dort durch das Mittelschiff zur ursprünglichen Eingangsseite. Dort wurde in türkischer Zeit, nachdem die lateinische Kirche zur Jusuf Pascha-Moschee bestimmt worden war, ein ebenfalls von gotischen Bögen überwölbter Anbau hinzugefügt, der den Raum noch einmal um gut ein weiteres Drittel verlängert. Aus dieser Epoche stammt auch der reliefverzierte **Brunnen** mit pyramidenförmigem Dach, der im Garten des Museums steht; er stand ursprünglich

Die einstige Klosterkirche San Francesco beherbergt heute das Archäologische Museum von Chania.

jedoch nicht bei dieser Moschee, sondern wurde von einem der Plätze Chanias hierher gebracht.

Die Gliederung der durchweg aus Westkreta stammenden Exponate des Museums ist chronologisch. Auf *neolithische Keramik* folgt frühminoisches Fundmaterial aus der Höhle von Platyvola (südlich von Nerokouros). Die übrigen *minoischen Objekte* – neben Keramik, Steinvasen, Gemmen und Goldschmuck vor allem in Ton gekratzte Schriftrelikte in Linear A und B, die bei einer Brandkatastrophe gehärtet wurden und sich so erhalten haben – wurden hauptsächlich in Chania selbst gefunden, die vorn in der **Mitte des Raums** ausgestellten *Tonsarkophage* stammen aus Armeni; die interessantesten Exemplare dieser Gattung wird man hier allerdings vermissen: sie befinden sich im Museum von Rethymnon.

Ein neu eröffneter Seitentrakt präsentiert die ehemalige Privatsammlung Mitsotakis. Die Exponate reichen von der neolithischen über die minoische und griechische bis zur römischen Epoche. Bemerkenswert ist hier eine minoische Bronzeschale mit Linear-A-Zeichen vom Gipfelheiligtum auf dem Kofinas.

Weitere Funde aus Chania dokumentieren die Besiedlung von der geometrischen bis in die klassisch griechische und später römische

Epoche. Der **rückwärtige Teil der Halle** enthält *römische Bodenmosaike* aus Chania, sowie *griechische und römische Skulpturen* aus Lissos, Kastelli Kissamou, Aptera, Elyros und Diktynnaion. Die großen farbigen Mosaikfußböden aus Chania stammen aus dem 3. Jh. n. Chr. und zeigen mythologische Sujets: immer wieder Dionysos und Ariadne (darunter einmal die Künstlersignatur eines Mosaizisten aus der Stadt Daphne bei Antiochia), dann die Nymphe Amymone, die von einem Satyr attackiert wird, und Poseidon, der sie aus dieser Bedrängnis ›erlöst‹ (s. Abb. S. 283).

Im **rechten Seitenschiff** ist *hellenistischer Goldschmuck* aus Chania ausgestellt, außerdem Terrakotten, Tongefäße sowie Glas aus hellenistischer und römischer Zeit. Dazwischen stehen römische Marmorporträts und Statuen mythologischen Inhalts.

Auf einige herausragende Werke sei besonders hingewiesen:

Erstes Joch rechts: *Zylindrisches Tongefäß aus Armeni,* 1300–1200 v. Chr. Zwischen Bäumen und Scharen von Vögeln sieht man neben einem Kultschrein mit Stierhörnern und Doppeläxten einen Leierspieler mit ekstatisch erhobenen Armen; ein mythischer Musikant wie in der griechischen Religion Orpheus, der die Natur bezaubert?

Drittes Joch links: Gebrannter *Tonabdruck eines minoischen Siegels.* Über einer Stadt oder einem Palast am felsigen Meeresufer – die Dächer tragen Stierhörner als Aufsätze – erscheint ein Mann in ausgreifender Bewegung mit einem Stab in der Hand – offenbar ein rituelles Objekt (s. Abb. S. 282)?

Viertes Joch, Mittelschiff: Eine ganze *›Herde‹ von Rindern aus Ton,* die in einem kleinen ländlichen Heiligtum des 3. und 2. Jh. v. Chr. bei Tsiskiana (Bezirk *Selinou*) dem Poseidon auf einem Altar dargebracht wurden. Bei den runden Löchern, die man allenthalben an den Figuren sieht, wird es sich nicht nur um Luftlöcher zum Brennen des Tons handeln, sondern vielmehr dürften die Tierstatuetten mit vergänglichem Material geschmückt gewesen sein.

Hinterer Hallenabschnitt Mitte: Überlebensgroße, fragmentierte *Philosophenstatue des 3. Jh.* aus Elyros und hellenistische Marmorstatuetten aus dem Asklepios-Heiligtum von Lissos.

Letztes Joch rechts: Unscheinbares, aber höchst interessantes *dädalisches Kalksteinrelief* des 7. Jh. v. Chr. aus Chania. Wahrscheinlich handelt es sich um das Bruchstück eines Tempelfrieses. Links steht in einem Tempel eine Göttin oder das Standbild einer Göttin in frontaler Haltung. Der Tempel bzw. Schrein wird flankiert von Bogenschützen (den mythischen Koureten?), die die Göttin gegen ein heranstürmendes Pferd verteidigen, hinter dem man sich einen mit einem Krieger besetzten Streitwagen vorstellen muß; die Szene war offenbar symmetrisch aufgebaut und ist auf der linken Seite entsprechend zu ergänzen.

Vorletztes Joch rechts: Goldenes *Doppelcollier hellenistischer Zeit* aus einzelnen Plättchen, die teils ornamental, teils mit Frauenbüsten (Aphrodite?) geschmückt sind; sodann ebenfalls *hellenistische Ohrgehänge* mit Darstellung nackter weiblicher Flügelgestalten.

Sehenswürdigkeiten am Rande

Chanias **Kathedrale** (16) – die Mitropolis – wurde 1897 errichtet: nicht im damals sonst beliebten Zuckerbäckerstil, sondern, wie an anderen Orten Kretas auch, als architektonisch und farblich nobler, Ruhe ausstrahlender Bau aus hellem Stein mit klarer Reliefgliederung, die die schlichten, weiß geputzten Wandflächen begrenzt. Das Innere allerdings gleicht dem überladenen Neo-Klassizismus und pathetischen Byzantinismus, wie er auch in San Nicolo zu finden ist. Sehenswert ist schließlich auch Chanias **Markthalle** (17), nicht allein wegen des bunten Angebots an Fisch, Gemüse und Gewürzen, sondern auch als Architektur. Wie zwei sich kreuzende Basiliken mit offenem Dachstuhl wurde dieser Gußeisenbau 1911 nach dem Vorbild der Markthalle von Marseille konzipiert.

An der Ausfahrtstraße Stratigou/Tzanakaki (Eingang Sfakianaki 20) befindet sich in einer neoklassizistischen Villa aus der Zeit um 1900 das **Historische Museum** (18). Streng genommen ist dies ausschließlich ein Kriegsmuseum, das martialische, den griechischen Freiheitskampf verklärende Gemälde zeigt und diverse ›Reliquien‹ des Widerstands gegen die Türken und später gegen die deutschen Besatzer ausstellt; eingestreut finden sich noch Alltagsgegenstände, die das Leben vergangener Jahrhunderte illustrieren, darunter eine truhengroße Kaffeemühle von 1866.

Klassizistische Villa im einstigen Diplomatenviertel Chalepa

Im östlichen Außenviertel **Chalepa** (19) steht nicht nur das Wohnhaus des aus Chania stammenden Politikers Eleftherios Venizelos (s. S. 89), sondern man findet in diesem ehemaligen Diplomatenquartier aus der Zeit um 1900 viele neoklassizistische Villen, die nach langer Zeit der Vernachlässigung nun Stück um Stück wieder renoviert werden.

Bedeutende Klöster auf der Akrotiri-Halbinsel

Akrotiri-Halbinsel
Besonders sehenswert:
Moni Agia Triada
Gouverneto ☆

Moni Agia Triada ist das bedeutendste und größte einer ganzen Reihe typisch venezianisch-kretischer Klöster des 16. Jh. und frühen 17. Jh. Im Kloster wie auch in Venedig aufbewahrte Urkunden schildern, wie es zur Stiftung und zum Ausbau einer solchen Anlage kam; sie werfen zugleich ein Licht auf die religiösen und politischen Verflechtungen jener Zeit und umreißen damit den Rahmen für die ›Entfaltungsmöglichkeiten‹ damaliger Künstler.

Der zur Orthodoxie konvertierte Venezianer Geremia Zangarolo und sein Bruder Benedico haben im 16. Jh., als deutlich wurde, daß sich die venezianische Herrschaft auf Kreta dem Ende zuneigte, in weiser Voraussicht ihr beträchtliches Vermögen der orthodoxen Kir-

Das Katholikon von Moni Agia Triada folgt im Grundriß Vorbildern vom Berg Athos, in seinem Aufriß und seinen dekorativen Elementen hingegen venezianischen Traditionen.

Ein Ausflug auf die Akrotiri-Halbinsel zählt nicht gerade zu den landschaftlich herausragenden Erlebnissen einer Kreta-Reise. Die Gegend ist weitgehend öde, die Westküste zersiedelt, der Osten vom zivilen Flughafen Chanias und von militärischen Landebasen und Sperrzonen geprägt. Der Weg führt vorbei an der monumentalen Grabanlage für den Politiker Eleftherios Venizelos und seinen Sohn Sofokles Venizelos zum Flughafen und von dort weiter zum Kloster Agia Triada.

che vermacht, wohl wissend, daß es so von den Türken nicht konfisziert werden würde. Sie waren, wie damals viele venezianische Adelsfamilien, engagiert in der Reorganisation und Stärkung der orthodoxen Kirche. Zangarolo versah sogar Aufgaben eines Mitropoliten, da zur Zeit der venezianischen Herrschaft kein orthodoxer Bischof auf Kreta residieren durfte. Der Initiative dieser beiden Brüder wird die Gründung und prächtige Ausgestaltung des Klosters verdankt, das deshalb heute auch noch oft »*Moni Tsangarolou*« genannt wird. Der Bau war noch nicht fertiggestellt, als die Region 1645 in die Hände der Türken fiel. Tatsächlich blieben die Ländereien und das sonstige Vermögen zunächst im Besitz des Klosters, ja die religiöse Autorität der Orthodoxie erfuhr unter der türkischen Administration sogar eine Stärkung, und erst im 18. und 19. Jh. wurden die Mönche – inzwischen intellektuelle Anführer der kretischen Widerstandsbewegung – durch schikanöse Abgaben und Zwangsrequirierungen ihres Besitzes und ihrer Wirkungsmöglichkeiten immer mehr beraubt.

Eine Zypressenallee führt zu der von fruchtbarem Ackerland umgebenen, einst reichen, jetzt aber nur noch von wenigen Mönchen bewohnten Anlage. Der Wohn- und Wirtschaftstrakt des Klosters bildet ein geschlossenes Karree, das den Innenhof mit dem großen Katholikon einschließt. Eine zentrale Freitreppe führt zum *Renaissance-Portal* im herausgehobenen Mitteltrakt des Wohngevierts, der von einem Glockenturm bekrönt wird.

Das in seinen Dimensionen für Kreta außerordentlich große **Katholikon** folgt im Grundriß Vorbildern vom Berg Athos, in seinem Aufriß und seinen dekorativen Elementen hingegen venezianischen Traditionen und ist so eines der charakteristischen Beispiele der kretischen Renaissance unmittelbar vor der türkischen Okkupation. Kirche und Wirtschaftsgebäude wurden immer wieder und werden weiter restauriert, die Fresken im Innern des Katholikon stammen aus den 80er Jahren des 20. Jh. Der in einem kleinen **Museum** ausgestellte Kirchenschatz enthält eine *Buchrolle mit der Liturgie Basileios des Großen* aus dem 11. Jh., außerdem Meßgewänder und Kirchengerät des 18. und 19. Jh., vor allem aber mehrere wertvolle *Ikonen:* darunter der ›*hl. Johannes Theologos*‹ (um 1500), der ›*hl. Nikolaos*‹ (1. Hälfte 17. Jh.), ›*Christus umgeben von Engeln*‹ (Mitte 17. Jh.), ›*Christi Wiederkunft am Jüngsten Tag*‹ (17. Jh.).

Nicht weniger lohnend ist ein Besuch von **Moni Gouverneto** im Norden der Halbinsel. Die die Kirche umgebende festungsartige Anlage wurde 1537 erbaut, die Kirche selbst mit ihrer manieristischen, durch Halbsäulen, Nischen, Ornamente und Grotesken überreich gegliederten Fassade erst in der ersten Hälfte des 17. Jh. Der *Klosterschatz* enthält Ikonen, Meßgewänder und wertvolles Kirchengerät, darunter ein mit Miniaturdarstellungen verziertes Hostiengefäß des frühen 14. Jh.

Fassadendetail der Kirche von Moni Gouverneto

Moni Gouverneto wurde als Ersatz von Katholiko erbaut, nachdem dieses Kloster mehrfach von Piraten überfallen worden war. Man erreicht die in einer Schlucht unterhalb von Gouverneto liegenden Ruinen von **Katholiko** auf einem einstündigen steilen Fußpfad, der an einer seit minoischer Zeit kultisch genutzten Höhle – der nach einem Stalagmiten benannten ›**Bärenhöhle**‹ – vorbeiführt. Von der ursprünglichen Anlage dieses Klosters besteht nur noch eine die Schlucht querende **Brücke,** die übrigen Gebäudeteile stammen aus venezianischer Zeit. In den Felswänden oberhalb des Klosters sieht man mehrere **Einsiedlerhöhlen,** darunter angeblich auch die des Ioannis o Xenos. Von einzelnen Touristen einmal abgesehen, wird der Ort nur einmal im Jahr bevölkert, dann nämlich wenn sich am 7. Oktober Pilger hier zum Fest versammeln, um das Andenken des heiligen Missionars zu feiern. Von Katholiko führt ein halbstündiger Weg zum Kiesstrand an der Nordküste.

Über Agia, Alikianos und Meskla auf die Omalos-Hochebene

Von Chania zur Omalos-Hochebene
Besonders sehenswert:
Alikianos
Omalos-Hochebene

Die Straße von Chania nach Omalos führt zunächst durch eine fruchtbare Ebene nach Alikianos. Auf dem Weg dorthin steht, westlich des Dorfes Agia, die historisch interessante, jedoch wenig ansehnliche Ruine einer dreischiffigen **Basilika des 5. Jh.,** die im späten 10. Jh. oder frühen 11. Jh. nach der byzantinischen Rückeroberung Kretas nun als eine der Panagia geweihte Bischofkirche wieder aufgebaut wurde. Ein Teil der südlichen Außenmauer sowie monolithe Säulen der inneren Stützreihen – zwei aus rotem Marmor, zwei aus grauem Granit – stehen noch aufrecht (im Dorf Agia Straße nach Kyrtomados, nach 50 m links abzweigen, weiter auf Schotterweg, an Gabelung rechts, dann folgt rechter Hand in den Orangenplantagen eine weißgetünchte Kapelle und daneben die Kirchenruine). Das Dorf **Agia** war im Zweiten Weltkrieg Ort eines der berüchtigten Internierungslager, in denen Widerstandskämpfer und deren Familienangehörige gefoltert und zu Hunderten von der deutschen Wehrmacht ermordet wurden.

Alikianos muß in venezianischer Zeit ein Zentrum des Widerstands gewesen sein. Überliefert wird, daß im 16. Jh. der venezianische Gouverneur von Chania seine Tochter zum Schein einem griechischen Partisanen zur Frau gab und zugleich eine Amnestie für die Freiheitskämpfer verkündete. Als diese gutgläubig und unbewaffnet zur Hochzeit erschienen, ließ der Gouverneur sie jedoch teils ermorden, teils verkaufte er sie in die Sklaverei.

Im Ort **Alikianos** steht an der Straße nach Koufos das winzige Kirchlein **Agios Georgios** aus dem 13.Jh. mit einigen wenigen, schlecht erhaltenen Freskenfragmenten im Innern. Gut 1 km weiter liegt rechter Hand in einem Orangenhain, von der Straße aus sichtbar und durch ein kleines Hinweisschild bezeichnet, **Agios Kyr Ioannis.** Die Kirche ist nicht, wie ihr Name nahelegt, eine Gründung des (Kyrios) Ioannis o Xenos, sondern liegt nur in der Nähe einer heute völlig zerstörten Kirche in Koufos, die von diesem Mönch gegründet sein soll. Der aus dem 14. Jh. stammende Bau mit seinen feingliedrigen *Blendarkaden* ahmt Vorbilder in Konstantinopel nach. Die elegant proportionierte Kreuzkuppelkirche mit etwas später hinzugefügtem Narthex hat als Innenstützen *vier monolithe Säulen* mit spätantiken Kapitellen; eine der Säulen ist heute von einem Pfeiler ummauert. Der schöne Innenraum mit seinen teilweise noch erhaltenen *Fresken des 15. Jh.* verfällt zusehends: Tambour und Kuppel sind eingestürzt, die Öffnung über den Pendentifs durch ein Plastikdach notdürftig abgedeckt.

Auch das hübsche Gebirgsdorf Dorf **Meskla,** von Fournes über eine Stichstraße erreichbar, besitzt eine Kirche mit *Fresken des frühen 14. Jh.;* die **Sotiros Christou-Kapelle** liegt linker Hand am Dorfeingang auf einer Anhöhe.

Hinter Fournes klettert die Straße in Serpentinen die Nordflanke des Lefka-Massivs bis zu einem Kamm empor, hinter dem sich die weite, fast kreisrunde **Omalos-Hochebene** öffnet. Das 1050 m hoch gelegene, völlig plane und ringsum von Bergen umgebene Plateau wird während der Schneeschmelze im Frühjahr überflutet; unterirdische Höhlengänge im Karstgestein sorgen für den langsamen Abfluß der Wassermassen. Anschließend ist die von einzelnen – im Mai weiß blühenden – Trikoutiali-Bäumen bestandene Omalos-Hochebene üppiges Weideland, das allerdings, bedingt durch die abgeschiedene Lage, nur noch von wenigen Hirten genutzt wird. Der Ort Omalos eignet sich als Ausgangspunkt für Wanderungen in die Hochgebirgsregion der *Lefka Ori* (»Weiße Berge«): zu den Gipfeln des Gingilos (2074 m) und des Volakis (2116 m) im Süden und zum weiter entfernten 2453 m hohen Pachnes im Osten.

Am Weg von Omalos nach Sougia findet man in der Agios-Eftichios-Kapelle in Tsiskiana gut erhaltene derbe Fresken des 15. Jh.

Durch die Samaria-Schlucht nach Agia Roumeli

Lefka Ori
Besonders sehenswert: Samaria-Schlucht ☆☆

Vor allem aber bedeutet Omalos bzw. das unweit südlich davon gelegene Xyloskala am Ende der Stichstraße für die meisten Touristen den Beginn der Wanderung durch die **Samaria-Schlucht** (geöffnet Mai bis Oktober) nach Agia Roumeli am Libyschen Meer. Der 15 km lange Weg führt zunächst über Treppenstufen steil hinab in ein bewaldetes Bachtal, das sich in südlicher Richtung hinzieht bis zu einem nur wenige Meter breiten Engpaß zwischen senkrechten Felsen.

Von prähistorischen Zeiten bis in die Moderne bildete die Samaria-Schlucht einen strategisch wichtigen Verbindungsweg zwischen dem Norden Kretas und der Südküste. Keramikfunde belegen die Bedeutung der Schlucht in der Antike; auch von einer kleinen Siedlung namens *Kaino* mit Heiligtümern der Diktynna und des Apollon – möglicherweise bei der Kapelle **Agios Nikolaos** in der Nordhälfte der der Schlucht – wird in Schriftquellen gesprochen. In der Türkenzeit und auch später während der deutschen Okkupation war die von der Viglis-Sippe kontrollierte Schlucht ein bedeutendes Widerstandsnest. König Georg II. mit seiner Familie und die griechische Regie-

Die Samaria-Schlucht ist der bei weitem längste Cañon Europas und wird von hohen Felswänden flankiert (vgl. S. 321).

▷

rung entkamen auf ihrer Flucht vor der deutschen Wehrmacht auf diesem Weg zur Küste, von wo aus sie die Alliierten nach Kairo evakuierten. Schlucht und umliegende Berge, in denen noch Populationen der kretischen Wildziege leben, sind Naturschutzgebiet, für dessen Betreten eine Gebühr erhoben wird.

Das am Ausgang der Samaria-Schlucht gelegene **Agia Roumeli** ist außer durch die Schlucht nur mit dem Boot von Sougia oder Chora Sfakion aus erreichbar. Hier finden die Strapazen der zu Tausenden täglich durch die Samaria-Schlucht wandernden Ausflügler ihr gnädiges Ende mit einem Bad im Libyschen Meer. Zur engsten Stelle der Samaria-Schlucht gelangt man von hier aus in einem nur einstündigen Spaziergang. Vom antiken *Tarrha,* das an der Stelle des heutigen Agia Roumeli lag, ist wenig erhalten. Am nördlichen Ortsrand von Agia Roumeli steht neben dem von der Schlucht kommenden Weg eine kleine **Kapelle** inmitten der Ruinen eines modernen Hauses, das größtenteils aus den Quadern antiker Bauten errichtet wurde. In der Ruine erkennt man noch die Grundmauern einer antiken Architektur, vielleicht eines Tempels hellenistischer Zeit, über dem später eine dreischiffige christliche Basilika erbaut wurde. Von dieser Basilika stammen die noch erhaltenen *Reste eines Fußbodenmosaiks* mit geometrischem Dekor.

Im antiken Tarrha fand sich ein Stück importierten Rohglases (heute im Museum von Chania), das einst zur Weiterverarbeitung in einer Glasbläserei vorgesehen war. Auf die recht vage Vermutung hin, daß sich in Tarrha eine Glashütte befand, bezieht sich das reiche Angebot an modernem »Tarrha-Glas«, das in Boutiquen und Souvenir-Shops auf ganz Kreta angeboten wird.

Ein anderthalbstündiger Fußweg führt in östlicher Richtung entlang der Küste zur einsam am Strand gelegenen Kapelle **Agios Pavlos.** Wie in der Apostelgeschichte 27,6-15 berichtet, beabsichtigte Paulus auf seiner Romreise, nach einem Zwischenstopp in Kali Limenes an diesem Küstenabschnitt zu ankern und zu überwintern, doch trieb ein Sturm das Schiff ab und verschlug es nach Kephalonia. Die dem Apostel geweihte winzige Kreuzkuppelkirche – aus Steinen und Ziegeln unregelmäßig ausgeführt – wurde um das Jahr 1000, d. h. schon bald nach der Rückeroberung Kretas durch die Byzantiner, wahrscheinlich von Ioannis o Xenos initiiert, dessen Testament von einer Kirchengründung an einem entlegenen Küstenort spricht; die *Fresken* des Innenraums stammen aus dem 13. Jh. Auf einem steilen, bei Hitze sehr beschwerlichen Pfad kann man von hier aus noch die in 800 m Höhe gelegene Kirchengruppe von **Agios Ioannis** (s. S. 301) erklimmen. Von Chora Sfakion führt aber auch ein Fahrweg dorthin.

Chora Sfakion und seine Umgebung

Rund um Chora Sfakion
Besonders sehenswert:
Aradena-Schlucht
Frangokastello

Nur von Norden und Osten her führen Straßen zu diesem, *Sfakia* genannten Küstenabschnitt: die eine von Vrysses über die Askifou-Hochebene zum Rand der Imbros-Schlucht und von dort in Serpentinen hinunter nach Chora Sfakion, die andere – durch immer wieder atemberaubende Ausblicke auf die Küste nicht minder reizvolle Route – zieht sich am Südhang der Lefka Ori entlang von Plakias über Selia und Kato Rodakino nach Frangokastello und Chora Sfa-

Die Askifou-Hochebene erstreckt sich nördlich von Chora Sfakion.

kion. Wer allerdings ohne Pkw reist, kann Chora Sfakion auch per Schiff auf der Linie Paleochora (s. S. 317) – Sougia (s. S. 321) – Agia Roumeli (s. S. 298) – Loutro (s. S. 299) ansteuern.

Der malerisch gelegene Hafen von **Chora Sfakion** ist inzwischen ein vielbesuchter Touristenumschlagplatz mit Wechselstuben, Hotels, Restaurants und Supermarkt: Hier enden die von Chania und Plakias her kommenden Buslinien; nur eine Stichstraße führt noch weiter westlich in die Berge nach Anopoli und über die Aradena-Schlucht hinweg bis nach Agios Ioannis. Die anschließende grandiose Steilküste mit ihren abgelegenen Badebuchten ist bis nach Sougia herüber zum Glück bisher nur an zwei Punkten – Loutro und Agia Roumeli – per Schiff erreichbar, dafür aber ein um so lohnenderes Ziel für Wanderer. Inmitten der Naturschönheit des Hochgebirges mit seinen berühmten Schluchten Imbros, Aradena, Eligias, Samaria und Tripiti stößt man hier auf kleine byzantinische Kapellen und abgelegene Ruinen antiker Siedlungen, die für sich genommen zwar keine großen kunsthistorischen Sehenswürdigkeiten darstellen, aufgrund ihrer Abgeschiedenheit und bezaubernden Lage jedoch jeden begeistern, der Zeit und Mühe nicht scheut, hierher zu kommen. Nur die wichtigsten der mit Pkw oder Schiff und auf kurzen Spaziergängen zu erreichenden Orte werden im folgenden beschrieben.

Loutro und die Aradena-Schlucht

Der kleine Fischerort **Loutro,** zu dem man nur zu Fuß von Anopoli in steilem Abstieg oder per Boot gelangt, ist – eine Ironie des Tourismus – wegen seiner Abgeschiedenheit zum beliebten und während der Sommermonate inzwischen auch überfüllten Reiseziel geworden.

Die noch sichtbaren historischen Reminiszenzen des Orts sind spärlich: **Ruinen eines türkischen Kastells** und, auf dem südwestlichen Vorgebirge bei der **Sotiros Christou-Kirche,** die z. T. bis in mehrere Meter Höhe erhaltenen Mauern einer dreischiffigen frühchristlichen Basilika im Bereich der noch unerforschten antiken Stadt *Phoinix.*

Von hier ist es noch eine gute Stunde zu Fuß bis zum Ausgang der Aradena-Schlucht. Zum kunsthistorisch lohnenderen Gebiet bei der Aradena-Schlucht führt eine gut ausgebaute Straße, die sich von Chora Sfakion in steilen Kurven auf ein 650 m hohes Plateau hinaufwindet. Hier lag die antike Siedlung *Anopolis* (»Oberstadt«): nur in Spuren noch nachweisbar durch einzelne Architekturfragmente und die Mauern einer frühchristlichen Basilika. Auch das heutige Landstraßendorf **Anopoli** muß bessere Zeiten gekannt haben. Am Südrand des Orts sieht man am Hang der Bergkette, die das Plateau vom Meer trennt, verfallene Herrenhäuser und Gehöfte aus venezianischer und türkischer Zeit mit großen Torbogen und von Säulen getragenen Pergolen, die nun wie eine antike Ruine von Weinranken überwuchert werden und vor der majestätischen Kulisse des Pachnes und Trocharis ein malerisches Bild abgeben.

Von Anopoli sind es wenige Kilometer bis nach **Aradena.** Wie ein blankes Juwel auf einer Krone steht der weißgetünchte Kirchenbau

Der Badeort Loutro ist nur per Schiff von Agia Roumeli oder von Chora Sfakion aus zu erreichen.

Michael Archangelos auf dem westlichen Grat der Aradena-Schlucht, dahinter die kahlen, bis in den Mai schneebedeckten Kuppen des Lefka-Gebirges. Heute quert eine Eisenbrücke an dieser Stelle die 200 m tiefe Schlucht. Früher mußten Wanderer auf ihrem Weg von Chora Sfakion nach Agia Roumeli bis auf die Talsohle hinunterklettern: Der alte Weg führt in vielen Serpentinen auf der östlichen Seite herab, quert die Schlucht und zieht sich in ebenso vielen Kehren auf der anderen Seite hinauf in das alte Dorf Aradena. Die Bedeutung der Ortschaft liegt auf der Hand. Sie kontrollierte einst den Handelsweg und bot Reisenden Verpflegung und Unterkunft.

Die **Kreuzkuppelkirche Michael Archangelos** (s. Abb. S. 274) mit im Oberbau außen vorspringendem Querhaus steht auf den Grundmauern einer in den Dimensionen größeren frühchristlichen Basilika, deren Mittelschiff sie gerade mal ausfüllt. Die Apsis der heutigen Kirche aus dem 14. Jh. schmiegt sich an die Innenseite der Hauptapsis der alten Basilika, deren Mauer man bis in eine Höhe von 2 m stehen ließ und die nun wie ein reifenartiger Sockel den jetzigen Kirchenbau im Osten umschließt. Der oktogonale, nur von schmalen Fensterschlitzen und kleinen runden Löchern durchbrochene *Tambour* geht außen übergangslos in die im Grundriß leicht ovale Kuppel über, die nur im Scheitel häubchenartig von einer Ziegelschicht gedeckt ist. Die aufgetragenen dicken Putzschichten verdecken zwar die architektonische Struktur, verleihen dem Ganzen statt dessen ein eigenes, nicht weniger reizvolles Aussehen, das an arabische oder afrikanische Lehmbauten erinnert. Die aus der Erbauungszeit der Kirche stammenden *Fresken* im Innern haben unter dem Kerzenruß im Lauf der Jahrhunderte so gelitten, daß viele Bildszenen kaum noch zu erkennen sind.

Die Berge zwischen Aradena und der Küste sind eine bei jedem Licht geradezu unheimliche Wüstenlandschaft aus Steinbrocken, verstreuter karger Phrygana und einzeln aufschießenden Meerzwiebeln. Vollends geisterhaft wirken in dieser Öde die unzähligen grauen Feldsteinmauern, die Berge und Senken hier wie ein unendliches Netz überziehen. Hirten und Bauern haben sie in mühevoller Arbeit im Lauf der Jahrhunderte aufgerichtet, um Schafkrale zu gewinnen und ihre kärglichen Felder abzugrenzen, vor allem aber um wenigstens einen Teil der unwirtlichen Steinmassen beiseite zu schaffen.

Die Asphaltstraße endet im Weiler **Agios Ioannis.** Unmittelbar vor den Häusern führt ein von hohen Feldsteinmauern gesäumter Fußweg talabwärts zu den beiden Kirchen Agios Ioannis (links) und Panagia (rechter Hand). Die **Johannes-Kirche** ist eine Zweiraumkapelle mit volkstümlichen *Fresken aus dem 14. Jh.* (der Raum ist zumeist verschlossen und der Schlüssel nur in Anopoli zu bekommen). In kurzer Entfernung jenseits einer kleinen Talsenke steht die schlichte **Einraumkapelle der Panagia** (frei zugänglich) mit relativ gut erhaltenen *Fresken aus der zweiten Hälfte des 14. Jh.:* im Altarraum Deesis und vier die Liturgie feiernde Kirchenväter, am Triumphbogen das Gastmahl des Abraham und, wie in den Bildern am Ton-

Ein Teil der kunstfertig gemauerten, verlassenen Gehöfte von Aradena samt ihren alten Olivenpressen und Getreidemühlen wird derzeit stilvoll restauriert, und es wird nur noch kurze Zeit dauern, bis hier wieder Leben einziehen wird und auch das Innere der noch verschlossenen Kirche zu besichtigen sein wird.

Ausschnitt aus der Darstellung der Kreuzigung in der Panagia-Kirche bei Agios Ioannis

nengewölbe des Kirchenraums auch, christologische und mariologische Themen; an der Westwand folgen wie üblich das Jüngste Gericht, Apostel und Heilige. Erstaunlich innerhalb der byzantinischen Ikonographie sind die *ganzfigurigen Hierarchen,* die in dieser Kirche im Tonnengewölbe die szenischen Darstellungen flankieren, während man sie sonst in der Sockelzone aufgereiht findet. Von Agios Ioannis führt ein vier- bis fünfstündiger Wanderweg nach Agios Pavlos (s. S. 298) und von dort weiter nach Agia Roumeli.

300 m östlich von Frangokastello steht neben der Straße auf der Landseite eine weiße Kapelle auf den Grundmauern einer spätantiken Basilika mit z. T. gut erhaltenen ornamentalen und figürlichen Fußbodenmosaiken aus dem 6. Jh.; eine weitere, heute als Friedhofskapelle genutzte venezianische Kirche sieht man gegenüber auf der Seeseite in den Ruinen eines verfallenen Klosters. Verstreut im Gelände liegen Architekturfragmente aus einer bisher noch nicht identifizierten antiken Siedlung.

Frangokastello

Aus den Lefka Ori herausbrechende Sturzbäche und kleine Flüsse haben östlich von Chora Sfakion im Verlauf der Jahrtausende eine breite Schwemmebene gebildet. An dem am weitesten ins Meer hinausragenden Punkt dieses öden Schwemmlandes steht, schon aus kilometerweiter Distanz sichtbar, das klotzige Geviert der venezianischen Festung Frangokastello: Die griechische Bezeichnung ist eine Abwandlung des italienischen *Castel Franco.* Das in seiner Anlage schlichte Fort mit vorspringenden Türmen an den vier Ecken (s. Abb. S. 71) wurde 1371 als isolierter Außenposten für eine Garnison zum Schutz der Südküste vor Piraten errichtet, zugleich aber auch als militärisches Bollwerk zur Kontrolle der sfakiotischen Bevölkerung, die immer wieder Aufstände gegen die drückende Herrschaft der Venezianer unternahm. Diese Funktion, die einheimische Bevölkerung in Schach zu halten, behielt die Festung auch in osmanischer Zeit. 1828 von den revoltierenden Griechen für kurze Zeit erobert, wurde Frangokastello zum Ort eines Massakers:

Hunderte von Sfakioten, die sich unter ihrem General Chatzimichali Dalialis hier verschanzt hatten, wurden bei der Rückeroberung von der türkischen Übermacht hingemetzelt. Seitdem – so erzählten es früher die Einheimischen, heute nur noch Touristenführer – spukt es hier an jedem 17. Mai, dem Tag der Katastrophe: *drosoulites,* Geister der getöteten kretischen Krieger, zögen dann in einer Prozession am Kastell vorbei, und Wissenschaftler haben es sich nicht nehmen lassen, diese Erscheinungen naturwissenschaftlich zu entmystifizieren; Luftspiegelungen, so ihre ›Erklärung‹, seien für jene Einbildung verantwortlich.

Westlich des Kastells hat sich mittlerweile ein kleiner Touristenort entwickelt, doch weder Strand noch Hinterland von Frangokastello laden zu einem längeren Aufenthalt ein.

Von Chania nach Kolymbari

An der Bucht von Chania
Besonders sehenswert: Soldatenfriedhof von Maleme

Südlich der Hauptstraße von Chania nach Maleme liegt der Vorort **Galatas.** Dieser Ort wäre kaum der Rede wert, wenn hier nicht ein **deutsches Denkmal** aus dem Zweiten Weltkrieg stünde. Ein herabstürzender Adler – mittlerweile einer winterlichen Sturmbö zum Opfer gefallen – war als Emblem der siegreichen Fallschirmjäger über einem übereck gestellten Viereck angebracht; das Hakenkreuz wurde von diesem wuchtigen Sockel entfernt, die alte Inschrift aber ist geblieben: »Zweites Bataillon Sturmregiment im Kampf auf Kreta vom 20.–28. 5. 1941. Maleme – Galatas – Kastelli – Chania. Euch Toten gehört der Dank, die ihr fern der Heimat getreu eurem Fahneneid das Leben gebet unserem Großdeutschland. Zur Mahnung für alle, die hier verweilen.« Daß solche Worte hier immer noch zu lesen sind, ist als ein Zeichen der außerordentlichen Toleranz (oder Ignoranz?) seitens der kretischen Bevölkerung aufzufassen, im Gegenzug sollte dies jedoch die deutsche Seite dazu veranlassen, neue und das Geschehene aufrichtig kommentierende Worte an diesem Ort niederzulegen und denen, »die hier verweilen«, vor Augen zu führen.

Der deutsche Soldatenfriedhof bei Maleme

Der noch heute bei Maleme gelegene Militärflugplatz zählte zu den ersten Angriffszielen der deutschen Invasionstruppen auf Kreta. Fallschirmjäger und Lastensegler landeten hier im Mai 1941 und eroberten gegen erbitterten Widerstand englischer, australischer, neuseeländischer und griechischer Truppenverbände den strategisch wichtigen Flugplatz. Die Verluste waren auf beiden Seiten außerordentlich hoch, auf alliierter und griechischer Seite wurden insgesamt mehr als 7000, auf deutscher Seite mehr als 4500 Tote verzeichnet.

Vor dem Friedhof von Maleme führt ein kurzer Fußpfad (Hinweisschild) zu einem monumentalen spätminoischen Kuppelgrab. Dem Typus entsprechend weist auch dieses Kuppelgrab einen langen Dromos und einen gewaltigen Türsturz, der von einem Dreieckgewölbe entlastet wird, auf. Die Grabkammer selbst ist hier nicht rund, sondern etwa quadratisch, gleichwohl von der sonst üblichen Art des ›falschen Gewölbes‹ überdeckt.

Die nach langjährigen Bemühungen 1974 vom *Volksbund Deutsche Kriegsgräberfürsorge* erbaute und betreute **Friedhofsanlage** wird von den Besuchern immer wieder als schlicht bezeichnet. Dies trifft zweifellos zu: kein Mausoleum, kein in irgend einer Weise auftrumpfendes Denkmal, sondern nur Gräberreihen auf der über Treppen zugänglichen Terrassenanlage, die allerdings durch ihre Lage und Disposition sehr wohl Monumentalität beansprucht, ja in der räumlichen Anordnung sogar an antike Repräsentationsarchitektur und Platzgestaltungen wie etwa in Lindos (Rhodos) oder Praeneste (bei Rom) erinnert. So ist die betont dekorlose und abstrakte Schlichtheit hier doch weniger Zeichen von Demut als von Feierlichkeit. Vielleicht ist auch dies eher dem Tatbestand angemessen, daß hier 4456 der insgesamt über 15 000 in Griechenland ums Leben gekommenen deutschen Soldaten begraben liegen.

Alles andere als angemessen scheint hingegen die hohle Erhabenheitsgeste, mit der jegliche Details ausgeblendet werden, die Häßlichkeit des Sterbens ebenso wie die Grausamkeit dieser Okkupation. Das Geschehene erscheint so dem Besucher auf bedenkliche Weise als schicksalhaft. Konkrete Erinnerungen und daraus erwachsende Schuldgefühle, ebenso wie Fragen nach dem Sinn des Ganzen, werden konsequent vermieden. Man liest auf vielen Schrifttafeln allgemeine Worte über Frieden und die Gefahren des Krieges, ein klares Schuldbekenntnis für den einseitigen und brutalen Überfall der deutschen Wehrmacht auf Kreta hingegen fehlt. Maleme – ein Ort nicht nur privater Besuche Tausender von Menschen aus aller Welt, sondern auch Schauplatz offizieller Begegnungen, wie etwa 1995 des Besuches des deutschen Bundeskanzlers Helmut Kohl 50 Jahre nach Kriegsende – ist in seinem derzeitigen Zustand eine Peinlichkeit für Deutschland. Es wäre Aufgabe des deutschen Staates, hier wenigstens symbolisch etwas zu tun.

Die Rodopos-Halbinsel

Kloster Gonia

Rodopos-Halbinsel
Besonders sehenswert:
Kloster Gonia ☆
Ikonen-Museum in Spilia
Episkopi

Kloster Gonia, malerisch an der östlichen Steilküste der Rodopos-Halbinsel wenige Kilometer nördlich von Kolymbari (Kolimbari) gelegen, ist eine Gründung des 13. Jh. Es wurde in seiner bestehenden Form von den Brüdern Zangarolo, die auch Moni Agia Triada stifteten, in Auftrag gegeben: Die Anlage wurde 1618 begonnen und 1634, d. h. noch unter venezianischer Administration, fertiggestellt. Mehrfach wurde das Kloster im 17. Jh. und erneut im 19. Jh. von türkischen Verbänden zerstört und anschließend von den Mönchen immer wieder restauriert. *Vier Kanonenkugeln* stecken noch, als Mahnmal eingebaut, in der östlichen Außenwand der Kirche. Im

Muttergottes auf dem Thron, 1671 von dem Mönch Parthenios gemalt (Ikonenmuseum, Gonia)

Zweiten Weltkrieg beherbergte das Kloster zeitweilig eine Kadettenschule der griechischen Armee; daraufhin wurde die Anlage nach dem deutschen Überfall auf Kreta 1941 von der Wehrmacht verwüstet, die Mönche wurden zum Tode verurteilt, schließlich aber begnadigt. Die schmerzhafte Erinnerung an diese Ereignisse hielt die Geistlichen von Gonia nicht davon ab, nach Kriegsende die Gebeine der vielen in Westkreta gefallenen deutschen Soldaten zu sammeln und ihnen – bis zur Überführung auf den Soldatenfriedhof bei Maleme – im Kloster eine vorläufige Ruhestätte zu geben.

Heute leben nur noch wenige Mönche im Kloster, das seinen Landbesitz weitgehend verschenkt und sozialen Einrichtungen – vor allem Schulen und Genossenschaften – zur Verfügung gestellt hat. Die Straße, die am Kloster vorbeiführt, war einst von einem Bogen oder einer Loggia überspannt; von einem Balkon auf dieser Seite ragen nur noch die figürlich verzierten *Konsolen des 19. Jh.* hervor.

Gonia besitzt eine vorzügliche *Ikonensammlung*, die teils in der Kirche, teils in einem kleinen Museum ausgestellt ist, das außerdem Urkunden, Ordensgewänder und Kirchengerät vom 16.–18. Jh. enthält. Die wichtigsten Exponate seien hier in Stichworten kurz vorgestellt. **In der Kirche:** Ikone des hl. Nikolaos (15. Jh.); Ikone des Jüngsten Gerichts, ein Werk des Papadopoulos von 1762: oben Himmlische Liturgie, darunter der Erzengel Michael als Seelenwäger, links der Weg der Guten ins Paradies, rechts – weitaus phantasievoller dargestellt – die Sünder in der Hölle, darunter bemerkenswert viele kirchliche und weltliche Würdenträger; die *Ikonostase* enthält mehrere Bilder des Malers Parthenios aus dem Jahr 1671: Johannes Theologos, Johannes der Täufer (hier als Engel mit Flügeln dargestellt); Christus Pantokrator sowie Maria auf dem Thron mit dem Jesuskind; Ikone der Panagia Eleousa, d. h. der sich erbarmenden Muttergottes mit dem Jesus-Kind (17. Jh.). **Im Museum:** Ikone der Verklärung (um 1300); Ikone der hll. Paraskevi und Irini (um 1300); Fragment einer ausdrucksvollen Mariendarstellung des frühen 14. Jh.; Ikone *Johannes der Täufer* (um 1600); ein vorzüglich erhaltenes *Kreuzigungsbild von Konstantinos Paleokapas* aus dem Jahr 1634; ein stark von westlicher Malerei beeinflußtes *Bild des Neilos* von 1642, das die Geschichte des Joseph Pangalos darstellt; *Ikone in drei Registern von Dimitrios Sgouros* (1662): Abendmahl, Gebet zu Bethlehem und Ecce Homo.

Hinter dem Kloster schließt sich der **moderne Gebäudekomplex** der von Bischof Irineos Galanakis gegründeten *Orthodoxen Akademie Kretas* an: einer weltoffenen, ökumenisch ausgerichteten und inzwischen international hoch angesehenen Stätte der Bildung und interkonfessionellen Begegnung. Auch viele deutsche, an moderner Religiosität sowie sozialen und kulturellen Fragen interessierte Besucher finden sich hier zu Tagungen und Gesprächskreisen ein. Touristen sind herzlich eingeladen, die Stätte zu besuchen, auch an Kursen, die über das religiöse und soziale Leben auf Kreta informieren, teilzunehmen.

Die weit nach Norden ins ägäische Meer ragende Halbinsel Rodopos, die den Golf von Chania von dem von Kissamos trennt, ist nur in ihrem Anfangsstück durch Straßen erschlossen, der übrige, fast nur von Hirten bewohnte Teil hat seine ursprüngliche Wildheit und Einsamkeit vollständig bewahrt.

Spilia

In Spilia, 3 km landeinwärts von Kolymbari gelegen, lohnen mehrere kleine spätbyzantinische Kirchen einen Besuch. So z. B. die **Panagia-Kirche** am südlichen Dorfende; unweit der Kirche trifft man an der Landstraße auf ein **Denkmal des griechischen Freiheitskampfes** gegen die Türken bis 1897.

Die eigentliche Sehenswürdigkeit aber, die Besucher nach Spilia führt, ist das **Museum kirchlicher Kunst** im Zentrum des Ortes, unweit der modernen großen Kirche. Papas Evangelos Sfakianakis, seit über 40 Jahren Priester, hat seit den 60er Jahren das Inventar der Dorfkirchen in und um Spilia zusammengetragen, liebevoll konserviert und so vor dem Verfall bewahrt. Was in der großen Museumshalle als rührend aufgebautes Sammelsurium dargeboten wird, ist wirklich erstaunlich. Es handelt sich um eine der besten *Ikonensammlungen* Kretas, die ergänzt wird von *griechischen Handschriften* und frühen *venezianischen Drucken*, geschnitzten Ikonostasen, altem Kirchengerät, Stoffen und Meßgewändern sowie Devotionalien vom 17. Jh. bis in die jüngste Gegenwart. Herausragende Ikonen sind u. a. ein ›*Erzengel Michael*‹, sowie eine ›*Verklärung*‹, beide aus dem 15. Jh., des weiteren Ikonen der Panagia Eleoussa, Agii Pantes und Christi Einzug in Jerusalem (jeweils 16. Jh.) und Bilder des hl. Georg (17. Jh.).

Wer eine byzantinische Kirche mit all ihren inhaltlich und formal aufeinander bezogenen Bildelementen und zeremoniellen Requisiten kennenlernen will, findet in Spilia ein – wenn auch komplett modernes – Musterbeispiel. Die auf ihre Weise durchaus qualitätvolle malerische und geschnitzte Ausstattung stammt aus den 80er Jahren des 20. Jh.

Der Ortsname deutet es schon an, bei Spilia gibt es Höhlen. Sie liegen oberhalb des Dorfes. Eine Asphaltstraße führt vorbei an einem von Kiefern beschatteten, teilweise in eine Grotte hinein gebauten Kirchlein **Agii Pantes** zu einem Abzweig, wo man sich links halten muß, um dann nach wenigen Metern bei **Agios Ioannis** anzugelangen, einer weiträumigen, verzweigten Höhle, in die ebenfalls eine winzige Kirche eingefügt ist. Hier spürt man: Dieser Platz mit seinem weiten Blick auf die Ebene von Chania, die Halbinsel Akrotiri und die Lefka Ori war immer wieder Ort des Schutzes und stiller Andacht. In dieser abgelegenen Berghöhle mit ihrem Brunnen, aus dem ›heiliges‹ Wasser geschöpft wird, mit ihren einfachen Holztischen und gemauerten Bänken für Festversammlungen, mit ihren Feuerplätzen, Altären, niedergelegten Devotionalien und Gewändern fühlt man sich wie zurückversetzt in eine antike, für die kretische Religionspraxis bedeutsame Kulthöhle.

Michael Archangelos bei Episkopi

Von Spilia führt der Weg über Drakona nach Episkopi. Noch vor Episkopi (kleines Hinweisschild an der Straße) steht, von Eichen beschattet, die winzige Einraumkapelle **Agios Stefanos** aus dem 11. Jh. mit relativ gut erhaltenen *Fresken des späten 14. Jh.*

Ein auf Kreta einzigartiger Bau ist die **Michael Archangelos-Kirche** (von der Landstraße her ausgeschildert): Der runde, von sechs

Grund- und Aufriß von Agios Michael Archangelos, Episkopi (nach K. Gallas bearbeitet von L. Schneider)

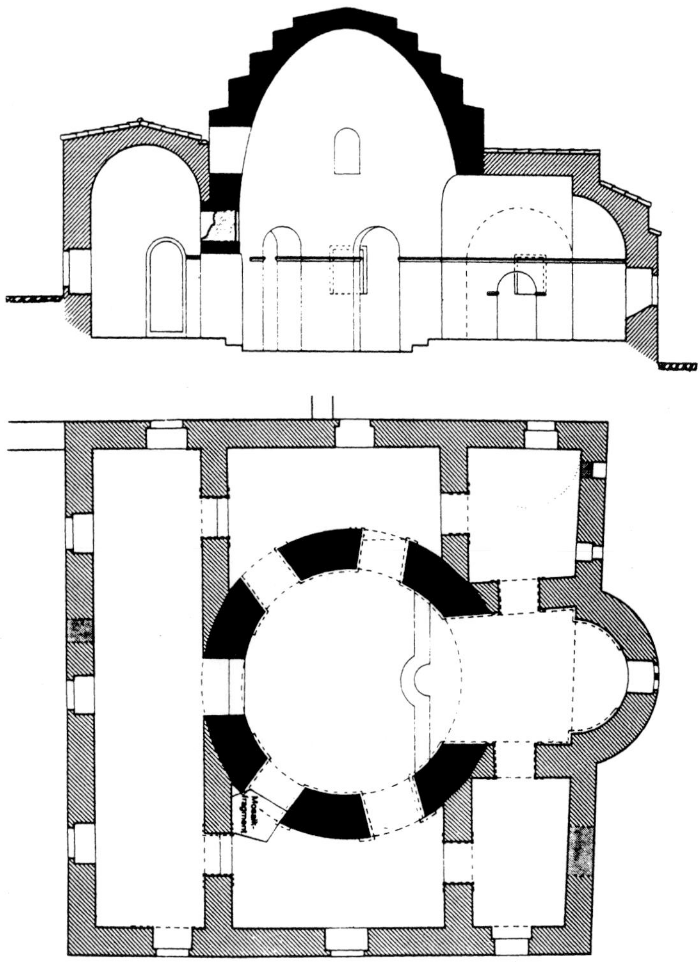

Bogenöffnungen durchbrochene Zentralraum wird von einer innen bienenkorbförmigen, außen *getreppten Kuppel* überwölbt; um diese Rotunde herum legt sich eine dreischiffige Kirche von fast quadratischem Grundriß mit Diakonikon und Prothesis und einem tonnenüberwölbten Narthex. Ausgrabungen im Umkreis der Kirche haben keine Klärung des Baudatums ergeben, so muß die Geschichte dieses frühen Sakralbaus aus der Architektur selbst und aus ihrer Fresken- und Mosaikausstattung erschlossen werden. Entgegen früheren Vermutungen scheint nicht nur die Rotunde, sondern offenbar der ganze Komplex einschließlich der Anbauten sehr alt zu sein. Ein die Rotunde ausfüllendes *geometrisches Fußbodenmosaik* dürfte aus dem 6. oder 7. Jh. stammen, und auch ein erst jüngst entdecktes *Freskenfragment im westlichen Anbau* ist möglicherweise noch in die Zeit vor der arabischen Invasion zu datieren, während der übrige erhaltene Freskenschmuck – darunter eine eindrucksvolle *Darstellung des Erzengels Michael,* dem die Kirche geweiht ist – einer späteren Malschicht aus dem 12. oder 13. Jh. angehört.

In einer winzigen Klause neben der Kirche wohnt ein einzelner Mönch, der schon als junger Mann diesen Platz gewählt hat, um sein Leben dem Erzengel Michael, dem Patron dieser Kirche, zu weihen. Er erzählt Besuchern alles Wissenswerte über die Kirche; sein geistliches Anliegen aber ist Michael: Wäger von Gut und Böse beim Jüngsten Gericht und mystischer Führer der Seelen zu Gott *(»Psychopompos«).* So sammelt dieser Mönch Bilder des Erzengels und Fotos sowie Informationen über die dem hl. Michael geweihten Kirchen in aller Welt, die seine Vorstellung bereichern und seine visionäre Andacht begleiten.

Von ihrer Architektur wie von ihrer Freskenund Mosaikausstattung her zählt Agios Michael Archangelos zu den bedeutsamsten Kirchen auf Kreta.

Das Heiligtum der kretischen Berggöttin Diktynna

Die Nordspitze der Rodopos-Halbinsel mit dem antiken Heiligtum der Diktynna *(Diktynnaion)* ist bis heute einer der an den Küsten des Mittelmeers nur noch seltenen, wirklich einsamen, unkultivierten Plätze geblieben. *Diktynna* bedeutet »Die vom Berg Diktys (Dikti)«. Die von den dorischen Einwanderern auf Kreta verehrte, der Artemis verwandte Berggöttin, der auch unter dem vorgriechischen Namen *Britomartis* geopfert wurde, war eine Jägerin, eine Göttin der wilden Natur und der Berge. An verschiedenen Orten des griechischen Festlands und sogar in der von Griechen gegründeten Kolonie Marseille wurde dieser Göttin geopfert, ihr zentraler Kultplatz aber lag hier an diesem verlassenen Punkt Westkretas, der offenbar schon in der Antike als ein von den Menschen noch nicht erschlossenes Gebiet galt. *Artemis Diktynna* bezeichnet die Grenze zwischen Natur und Kultur, zwischen dem Fremden und dem Vertrauten, und nicht anders haben die Menschen in der Antike diese Landschaft verstanden. Gewiß, sie legten im 9. Jh. v. Chr. eine kleine Siedlung und ein Heiligtum an diesem Kap an, denn sie fanden dort eine von fast senkrechten Felsen geschützte Bucht. Es gab Weideland und in den Hochtälern der Halbinsel sogar ein wenig Ackerboden. Dennoch war dies auch in der Antike ein Platz, wo die Natur menschlichen Kultivierungsanstrengungen immer getrotzt hat. Und dies ist bis heute so geblieben.

Von der Ortschaft Rodopos schlängelt sich der Weg zwischen wilden Felsformationen durch ein einsames Hochtal nach Norden. Macchia und Phrygana wechseln mit fruchtbaren Oasen: kleinen Ebenen mit nasser roter Erde, die nicht nur als Weidefläche für Schafe und Ziegen, sondern seit der Antike auch zum Getreideanbau genutzt werden. An der höchsten Stelle des Wegs, unterhalb des 747 m hohen Mourni, begegnet man mit einigem Glück noch riesigen Königsadlern, die in den Felswänden des Bergs ihre Horste haben. Die schwierigste Weg-

Tip:
Eine Wanderung zum Diktynnaion ist nur in zwei Tagen zu bewältigen, die Fahrt mit einem normalen Pkw ist zwar möglich, aber nur bei genügend Zeit, trockenem Wetter und mit hinreichender Erfahrung im Geländefahren zu bewerkstelligen. Die Anmietung eines Jeeps ist für diese und ähnliche Strekken eher zu empfehlen. Der Weg ist einfach zu finden: vom Dorf Rodopos gut 1 Std. (18 km) bis zum Kap; es gibt nur eine Wegverzweigung nach 6 km, wo man sich rechts hält.

strecke ist die zum Meer hinunter; die letzten 500 m zur Bucht mit ihrem grünblauen Wasser sollte man unbedingt zu Fuß zurücklegen.

Das nur noch in Spuren erkennbare, von deutschen Archäologen während des Zweiten Weltkriegs untersuchte Heiligtum liegt auf dem Felsplateau rechts der Bucht. Von der archaischen Bebauung sind nur einige Architekturglieder erhalten. Auch die prächtige Neugestaltung des Heiligtums durch Kaiser Hadrian ist nur noch in einigen Felsabarbeitungen und reliefverzierten Architekturtrümmern erkennbar. Hadrian ließ eine Straße von *Kissamos* (heutiges Kastelli) hierher anlegen und sorgte mit großen Zisternen für Wasservorräte; Reservoirs befinden sich gleich vor der Tempelterrasse. Mauern der einstigen Pil-

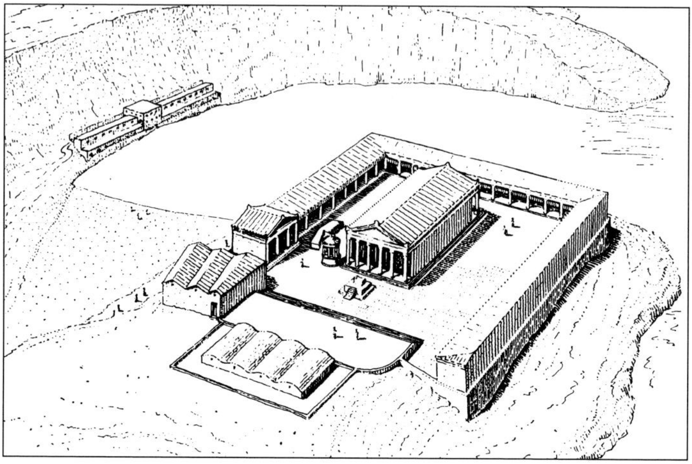

Rekonstruktion des Diktynnaion in römischer Zeit. Die auf Fernsicht konzipierte Anlage bezog die umgebende Landschaft in das Architekturkonzept so ein, daß der von den Bergen herabkommende Besucher Felsen und Meeresbucht zunächst als Kulisse erlebte, nach Betreten des Heiligtums aber von der Umgebung nur noch den Berg, der der Göttin geweiht war, wahrnahm.

gerunterkünfte erkennt man an der steilen Felswand des gegenüberliegenden Ufers. Einer von Philostrat überlieferten Legende zufolge soll der berühmte kappadokische Wanderphilosoph, Dichter und Wundertäter Apollonios von Tyana im 1. Jh. n. Chr. hier ins Elysium transzendiert sein (›*Vita Apollonii*‹ 8, 30): »Zu ungewohnter Stunde sei Apollonios nachts in den Tempel der Diktynna gekommen, wo man zur Bewachung der Schätze Hunde hielt, die an Wildheit Bären und anderen Bestien gleichkamen. Sie hätten aber nicht angeschlagen, sondern ihn freundlich umringt. Aus diesem Grunde hätten die verwunderten Tempelwärter Apollonios als Magier und Räuber festgenommen und in Fesseln gelegt, denn er habe, so meinten sie, den Hunden ein Zaubermittel gegeben. Um Mitternacht nun habe sich Apollonios von den Fesseln frei gemacht und – um nicht heimlich zu handeln – seine Bewacher herbeigerufen, sei zum Tempelausgang geeilt, dessen verschlossene Türen vor ihm aufflogen und sich hinter ihm wieder verschlossen; von innen aber habe man Gesang von Jungfrauen vernommen, der habe geklungen, als lüden sie ihn zur Auffahrt in den Himmel ein: ›Komm aus dem Erdendunkel, komm, komm ins Himmelslicht!‹ «

Die im Zentrum der Halbinsel gelegenen Klosterruinen und byzantinischen Kapellen Agios Pavlos, Agios Georgios von Menies und Agios Ioannis Ghionis sind nur für Wanderer erreichbar.

Kastelli Kissamou und die Gramvousa-Halbinsel

Der venezianische Hafenort Kastelli

Die Nordwestspitze Kretas
Besonders sehenswert: Phalassarna Lagunenstrand von Valos

Wer einen noch verschlafenen, typisch griechischen Badeort erleben will, wird in Kastelli am Westrand des flachen Küstenstreifens vor dem Kap Gramvousa fündig. Unweit vom Ufer stehen noch Teile der **venezianischen Befestigung**, nach der die kleine Stadt ihren heutigen Namen trägt. Überall im Ort sind bei Bauarbeiten Reste des antiken *Kissamos* gefunden worden, das als Hafen des weiter landeinwärts gelegenen *Polyrheneia* diente.

Ein **Museum** wird in einem prächtigen Gebäude aus venezianischer Zeit im Ortszentrum eingerichtet. Dessen Inhalt kann man bisher nur erahnen. Ein Gitterfenster gewährt einen Blick auf eine überlebensgroße marmorne *Statue des gepanzerten Kaisers Hadrian* (reg. 117–138 n. Chr.); er hatte die Stadt mit Bauaufträgen gefördert und wurde deshalb von den Bürgern mit dieser Statue geehrt.

Seine größte Blüte erlebte das antike *Kissamos* in der Zeit vom 2.–5. Jh. n. Chr. Davon zeugen Reste von Thermen, eines Aquädukts sowie von zahlreichen Häusern. Am Südende der Odos Ameriki, die vom Hauptplatz abgeht, liegen die Grundmauern zweier **römischer Stadthäuser** aus dem 3. Jh. mit schönen *Mosaikfußböden* in den jeweiligen Speiseräumen: Sie zeigen dionysische Szenen und, dem Platz angemessen, dekorativ präsentierte Naturalien des Landes und des Wassers. Weiter östlich liegen die spärlichen Reste eines antiken Bades, das – wie herumliegende Kapitelle zeigen – in frühchristlicher Zeit zu einer Kirche umgewandelt wurde. Reste einer römischen Thermenanlage des antiken Methymna liegen versteckt bei einem Kirchlein an einem schilfumstandenen Flußlauf nördlich von Nopigia. Weitaus beeindruckender ist die Ruine der *venezianischen Villa Trevisan* mit breiter Aussichtsloggia zum Meer hin (ausgeschildert zwischen Koleni und New Road).

Leider sind die prachtvollen Mosaikböden der römischen Stadthäuser mit Kies zugeschüttet und von Planen verdeckt. Es ist zu hoffen, daß dieser skandalöse Zustand durch Überdachung oder Verbringung der Mosaike ins Museum behoben wird.

Antike Städte an der Gramvousa-Halbinsel

Die karge Gramvousa-Halbinsel ist durch einen holperigen und steinigen Fahrweg erschlossen. Er führt von Kaliviani an der Ostküste nach Norden bis zu einem kleinen Kafé. Von hier zweigt ein halb-

Der beständige Westwind hat hier eine Sanddüne den Berghang hinaufgetrieben. Auf Felsvorsprüngen des schroffen Geroskinos-Berges nisten Adler, deren eleganten Flug man vom Strand aus gut beobachten kann.

stündiger Fußpfad nach Westen über ein von Gestrüpp bewachsenes Plateau herunter zum legendären **Lagunenstrand von Valos** mit seinem kristallklaren türkisfarbenen seichten Wasser. Gegenüber liegt das Felseneiland Gramvousa mit seinem venezianischen Kastell. Bei gutem Wetter reicht der Blick sogar bis nach Antikythira, schon auf halbem Weg zur Peloponnes. Drei klassisch antike Orte sind von Kastelli Kissamou aus zu besuchen: *Rokka* und *Polyrheneia* in der von Schluchten durchzogenen Bergwelt südlich des Golfs von Kissamos sowie *Phalassarna* an der Westküste der Gramvousa-Halbinsel.

Der kurze Weg nach **Rokka** lohnt allein schon der grandiosen Landschaft wegen. Von der New Road Kolymbari-Kastelli muß man nach Koleni abzweigen, von dort 8 km bis zum Ende des heutigen Ortes Rokka fahren, von wo aus man den einst bebauten Hang sieht; ein kleiner Pfad, den die Bewohner gern zeigen, führt nach wenigen Minuten in das Gelände. Die Ortschaften tragen hier Namen aus venezianischer Zeit, wie z. B. *Rokka* oder *Sassalo* (beides bedeutet »Fels«). Rokka macht seinem Namen alle Ehre. Das Dorf schmiegt sich eng an die dem Golf zugewandte Nordwestseite eines markanten Felsenbergs. Die antike Siedlung dagegen, deren einstiger Name nicht bekannt ist, lag auf der vom Meer abgewandten Südostseite: so steil und so dicht über der senkrechten, fast 200 m tiefen Schlucht, daß man kaum glauben mag, daß hier Menschen vor mehr als 2500 Jahren eine kleine Stadt errichteten und trotz der enormen Geländeschwierigkeiten ein rechtwinkelig gerastertes Wegenetz anlegten mit im Grundriß streng orthogonalen Häusern. Die äußerste Häuserzeile stand unmittelbar auf der Kante des Felsabsturzes. Viele Räume sind in den Felsen hineingehauen. Nur Unterlegenheit im Konkurrenzkampf um besseres Land und Furcht vor Überfällen von der See her konnten Menschen dazu bewegen, an diesem Platz zu siedeln und solch enorme Mühe für den Bau einer kleinen Stadt aufzuwenden.

Der Weg von Platanos zur Bucht von Falassarna führt über einen Bergkamm, hinter dem sich für den Besucher ein Traumpanorama ausbreitet: Man blickt auf die von Bergen gerahmte weite Küstenebene mit ihren Oliven und Obstplantagen, dahinter den kilometerlangen breiten Strand aus feinstem gelben Sand und das geradezu unglaublich blau-grün schimmernde, kristallklare Wasser.

Auch von der einst mächtigsten Stadt Westkretas **Polyrheneia** ist heute kaum noch etwas erhalten. Wieder ist es mehr die Landschaft als antike Baureste, die zu einem Abstecher verlockt. Die Straße endet an einem Parkplatz im malerischen Dorf Polyrinia, wo man außer venezianischen Gutshäusern mit ihren großen Torbögen noch die Reste einer von Kaiser Hadrian gestifteten Wasserleitung und einer Zisternenanlage entdeckt. Ein Fußweg führt an antiken Felsgräbern vorbei auf das Plateau der antiken Stadt, das einen weiten Ausblick auf den von den Halbinseln Rodopos und Gramvousa gerahmten Golf von Kissamos und das olivenbestandene Hügelland gewährt. Die hier errichtete kleine **Kirche** besteht zu einem erheblichen Teil aus den Blöcken antiker Gebäude und Befestigungsmauern. Unmittelbar nördlich der Kirche und des kleinen Friedhofs sieht man eine sorgfältig gefügte **Terrassenmauer** aus klassischer Zeit, die das künstlich verbreiterte Plateau abstützt. Seitlich des Wegs, der von hier auf die befestigte Akropolis führt, sieht man mehrere aus antiken Blöcken gefügte kreisrunde Steinsetzungen von 7–9 m Durchmesser.

Blick auf die Bucht von Falassarna

Es handelt sich hier aber nicht um die Grundmauern von Gebäuden, sondern um Begrenzungen neuzeitlicher **Tennen,** die das Korn beim Dreschen vor Verwehung schützen.

Der kurze Weg auf die Spitze der **Akropolis** bietet dem Besucher außer Resten der spätklassischen bzw. frühhellenistischen und in der Spätantike noch einmal erneuerten Befestigung sowie einer griechischen und einer römischen Zisternenanlage vor allem einen Panoramablick, der vom Lefka-Massiv bis zur ägäischen Küste mit den Halbinseln Rodopos und Gramvousa reicht.

Ein ausgeschilderter Weg führt von der Landstraße talabwärts zwischen uralten Olivenbäumen zur antiken Nekropole des Orts mit in den Fels gehauenen, teilweise mehrräumigen Kammergräbern.

An der schon in der Antike einsamen Westküste Kretas liegt am Ansatz der Gramvousa-Halbinsel der antike Hafen **Phalassarna,** dessen Baureste seit 1986 gemeinsam von griechischen und amerikanischen Archäologen der *University of California* in Santa Barbara erforscht und teilweise ausgegraben werden. Die antike Stadt hatte keine sehr lange Geschichte. Die frühesten Funde stammen aus dem 6. Jh. v. Chr., als Phalassarna als Hafen der landeinwärts gelegenen Stadt Polyrheneia fungierte. In hellenistischer Zeit war der Ort vermutlich Heimathafen von Piratenflotten, die von hier aus im östlichen Mittelmeer ihre Raubzüge unternahmen. Der römische Feldherr Caecilius Metellus »*Creticus*« machte 68/66 v. Chr. diesem Unwesen ein Ende und schloß möglicherweise sogar den Hafen ganz. Die Stadt war damit ihrer Existenzgrundlage beraubt. Wenig später erfolgte eine Küstenhebung um ca. 6 m und ließ den Hafen verlanden.

Schon am Weg zum Ausgrabungsgelände begegnet man der berühmtesten Sehenswürdigkeit Phalassarnas, dem ca. 1,80 m hohen, aus dem anstehenden Felsgestein herausgeschlagenen rätselhaften ›**Thron**‹, der auch als Sockel für eine Statue oder als Rednertribüne gedeutet wurde; vielleicht handelt es sich auch um den Rest eines Felsengrabes. Gleich hinter dem ›Thron‹ beginnen die bis zur Küste reichenden eindrucksvollen **antiken Steinbrüche,** an denen

Planskizze der antiken Stadt Phalassarna

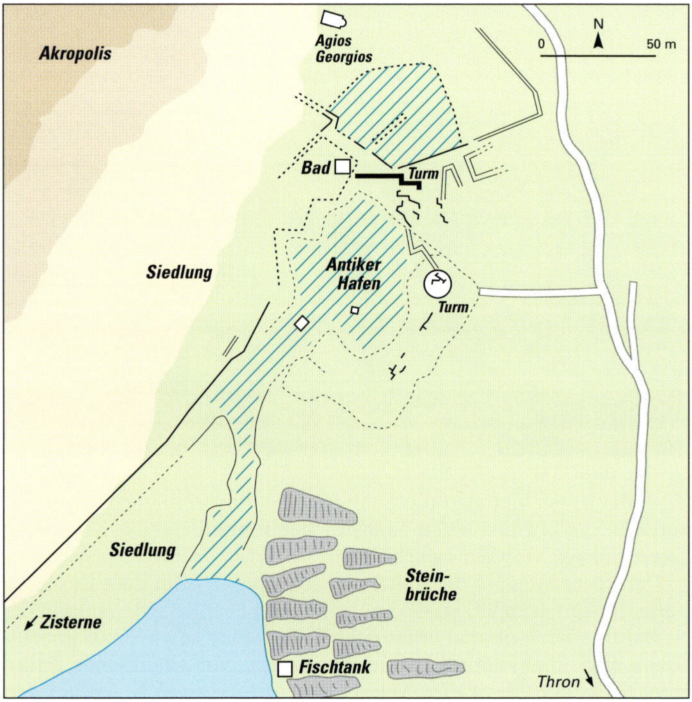

u. a. auffällt, daß in der Antike Blöcke so aus dem Gestein herausgesägt und -geschlagen wurden, daß kammerartige und auch dem ›Thron‹ vergleichbare getreppte Steinmassen als ›Negativabdruck‹ übrigblieben. So könnte der rätselhafte ›Thron‹ also zunächst ein solches Stein-Überbleibsel gewesen sein: gewissermaßen ein Nichts, eine Felsmasse, die im Steinbruch zurückblieb. Erst in späterer Zeit wurde dieser Felsblock als ›leerer Thron‹ gedeutet, wie man ihn von antiken Grabanlagen oder auch vom christlichen Kult her kennt.

Nimmt man den Pfad von der Ausgrabung zur Meeresbucht und steigt dann wenige Schritte über das Felsplateau, so findet man an den Kliffs im Südosten ein in den Felsen eingeschnittenes antikes Fischbecken mit Treppenstufen, die hinabführen, und Vorrichtungen, die zur Abdeckung dienten, ähnlich dem Fischbecken in Koutsoumari (s. Abb. S. 247).

Ausgegraben wurden bisher Teile der **Hafenbefestigung:** Kaimauern mit Vorrichtungen zum Vertäuen der Schiffe und ein wohl aus dem 3. Jh. v. Chr. stammender Rundturm mit kreuzförmiger Blockausfüllung; daneben fand sich zum Erstaunen der Ausgräber ein von antiken Hafenanlagen sonst nicht bekanntes gemauertes und mit Stuck ausgekleidetes **Süßwasserbecken,** das zur raschen Versorgung der Schiffe mit Frischwasser diente. Weiter nördlich trifft man auf weitere, diesmal hastig errichtete Befestigungen, daneben auf eine ältere Gebäudeplattform mit ionischem Profil. Sehenswert ist westlich hiervon ein **hellenistischer Baderaum** mit tönernen Sitzbadewannen. Auch die Hänge des steilen **Akropolis-Bergs** waren, wie glatte und stufenförmige Terrassenmauern zeigen, mit öffentlichen Gebäuden, Wohnhäusern und Gewerbebetrieben – bebaut. Man entdeckt westlich der Bucht aus dem Felsen gehauene Räume, mehrere Brunnen und eine große stukkierte **Zisterne** mit einem Giebeldach aus rechteckigen Steinplatten.

Byzantinische Kapellen und einsame Landschaften im äußersten Südwesten Kretas

Fast alle byzantinischen Kirchenbauten dieser Region liegen versteckt in den Bergen, in sicherem Abstand von der Küste und den von dort her drohenden Piratenüberfällen, zugleich jedoch weitab von größeren Städten, die sehr viel stärker als das flache Land von der venezianischen Administration kontrolliert und westlichem Klerus vorbehalten waren. Es handelt sich ausnahmslos um kleine Kapellen: Stiftungen reicher Grundbesitzer und Kleriker. Diese kleinen Guts-Kirchen und -Klöster Westkretas waren Hochburgen der Orthodoxie und bildeten die geistlichen Zentren des immer wieder aufflackernden und niemals völlig unterdrückten Widerstandes der Bevölkerung gegen westliche wie östliche Okkupanten.

In den Bergen des rauhen Südwestens
Besonders sehenswert:
Sklavopoula
Anisaraki
Temenia
Moni
Sougia
Lissos

Über Vathi bis Sarakina

Vathi erreicht man entweder auf der von Platanos oberhalb der Küste entlangführenden Panoramastraße oder auf der von Kastelli sich durch das Gebirge windenden, ebenfalls reizvollen Binnenstrecke; seitlich dieses Wegs liegt, etwa 1 km südlich des Dorfs Topolia, die seit neolithischer Zeit als Kultplatz benutzte **Agia Sofia-Höhle. Agios Georgios** in Vathi (nahe der Platia mit dem Denkmal für die im Zweiten Weltkrieg hingerichteten Widerstandskämpfer) ist eine einfache Einraumkapelle mit Fresken, deren Entstehung durch eine Inschrift auf das Jahr 1284 datiert ist; der Stil der Malereien ist stark traditionsgebunden, ihr Erhaltungszustand mäßig. Die nicht minder schlichte **Einraumkapelle Michael Archangelos** mit *Fresken des 14. Jh.* liegt etwas unterhalb des Ortes.

Südlich von Topolia zweigt in Vlatos ein gewundener Panoramaweg ins Gebirge ab zu einem von Kastanien und Eichen bestandenen Taleinschnitt. Hier liegt das in Privatinitiative und mit Unterstützung der EU in den 90er Jahren liebevoll wieder aufgebaute Bergdorf Milia. Die ökologisch bewirtschaftete kleine Siedlung mit ihren steingedeckten Häusern bietet Übernachtungs- und Verpflegungsmöglichkeiten. Der Ort eignet sich als Ausgangspunkt für Wanderungen.

Von Vathi gelangt man auf einer inzwischen ausgebauten Straße zum zauberhaft auf einem Felsen über dem Meer thronenden, in venezianischer Zeit gegründeten und später immer wieder umgebauten **Kloster Chryssoskalitissa.** 90 Stufen führen zu der weiß getünchten, tonnenüberwölbten Kirche empor; die ›*goldene Stufe*‹ aber, nach der das Kloster seinen Namen trägt, sieht nur, »wer ohne Sünde ist«. Lediglich ein Mönch und eine Nonne leben noch in der früher von bis zu 300 Mönchen bewohnten Anlage. Hauptfesttag des Klosters ist Mariä Entschlafung, der 15. August, an dem sich die Familien der Umgegend hier einfinden, um den Gottesdienst zu feiern, zu singen, Votivgaben darzubringen (wie man sie an der Ikonostase der Kirche aufgehängt sieht) und den Anlaß zum fröhlichen Beisammensein mit Essen und Trinken im Freien zu nutzen. Von Chryssoskalitissa sind es nur noch 6 km zum weiten, feinsandigen **Lagunenstrand von Elafonissi** mit der vorgelagerten, bei Niedrigwasser zu Fuß erreichbaren gleichnamigen Insel.

Der Ortsname *Sklavopoula* bedeutet »Verkaufsplatz von Sklaven«, und man stellt sich unwillkürlich vor, wie die jungen Hirten und Bauernmädchen in den einsamen Bergen zusammengetrieben wurden, um als Sklaven von den byzantinischen und venezianischen Händlern vor allem in den Vorderen Orient verkauft zu werden. Der Weg nach Sklavopoula (von Voutas aus zu erreichen) führt hoch über teils versteppte, teils völlig kahle Berge. **Sklavopoula** besitzt drei Kirchen mit sehenswerten Fresken. Die am oberen Ortsende gelegene Kirche **Agios Georgios** birgt *Malereien des späten 13. und frühen 14. Jh.:* in der Apsis die Panagia und Kirchenväter, an den Wänden u. a. die Verkündigung, sowie Heiligenbilder; die im 14. Jh. gemalten Bilder im Westteil der Kapelle stellen Szenen aus dem Leben und dem Martyrium des Kirchenpatrons Georgios dar. Fragmentarischer erhalten sind die aus der zweiten Hälfte des 14. Jh. stammenden Fresken in den Kapellen **Sotiros Christou** und **Panagia** (beide südlich

Kloster Chryssoskalitissa

des Ortes inmitten von Olivenhainen). Auch dieses Dorf bewahrt schreckliche Erinnerungen an die Zeit der deutschen Besatzung: Ein alter freundlicher Mann, der mich mit dem Schlüssel zu den Kirchen begleitete, erzählte von der Exekutierung der Dorfbewohner.

Eine wilde Schlucht mit Höhlen in den Felswänden zu beiden Seiten führt vom Abzweig der Hauptstraße bei Kondokynigi nach Sarakina. In der Mitte der Schlucht steht links des Wegs ein 1986 aufgestelltes Schild, das an die »große Schlacht zwischen Christen und Türken« im Januar 1897 erinnert. 150 Türken wurden, wie die Inschrift stolz vermeldet, in dieser Schlucht von griechischen Aufständischen niedergemacht. Das winzige Nest **Sarakina** ist heute noch armseliger, als man es sich von Nikos Kazantzakis' packendem Roman ›*Griechische Passion*‹ her vorstellt. Kein Schild, geschweige denn ein Denkmal, erinnert hier an den Romancier, der diesem Ort in der Weltliteratur bleibende Berühmtheit verlieh. Im Ort fällt die Kirche **Agios Ioannis** aus dem 14. Jh. auf. Kunsthistorisch interessanter ist **Agios Michael Archangelos** mit seinen recht gut erhaltenen, derb-realistischen *Fresken aus der Zeit nach 1350.* Ein großer Teil des Bildprogramms ist dem Leben des Erzengels Michael gewidmet. Die Kirche liegt an einem Bach unterhalb des Orts (Schlüssel im Kafenion im Ort, an der Landstraße dann kleines Hinweisschild).

Von Paleochora nach Kandanos

Der vielgerühmte Ausflug von Paleochora durch die Berge nach Sougia lohnt nur für besondere Liebhaber byzantinischer Kleinarchitektur und Freskenmalerei. Man kommt zunächst nach **Kadros.** Das Dorf ist nach dem gleichnamigen, schon in der Antike abgelegenen Bergnest benannt, dessen Ruinen auf dem Berg oberhalb des modernen Orts zu finden sind (Ausschilderung am südlichen Ortseingang). Hinter dem Kafenion zweigt ein Weg zum nur wenige Schritte unterhalb der Landstraße gelegenen winzigen **Kirchlein der Panagia** ab (Schlüssel im Haus nebenan); die Fresken im Innern stammen aus der zweiten Hälfte des 14. Jh.

Auch der Nachbarort **Kakodiki** besitzt eine Einraumkapelle mit Fresken aus der ersten Hälfte des 14. Jh., die sich allerdings größtenteils in miserablem Zustand befinden und fast nur für Fachleute einen Besuch lohnen. Man findet den dem Erzengel Michael geweihten venezianisch-gotischen Bau, wenn man von der Landstraße bei einer modernen Betonkirche auf eine Stichstraße abzweigt, die hangaufwärts zur Friedhofskirche Agia Triada führt. Sehenswerter, wenn auch verblaßt und von Rissen durchzogen, sind *Malereien des 15. Jh.* in der Einraumkapelle **Agios Georgios** am südlichen Ortsrand von **Plemeniana** (unterhalb der Landstraße, winziges Hinweisschild).

Viele Ortschaften dieser Region tragen noch Erinnerungsspuren der grauenhaften Taten der deutschen Besatzungsmacht auf Kreta im Zweiten Weltkrieg. Warum in **Kandanos,** dem Verwaltungszentrum

Tip:
An klaren Tagen erkennt man von Kretas Südküste aus das Felseneiland Gavdos, Europas südlichste Insel. Zweimal wöchentlich fährt ein Postschiff, das auch Touristen mitnimmt, von Paleochora nach Gavdos.

des Bezirks *Selino,* kein altes Haus mehr steht, wird jedem klar, der den makabren Text auf der **Steintafel** am Hauptplatz des Ortes liest: »Hier stand Kandanos. Es wurde zerstört als Sühne für die Ermordung von 25 deutschen Soldaten.«. Die deutsche Wehrmacht hat 1941 auf diese Weise ihrer Untat ein Denkmal gesetzt. Ein Denkmal, das von der Bevölkerung nach dem Krieg nicht abgeräumt, sondern in ihre schmerzhafte Erinnerung mit einbezogen wurde. Tatsächlich wurden 1941 keineswegs nur die Häuser von Kandanos gesprengt und niedergebrannt, sondern in einem bestialischen Massaker die Zivilbevölkerung – außer Männern auch Frauen, Kinder und Greise – ermordet. *Aktion Sühnezeichen,* in der vor allem Jugendliche Versöhnungsarbeit im Ausland leisten, hat hier in den Jahren 1963/64 ein Wasserwerk gebaut. Vom antiken *Kantanos* sind geringe Reste der klassischen Befestigungsmauern oberhalb des modernen Ortes zu finden.

Anisaraki und Umgebung

Wenige Kilometer oberhalb von Kandanos liegt **Anisaraki** mit seinen vier byzantinischen Kapellen; zwei dieser Kirchen befinden sich direkt im Ort, zwei außerhalb. Ein von Olivenbäumen beschatteter kurzer Fußweg (im Ort unscheinbares Hinweisschild) führt zur unterhalb der Landstraße gelegenen Kapelle **Agia Anna** mit ihren auf das Jahr 1462 datierten, zwar verblaßten aber insgesamt doch relativ gut erhaltenen *provinziell-bäuerlichen Fresken.* Die dreibogige *Ikonostase* ist hier aus Stein gemauert, nur der Mittelbogen offen gelassen, die seitlichen Bögen geschlossen und ebenfalls mit Fresken geschmückt, die offenbar zur ursprünglichen Ausmalung der Kirche gehören; vor der Kirche liegen Stümpfe monolither antiker Säulen.

Innenraum von Agia Anna bei Anisaraki: Die Fresken stammen aus dem Jahr 1462.

Der äußerste Südwesten Kretas

Zur Kirche **Agios Georgios** führt 200 m oberhalb des Abzweigs zu Agia Anna ein unbeschilderter Asphaltweg, der in einen beschilderten kurzen Fußweg mündet; das von Zypressen umstandene Kirchlein besitzt noch seine komplette schlichte *Freskenausstattung aus der Wende vom 13.–14. Jh.*

Die **Panagia-Kirche** (kleines Hinweisschild an der Straße oberhalb des Orts; die Türen des Baus sind nicht verschlossen, sondern nur etwas schwer zu öffnen) ist eine venezianisch-gotische zweijochige Einraumkapelle mit interessanten, aber stark verblaßten und von Rissen durchzogenen *Fresken vom Ende des 14. Jh.* In ihrer Darstellungsweise zeigen die Malereien eine eigentümliche Diskrepanz: Ausgesprochen konservative byzantinische Maltraditionen, wie sie auf Kreta in jener Zeit besonders auf den Lehensgütern der Kalergis-Familie durch entsprechende Aufträge gefördert wurden, mischen sich hier mit realistischen Details wie z. B. der Darstellung zeitgenössischer Tracht und Rüstung. Hinzu kommen ungelenk ausgeführte, der westlichen Malerei entlehnte Licht- und Schatteneffekte und perspektivische Verkürzungen.

Auf einer Terrasse, wenige Meter oberhalb von Panagia und von dort zu erreichen, steht das Kirchlein **Agia Paraskevi** mit derben, ausdrucksstarken *Malereien aus der ersten Hälfte des 14. Jh.*, die sich jedoch inzwischen in desolatem Zustand befinden.

Die winzige, auf einem Hügel weithin sichtbare, Sotiros Christou-Kirche bei Temenia ist ein wahres Schmuckstück byzantinischer Baukunst.

Die einzige nicht nur ihrer Fresken wegen, sondern auch ihrer *Architektur* wegen sehenswerte Kirche steht in **Temenia** (1 km südlich des unteren Ortseingangs dem Abzweig mit kleinem Hinweisschild »Sotiros Christou« folgen). Der Einraumkapelle **Sotiros Christou** wurde im 14. Jh. eine winzige Kreuzkuppelkirche im Westen als Narthex vorgesetzt: so klein, daß die Durchgänge neben den vier Pfeilern wie Nischen einer Spielzeugarchitektur wirken; die teilweise vorzüglich erhaltenen *Fresken* stammen wahrscheinlich aus dem 14. Jh. Auch der Außenbau wirkt mit seinem Tambour, den Blendarkaden und den Treppchen zu Seiten des Westeingangs fast verspielt zierlich.

Südlich des Nachbardorfs Papadiana zweigt ein Fahrweg zu den spärlichen Resten der antiken, in spätklassischer Zeit sogar bedeutenden Stadt *Hyrtakina* ab. Mehr übrig geblieben ist von der 4 km weiter östlich auf einem kahlen Hügel oberhalb des Dorfes Rodovani gelegenen Siedlung **Elyros** (unbeschilderter Fahrweg von der Landstraße, dann bei der modernen Kirche dem Hinweisschild folgen). Man sieht zwischen den neuzeitlichen Terrassierungen für den Olivenanbau noch Zisternen und die Grundmauern von Häusern aus römischer Zeit. Das grasbewachsene Plateau der Hügelkuppe, wo sich einst wohl das Zentrum der kleinen Stadt befand, ist noch gänzlich unerforscht.

Ob als kleiner Ausflug von Sougia aus oder als Abschluß der hier beschriebenen Tour: Lage und Austattung des Agios Nikolaos-Kirchleins am Ortsrand von Moni werden jeden Besucher bezaubern.

Vom Brunnen der Ortschaft **Moni** führt ein von Bäumen beschatteter Fußpfad durch eine kleine Schlucht zu der am gegenüberliegenden Hang gelegenen **Agios Nikolaos-Kirche** (Schlüssel beim Kafenion im Ort); auch auf einem steilen Fahrweg (Abzweig von der Landstraße oberhalb des Orts) gelangt man dorthin. Die Einraumkapelle steht in einem stillen, von Zypressen und Olivenbäumen bestandenen Friedhof, dessen mit einer Bank versehene Umfassungsmauer zum Ausruhen und Verweilen einlädt. Neben der schlichten Kirche steht – für byzantinische Architektur völlig unüblich – ein **Campanile,** ein gelb getünchter Glockenturm, der in seiner runden, wie von Hand modellierten Zapfenform eher an Sand- und Lehmspiele von Kindern als an Sakralarchitektur erinnert. Campanile und Kirche sind vermutlich zeitgleich zu Beginn des 14. Jh. entstanden; nur der westliche Anbau an die Kirche stammt aus etwas späterer Zeit. Die *großflächigen Fresken* im Innern mit ihren klaren, einfachen Umrißlinien sind durch eine Stifterinschrift auf das Jahr 1315 datiert. Im Altarraum sind Himmelfahrt Christi, das Gastmahl des Abraham und die Verkündigung dargestellt. Die gesamte untere Wandzone zieren z. T. überlebensgroße Ganzfiguren- und Brustbilder von Kirchenvätern, Propheten und Heiligen, darunter der Kirchenpatron Nikolaos, wie er Fischern die Teufel austreibt, und bei seiner Weihe zum Bischof.

Darstellung des hl. Nikolaus in der gleichnamigen Kirche von Moni

Sougia und die Ruinen des antiken Lissos

Sougia war ursprünglich eine antike Stadt. Der heutige Ort liegt über dem einstigen *Sygia,* von dem jedoch nur geringe Reste römischer Wasseranlagen östlich des Flußbetts zeugen. Ebenfalls von den meisten Besuchern unbeachtet und doch außerordentlich sehenswert, ist hingegen ein vorzüglich erhaltener *Mosaikfußboden des 6. Jh.* in der **Dorfkirche** am Westrand des Ortes, zu dem eine Straße oberhalb der Strandpromenade führt (Schlüssel zur Kirche im kleinen Hotel an dieser Straße). Das Mosaik zeigt neben floralen und geometrischen Dekorelementen Symbole des ewigen Lebens: Pfaue und einen Hirsch zusammen mit Vasen, aus denen Ranken sprießen. Das Mosaik schmückte einst das Mittelschiff einer an dieser Stelle gelegenen dreischiffigen Basilika, deren weitere Grundmauern man außerhalb der jetzigen Kirche z. T. noch nachvollziehen kann. Einige Säulen und Kapitelle dieser mit einem großen, von Portiken gesäumten Vorhof versehenen Basilika liegen noch verstreut im Umkreis der heutigen Kirche. Die Basilika war Teil einer weiträumigen kirchlichen und profanen Bebauung; wer aufmerksam hinsieht, bemerkt schon auf dem Weg vom Hotel im Boden Reste weiterer Mosaiken gleichen Stils.

Grundmauern zweier weiterer Basiliken fanden sich auf der Anhöhe östlich des Dorfes. Sie zeigen, daß *Sygia* in der Epoche vom 4. Jh. bis zur Eroberung Kretas durch die Araber ein wohlhabender Ort gewesen sein muß. Oberhalb der Bucht (in einem halbstündigen Spaziergang zu erreichen) liegt, in ihrem weißen Verputz weithin sichtbar, die kleine, im Grundriß quadratische Kreuzkuppelkirche **Agia Irini** aus dem 12. Jh. Ihr außen oktogonaler schlanker *Tambour* ist auf vier Seiten von schlitzförmig schmalen Fenstern durchbrochen und trägt eine im Durchmesser nur winzige, in der Außenform konisch überhöhte Kuppel.

Ein markierter Fußweg von 1–1.30 Std. (Teil des *Europa-Wanderwegs 4*) führt – zunächst durch eine schattige Schlucht, dann über ein Hochplateau – zur westlichen Nachbarbucht mit den eindrucksvollen Ruinen des antiken *Lissos,* das als Hafen und Warenumschlag-

Tip:
Der kleine Hafenort Sougia im Süden der Agia Irini-Schlucht ist dank seines Strands aus groben Kieseln vom Massentourismus bislang verschont geblieben und bietet sich sowohl für einen kurzen Badeurlaub als auch als Ausgangspunkt für Ausflüge zu Fuß, per Auto oder Schiff an. Besonders Wanderungen und Bootsfahrten lassen sich hier auf ideale Weise mit der Besichtigung kleiner abgelegener Kirchen und antiker Ruinen verbinden. Auch für eine Durchwanderung der Samaria-Schlucht ist Sougia geeigneter Ausgangspunkt (per Bus früh morgens zum Schluchteingang, am Spätnachmittag von Agia Roumeli mit dem Boot zurück).

platz für den Afrikahandel der in den Bergen gelegenen Orte Elyros und Hyrtakina diente, bis die geotektonisch bedingte Küstenhebung um die Zeitenwende dieser Funktion ein Ende machte. Reichtum und überregionales Ansehen erlangte der Ort aber vor allem durch seine Heilquellen und den mit ihnen verbundenen Asklepios-Kult.

Das Asklepios-Heiligtum von Lissos

Ein besonderes Erlebnis beim Besuch von Lissos ist die am Hang gelegene, im 2. und 3. Jh. n. Chr. entstandene Gräberstadt, deren vielfach noch komplett erhaltene und Kapellen ähnliche Bauten nun z. T. Hirten als karge Schlafplätze dienen. Die Grabkammern waren innen stuckiert und zeigen noch Reste ihrer einstigen Bemalung.

Schon vom Rand des Plateaus aus sieht man auf der gegenüberliegenden Bergseite eine regelrechte **Gräberstadt,** deren einzelne, tonnenüberwölbte Bauten sich wie die Häuser einer Siedlung den Hang emporziehen. Rechts in dem einsamen Tal liegen die Reste des berühmten Asklepios-Heiligtums. Eine wahrscheinlich aus klassischer Zeit stammende Terrassenmauer aus großen, sorgfältig geschnittenen polygonalen Blöcken, wie man sie sonst von Delphi her kennt, stützt das Areal zur Talseite hin ab; offen liegende und unterirdische Kanäle sorgten für den Abfluß des von den Bergen kommenden Wassers und schützten so das Terrain vor Überschwemmung und Erdrutsch. Auch der einfache dorische Rechteckbau des Tempels weist auf seiner Hangseite im unteren Bereich *polygonales Mauerwerk* auf, das offenbar besonders geeignet schien, möglichem Seitendruck Stand zu halten. Wasser aber war hier, an einer Kultstätte des Heilgottes Asklepios, natürlich ein wichtiger Bestandteil kultischer Handlungen, und so befanden sich in unmittelbarer Nähe des Tempels mehrere Brunnen.

Der **Tempel** ist ein schlichter Cella-Bau von ca. 12 × 6 m ohne Säulenkranz. Sein Eingang liegt im Westen; hier sind in die Tempelwand mehrere *Inschriften* eingemeißelt, die die Rechte auswärtiger Gäste in der Stadt *(Proxenie)* betreffen. Vor der Rückwand im Osten sieht man die hohe marmorne *Stufenbasis* für das Kultbild des Gottes, links davon ein Steinbecken mit einem Durchlaß in die Erde, in das flüssige Opferspenden gegossen wurden. Der gesamte Innenraum vor der Bank des Kultbildes wird von einem farbigen *Fußbodenmosaik* aus quadratischen, abwechselnd ornamental und figürlich geschmückten Feldern eingenommen. Das Kolorit ist ungewöhnlich: wie bei vielen Mosaiken dunkelgrau, weiß und rot, dazu aber ein leuchtendes Hellblau, das teils für die Figurendarstellung, teils auch als Hintergrundfarbe verwendet wurde. Ein Hahn und ein weiterer Vogel (Ente?) sind in einem Register einander gegenübergestellt, in einem zweiten ein Rind und ein weiteres, nur noch in Fragmenten erhaltenes Säugetier. Wahrscheinlich sind Opfertiere für Asklepios gemeint, dessen Büste wohl im verlorenen Zentralbild der Komposition dargestellt war. Man denkt unwillkürlich an die Hinrichtung des Philosophen Sokrates in Athen im Jahre 399 v. Chr. Sokrates' letzte Worte an seine Freunde, nachdem er den Giftbecher geleert hatte und sein Körper schon erkaltet war, sollen, wie Platons Dialog ›*Phaidon*, 118‹ überliefert, gelautet haben: »Wir schulden dem Asklepios einen Hahn; versäumt nicht, ihm den zu opfern!« Hierzu paßt, daß in der

Mosaiken im Tempel von Lissos

Cella außer Statuenfragmenten des Asklepios und der Hygieia (Göttin der Gesundheit) zahlreiche Votivstatuetten von Kindern und Erwachsenen mit Vögeln und anderen Opfertieren in der Hand gefunden wurden. Die Datierung der Anlage ist nicht völlig geklärt. Der Tempel selbst könnte mindestens in seinem Unterbau noch aus frühhellenistischer Zeit stammen, das Mosaik wurde jedoch wohl nachträglich im 2. oder 1. Jh. v. Chr. eingesetzt.

Vor dem Tempel sieht man einige unkannelierte Säulenstümpfe, außerdem Gebälkstücke aus späthellenistischer Zeit in einer merkwürdigen dorisch-ionischen Mischordnung aus dunklem Kalkstein: dorische Architrave, Triglyphen und Metopen, die Geison-Blöcke aber mit einer ionischen Zierleiste versehen, schließlich Stücke eines mit Reliefschilden verzierten Giebels. Sie gehören teils zum Tempel, teils zu einer davor liegenden Säulenhalle, in der sich die Pilger versammeln konnten, sowie zu einem Eingangsportikus des Bezirks. Nordöstlich des Tempels lagen die Badeeinrichtungen, wo die Kranken therapiert wurden.

Die **antike Stadtanlage,** die sich bis zur von Felsen gerahmten tiefen Bucht mit ihrem glasklaren grünlich schimmernden Wasser erstreckte, ist bisher noch kaum untersucht worden. Außer einzelnen im Gras herumliegenden Architekturfragmenten wie Kapitellen und Gesimsen lassen sich nur spärliche Reste eines kleinen **Theaters** und einer **Thermenanlage** bei einem Rundgang ausmachen. Drei, zumeist aus den Blöcken antiker Gebäude errichtete Kapellen liegen verstreut in dem Tal, zwei davon, **Agios Kyriakos** und **Panagia,** über den Grundmauern frühchristlicher Basiliken. Lissos wurde 1957 von Nikolas Platon untersucht, das Asklepios-Heiligtum von ihm ausgegraben. Die Funde – darunter zahlreiche Inschriften, Statuen und Votivgaben an den Heilgott – wurden in das Archäologische Museum von Chania verbracht.

Tip:
Weitaus schwieriger zu erreichen – nämlich nur durch private Anmietung eines Boots oder eine Bergwanderung von ca. 5 Std. – ist der auf halbem Weg zwischen Sougia und Agia Roumeli am Ausgang der Tripiti-Schlucht gelegene antike Ort Poikilassos mit seinem in der römischen Epoche bekannten Serapis-Heiligtum. Nur Spuren der antiken Bebauung – einige Grundmauern von Häusern und Zisternen auf antiken Terrassen – haben sich hier, hinter der venezianisch-türkischen Festung an der vom Meer abgewandten Talseite westlich der Schlucht, erhalten.

Weiterführende Fachliteratur

Abkürzungen

AJA = *American Journal of Archaeology*

BSA = *The British School of Archaeology at Athens*

* = vom griech. Kultusministerium herausgegebener Führer

Land und Geschichte

Lebens- und Wirtschaftsraum: Griechische traditionelle Architektur: Kreta (Athen 1985); G. Hirner/J. Murböck: Wanderungen auf Kreta (München 1992); Kreta; A. Schneider: DUMONT Reise-Taschenbuch Kreta (Köln 2003); E. Velissariou: Die wirtschaftlichen Effekte des Tourismus dargestellt am Beispiel Kretas (Frankfurt/M. u. a. 1991)

Verschiedene Epochen und Orte: A. Chaniotis: From Minoan farmers to Roman traders. Sidelights on the economy of ancient Crete (Stuttgart 1999); C. Davaras: Guide to Cretan antiquities (Park Ridge, NJC. 1976); Th. E. Deborakis: Geschichte von Kreta (Iraklion 1997); A. W. Myers/E. E. Myers/G. Cadogan (Hg.): The aerial atlas of Ancient Crete (London 1992); G. I. Panagiotakis: Kriti (Iraklion 1993)

Kreta im griechischen Mythos: C. Calame: Thésée et l'imaginaire Athénien (Lausanne 1991); Die Verführung der Europa. Staatl. Museen Preußischer Kulturbesitz (Berlin 1988)

Sir Arthur Evans: Arthur Evans and the palace of Minos. Ashmolean Museum Oxford (Oxford 1994); S. L. Horwitz: The find of a lifetime. Sir Arthur Evans and the discovery of Knossos (New York 1981)

Stadt und Land im 3. und 2. Jt. v. Chr. sowie Allgemeines zur minoischen Kultur: K. Branigan: Pre-Palatial. The foundations of Palatial Crete (Amsterdam 1988); H.-G. Buchholz: Ägäische Bronzezeit (Darmstadt 1987); R. Castleden: Minoans. Life in Bronze Age Crete (London 1990); J. von Deimling: Siedlungsbedingungen im frühen Kreta (Freiburg 1994); O. Dickinson: The Aegean Bronze Age (Cambridge, MA. 1994); J. L. Fitton: Die Minoer (Stuttgart 2004); B. Otto: König Minos und sein Volk (Düsseldorf/Zürich 1997); H. G. Wunderlich: Wohin der Stier Europa trug. Kretas Geheimnis und das Erwachen des Abendlandes (Reinbek 1979); Im Labyrinth des Minos. Kreta – Die erste europäische Hochkultur, Ausstellung Badisches Landesmuseum Karlsruhe 2000 (München 2000); La Crète mycenienne, Bulletin de Correspondance Hellénique, Supplement 30 (1998)

Das minoische Palastsystem: R. Hägg/N. Marinatos (Hg.): The function of the minoan palaces. 4th International Symposium at the Swedish Institute in Athens 1984 (Stockholm 1987); N. Marinatos/R. Hägg: On the ceremonial function of the Minoan polythyron, in: Opuscula Atheniensia 16 (1986) 57–73; W. Schiering: Gestaltung und Aufgaben der Paläste des minoischen Kreta, in: Antike Welt 25 (1994) 178–190; M. C. Shaw: The Aegean Garden, in: AJA 97 (1993) 661–685; Le système palatial en Orient, en Grèce et à Rome. Actes du colloque de Strasbourg 1985 (Leiden 1987)

Fernhandel und Diplomatie – Kretas Beziehungen zu Ägypten und zum Orient: M. Bietak (Hg.): Ägypten und seine Nachbarn, Ägypten und Levante 6 (Wien 1996); J. L. Fitton: Die Minoer (Stuttgart 2004); R. Hägg/N. Marinatos (Hg.): The Minoan thalassocracy. 3rd Int. Symp. at the Swedish Institute in Athens 1982 (Stockholm 1984); M. Melas: Minoans overseas, in: Aegaeum 2 (1988) 47–70; W. D. Niemeier: Minoan artisans travelling overseas, in: Aegaeum 7 (1991) 189–201; Kriti – Aigyptos. 2 Bde. (griech./engl.), Symposion und Ausstellungskatalog (Iraklion 2000)

Schrift und Sprache der Minoer: K. Aartun: Die minoische Schrift (Wiesbaden 1992); A. Furumark: Linear A and Minoan Religion, in: Opuscula Atheniensia 17 (1988) 51–87; L. R. Palmer/J. Boardman: On the Knossos tablets (Oxford 1963); F. Woudhuizen: The language of the Sea Peoples (Amsterdam 1992); D. Ohlenroth: Das Abaton des Lykaischen Zeus und der Hain der Elaia (Tübingen 1996)

Minoische Religion: G. C. Gesell: Town, palace and house cult in Minoan Crete. Studies in Mediterrean Arch. 67 (Göteborg 1985); R. Hägg: Die göttliche Epiphanie im minoischen Ritual, in: Mitteilungen des Deutschen Archäologischen Instituts. Athenische Abteilung 101 (1986) 41–62; N. Marinatos (Hg.): Sanctuaries and cults in the Aegean Bronze Age. 1st Int. Symp. at the Swedish Institute in Athens 1980 (Stockholm 1981); L. Kontorli-Papadopoulou: Aegean frescoes of religious character, in: Stud. in Mediterr. Arch. 117 (Göteborg 1996); C. R. Long: The Ayia Triadha sarcophagus, in: Studies in Mediterr. Arch. 41 (Göteborg 1974). N. Marinatos: Minoan sacrificial ritual (Stockholm 1986); W. D. Niemeier: Zur Ikonographie von Gottheiten und Adorantes (...), in: Fragen und Probleme der bronzezeitlichen ägäischen Glyptik (Berlin 1989) 163–184; A. A. D. Peatfield: Minoan peak sanctuaries, in: Opuscula Atheniensia 18 (1990) 117–131; B. Rutkowski: The cult places of the Aegean (Yale 1986)

Ein Matriarchat im Reich des Minos?: W. D. Niemeier: Die Utopie eines verlorenen Paradieses. Die minoische Kultur Kretas als neuzeitliche Mythenschöpfung, in: R. Stupperich (Hg.): Lebendige Antike. Mannheimer Hist. Forsch. 6 (Mannheim 1995); B. Röder/J. Hummel/B. Kunz, Göttinnendämmerung. Das Matriarchat aus archäologischer Sicht (München 1996)

Minoische Architektur und Kunst: M. A. S. Cameron: Unpublished Paintings from the House of the Frescoes at Knossos, in: BSA 63 (1968) 1–131; ders.: Scientific Analyses of Minoan Frescoe Samples from Knossos, in: BSA 72 (1977) 121–184; L. A. Hitchcock: Minoan Architecture (Jonsered 2000); S. A. Immerwahr: Aegean painting in the Bronze Age (1990); S. Marinatos: Kreta, Thera und das mykenische Hellas (München 1973); W.-D. Niemeier: Die Palaststilkeramik von Knossos (Berlin 1985); T. Nörling: Altägäische Architekturbilder (Mainz 1995); E. Sapouna-Sakellarakis: Die bronzenen Menschenfiguren auf Kreta und in der Ägäis (Stuttgart 1995); W. Schiering: Minoische Töpferkunst (Mainz 1998); G. Walberg: Kamares, A study of the character of Palatial Middle Minoan pottery (Uppsala 1976); ders.: Provincial Middle Minoan pottery (Mainz 1983); P. Warren: Minoan stone vases (Cambridge 1969)

Kreta in der griechischen und römischen Antike: Anatoliki Mesogeios. Ausstellungskatalog Iraklion (Iraklion 1998); P. Blome: die figürliche Bildwelt Kretas in der geometrischen und früharchaischen Periode (Mainz 1982); G. W. M. Harrison: The Romans in Crete (Amsterdam 1993); S. Kreuter: Außenbeziehungen kretischer Gemeinden zu den hellenistischen Staaten im 3. und 2. Jh. v. Chr. (München 1992); S. Link: Das griechische Kreta (Stuttgart 1994); I. F. Sanders: Roman Crete (Warminster 1982); La transizione dal Miceneo all' alto arcaismo. Dal palazzo alla città. Atti del Convegno Intern. Roma 1988 (Rom 1991); D. Viviers: Les cités crétoises aux VIe et Ve siècles avant notre ère (Brüssel 1991); Post-Minoan Crete. First Colloquium... London 1995 [BSA] (London 1998)

Das arabische Zwischenspiel am Ende des 1. Jt.: N. Tomadakis: Probleme der Araberherrschaft, in: Jb. d. Ges. Byz. Studien 30 (1960/61) 9 ff.

Byzantinische Architektur und Freskenmalerei: M. Bissinger: Kreta. Byzantinische Wandmalerei (München 1995); K. Gallas: Mittel- und spätbyzantinische Sakralarchitektur der Insel Kreta (Berlin 1982); K. Gallas/M. Borboudakis/K. Wessel: Byzantinisches Kreta (München 1983); G. Gerola: I monumenti veneti nell' isola di Creta, 4 Bde. [Fotodokumentation] (Venedig 1905–1932); P. Hetherington: Byzantine and Medieval Greece (London 1991); N. Psilakis: Monasteries and Byzantine memories of Crete (Iraklion 1994); J. Spatharakis: Byzantinische Wandmalereien im Bezirk Rethymnon (Rethymnon 1999); Reallexikon zur byzantinischen Kunst Bd. 4 (1990) Sp. 811–1174 (J. Volonakis/M. Bissinger)

Venezianische Kastelle und Stadtanlagen: A. Empirikos: La Renaissance Crétoise (Paris 1960); G. Gerola: I monumenti veneti nell' isola di Creta (s. o.); M. Georgopoulou: Venice's Mediterranean colonies. Architecture and urbanism (Cambridge 2001); K. Fatourou-Issychaki: Die kretische Renaissance und italienische Architekturvorbilder, in: Ariadne 1983, 103–138; M. Lambraki-Plaka: El Greco. O Ellinas/The Greek (Athen 1999)

Türkenherrschaft, Befreiungskampf und Eingliederung der Insel in den griechischen Staat: W. Elz: Die europäischen Großmächte und der kretische Aufstand 1866–1867 (Stuttgart 1988); P. Tzermias: Neugriechische Geschichte (Tübingen/ Basel 1993)

Kreta im 20. Jahrhundert: H. Fleischer: Im Kreuzschatten der Mächte. Griechenland 1941–1944 (Frankfurt/M. 1986); M. Herzfeld: The Poetics of Manhood, Contest and Identity in a Cretan Mountain Village (Princeton, NJ. 1985); H. A. Richter: Griechenland im 20. Jahrhundert, Bd. 1: Megali Idea – Republik – Diktatur 1900–1940 (Köln 1990); Kreta. Kleiner kultur- und militärgeschichtlicher Wegweiser. Hg. vom Militärgeschichtlichen Forschungsamt (Freiburg 1988); G. C. Kiriakopoulos: Ten days to destiny. The battle for Crete 1941 (New York 1985); K. Raeck: Andartis. Monument für den Frieden (Berlin 1995); H. A. Richter, Kreta im 20. Jh. (Köln 1990); V. Vuidaskis: Tradition und sozialer Wandel auf der Insel Kreta (Meisenheim am Glan 1977); M. von Xylander: Die deutsche Besatzungsherrschaft auf Kreta 1941– 1945 (Freiburg 1989)

Kretische Literatur und Musik: G. Anemogiannis: Nikos Kazantzakis (München o. J.); F. Anogianakis: Greek popular music instruments (Athen 1979); S. Baud Bovie: Chansons populaires de Crète occidentale (Genf 1972); L. Durrell: Das dunkle Labyrinth (Reinbek 1994); E. Kästner: Kreta (Frankfurt/M. 1976); F. Ragovgin: Cretan mantiades (Athen 1974)

Reisen auf Kreta

Iraklion: I. Sakellarakis: Heraklion. Das archäologische Museum (Athen 1980); Ch. Tzombakis: Marine Trilogy of Khandax. The Port, The Shipyards, The Fortress of the Sea (Iraklion 1998)

Knossos: R. Castleden: The Knossos labyrinth. A new view of the ›Palace of Minos‹ at Knossos (London/New York 1990); A. Evans: The palace of Minos. 4 Bde. (London 1921/36, Reprint London 1964); S. Hood/W. Taylor: The Bronze Age palace at Knossos. BSA Suppl. 13 (London 1981); W. D. Niemeier: Zur Deutung des Thronraumes im Palast von Knossos, in: Mitteilungen des Deutschen Archäologischen Instituts, Athenische Abteilung 101 (1986) 63–95; J. Raison: Le palais du second millénaire à Knossos: Le quartier nord (Paris 1988); ders.: Le front ouest et ses magasins. (Paris 1993); Knossos. From Greek city to Roman colony. BSA Suppl. 21 (London 1992); Dionysos-Villa, im Internet: bsa.gla.ac.uk/knossos/dionysos

Archanes und Umgebung: J. H. Musgrave u. a.: The priest and priestess from Archanes-Anemospilia, in: BSA 89 (1994) 89–100; B. Rutkowski: Die Topographie des Höhlenheiligtums auf Juktas, in: Archaeologia Polona 25/6 (1987) 85–96; J. und E. Sakellarakis: Archanes (Athen 1991)

Amnissos: J. Schäfer: Amnisos (Berlin 1992)

Festos und Agia Triada: D. Chatzi-Vallianou: Phästos (Athen 1989)*; F. Halbherr u. a.: Hagia Triada nel periodo tardo palaziale, in: Annuario della Scuola Archeologica a Atene 39 (1977) 7–342; A. Kanta: Phaistos – Hagia Triada (Athen 1998); D. Levi: La conclusione degli scavi a Festòs, in: Annuario della Scuola Archeologica a Atene 43/4 (1965/6) 313–399; L. Pernier: Il palazzo minoico di Festos (Rom 1935–51); L. V. Watrous: Ayia Triada. A new perspective on the Minoan villa, in: AJA 88 (1984) 123–134

Kommos: J. Shaw: Phoenicians in Southern Crete, in: AJA 93 (1989) 165–183

Prinias: I. Beyer: Die Tempel von Dreros und Prinias (Freiburg 1976)

Gortyn: R. F. Willetts: The law codex of Gortyn (Berlin 1967); Gortina I – IV (Rom 1968–2001)

Lendas: D. Hadzi-Vallianou: Lebena (Athen 1989)*

Messara-Ebene: K. Branigan: The Tombs of Mesara (London 1970); K. Branigan: Dancing with death. Life and death in Southern Crete, 3000–2000 B. C. (Amsterdam 1993)

Amari-Tal: L. Rocchetti: Sybrita. La valle di Amari fra Bronzo e Ferro [Isitituto per gli Studi Micenei ed Greco-Anatolici. CNRS] (Rom 1994)

Malia: C. Davaras: Der Palast von Malia (Athen 1989); H. van Effenterre: Le palais de Mallia et la cité minoenne (Rom 1980); Fouilles exécutée à Mallia (F. Chapouthier/J. Charbonneaux, Hg.) I ff. (Paris 1928 ff.)

Panagia Kera Kardiotissa: N. Psilakis: Das byzantinische Kloster von Kera (Iraklion 1995)

Dikti und Lassithi-Ebene: C. Davaras: La Grotte de Psychro (Athen 1989)*; L. V. Watrous: Lasithi. A History of Settlement on a Highland Plain in Greece. Hesperia Suppl. 18 (Princeton 1982)

Agios Nikolaos: C. Davaras:Das Museum von Hagios Nikolaos (Athen o. J.)

Kritsa: M. Borboudakis: Panhagia Kera. Byzantinische Fresken in Kritsa (Athen 1957)

Lato: in Nielsen: Cultic Theatres and Ritual Drama (Aarhus 2002) 110–112

Dreros, Lato und Prinias: I. Beyer: Die Tempel von Dreros und Prinias A (Freiburg 1976); P. Ducrey/O. Picard: Recherches à Lato, in: Bulletin de Correspondance Hellénique 120 (1996) 721–754

Gournia: C. Davaras: Gournia (Athen 1989)*; J. S. Soles: The Gournia palace, in: AJA 95 (1991) 17–78; ders.: The Prepalatial cemeteries at Mochlos and Gournia. Hesperia Suppl. 24 (Princeton, NJ. 1992)

Mochlos: R. B. Seager: Exploration in the island of Mochlos (Athen 1912); J. S. Soles/C. Davaras: Excavations at Mochlos, in: Hesperia 65 (1996) 175–230

Kato Zakros: C. Davaras: Der Palast von Zakros (Athen 1989)*; N. Platon: Zakros (New York 1971)

Itanos: E. Greco u. a.: Itanos, in: Bulletin de Correspondence Hellénique 120 (1996) 941–952; Th. Kalpaxis/A. Schnapp/D. Viviers: Itanos, in: Bulletin 119 (1995) 713–736

Ierapetra: N. P. Papadakis: Ierapetra (Ierapetra 1986)

Myrtos: P. Warren: Myrtos. BSA Suppl. 7 (1972)

Rethymnon: I. Dimakopoulos: Die Häuser von Rethymnon (Athen 1977); M. Herzfeld: A place in history. Social and monumental time in a Cretan town (Princeton, N. J. 1991); I. Steriotou: Die Festung von Rethymon (Athen 1989)*

Chania und der äußerste Westen Kretas: Andrea-Blasaki: The county of Khania through its monuments (Athen 1997)*; F. J. Frost/E. Hadjidaki: Excavations at the harbour of Phalasarna, in: Hesperia 59 (1990) 513–527; Y. Iatridis: Die Schlucht von Samaria (Athen 1984); F. Matz (Hg.): Forschungen auf Kreta 1942 (Berlin 1951)

Tips und Adressen

Alle wichtigen Informationen für Ihre Reiseplanung und für unterwegs

Tips und Adressen

Hinweise für die Reiseplanung

Informationen für unterwegs

Reiseinformationen von A bis Z

Hinweise für die Reiseplanung

Informationsstellen

Griechische Zentrale für Fremdenverkehr (GZF bzw. EOT)

... in Deutschland
Wittenbergplatz 3a
10789 Berlin
Tel. 030/2176262-63
Fax 2177965
www.eot.gr

Neue Mainzer Str. 22
60311 Frankfurt/M.
Tel. 069/2578270
Fax 25782729

Neuer Wall 18
20354 Hamburg
Tel. 040/454498
Fax 454404

Pacellistr. 5
80333 München
Tel. 089/222035
Fax 297058

... in Österreich
Opernring 8
1015 Wien
Tel. 01/5125317-18
Fax 5139189
grect@vienna.at

... in der Schweiz
Löwenstraße 25
8001 Zürich
Tel. 044/210105
Fax 120516
eot@bluewin.ch

Vereinigung der Deutsch-Griechischen Gesellschaften
Geschäftsführer:
Günter Leußler
Gathestr. 22a
45475 Mülheim/Ruhr
02 08/711 31 (privat)
www.vdgg.de

Internet-Adressen

www.griechische-botschaft.de
Informationsdienst der Griechischen Botschaft in Berlin mit Meldungen aus Politik, Wirtschaft und Kultur

www.creta.com
Umfassende Informationen zu Kreta (auch deutsch)

www.creta-online.com
Kommerzielle Website mit Links zu Hotels, Apartments und Autovermietern (auch deutsch)

www.crete.tournet.gr
Informationen rund um die Ferien auf Kreta (auch deutsch)

Bekannterweise können sich Internet-Adressen rasch ändern: Aktualisierte Links zu Griechenland und zu Kreta können unter: www.dumontreise.de, Stichwort »Reise-Links«, abgerufen werden.

www.kreta.de
Liste verschiedener Hotels sowie Infos über Flüge

www.dilos.com
Informationen von dilos holiday world über Hotels, Auto-Vermietung, kretische Geschichte und Museen (englisch)

www.infocrete.com
Links zu zahlreichen Kreta-Homepages (englisch)

www.west-crete.com
Gute Informationen zu Westkreta (auch deutsch)

www.wetteronline.de
Informationen zur Wetterlage

www.ancient-greece.org
Umfangreiche Linksammlung zur minoischen Kultur, zum Palast von Malia und zu archäologischen Museen (englisch)

www.culture.gr/2/21/maps/hellas.html
Übersicht über Ausgrabungsstätten, bedeutende Kirchen und Museen in ganz Griechenland. Regionen und Orte sind über eine Karte anwählbar (englisch)

www.interkriti.org
Überblick über modernes Kreta und archäologische Stätten, inklusive einer virtuellen aerial tour über die Insel, außerdem Hotel-

listen für verschiedene Orte (englisch)

Diplomatische Vertretungen

... in Deutschland
Botschaft der Republik Griechenland
Jägerstraße 54–55
10117 Berlin
Tel. 030/206260
Fax 20626444
www.griechische-botschaft.de

Griechisches Generalkonsulat
Grafenberger Allee 128 a
40237 Düsseldorf
Tel. 02 11/6 87 85 00
Fax 68 78 50 33
www.gr-gkd.de
Zeppelinallee 43
60325 Frankfurt/M.
Tel. 069/9 79 91 20-15
Fax 97 99 12 33
www.griechisches-konsulat-frankfurt.de
Neue ABC-Str. 10
20354 Hamburg
Tel. 040/4132430
Fax 449648
www.griechenland information.de
info@grkonsulathamburg.de
Möhlstr. 22
81673 München
Tel. 089/99 88 67 23,-21 oder 492064
Fax 40 96 26
www.griechisches-konsulat-muenchen.de
Hauptstätterstr. 54
70182 Stuttgart
Tel. 07 11/2 22 98 70
Fax 22 29 87 40
www.griechisches-konsulat-stuttgart.de

... in Österreich
Botschaft der Republik Griechenland
Argentinierstraße 14
1040 Wien
Tel. 01/5055791
Fax 5056217

... in der Schweiz
Botschaft der Republik Griechenland
Laubeggstr. 18
3006 Bern
Tel. 031/3561411
Fax 3681272

Einreise und Zollbestimmungen

Reisepapiere

Für Deutsche, Österreicher und Schweizer genügt ein gültiger Personalausweis; Kinder unter 16 Jahren müssen im Paß der Eltern eingetragen sein oder benötigen einen eigenen Kinderausweis (ab 10 Jahren mit Lichtbild).

Bei der **Einreise mit dem eigenen Fahrzeug** müssen nationaler Führerschein und Kraftfahrzeugschein mitgeführt werden. Die Internationale *Grüne Versicherungskarte* ist nicht vorgeschrieben, aber – ebenso wie Zusatzversicherungen (Vollkasko, Auslandsschutzbrief) – empfehlenswert.

Haustiere benötigen den EU-Heimtierausweis, in dem ihre Kennzeichnung durch Mikrochip oder Tätowierung und eine Tollwutimpfung (mindestens 30 Tage, höchstens 12 Monate vor Einreise) eingetragen sein muß.

Zollbestimmungen

Im Verkehr zwischen EU-Ländern dürfen Waren, die zum persönlichen Gebrauch bestimmt sind, zollfrei mitgeführt werden. Mehr als 800 Zigaretten, 10 l Spirituosen und 90 l Wein oder Bier pro Person gelten nicht mehr als persönlicher Bedarf.

Für Schweizer Staatsbürger und für alle Waren, die in Duty-free-Shops oder zollfrei an Bord von Schiffen und Flugzeugen gekauft wurden, gelten folgende Mengenbegrenzungen: 250 g Tabak oder 200 Zigaretten, 1 l Spirituosen und 2 l Wein sowie 1 Flasche mit höchstens 0,6 l Parfüm und 0,25 l Eau de Toilette.

Gesundheitsvorsorge

Besondere **Schutzimpfungen** sind für die Einreise nicht erforderlich.

Eine kleine **Reiseapotheke** sollte enthalten: vorbeugende und schmerzlindernde Mittel gegen Insekten- bzw. Mückenstiche, ebenso Hausmittel gegen Erkältungen, Darmbeschwerden und Halsentzündungen. Aspirin kann man in Griechenland an Kiosken und in Apotheken preiswerter kaufen als in Mitteleuropa.

Da zwischen Deutschland bzw. Österreich und Griechenland ein Sozialversicherungsabkommen besteht, können sich Mitglieder der gesetzlichen Krankenkassen unter Vorlage der **European Health Card** kostenlos bei einem Arzt (IATPÓΣ = Iatrós) behandeln lassen. Allerdings ist man an Vertragsärzte gebunden. Es empfiehlt sich durchaus eine (zumeist sehr kostengünstige) **private Auslandsversicherung.** Man zahlt vor Ort bar und läßt sich dann daheim gegen Quittung Arzt- und Apothekenrechnung erstatten.

Notfallbehandlungen in staatlichen Krankenhäusern und Gesundheitszentren sind kostenlos, **Apotheken** sind zahlreich (s. S. 347 ›Ärztliche Versorgung‹).

Klima und Reisezeit

Die klimatisch angenehmsten Reisezeiten sind von Anfang April bis Juni sowie von September bis Oktober. Besonders blütenreich sind die Monate März bis Mai. Zu Klima und Wassertemperaturen s. S. 19f.

Anreise

... mit dem Flugzeug

Linienflüge: Iraklion wird täglich von Deutschland, Österreich und der Schweiz aus angeflogen. Chania täglich von Athen aus, einmal wöchentlich von Thessaloniki.

Charterflüge: Im Sommerhalbjahr bestehen preiswerte Charterflugverbindungen von den deutschsprachigen Ländern nach Iraklion und Chania. Eine weitere Möglichkeit besteht darin, nach Athen zu fliegen und von dort eine der Fähren nach Kreta zu nehmen.

Fluggesellschaften
am Flughafen Iraklion, u. a. für Rückflugbestätigungen:
Aegean Airlines
Tel. 28 10 33 04 75
www.aegeanair.com
Olympic Airlines
Tel. 28 10 22 91 91
www.olympic-airlines.de

Allgemeine Fluginformation erhält man unter:
Tel. 28 10 39 71 29

... mit dem Schiff

Autofähren verbinden Ancona, Bari, Brindisi und Triest ganzjährig – Venedig nur im Sommer – mit Iraklion; für die Monate April bis Oktober ist eine frühzeitige Buchung erforderlich. Von Athen (Piräus) besteht täglicher Fährverkehr nach Iraklion und Chania. Von Gythio (Peloponnes) nach Kastelli Kissamou verkehrt von Juni bis Oktober mehrmals wöchentlich eine Fähre.
Fährgesellschaften
mit Büros im Hafen Iraklion:
Anek Lines
Tel. 28 10 22 24 81
Minoan Lines
Tel. 28 10 22 96 02

Informationen für unterwegs

Verkehrsmittel

Auto und Motorrad

Für eine Kunstreise durch Kreta sind Auto oder Motorrad die besten Verkehrsmittel, wenn man in begrenzter Zeit viel sehen möchte.

Freie Parkplätze sind nur im Hafenbereich und in den Innenstädten von Iraklion und Chania ein Problem.

Tankstellen sind zahlreich, bleifreies Benzin *(amolivdi)* überall vorhanden. Kleine **Werkstätten,** auch außerhalb der Städte, vollbringen oft mit einfachsten Mitteln Unglaubliches; Reparaturen sind preiswerter als in Deutschland.

Abschleppwagen des **Automobilclubs ELPA** kann man unter Tel. 1 04 anfordern.

Polizeinotruf: Tel. 1 00
Unfallrettung: Tel. 1 66

Mietwagen und -motorräder werden nicht nur in größeren Städten, sondern mittlerweile fast an allen touristischen Plätzen angeboten; die Preise auf Kreta sind relativ niedrig. Besonders günstige Konditionen findet man in Iraklion und Chania (dort auch am Flughafen). Zur Anmietung sind der nationale Führerschein (der mindestens 3 Jahre alt sein muß, sonst häufig Aufpreis) und ein Mindestalter von 23 Jahren erforderlich.

Empfehlung: *Motor Club Sigma S. A. 1,* am Flughafen Iraklion sowie in der Stadt: 18 Platia Anglon, Tel. 28 10 22 24 08, 28 10 28 60 12 und 28 10 28 60 31, Fax 28 10 22 28 62 (bei moderaten Preisen guter Service, auch deutschsprachig).

Verkehrsvorschriften
Es herrscht Rechtsverkehr, und es gelten international gebräuchliche Verkehrsschilder.

Die Höchstgeschwindigkeit für Pkw, Wohnmobile und Caravan-Gespanne beträgt innerhalb von Ortschaften 50 km/h, auf Landstraßen 90 km/h, auf der Schnellstraße *(New Road)* an der Nordküste 110 km/h; dort werden die Standspuren als Fahrspuren mitgenutzt; höchste Aufmerksamkeit ist besonders auf dieser Schnellstraße bei plötzlichen Fahrbahnverengungen oder stehenden (auch nachts oft unbeleuchteten) Fahrzeugen angezeigt!

Die Promillegrenze liegt bei 0,5.

Straßenverhältnisse
Das kretische Straßennetz ist insgesamt gut, auch Nebenstraßen auf dem Lande sind meist asphaltiert.

Auf Gebirgsstrecken müssen nicht nur entgegenkommende Fahrer auf dem Mittelstreifen beachtet werden, sondern auch die steilen und rissigen Ränder der Fahrbahn (an solchen Stellen keinesfalls ganz außen fahren!). Überall ist mit Schaf- oder Ziegenherden auf der Fahrbahn zu rechnen, nachts außerdem mit schlecht oder gar nicht beleuchteten Fahrzeugen.

Bei Erd- oder Schotterpisten sollte man sorgfältig auf die Bodenfreiheit des Fahrzeugs achten und seine Kamera-Ausrüstung vor Staub schützen.

Kaum irgendwo sonst macht Motorradfahren so viel Spaß wie auf Kretas meist einsamen Straßen. Die Zahl der Unfälle ist aber beachtlich: Die schöne Landschaft verleitet zu Unaufmerksamkeit, auch sind Kurven oft steiler als erwartet, und schließlich ist auf Sand- und Schotterpisten, besonders bei Gefälle, die Rutschgefahr häufig größer als erwartet. Insgesamt aber ist das Fahren angenehm und streßfrei, wenn man sich klar macht: Nicht beharren auf dem eigenen Recht ist hier die Devise, sondern ›leben und leben lassen‹.

Straßenkarten
Brauchbare Gesamtkarten existieren in großer Zahl. Besonders zuverlässig und übersichtlich: *Freytag &*

Berndt (1:200 000) sowie *Road Editions* (1:250 000). Die detailliertesten, allerdings nicht immer ganz zuverlässigen, Angaben enthalten die 5 vom *Harms-IC-Verlag* herausgegebenen Regionalkarten (1:80 000).

Busse

Für Reisen ohne eigenes Auto oder Motorrad eignen sich die **Busse des K.T.E.L.,** der auf der gesamten Insel ein dichtes Verkehrsnetz unterhält; selbst entlegene Ortschaften sind mit diesen Linienbussen täglich von Iraklion bzw. einer näher gelegenen Stadt aus zu erreichen. Haltestellen *(stásis)* sind mit *ΣΤΑΣΙΣ* gekennzeichnet.

Zentraler Ausgangspunkt für den Fernverkehr ist u. a. der Busbahnhof A bei der Fähranlegestelle im Hafen von Iraklion (Tel. 28 10 24 50 19; s. auch S. 98/97). In größeren Orten starten die Busse von zentralen Busbahnhöfen; da nur Sitzplätze verkauft werden und Busse ausgebucht sein können, empfiehlt es sich, die Tickets rechtzeitig am Busbahnhof zu kaufen.

Taxi

Taxifahrten – auch solche über Land – sind preiswert, der Tarif sollte aber vor Antritt der Fahrt ausgehandelt werden.

Reise- und Besichtigungsvorschläge

Für die meisten Reisenden ist Iraklion Ankunftsort, für den man sich zu Beginn und Ende der Reise Zeit lassen sollte. Die im folgenden genannten Touren sind ebenso einzeln wie kombiniert möglich; die Tagesangaben sind für die Besichtigung der Sehenswürdigkeiten gerechnet; Wandern, Baden etc. sind also extra einzuplanen.

1. Tour: Iraklion – Messara-Ebene (mit Gortyn, Festos, Agia Triada usw.) und Südküste (Kommos, Tymbaki, Agia Galini; 4 Tage), Ausflüge ins Amari-Tal (2 Tage) und in die Asteroussia-Berge (Lendas, Kali Limenes; 1 Tag)

2. Tour: Iraklion – Malia – Agios Nikolaos (mit Kritsa, Lato, Elounda) – Gournia – Sitia – Moni Toplou – Vaï (mit Itanos) – Kato Zakros – Makrygialos – Ierapetra – Myrtos – Viannos – Iraklion (6 Tage)

3. Tour: Rethymnon – Kloster Arkadi – Maroulas – Armeni – Spili – Plakias – Moni Preveli – Frangokastello – Chora Sfakion – Anopoli (4 Tage)

4. Tour: Chania (mit Akrotiri-Halbinsel) – Omalos-Hochebene – Samaria-Schlucht – Agia Roumeli – Chora Sfakion oder Sougia und Paleochora (5 Tage)

5. Tour: Kolymbari – Kastelli – Platanos (mit Phalassarna) – Vathi – Kloster Chryssoskalitissa – Paleochora – Kandanos – Sougia – Agia Roumeli – Chora Sfakion (5 Tage)

6. Tour (Schiffsroute): Paleochora – Sougia – Agia Roumeli – Chora Sfakion (1 Tag)

Tip

Einen gleichermaßen persönlichen wie instruktiven Zugang zum Kunstreiseziel Kreta vermitteln Lore und Stamatis Lymperopoulos, GR-72100 Archanes (Kriti), Tel./Fax 28 10 75 19 84, lympero@hol.gr. Sie organisieren und leiten Studien- und Wanderreisen abseits der ausgetretenen Pfade.

Unterkunft

Alle Hotels werden von der Griechischen Zentrale für Fremdenverkehr (EOT) in sechs Kategorien eingestuft (Luxus, A–E), Apartments, Privatzimmer und Campingplätze in die Kategorien A–C. Diese Zuordnung erfolgt jedoch recht formal nach bestimmten Ausstattungsmerkmalen wie Größe, Bodenbelag und Einrichtung und sagt nichts über Erhaltungszustand, Qualität von Möblierung und Sanitäreinrichtungen oder gar Sauberkeit und Service aus; auch für den Zimmerpreis ist dies nur ansatzweise ein Anhaltspunkt.

An jeder Rezeption sowie in allen Zimmern muß im übrigen eine Preisliste aushängen, die über den jeweils gültigen Zimmerpreis informiert. Die dort genannten Preise sind Höchstpreise, die durchaus heruntergehandelt werden können. Viele Vermieter geben außerhalb der Hochsaison ohnehin von sich aus Rabatte. Doppelzimmer kosten üblicherweise nicht mehr als Einzelzimmer. Für ein weiteres Zustellbett dürfen 20 % Aufschlag erhoben werden. Privatzimmer und Studios oder Apartments sind oft ebenso gut wie Hotelzimmer, aber wesentlich preiswerter.

Preiskategorien

Die diesem Kunst-Reiseführer zugrundegelegte Klassifizierung folgt nicht den offiziellen, vorgehend erwähnten Kategorien, sondern bemißt sich nach Preis und Leistung (Doppelzimmer in der Hauptsaison):
Kt. 1: einfache Unterkunft ab ca. 30 €
Kt. 2: Mittelklasse ab ca. 50 €
Kt. 3: Gehobene Mittelklasse ab ca. 90 €
Kt. 4: Luxus ab ca. 150 €

Essen und Trinken

Viele Tavernen sind den ganzen Tag über geöffnet, man stellt sich sein Essen selbst zusammen. Oft läßt der Wirt die Gäste für eine Auswahl in die Töpfe schauen. Unter Griechen ist es üblich, mehrere **Vorspeisen** *(mezedes)* auf den Tisch stellen zu lassen.

Die kretische Küche ist, gemessen an anderen griechischen Regionen, vielseitig – besonders in den größeren Städten. Doch auch auf dem Lande bieten Restaurants und Tavernen neben gegrilltem **Fleisch** – vor allem Lamm und, durchaus zu empfehlen, Schweinekoteletts und -spieße sowie Huhn oder Kaninchen in Zitronensauce *(kotópoulo lemonato, kounéli lemonáto)* – mittlerweile auch diverse **Gemüsegerichte** an: grüne Bohnen *(fasoúlia)*, große weiße Bohnen *(gígantes)*, eine Art Mangold *(chórta)*, Gemüseeintopf *(briám)* sowie im Ofen gebackene mit Reis gefüllte Tomaten und Paprika *(gemistó)*. Spinat im Blätterteig heißt *chortópita* und Kichererbsenmus *fáva*. Ebenso zu empfehlen sind knusprig gebratene Auberginen *(melintzánes tiganités)* und Zucchini *(koloukithákia tiganitá)*, wozu man *tzatziki* (Joghurt mit Gurken und Knoblauch) ißt. Recht häufig wird **Schafkäse** *(féta)* auch für die warme Küche verwendet: im ganzen ausgebacken als *saganáki*, außerdem in zahlreichen salzigen Teigwaren *(tyrópita)*. An **Salat** wird üblicherweise *choriátiki* (eine Mischung aus Zwiebeln, Tomaten, Oliven, Féta) angeboten. Grünen Salat findet man nur selten auf der Speisekarte; man erhält ihn aber, je nach Jahreszeit, wenn man danach fragt: *maroúli.*

Tip

Wer zu Hause griechisch kochen will, dem sei empfohlen: Kristina Likidis-Königsfeld, ›Griechenland – Originalrezepte und Interessantes über Land und Leute‹ (München 1995); N. und M. Psilakis, ›Die kretische Kochkunst‹ (Iraklion 2001).

Größere **Fische** sind knapp und teuer; guter Fisch wird fast immer nach Gewicht verkauft. Schmackhaft und preiswert und sind häufig die Fischsuppen *(psarósoupa)* und Muscheln *(mýdia)*. Eine Köstlichkeit ist frisch gegrillter Oktopus *(ochtopódi/chtopódi)* mit etwas Zitrone, meist als Vorspeise serviert. Fast bis zum Aussterben rar und deshalb aus ökologischen Gründen nicht zu wählen sind größere Krustentiere.

Der Markt der **Erfrischungsgetränke und Biere** wird von internationalen Konzernen beherrscht. Inzwischen aber gibt es – nach Jahrzehnten abgebrochener einheimischer Brautradition – endlich wieder ein gutes griechisches Bier: *Mythos.* Köstliche reine Fruchtsäfte sind abgepackt an Kiosken und in Lebensmittelläden erhältlich, frisch gepreßter Orangensaft in besseren Kafés und Hotels.

Den geharzten Weißwein *Retsina,* der meist aus Attika oder von der Chalkidike stammt, erhält man auch auf Kreta, doch sollte man eher einen der lokalen **Weine** trinken; die wichtigsten Anbaugebiete sind Peza, Archanes, Malevisi und Sitia. Außer trockenen Weiß- und Rotweinen wird auch ein, meist sehr junger, Rosé angeboten.

Von den allseits bekannten **Schnäpsen** Griechenlands – dem *Ouzo,* ein Anisschnaps, und dem Brandy *Metaxa* – wird auf Kreta vor allem *Raki,* ein vielerorts gebrannter kräftiger Tresterschnaps ohne Anis, getrunken.

Preiskategorien

Kt. 1: einfache Taverne, Essen mit Getränk ca. 16 €
Kt. 2: bürgerliche Küche, ca. 20–30 €
Kt. 3: Spezialitätenrestaurants, Menü ab ca. 40 €

Infos von Ort zu Ort

Klöster außerhalb von Ortschaften sind unter ihrem Eigennamen im Alphabet zu finden (siehe Moni ...).

Agia Galini

PLZ 74056

Hotels
Adonis, oberhalb der Zufahrtstraße, Tel. 28 32 09 13 33, Fax 28 32 09 13 34, Kt. 1. Ruhiges Hotel mit 60 Zimmern.
Avra, oberhalb der Hauptstraße, Tel. 28 32 09 14 76, Fax 28 32 09 15 44, Kt. 2. 25 Zimmer, fast alle mit Meerblick. Ruhig und gepflegt.
Romantica, Pension und Taverne am Ortsrand, Tel. 28 32 09 13 88, Kt.1. Abseits des Touristenrummels, freundliche Wirtsleute.

Agia Roumeli

PLZ 73011

Hotels
Agia Roumeli, am westlichen Strandende, Tel. 28 25 09 12 32, Kt. 1. Still, freundlicher Service.

Agia Triada

Sehenswürdigkeiten
Minoische Anlage, tägl. 10–16.30 Uhr

Agios Nikolaos

PLZ 72100
ⓘ *Informationsbüro Akti Iosif Kondourou,* an der Brücke über den Seekanal, Tel. 28 41 02 23 57, Fax 28 41 08 25 34

Sehenswürdigkeiten
Archäologisches Museum, Di–So 8.30–15 Uhr

Hotels
Apollon, Kapetanaki 9, Tel. 28 41 02 30 23, Fax 28 41 02 89 39, Kt. 1. 72 Zimmer.
Ariadne, Akti Atlantidos, Tel. 28 41 02 27 41-44, Kt. 1. Bungalowanlage mit insgesamt 76 Zimmern.
Kastro, Odos J. Koundouro, am Hafen, Tel. 28 41 02 45 26, Kt. 1. 12 Apartments.
Limni, Odos N. Plastira, Tel. 28 41 02 21 73-75, Kt. 1. Preiswerte kleine Familienpension.
Minos Palace, auf der Halbinsel nordwestlich des Ortes gelegen, Tel. 28 41 02 38 17, Fax 28 41 02 38 16, Kt. 4. Luxushotel in traumhafter Lage mit Park, Sportanlagen und eigenem Strand.
Panorama, Akti Koundourou, am Hafen, Tel. 28 41 02 88 90, Kt. 2. 50 Zimmer.
Saint Nicolas Bay, auf der Halbinsel nordwestlich des Ortes gelegen, P.O. Box 47 GR 72100, Tel. 28 41 02 50 41-43, Fax 28 41 02 45 56, Kt. 4. Eine der architektonisch schönsten und gepflegtesten Hotel- und Bungalowanlagen auf ganz Kreta, in traumhafter Lage mit Garten, Kapelle, eigenem Badeplatz und Sportanlagen.
Triptolemos – The Green House, Odos Emmanuel Modatsou 17, Tel. 28 41 02 20 25, Kt. 1. Idyllische kleine Pension.

Restaurants
Itanos, Inhaber: Nikolaos Moulianitakis & Anna Magoulianou, Odos Kiprou 1, bei der zentralen Platia, Tel. 28 41 02 53 40, Kt. 2. Kleine Taverne mit Dachgarten, vorzügliche griechische Küche und besonders guter offener Wein.

Mediterraneo, Akti Iosif Koundourou 8 (am Hafen), Tel. 28 41 02 55 17, Kt. 3. Das Luxusrestaurant in einem Haus des 19. Jh. ist nur abends geöffnet.
Pelagos, Odos Stratigou Koraka 10, Tel. 28 41 02 57 37, Kt. 3. In klassizistischer Villa beherbergtes Restaurant mit exzellenter Küche.
Roumeli, Odos Metamorfoseos 3, unweit Post und Busstation, Tel. 28 41 02 56 24. Kt. 2. Vorzügliche traditionelle Küche, reiche Auswahl an Vor- und Hauptspeisen.
Taverna-Ouzeri Avli, Prig Georgiou 12, oberhalb des Sees, Tel. 28 41 08 24 79, Kt. 2. Ein hübsches Gartenrestaurant mit ausgezeichneter Küche, reiche Vorspeisenauswahl.

Anemospilia

Sehenswürdigkeiten
Minoisches Heiligtum, Di–So 8.30–15 Uhr

Anogia

PLZ 74051

Hotels
Aris (neben Aristea), Tel. 28 34 03 14 06, Kt. 1. Familienpension.
Aristea, am unteren Rand des Oberdorfs, Tel. 28 34 03 14 59, Kt. 1. Freundliche kleine Pension.

Restaurants
Taverna I Prasini Folia, Inhaberin: Evangelia G. Kalomiri, Tel. 28 34 03 12 37, Kt. 2. Großes Restaurant mit Saal und Garten, besonders die Grillgerichte, Lamm und Ziege sind zu empfehlen.

Aptera

Sehenswürdigkeiten
Antike Stadtanlage, Di–So 8.30–15 Uhr

Archanes

PLZ 72100

Sehenswürdigkeiten
Ausgrabungsstätte in der Ortsmitte sowie *Friedhof von Fourni,* Di–So 9–14 Uhr
Archäologisches Museum, Mi–Mo 8.30–14 Uhr

Hotels
Villa Archanes, Zufahrt ausgeschildert, Tel. 28 10 39 07 70, Kt. 2/3. Wenige Zimmer in restauriertem Dorfhaus. Direkt kaum zu buchen, besser über: www.crete-hotels-rooms.com/Reserva tions/Villa_Arhanes.htm

Arkadi

Sehenswürdigkeiten
Klosteranlage, tägl. 8.30 bis Sonnenuntergang

Armeni

Sehenswürdigkeiten
Minoischer Friedhof, Di–So 8.30–15 Uhr

Chania

PLZ 73100

ⓘ *Informationsbüro EOT,* Od. Kriari 40 (in der Neustadt), 4. Stock, Tel. 28 21 09 26 24, Mo–Fr 8–14.30 Uhr

Sehenswürdigkeiten
Archäologisches Museum, Di–So 8.30–15 Uhr
Byzantinisches Museum, Di–So 8.30–15 Uhr
Historisches Museum, Di–So 9–15 Uhr
Synagoge Etz Chajim, tägl. 10–13; 17–19 Uhr

Hotels
Amphitiriti, Lithinon 31–33, oberhalb des Venezianischen Hafens im Stadtteil Kastelli, Tel. 28 21 04 64 71, Fax 28 21 05 29 80, Kt. 2. Ein altes Stadtpalais mit 20 ruhigen Zimmern, teilweise mit Blick auf den Hafen.
Amphora, B Parodos Theotokopoulou 20, oberhalb der Hafenbucht beim Fort Firkas, Tel./Fax 28 21 09 32 26, Kt. 3. In einem venezianischen Palazzo 20 schöne Zimmer mit Toilette, Bad, Balkon, acht haben Blick auf die Hafenbucht; Frühstücksraum mit Aussichtsterrasse, sehr gepflegt und gut geführt.
Casa Delfino, Theofanou 9, Tel. 28 21 04 26 13, www.casadelfino.com, Kt. 3. Stilvolle Unterkunft in einem venezianischen Palais.
Doma, Eleftheriou Venizelou 124, Tel. 28 21 05 17 72, Fax 28 21 04 15 78, Kt. 2/3. 29 Zimmer in einer klassizistischen Villa an der Küstenstraße im Stadtteil Chalepa.
Helena, A Parodos Theotokopoulou 14, oberhalb der

Hafenbucht beim Fort Firkas, Tel. 28 21 09 55 16, Kt. 1. Pension in einem stillen und gepflegten, alten venezianischen Haus; 7 Zimmer mit Blick auf den Hafen.
Ifigenia, Zentrale: Hotel Captain Vassilis, Theotokopoulou 12, A parodos, Tel. 28 21 09 43 57 oder 28 21 09 91 84, Fax 28 21 03 61 04, www.ifigenia.studios.gr, Kt. 2/3. Zimmer und Studios unterschiedlichen Stils und gestufter Ausstattung an verschiedenen Orten der Altstadt.
Pandora, Plastrina 10, Tel. 28 21 04 35 89, Fax 28 21 02 73 75, Kt. 2. 11 Zimmer, z. T. mit schönem Ausblick.
Porto Colombo, Theofanous & Moschon (im Stadtviertel Topanas, etwas oberhalb des Hafenbeckens), Tel. 28 21 07 09 45 oder 28 21 09 84 66, Fax 28 21 09 84 67, colompo@otenet.gr, Kt. 2. 10 Zimmer. Stillvolles Ambiente in venezianischem Palazzo, die oberen Zimmer mit Blick auf den Hafen. Gut geführt, freundlicher Service.
Porto Veneziano, Akti Enoseos, direkt am Hafen, Tel. 28 21 02 71 00, Fax 28 21 02 71 05, www.portoveneziano.gr, Kt. 2. 57 Zimmer, gepflegt und gut geführt.

Restaurants
Aeriko, Akti Miaouli/Ecke Nikeforou Foka, Kt. 2. Spezialitäten: Kalamarakia mit Käsefüllung, Geflügel.
Alana, Zambeliou 19, Kt. 1. Großes traditionelles Speiserestaurant.
Akrogiali, Akti Papanikoli 19, Kt. 2. Empfehlenswerte Fischtaverne, häufig Rembetiko-Musik life.
Apostolis, Akti Enoseos 10, Tel. 28 21 04 34 70, Kt. 2. Sehr gutes Fischrestaurant.
Ela, Odos Kondilaki 45, Kt. 2. Kretische Spezialitäten bei Live-Musik in einer Hausruine.
Kalinteris, Akti Papanikoli 1 (im Stadtteil Nea Chora westlich von Chania), Tel. 28 21 09 26 74, Kt. 2. Vielseitige traditionelle kretische Küche.
Karnagio, Platia Katechaki 8 (zwischen Venezianischem und Fischereihafen), Inhaber: Panagiotis & Dimitrios Nikopoulos, Tel. 28 21 05 33 66, Kt. 3. Reiche Auswahl an Fischgerichten.
Oinomageireio, in der Markthalle, gleich an der Kreuzung der Querarme. Tel. 28 21 09 45 84, Kt. 1. Authentische Fischtaverne (nur zum Mittagessen, schließt um 16 Uhr).
Petridi, Koundouriotou 17 (am Venez. Hafen), Tel. 28 21 09 16 12, Kt. 2. Große Auswahl an Vorspeisen.
Selini, Koundouriotou 34 (am Venez. Hafen), Tel. 28 21 09 32 12, Kt. 2. Vor allem die Eintopfgerichte sind empfehlenswert.
Sultana's, Moschon 2, Inhaber: Mimis Koundourakis, Tel. 28 21 09 71 28, Kt. 1. Gemütliches Restaurant in einem venezianischen Haus des 16. Jh. Ausgezeichnet sind die Vorspeisen.
Tamam, Odos Zambeliou 49, Kt. 2. In einem ehemaligem türkischem Bad, reiche Auswahl an kretischen Speisen.
To Mesostrato, Zambeliou 31, Inhaber: Manolis Tzitziridis, Tel. 28 21 07 28 73, Kt. 2. Gepflegtes Restaurant in der von Akazien beschatteten Ruine eines venezianischen Hauses. Vorzügliche Küche: große Vorspeisenauswahl, außerdem z. B. Huhn oder Kaninchen in Zitronensauce und diverse Fischgerichte. Zu empfehlen ist auch der in Flaschen abgefüllte frische, herbe Weißwein des Hauses.

Chora Sfakion

PLZ 73011

Hotels
Alkyon, an der Hafenpromenade, Tel. 28 25 09 11 80, Kt. 1. 16 Zimmer.
Ilingas Beach Hotel, 2 km westlich des Orts am Strand, Tel. 28 25 09 12 39, Kt. 1. 10-Zimmer-Haus.
Vritomartis, Bungalowanlage östlich des Orts, Tel. 28 25 09 12 22 und 28 25 09 12 77, Kt. 1. 85 Zimmer, FKK-Anlage mit Pool und Tennisplatz.
Xenia, nahe der Landungsstelle, Tel. 28 25 09 12 02, Kt. 1. In einem älteren Gebäude am Ende des Hafens. Freundlicher Service.

Eleftherna

Sehenswürdigkeiten
Griechisch-römische Stadtanlage, Di–So 8.30–15 Uhr

Elounda

PLZ 72053

Hotels
Aristea, am Landeplatz der Ausflugsboote, Tel. 28 41 04 13 00-05, Kt. 1. 35 Zimmer.
Astir Palace, Elounda Bay, Tel. 28 41 04 15 80-84, Fax 28 41 04 13 73, Kt. 4. Erstklassiges Luxushotel mit Parkanlage und Sportplätzen.
Calypso, an der Platia, Tel. 28 41 04 13 67, Fax 28 41 04 14 24, Kt. 1. 16 Zimmer mit bewachsenen Balkonen.
Elounda Beach, Elounda Bay, Tel. 28 41 04 14 12, Fax 28 41 04 13 73, Kt. 4. Riesiger Hotel- und Bungalowkomplex der Superklasse, eigener Strand, Sportanlagen, Fitness- und Beauty-Center etc.

Falassarna

Sehenswürdigkeiten
Minoischer Palast, tägl. 8–19 Uhr (im Winter kürzer)

Hotels
Dies ist kein Ort, wohl aber liegen oberhalb der weiten Bucht mit einem der schönsten und noch immer nicht überfüllten Sandstrände Kretas Tavernen, ein Hotel, gepflegte Bungalows und Privatunterkünfte.
Apartments Romantica, Inhaber: Dimitri & Athena Xiroudaki, Tel. 28 22 04 10 89 (im Winter: 28 21 09 38 49), Fax 28 22 04 17 40, Kt. 1. Oberhalb der Straße am Hang mit schönem Blick auf die Bucht und das antike Phalassarna. 4 Apartments, jeweils mit drittem Zustellbett sowie Küche und Bad. Ruhig, freundlich und sehr gepflegt.
Bungalowanlage Plakures, Inh. Familie Kramer aus Marktbreit, Tel. in Deutschland: 0 93 32/87 44, Fax 38 73, info@plakures.de. Tel. in Griechenland: 28 22 04 15 81, Fax 28 22 04 17 81; plakures@otenet.gr, Kt. 2/3. Oberhalb der Straße über der Bucht bietet die anspruchsvolle, architektonisch gelungene und im Stil schlichte moderne Anlage allen erdenklichen Komfort, auch einen gepflegten Garten und einen Swimming-Pool sowie ein gutes Restaurant.
Hotel Falassarna Beach, Tel. 28 22 04 12 57, Fax 28 22 04 13 43, Kt. 1. 45 Zimmer.
Pension Anastasia & Stathis Psarris, oberhalb der Straße mit Blick auf die Bucht, Tel. 28 22 04 14 80, Fax 28 22 04 10 69, Kt.1. 26 Räume in zwei Häusern. Zwei- und Vierbettzimmer, z. T. mit Küche. Gepflegt, ruhig, sehr freundlicher Service, vorzügliches Frühstück.

Restaurants
s. Platanos (Bezirk Kissamou)

Festos

Sehenswürdigkeiten
Minoischer Palast, tägl. 8.30–19 Uhr (im Winter bis 15 Uhr)

Georgioupolis/Kournas

PLZ 74100 Rethymnon

Hotels
Kournas-Village Hotel, an der New Road östlich von Georgoupolis, Georgoupolis PO Box 48, Tel. 28 25 06 13 90 und 28 25 06 14 24, Fax 28 25 06 12 74, Kt. 3. Große gepflegte Hotelanlage mit eigenem Strand (hauptsächlich Pauschaltouristen).
Pension ›The Egeon‹, Tel. 28 25 06 11 61, Fax 28 25 06 11 71, Kt. 2. 10 Studios und 5 Doppelzimmer. Blick auf den Fischerhafen.

Gortyn

Sehenswürdigkeiten
Ausgrabungareal, tägl. 8.30–15 Uhr

Gournia

Sehenswürdigkeiten
Minoische Siedlung, Di–So 8.30–15 Uhr

Ierapetra

PLZ 72200

Sehenswürdigkeiten
Archäologisches Museum, Di–So 8.30–14.30 Uhr

Hotels
Astron, Am östlichen Ende der Uferpromenade, Tel. 28 42 02 51 14, Fax 28 42 02 59 17, www.forthnet.gr/intenetcity/hotels/astron, Kt. 2. Modernes komfortables Haus mit 4 Etagen. Fast alle

Zimmer mit Balkon, die meisten mit Meerblick.
Cretan Villa, Odos Oplarchou Lakerda 16 A (Nähe Busbahnhof), Tel. 28 42 02 85 22, Kt. 1. Kleine Pension.
El Greco, Odos Kothri 40 (Uferpromenade), Tel. 28 42 02 84 71, Kt. 2. 33 Zimmer.
Erotokritos, Parodos Stratigou Samouil, in der Altstadt, Tel. 28 42 02 81 51 und 28 42 02 57 04, Kt. 1. 5 Zimmer.
Four Seasons, Odos Kazantzakis 25 (Nähe Busbahnhof), Tel. 28 42 02 43 90, Kt. 1. 9 Zimmer in einer renovierten alten Villa.
Leon, An der Uferpromenade, Tel. 28 42 02 85 77, Kt. 1. 13 Zimmer.

Restaurants
To Tzaki, Odos Filotheou A 33, Tel. 28 42 02 51 39, Kt. 2. Gepflegt, gute Vorspeisen.

Iraklion

PLZ 71202
ⓘ *Informationszentrale EOT-Pavillon,* gegenüber dem Archäologischen Museum, Tel. 28 10 22 82 03, Mo–Fr 8–14.30 Uhr

Sehenswürdigkeiten
Archäologisches Museum (AMI), Mo 12.30–19, Di–So 8.30–19 Uhr (im Winter bis 15 Uhr). Verbilligtes Kombinationsticket mit Knossos.
Byzantinisches Museum, Mo–Fr 9.30–15.30, Sa bis 15 Uhr
Hafenkastell (Koules), Inneres, Di–So 8.30–17 Uhr
Historisches Museum, Mo–Fr 9–17, Sa 9–14, 18–21 Uhr
Museum des Nationalen Widerstands, Mo–Sa 9–13 Uhr
Naturkunde-Museum, im Umbau, Neueröffnung Sommer 2006

Hotels
Atlantis, Odos Mirabello 2 (Nähe Archäologisches Museum), Tel. 28 10 22 91 03, Fax 28 10 22 62 65, Kt. 3. 160 klimatisierte Zimmer, Swimmingpool auf dem Dach.
Galaxy, Leoforos Dimokratias 67 (Nähe Archäologisches Museum), Tel. 28 10 23 21 57, Fax 28 10 21 12 11, Kt. 3. 200 Zimmer.
Irini, Idomeneos 4 (Nähe Archäologisches Museum), Tel. 28 10 22 18 29, Fax 28 10 22 61 07, Kt. 1. 59 Zimmer, gepflegt und relativ still (vom Fluglärm abgesehen, der aber die ganze Innenstadt betrifft). Von den Zimmern (mit großen Balkons) im 5. und 6. Stock schöner Blick über Iraklion, auf Hafen, Meer und Psiloritis-Gebirge.
Lato, Epimenidou 15, in zentraler Lage, oberhalb des Hafens, Tel. 28 10 22 81 03, Fax 28 10 24 03 50, www.lato.gr, Kt. 1. 50 Zimmer.
Marin Hotel, D. Bofort Avenue 12, oberhalb des Hafens, Tel. 28 10 22 47 36 und 28 10 22 07 37, Fax 28 10 22 47 30, Kt. 1. 48 Zimmer.
Mirabello, Theotokopoulou 20, Tel. 28 10 28 50 52, Kt. 1. 25 Zimmer.

Restaurants
Exantas, Agion Lavras 28 (am Hafen), Tel. 28 10 22 04 74, Kt. 1. Vor allem von einheimischen frequentierte Fischtaverne.
Ionia, Odos Evans 3, zwischen archäologischem Museum und Marktstraße, Kt. 1. Preiswerte Kneipe mit gutem Essen.
Kapetanios, Platia Agios Dimitrios, Tel. 28 10 28 47 06, Kt. 1. Ouzerie, empfohlen seien besonders die *mezedes* mit Raki, aber auch Fleisch und Gemüse.
Kyriakos, Dimokratias 53, Tel. 28 10 22 46 49, Kt. 2. Das traditionellste Restaurant der Iraklioten, gute, bürgerliche Küche.
Lygeros, hinter Ta Psaria und Trata bei den Arsenalen, Kt. 1. Preiswerte Fischtaverne.
Neoria, Sappho 1 (oberhalb des Hafens), Tel. 28 10 22 47 60, Kt. 2/3. Hier speist man in einem ausgezeichneten Spezialitätenrestaurant.
Odeion, Ecke Mirabellou/Ariadni (in der Nähe des Archäologischen Museums), Tel. 28 10 22 33 93 und 28 10 22 91 03, Kt. 2. Restaurant/Cava mit gepflegter Atmosphäre, kretische Spezialitäten.

Kalamaki

PLZ 70200

Hotels
Aufstrebender Badeort, viele Hotels befinden sich noch im Bau.

Kiknos Studios, Inhaber: Nikos & Mary Tzortzakis, Tel./Fax 28 92 04 54 66, Kt. 1/2. Im Ortszentrum an der Uferpromenade gelegenes Hotel.

Kastelli Kissamou

Restaurants
Papadakis, an der Uferpromenade, Tel. 28 22 02 23 40, Kt. 1. Exzellente Fischkneipe, aber auch gute Gemüse- und Fleischgerichte.

Kato Zakros

Sehenswürdigkeiten
Minoischer Palast, Stadtanlage, Di–So 8.30–15 Uhr

Kolymbari (Kolimbari)

PLZ 73006

Hotels
Dimitri, wenige Schritte vom Kloster Gonia entfernt, Tel. 28 24 02 22 44, Kt. 1. 8 Zimmer.

Knossos

Sehenswürdigkeiten
Minoischer Palast, Ausgrabungsstätte, Mai–Okt. tägl. 8.30–19 Uhr; Nov.–Apr. Mo 12–17, Di–So 8.30–17 Uhr Verbilligtes Kombinationsticket mit Archäologischem Museum Iraklion.

Kritsa

Sehenswürdigkeiten
Panagia Kera-Kirche, Di–So 8.30–15 Uhr

Lato

Sehenswürdigkeiten
Antike Stadtanlage, Di–So 8.30–15 Uhr (im Winter geschlossen)

Lendas

PLZ 70009

Hotels
Der angenehme Ort bietet zahlreiche Privatunterkünfte. Stiller ist es im 1 km westlichen **Dytiko** mit seinem weiten Kiesstrand. Dort zu empfehlen:
Taverna-rent-rooms Voula Daskalari, am Ortseingang über dem Strand, Tel. 28 92 09 52 53, Kat. 1. 6 saubere, helle Zimmer mit Balkon zum Meer (das schönste ist Nr. 2), freundliche Wirtsleute.
Villa Tsapakis, oberhalb der Straße, Tel. 28 92 09 53 78, Fax 28 92 09 53 77, Kt. 2. Gepflegte Doppelzimmer und Studios; schönen Blick und Ruhe haben die Zimmer nach Süden und Westen hin.

Loutro

PLZ 73011

Hotels
Porto Loutro, Tel. 28 25 09 10 91, Kt. 2. 18 Zimmer und 4 Apartments mit hübschen Terrassen.

Malia

Sehenswürdigkeiten
Minoischer Palast, Di–So 8.30–15 Uhr

Makrygialos

Hotels
Früher war der Ort reizvoller, heute ist er ein touristisch überfüllter und von Hotel- und Apartmentbauten recht verunstalteter Badeort. Inzwischen ist hier leider kein Hotel mehr zu empfehlen.

Maroulas

Restaurants
Katerina, am nördlichen Ortsrand, Tel. 28 31 07 16 27, Kt. 1. Idyllisch und urig präsentiert sich das griechisch-dänische Kafé mit seinem weiten Ausblick auf die Ebene von Rethymnon. Das Ganze befindet sich im Garten eines ehemaligen venezianischen Herrenhauses, in dessen Ruinen nun nur noch Ziegen und Hühner hausen: ein Hauch von Dr. Dolittle auf Kreta. Auf Vorbestellung wird ein gutes Essen (Ziege und Lamm aus eigenem Bestand) serviert.

Matala

PLZ 20700

Hotels
Nikos, am Ortseingang rechts, Tel. 28 92 04 23 75, Kt. 1. Freundliches kleines Familienhotel.
Romantica, an der Zufahrtstraße vor dem Ort rechts, Tel. 28 92 04 23 57, Kt. 1. Kleines Familienhotel.

Milia
bei Vlatos, Westkreta

Hotels/Restaurants
Traditionelles wieder aufgebautes Bergdorf (s. S. 315) mit Unterkunftsmöglichkeit und Taverne. Information: Tel. 28 21 04 67 74 und 69 45 75 37 43 (Handy), www.milia.gr.

Mochlos

PLZ 72057

Hotels
Sofia, Tourloti, Tel. 28 43 09 45 54, Fax 28 43 09 42 38, Kt. 1. 5 Doppelzimmer.

Moni Agia Triada

Kloster mit Museum, tägl. 9–12.30; 16.30–19 Uhr

Moni Savathianon

Kloster, tägl. 9–13; 16–19 Uhr

Moni Toplou

Kloster, tägl. 9–13; 14–18 Uhr

Moni Valsamonero

Kirche, Mo–Sa 9–14 Uhr (im Winter immer und auch sonst häufig kürzer; Wächter *phylax* in Vorizia)

Moni Vrondissi

Kloster, tägl. 9–13; 16–19 Uhr

Myrthios bei Plakias

Restaurants
Panorama, an der Landstraße, Tel./Fax 28 32 03 20 77, Kt. 2. Das Restaurant verdient seinen Namen: Der Blick auf den Golf von Plakias ist grandios, gute Küche.

Myrtia

Sehenswürdigkeiten
Nikos-Kazantzakis-Museum, Mo 9–13 und 16–20 Uhr; Di 9–13 Uhr; Mi 9–13 und 16–20 Uhr; Fr 9–13 Uhr; Sa/So 9–13 und 16–20 Uhr

Restaurants
Taverna Alexis Zorbas, ca. 1 km südl. des Orts an der Straße nach Thrapsano, Tel. 28 10 74 13 25, Kt. 1. Großes Gartenrestaurant (auch für Gruppen geeignet). Terrasse unter Olivenbäumen und einer Platane, traditionelle einfache Küche: Lamm-/Ziegenfleisch, Eintöpfe, Gegrilltes.

Myrtos

PLZ 72200

Hotels
Liviko – rooms for rent, Tel. 28 42 05 13 59, Kt. 1. Stille Pension, auch mit Kochgelegenheit.
Mirtos Hotel, im Ortskern, 50 m oberhalb der Uferpromenade, Tel. 28 42 05 12 27, Fax 28 42 05 12 15, www.mirtos hotel.gr, Kt. 1. 18 Zimmer. Freundlicher Service.

Nirou Chani

Sehenswürdigkeiten
Minoische Gebäudeanlage, Di–So 8.30–15 Uhr

Palekastro

PLZ 72300

Sehenswürdigkeiten
Minoische Siedlung, Di–So 8.30–15 Uhr

Hotels
Hellas, im Ortszentrum, Tel. 28 43 06 12 40, Fax 28 43 06 22 76, Kt. 1/2. Kleines freundliches Hotel.
Marina Village, zwischen Ort und Strand gelegen, Tel. 28 43 06 12 84, Fax 28 43 06 12 85, Kt. 2. 62 Betten.
Thalia, im Ortskern, Tel. 28 43 06 12 17, Kt. 1. Kleines freundliches Familienhotel.

Paleochora

PLZ 73001

Hotels
Ariadne rooms to rent, an der Ortseinfahrt links, Tel. 28 23 04 13 50, Kt. 1. Etwas abseits des Trubels, angenehm still und gepflegt.
Aris, 1 km westlich des Orts, Tel. 28 23 04 15 02, Kt. 2. Stilles Hotel mit 10 Zimmern.
Diktamos, an der Stichstraße zum Strand, Tel. 28 23 04 15 69, Kt. 1. Das kleine Hotel ist schlicht, bietet aber Zimmer mit Kühlschrank und Klimaanlage.
Paleochora Beach Hotel, direkt am Strand, Tel. 28 23 04 15 12, Kt. 2. Modernes Hotel mit 54 klimatisierten Zimmern.
Polydoros, im Ortszentrum gelegen, Tel. 28 23 04 10 68, Kt. 1. 13 Zimmer.

Pitsidia

PLZ 70200

Hotels
Nikos, in erhöhter Lage am Ortsausgang Richtung Kommos Beach, Tel. 28 92 04 54 07, Nikos@kreta-inside.com, Kt. 1. Pension mit 10 hellen, freundlich eingerichteten Zimmern, die Betten mit Moskitonetzen. Netter Service, der Wirt spricht deutsch.

Restaurants
Irini Tziteraki, im Zentrum, Tel. 28 92 04 52 41, Kt. 1. Große Taverne.
O Mylos, im Ort ausgeschildert, Kt. 1. Stimmungsvolles Ambiente in ehemaliger Olivenpresse.

Plakias

PLZ 74060

Hotels
Alianthos Beach, Tel. 28 32 03 12 80, Fax 28 32 03 12 82, Kt. 2. Modernes Hotel am östlichen Ortsrand mit einfacher Dependance an der Hauptstraße.
Phoenix, westlich des Orts am Meer, unweit der Souda-Bucht, Tel. 28 32 03 13 31, Fax 28 32 03 18 31, Kt. 1/2. 18 stille, gepflegte Zimmer mit Balkon, die meisten mit Meerblick.
Plakias Bay, 1 km östlich des Orts, Tel. 28 32 03 12 15, Fax 28 32 03 19 51, Kt. 1. Freundliches Familienhotel in ruhiger Lage.

Platanos
Bezirk Kissamou, bei Falassarna

Restaurants
Zacharias, am Ortsrand, Richtung Falassarna, Tel. 28 22 04 12 85, Kt. 1. Einfache Taverne mit guter traditioneller Küche, auch Fisch.

Polyrizos/Rodakino

PLZ 74060

Hotels
Panorama – rent rooms, Tel./Fax 28 32 03 17 88, Kt. 1. 8 gepflegte Zimmer mit Balkon zum Meer hin.
Hotel Polyrizos, am Hang über der Bucht, Tel./Fax 28 32 03 13 34, Kt. 2. Die meisten der 40 Zimmer bieten einen Blick aufs Meer.

Rethymnon

PLZ 74100

Sehenswürdigkeiten
Archäologisches Museum, Di–So 8.30–14.30 Uhr
Fortezza, tägl. 9–16, Juli/Aug. Di–So 8–19 Uhr (im Winter selten geöffnet)

Hotels
Aristea, Odos Anogia, Tel. 28 31 03 14 59, Kt. 1. Ruhiges kleines Hotel, 8 schöne Zimmer, Blick auf den Hafen.
Fortezza, Odos Melisinou, unterhalb der Fortezza, Tel. 28 31 02 38 28 und 28 31 02 15 51, Kt. 2. Modernes, gut geführtes Hotel mit Pool und Tennisplatz, 54 Zimmer.
Grecotel Porto Rehthymno, Eleftheriou Venizelou 52 (Strandpromenade), Tel. 28 31 05 04 32-36, Fax 28 31 02 78 25, Kt. 2. 200 Zimmer.
Leo, Odos Arkadiou (Nähe venezianische Loggia), Tel. 28 31 02 61 97, Kt. 1/2. Stilvolles Ambiente in venezianischem Palazzo.
Palazzo Rimondi, Odos Xanthoudidou 21 (Nähe Rimondi-Brunnen), Tel. 28 31 05 12 89, Fax 28 31 02 67 57, Kt. 2/3. Sehr gepflegte Zimmer in einem schön restaurierten Palazzo.
Palazzo Vecchio, Melissinou/Ecke Rigas-Fereou, unterhalb der Fortezza, Tel. 28 31 03 08 31 und 28 31 03 53 51, Fax 28 31 03 08 31 und 28 31 02 54 79, www.palazzovecchio.gr, palazzo vecchio@europe.com, Kt. 3. Exklusive Residenz in restauriertem venezianischen Bau des 16. Jh. Ruhige Lage, 23 stilvolle Zimmer mit allem Komfort, sehr gepflegt.
Pension Castello, Platia Karaoli Dimitriou 10 (Altstadt), Tel./Fax 28 31 05 02 81, Kt. 1/2. 8 Zimmer. Ruhig und zentral gelegen.

Restaurants
Von touristisch überlaufenen teuren Fischrestaurants und Kafés ist das alte Hafenbecken gesäumt; hier noch am ehesten zu empfehlen:
Cava d'Oro, Nearchou 42 (am Venez. Hafen), Tel. 28 31 02 44 46. Kt. 3. Fisch und Krustentiere. Gepflegter Service, dafür aber auch hohe Preise.

Unerfreulichen Fast-Food-Charakter haben die Tavernen an der östlich anschließenden Uferpromenade. Dagegen findet man ganze Tavernen-Straßen westlich des Rimondi-Brunnens, z. B. Odos Xanthoudidou und Odos Rhadamantiou, wo es eine Fülle netter Restaurants gibt:

Avli, Odos Xanthoudidou 22 (Altstadt), Kt. 2. Vorzügliche Küche und dazu gute Weine.
Balouardo, Odos Nikolaos Platira 20 (unterhalb der Fortezza), Kt. 1/2. Zu empfehlen sind Grillgerichte und die Fischsuppe.
La Rentzo, Odos Rhadamantiou 9, Tel. 28 31 02 67 80, Kt. 2/3. Gute traditionelle Küche. Häufig aber nur abends geöffnet.
Loggia, E. Fotaki 6 (Querstraße zw. Moschoviton und Salaminos, nahe der Ecke Paleologou/Arkadiou), Inhaber: Fetokais Kostis & Vassilis, Tel. 28 31 05 06 60, Kt. 1. Preiswerte Taverne mit ausgezeichneter Küche: Vorspeisen, Fleisch- und Fischgerichte.
Taverna Gounas, Panou Koroneou 6 (unweit Nikephorou Phoka), Tel. 28 31 02 88 16, Kt. 1. Schlichte Taverne mit authentischer kretischer Life-Musik.

Sitia

PLZ 72300
ⓘ *Informationsbüro,* am Hafen, Tel. 28 43 02 83 00

Sehenswürdigkeiten
Archäologisches Museum, Di–So 8.30–15 Uhr

Hotels
Archontiko, Odos J. Kondilaki 16, Tel. 28 43 02 81 72, Kt. 2. 10 stille Zimmer in klassizistischem Haus.
Elena, Odos A. Papandreou 6, Tel. 28 43 02 37 75 u. 28 43 02 26 81, Kt. 1. 23 Zimmer.
Elysee, Odos K. Karamanli 14, Tel. 28 43 02 23 12, Fax 28 43 02 34 27, Kt. 2. 26 Zimmer.
Helios-Club, Tel. 28 43 02 88 21-24, Kt. 2. Um einen Innenhof gruppierte Betonanlage östlich des Ortes mit 150 Zimmern.
Vai, Septembriou 4, Tel. 28 43 02 25 28, Kt. 1. 44 Zimmer.

Restaurants
Michos, Odos Kornarou 117, Tel. 28 43 02 24 16, Kt. 1. Preiswerte und gute Gewölbetaverne.
Steki, A. Papandreou 10, Tel. 28 43 02 38 57, Kt. 1. Kleines gemütliches Restaurant für Einheimische, Topfgerichte und Gegrilltes.
To Balkoni, Odos Kazantzaki & Fountalidou, Tel. 28 43 02 50 84, Kt. 2/3. Ausgezeichnete, aber nicht billige Fischgerichte.
Zorbas, am Hafen, Kt. 1. Traditionstaverne.

Sivas

PLZ 72700

Hotels
Villa Kunterbunt, außerhalb des Ortes, von der Landstraße her ausgeschildert, Tel. 28 92 04 26 49 und 28 92 04 27 15, Kt. 1. Stille und gepflegte Familienpension. Die Wirtsleute bereiten auch vorzügliches Essen zu und bieten interessante Fahrten und Wanderungen in die Umgebung an.

Restaurants
Europa, an der Platia, Tel. 28 92 04 23 05, Inhaber: Georgios Politis, Kt. 1. Kafé/Taverne mit reicher Auswahl an köstlichen vegetarischen Vorspeisen aus ökologischem Anbau. Besonders freundliche Bedienung.

Sougia

PLZ 73009

Hotels
Captain George, am Ortseingang, Tel. 28 23 05 11 33, Fax 28 23 05 11 94, g-gentek@otenet.gr, Kt. 2. 16 Zimmer, z. T. mit Küche. Still und gepflegt.
Irtakina, Inhaber: Dimitris Kandanoleon, am Ortseingang, Tel./Fax 28 23 05 11 30, Kt. 2. 12 Zimmer Ruhige Lage, gepflegt.
Zorbas, an der Uferstraße beim Hafen, Tel. 28 23 05 13 53, Kt. 1. Familienpension, Zimmer mit Kochgelegenheit.

Spili

PLZ 74053

Hotels
Heracles – Rooms for rent

(von der Hauptstraße her ausgeschildert), Inhaber: I. Papadakis, Tel. 28 32 02 24 11 und 28 32 02 21 22, Fax 28 32 02 24 11, Kt. 1. Gepflegte stille Pension, 6 Zimmer.
Hotel Green, an der Hauptstraße am Ortsausgang Richtung Rethymnon gelegen, Tel. 28 32 02 22 25, Kt. 1. 30 Zimmer.

Tylissos

Sehenswürdigkeiten
Minoischer Landsitz, Di–So 8.30–15 Uhr

Tzermiado (Lassithi)

PLZ 72009

Hotels
Kourites, am Ortsausgang Richtung Psychro, Tel. 28 44 02 21 94, Kat. 1. 10 Zimmer, ruhige Lage; besonders freundliche Wirtsleute, die zudem im alten Ortskern renovierte nette Zimmer anbieten.

Restaurants
Taverna Kourites, Inhaber: Giannis & Charidimos Siganos, Tel. 28 44 02 20 54 und 28 44 02 22 54, Kt. 1. Großer Saal und Garten an der Landstraße. Traditionelle Küche mit Gemüse aus eigenem Anbau und Fleisch aus eigener Tierhaltung.

Vathypetro

Sehenswürdigkeiten
Minoischer Landsitz, Di–So 8.30–15 Uhr

Vori

Sehenswürdigkeiten
Ethnographisches Museum Kretas, tägl. 10–18 Uhr

Vrachasi

Restaurants
Taverna Platanos, im Ortszentrum oberhalb der Landstraße, Tel. 28 41 03 14 88, Kt. 1. Dorfkneipe mit vorzüglicher traditioneller Küche.

Xerokambos

Hotels
Abgelegener Strandort an der Ostküste, noch immer ein Naturparadies. Es gibt Apartments zu mieten, wenige Tavernen.

Zakros

PLZ 72300

Hotels
Zakros Hotel, im Ortszentrum, Tel./Fax 28 43 09 33 79, Kt. 1. Keine Unterkunft für den längeren Aufenthalt, aber das einzige Hotel am Ort.

Restaurants
Am weiten Kiesstrand gibt es eine ganze Reihe netter Tavernen, besonders zu empfehlen ist die *Taverna Maria* mit einfachen Grillgerichten, Kt. 1.

Zaros

PLZ 70002

Hotels
Idi-Hotel, am oberen Ortsrand, Tel. 28 94 03 13 01-02, Fax 28 94 03 15 11, Kt. 2. Gepflegtes Berghotel mit großem Garten und Swimmingpool, 60 Zimmer, empfehlenswert als Standquartier für Ausflüge.

Restaurants
Votomos, beim Hotel Idi oberhalb des Orts, Kt. 2. Spezialität: frische Forellen.

Reiseinformationen von A bis Z

Ärztliche Versorgung

Apotheke = ΦΑΡΜΑΚΕΙΟΝ: *farmakíon,* rotes Kreuz auf weißem Grund
Arzt = ΙΑΤΡΟΣ: *iatros/jatros*
Krankenhaus = ΝΟΣΟΚΟ–ΜΕΙΟ: *nosokomío,* in Agios Nikolaos, Chania, Ierapetra, Iraklion, Rethymnon, Sitia.
Gesundheitszentren = ΚΕΝΤΡΟΝ ΥΓΙΕΙΑΣ: *kentro ygiias,* sichern auf dem Land die ärzliche Versorgung:

Auskünfte

Die Griechische Zentrale für Fremdenverkehr (EOT) unterhält Auskunftsbüros in:
73100 Chania
Odos Kriari 40
Tel. 28 21 02 64 24
71307 Iraklion
Odos Xanthoudidou 1 (gegenüber vom Archäologischen Museum), Tel. 28 10 24 44 62; 28 10 22 82 03; 28 10 33 07 40; Fax 28 10 22 60 20
74100 Rethymnon
Akti Eleftheriou Venizelou
Tel. 28 31 02 91 48

Badestrände

Badestrände sind auf den Karten in den Umschlaginnenklappen verzeichnet. Die folgenden Tips sind, von Iraklion ausgehend, gegen den Uhrzeigersinn rund um die Insel angeordnet.

Westliche Nordküste: Bali, Draima/Georgioupolis, Almiridia, Diktynneion (einsam), Nopigia/Kastelli
Westküste: Tigani auf Gramvousa, Falassarna (beide noch nicht überlaufen), Elafonissi
Westliche Südküste: Koundoura, Paleochora, Lissos (einsam), Sougia, Agia Roumeli, Chora Sfakion, Frangokastello, Koraka/Kato Rodakino (einsam), Plakias, Preveli, Agios Pavlos
Zentrale Südküste: Kommos, Matala, Lendas
Östliche Südküste: Myrtos, Ierapetra, Koutsoumari, Agia Fotia, Makrygialos
Ostküste: Xerokambos (einsam), Zakros, Palekastro, Vaï, Itanos
Östliche Nordküste: Agia Fotia (östlich des Orts), Sitia, Pachia Ammos, Ammoudara, Elounda/Plaka, Agios Georgios, Paralia Milatou
Zentrale Nordküste: Malia, Limin Chersonissou, Analipsi, Kokkani Chani, Amnissos

Besondere Empfehlungen finden sich im Reiseteil. FKK ist außerhalb geschlossener Anlagen grundsätzlich nicht gestattet.

Behinderte

Behindertenfreundliche Einrichtungen sind selten; ein Verzeichnis behindertengerechter Hotels existiert bislang leider nicht.

Bücher

In folgenden Buchläden findet man deutsch- und englischsprachige Literatur zu Kreta (Literaturtips s. S. 81).
Chania: Kaikalis, Platia Eleftheriou Venizelou (am Hafen)
Iraklion: International Bookstore, Odos Dedalou 6 sowie Monikeros, Odos Idomeneos 2
Rethymnon: Press, Odos Ioulianou Petichaki (am Venezianischen Hafen)

Camping

Auskünfte erteilt die *Greek Camping Association,* Solonos 76, GR-10680 Athen, Tel. 21 03 62 15 60, wildes Campen ist nicht erlaubt.

Diplomatische Vertretungen

... in Athen

Deutsche Botschaft
Odos Karoli ke Dimitriou 3
10675 Athen
Tel. 21 07 28 51 11
Österreichische Botschaft
Leoforos Alexandras 26
10683 Athen
Tel. 21 08 21 10 36

Schweizer Botschaft
Odos Gennadiou/
Odos Iassiou 2
11521 Athen
Tel. 21 07 23 03 64

... auf Kreta

Honorarkonsulat der BRD
... in Iraklion
Papalexandrou 16
71110 Iraklion
Tel. 28 10 22 62 88
... in Chania
Daskalogianni 64
73100 Chania
Tel. 28 21 05 79 44
Honorarkonsulat von Österreich und der Schweiz
... in Iraklion
Dedalou 36
71110 Iraklion
Tel. 28 10 24 21 06
Dieses Konsulat besitzt keine Paß- und Sichtvermerkbefugnis, d. h. es darf weder Pässe noch Visa ausstellen.

Elektrizität

Die Netzspannung beträgt in Griechenland und auf Kreta 220 Volt. Deutsche Stecker passen meist.

Fest- und Feiertage

Gesetzliche Feiertage
1. Jan.: Neujahr
6. Jan.: (Epiphanias): Tag der Wasserweihe
25. März: Nationalfeiertag zum Gedenken an den Beginn des griechischen Freiheitskampfes im Jahr 1821
1. Mai: Tag der Arbeit
15. Aug.: Mariä Entschlafung
28. Okt.: Nationalfeiertag zum Gedenken an das »Große Historische Nein« Griechenlands zu einem Ultimatum Mussolinis 1940, wird deshalb ›Ochi-Tag‹ genannt
25./26. Dez.: Weihnachten

Bewegliche Feiertage
Karfreitag; Ostern; Pfingsten: Da diese Feste nach dem in der orthodoxen Kirche gültigen Julianischen Kalender berechnet werden, haben sie meist andere Termine als in Mitteleuropa.

Heiligenfeste
Panigiri finden an jedem Tag des Jahres irgendwo auf Kreta statt. Manchmal werden sie nur mit einem Gottesdienst gefeiert, meist aber auch mit einem Dorffest am Vorabend, manchmal sogar mit einem großen regionalen Markt. Besonders eindrucksvolle Beispiele solcher, z. T. rein lokaler Feste sind:
6. Jan. (Epiphanias): Segnung des Taufwassers. In den Küstenorten werfen Bischof oder Papas ein Kreuz ins Meer, das von den jungen Männern des Ortes im Wettkampf (notfalls auch an einer Schnur) wieder heraufgeholt wird; Prozessionen und Gottesdienste am Strand
25. März (Mariä Verkündigung, gleichzeitig Nationalfeiertag): Feste in allen Städten
Rosenmontag im März: Karnevals-Umzüge und traditionelle Tänze in allen Städten und grösseren Dörfern
23. April (hl. Georg): In den Klöstern Epanosifi (bei Choudetsi) und Gonia sowie auf der Diktynneion-Halbinsel kirchliche Feierlichkeiten und Schafschur *(koura)*
8. Mai (Johannes Theologos): Heiligenfest in Moni Preveli
20.–27. Mai: Gedenkfeiern an die Widerstandskämpfer im Zweiten Weltkrieg im Bezirk Chania
21. Mai: Kirchweihfest in Gra Ligia (an der Küste westlich von Ierapetra)
Juni: Aprikosenfest in Achlades (bei Perama)
24. Juni (Geburtstag Johannes des Täufers): Große Sonnenwendfeuer werden entzündet
Ende Juni: Weissagungsspiel ›Klidonas‹ in den Dörfern um Piskokefalo und Krousta (Lassithi)
3. Juli (hl. Hyakinthos): In Anogia Kirchen- und Volksfest mit Musikgruppen
15.–31. Juli: Weinfest im Stadtpark von Rethymnon
20. Juli (Prophet Elias): Feste und Prozessionen bei zahlreichen Gipfelkapellen, die dem Heiligen geweiht sind
25.–30. Juli: Sultaninen-Fest in Sitia
26. Juli (hl. Paraskevi): Heiligenfest in Krasi (Lassithi)
27. Juli (hl. Pandeleimon): Besonders festlich wird das Heiligenfest in Fournes, südlich von Chania begangen. Außerdem Kirchweihfest im Dorf Vainia nordöstlich von Ierapetra

5.–7. Aug. (Verklärung Christi): Große Prozession zur Kapelle auf dem Gipfel des Jouchtas, außerdem findet ein Folklore-Festival in Anogia statt
10.–15. Aug.: Traubenfest in Archanes
15. Aug. (Mariä Entschlafung): Feste in allen Marienkirchen, besonders feierlich in den Klöstern Gonia, Chryssoskalitissa und Moni Angarathou sowie in Piskokefalo bei Sitia und Kroustas bei Kritsa
25. Aug. (hl. Titus): Heiligenfest in Iraklion
29. Aug. Kirchweihfest in Moni Kapsa (Südostkreta): und Ziros (südwestlich von Zakros)
29.–30. Aug. (Enthauptung Johannes des Täufers): Große Pilgerprozession zur Kapelle des Heiligen auf der Rodopos Halbinsel
31. Aug. (Niederlegung des Gürtels der Maria): Kirchweihfest in Psychro (Lassithi)
Aug./Sept.: ›Renaissance-Festival‹ in Rethymnon, Open-Air-Konzerte, Theater- und Tanzveranstaltungen
8. Sept.: Kirchweihfest im Kloster Kera Kardiotissa mit eindrucksvoller Prozession
14. Sept. (Kreuzaufrichtung): Uraltes Fest in den Dörfern im Psiloritis und dem Thripti-Gebirge
7. Okt. (hl. Johannes der Täufer): Feierliche Prozession zur Höhle des Eremiten beim Kloster Gouverneto auf der Akrotiri-Halbinsel. Wein und Essen für die Besucher
Dritter So im Okt.: Kastanienfest mit Musik und Tanz in Elos (südlich von Kissamos)
26. Okt. (hl. Dimitrios): Feste in allen Patronatskirchen
7.–9. Nov. (Zerstörung des Klosters Arkadi 1866): Gottesdienste und Paraden in Rethymnon und am Kloster Arkadi
11. Nov. (hl. Minas): Festlichkeiten in Iraklion
21. Nov. (Mariä Tempelgang): Besonders festlich wird dieser Tag in den Dörfern des Bezirks Rethymnon begangen
4. Dez.: Kirchweihfest in Agia Varvara sowie in Zaros (beide im Süden Zentralkretas)
6. Dez. (hl. Nikolaos): Dieses Heiligenfest wird in Agios Nikolaos besonders festlich begangen

Foto- und Videoaufnahmen

Das Fotografieren militärischer Anlagen ist verboten. In manchen Kirchen und Museen besteht generelles Fotografierverbot, oft ist aber durch Kauf einer zusätzlichen Eintrittskarte eine Erlaubnis (ohne Stativ und gewöhnlich ohne Blitzlicht) zu erhalten.

Geld

In Griechenland gilt der Euro. 1 € = ca. 1,52 CHF, 1 CHF = ca. 0,66 €.

Devisen, Reise- und Euroschecks können in allen Banken (ΤΡΑΠΕΖΑ, *trápesa*) und Postämtern (TAXYDROMEION, *tachidromion*) eingelöst werden. Abhebungen vom Postsparbuch sind in Griechenland nicht möglich.

Bargeldautomaten (für Visa- und ec-/Maestro-Karte) findet man an vielen Banken. Bei Aufenthalten in sehr kleinen und abgelegenen Orten empfiehlt sich jedoch die Mitnahme von ausreichend Bargeld.

Kreditkarten (vor allem Visa- und ec-/Maestro-Karte) werden von allen Autovermietungen und Fluggesellschaften sowie von vielen Hotels, Restaurants und Geschäften akzeptiert.

Kioske

Die in allen Orten zahlreich vorhandenen Kioske *(peripteros)* sind wahre Gemischtwarenläden: Von Zeitungen und Zeitschriften über Postkarten, Getränken, Spielzeug bis hin zu Konserven und Kondomen bekommt man hier (fast) alles, was für den täglichen Bedarf nötig ist.

Von den Kiosken aus läßt sich zudem problemlos ins Ausland telefonieren. Und am Kiosk sind auch wichtige Auskünfte erhältlich, beispielsweise kann man nach dem Schlüssel *(klidí)* einer verschlossenen Kirche fragen.

Kleidung und Ausrüstung

Für Streifzüge im Gelände ist festes Schuhwerk dringend zu empfehlen. Gebirgswanderungen sollten nur mit der auch hierzulande üblichen Ausrüstung unternommen werden; auch bei Wanderungen in tieferen Regionen und in Küstennähe ist in jedem Falle ausreichend Trinkwasser mitzunehmen.

Notruf

Touristenpolizei
(ΑΣΤΥΝΟΜΙΑ ΑΛΛΟΔΑΠΩΝ: *astynomia allodapón)*
in Agios Nikolaos:
Tel. 28 41 02 22 51
in Chania:
Tel. 28 21 02 44 77
in Rethymnon:
Tel. 28 31 02 81 56,
28 31 02 22 89

Polizei *(*ΑΣΤΥΝΟΜΙΑ: *astynomia):* landesweit Tel. 1 00

Rettungsdienst (ΥΠΗΡΕΣΙΑ*: yperesia):* landesweit Tel. 1 66
Bei schwerem Unfall mit Personenschaden sollte man unbedingt die Botschaft kontaktieren (s. Dipl. Vertretungen).

Pannenhilfe: deutschsprachig *(ELPA & ADAC)* in Iraklion: Tel. 28 10 28 94 40 (ganzj.). *ELPA (=* ΕΛΠΑ*):* landesweit Tel. 1 04

Feuerwehr
*(*ΠΥΡΟΣΒΕΣΤΙΚΗ*: pyrosvestiki):* landesweit Tel. 1 99

Ärztezentrum in Iraklion: Tel. 28 10 34 25 00.

Öffnungszeiten

Museen und Ausgrabungsstätten: Siehe bei den jeweiligen Orten unter »Infos von Ort zu Ort«.

Kirchen und Klöster: Auch Mönche und Nonnen schätzen ihre Mittagspause. Sonntags sind die meisten Klöster nur von 9–12/13 Uhr und von 16 Uhr bis Sonnenuntergang geöffnet. Auf dem Lande sind Kirchen zum Schutz von Ikonen und Ausstattung häufig nur noch zu Gottesdiensten geöffnet; meist aber kann man beim Nachbarn, im Kafeníon oder auch am Kiosk nach dem Schlüssel *(klidí)* fragen.

Zugang zu Sehenswürdigkeiten: Bei verschlossenen Toren zu Ausgrabungsplätzen sollte man keinesfalls über den Zaun klettern; wird man erwischt, führt dies zu Unannehmlichkeiten und erschwert zukünftigen Interessenten den Besuch. Umgekehrt sollte man aber auch nicht schon 20 m vor einem geschlossenen Tor kehrt machen, denn oft hängt der Schlüssel daneben, oder das Tor ist nur scheinbar durch eine Kette verschlossen. In diesen Fällen ist der Zugang erlaubt, nur sollte man das Tor nach Verlassen des Platzes wieder sorgfältig verschließen.

Bei kleinen Kirchen ist der Schlüssel oft problemlos im nächsten Bauernhof oder im nächst gelegenen Dorf im Kafeníon, am Kiosk *(peripteros)* oder beim Popen *(papas)* zu bekommen. Schließlich sind manche Fuß- und sogar Fahrwege durch Eisengitter abgesperrt; diese richten sich aber nicht gegen Touristen, sondern sollen nur das freie Herumlaufen von Schafen und Ziegen verhindern. Man öffnet sie durch Lösen der Drähte und muß sie nach dem Passieren natürlich sofort wieder verschließen.

Banken, Post, Geschäfte: Banken meist Mo–Do 8–14, Fr bis 13 Uhr. In Touristenzentren öffnen manche Banken zum Geldwechseln auch nachmittags. Am Flughafen Iraklion sind Wechselschalter durchgehend geöffnet.

Postämter Mo–Fr 7.30–15 Uhr – in Städten und Touristenzentren manchmal auch länger – sowie Sa vormittags.

Die Öffnungszeiten der Geschäfte variieren nach der Jahreszeit. Übliche Kernzeiten: Mo–Sa 8–14 Uhr, an drei Nachmittagen in der Woche ca. 17–20 Uhr.

Souvenirs

In fast allen touristisch belebten Orten werden heimische Web- und Stickarbeiten sowie ›Antiquitäten‹ und Schmuck angeboten.

Achtung: Die Ausfuhr antiker Kunst (bzw. jeglicher antiker Relikte, auch Tonscherben!) sowie älterer Ikonen und liturgischer Geräte ist streng verboten und wird mit harten Strafen belegt. Gewöhnlich aber handelt es sich bei den feilgebotenen Antiquitäten um moderne Imitate, deren Erwerb und Ausfuhr rechtlich bedenkenlos sind.

Handwerklich gute (moderne) Ikonen kauft man am besten direkt in einer der zahlreichen Ikonenwerkstätten oder in Klöstern. Unbedenklich ist auch der Erwerb von Kopien berühmter Museumsexponate.

Telefon

Am preiswertesten sind Kartentelefone. **Telefonkarten** *(tilekárta)* sind bei der Telekommunikationsgesellschaft O.T.E. sowie an vielen Kiosken und in manchen Geschäften – nicht aber bei der Post! – erhältlich.

Von vielen Kiosken aus sowie von Telefonen in Cafés und Gemischtwarenhandlungen (in den Dörfern) kann man ebenfalls günstig telefonieren (d. h. zum Einheitspreis einer Telefonkarte), Reisebüros und Hotels hingegen erheben oft horrende Aufschläge. Sa und So sowie Mo–Fr zwischen 22 und 6 Uhr gilt ein ermäßigter Tarif.

Landesvorwahlen
Deutschland: 00 49
Österreich: 00 43
Schweiz: 00 41
Griechenland: 00 30

Für Griechenland wählt man anschließend die komplette zehnstellige Teilnehmerrufnummer, da es keine Ortsvorwahlnummern mehr gibt.

Trinkgeld

In Restaurants sind im allgemeinen Trinkgelder im Preis enthalten; je nach Rechnungsbetrag und Zufriedenheit gibt man aber dennoch 5–15 % Trinkgeld oder rundet die Summe auf. Wird man im Restaurant oder im Kafeníon vom *mikrós,* einem jugendlichen Assistenten des Kellners, bedient, so ist zu beachten, daß er in keinem festen Arbeitsverhältnis steht, sondern seinen Lohn allein aus Trinkgeldern bestreitet.

Taxifahrer, Friseure, Gepäckträger und Angestellte besserer Hotels (Kat. L, A und B) erwarten ein in Westeuropa übliches Trinkgeld.

Umweltverhalten

Daß auch der Zustand der Umwelt die touristische Attraktivität eines Urlaubsziels mit beeinflussen kann, diese Erkenntnis setzt sich in Griechenland nach wie vor nur sehr zögerlich durch. Weiterhin stößt man auch an landschaftlich reizvollen Stellen auf achtlos den Abhang hinuntergekippte Müllberge, verschmutzte Gewässer und viele kleine, qualmende Feuerstellen, wo vor allem Plastikmüll einer ungeregelten ›thermischen Verwertung‹ zugeführt wird. Eine organisierte Müllabfuhr ist auf dem Lande in der Regel gar nicht vorhanden; der Müll der größeren Städte wird zwar gesammelt, doch meist eher wahllos im Umkreis deponiert. Moderne Kläranlagen sind selten, so daß vielfach die Abwässer ungeklärt ins Meer geleitet werden.

Dennoch sollte sich jeder Reisende in seinem Umweltverhalten nicht an griechischen Vorbildern orientieren und vor allem den Kauf von Getränken in Plastikflaschen vermeiden.

Brandgefahr besteht besonders während der dürren Sommermonate. Picknickfeuer sind deshalb streng verboten; Zigaretten dürfen keinesfalls in die ›freie Natur‹ geworfen werden.

Zeit

In Griechenland gilt die Osteuropäische Zeit (OEZ); es ist also ganzjährig eine Stunde später als in der mitteleuropäischen Zeitzone (MEZ).

Zeitungen

In jeder Stadt gibt es Kioske und Geschäfte, die sich auf ausländische Zeitungen und Illustrierte spezialisiert haben.

Kleiner Sprachführer

Das griechische Alphabet

Großbuchstabe	Kleinbuchstabe	Name	Ausspracheregeln	Umschriftmöglichkeiten
Α	α	álfa	kurzes a wie in ›Land‹	a
Β	β	wíta	w wie in ›Wille‹	**v** (w, b)
Γ	γ	ghámma	j wie in ›Jonas‹ vor i und e weiches g vor den übrigen Vokalen	**g** (j) (gh)
Δ	δ	délta	wie stimmhaftes englisches th, z. B. in ›the‹	**d** (dh)
Ε	ε	épsilon	e wie in ›Bett‹	e
Ζ	ζ	síta	stimmhaftes s wie in ›Rose‹	**z** (s)
Η	η	íta	kurzes i wie in ›Tritt‹	i
Θ	θ	thíta	wie stimmloses englisches th, wie z. B. in ›thanks‹	th
Ι	ι	jóta	gleiches i wie beim ›íta‹, also wie in ›Ritt‹; vor einem a wie ein j	**i** (j)
Κ	κ	káppa	k wie im deutschen ›Kappe‹	k
Λ	λ	lámbda	l wie im Deutschen	l
Μ	μ	mi	m wie im Deutschen	m
Ν	ν	ni	n wie im Deutschen	n
Ξ	ξ	kssie	ks wie in ›Haxe‹	**x** (ks)
Ο	ο	ómikron	o wie in ›oft‹	o
Π	π	pi	p wie im französischen ›pomme‹	p
Ρ	ρ	ro	Zungenspitzen-r wie im Italienischen	r
Σ	σ	sigma	stimmloses s wie in ›Tasse‹; imAuslaut stimmhaft	**ss** (s)
Τ	τ	taf	t wie im französischen ›tableau‹	t
Υ	υ	ípsilon	i wie in ›Ritt‹ w wie in ›Wonne‹ nach ›álfa‹ und ›épsilon‹, wenn ein stimmloser Konsonant folgt f wie in ›Fehler‹, wenn ein stimmhafter Konsonant folgt	**y** (i) **v** (w) f
Φ	φ	fí	f wie in ›Fehler‹	**f** (ph)
Χ	χ	chi	ch wie in ›ich‹ vor Konsonanten und dunklen Vokalen ch wie in ›ach‹ vor hellen Konsonanten	ch ch
Ψ	ψ	psi	ps wie in ›Pseudonym‹	ps
Ω	ω	ómega	o wie in ›oft‹	o

Auf Kreta kommt man auch ohne griechische Sprachkenntnisse gut zurecht: Dank Schulausbildung und dank angelsächsischer TV-Serien verstehen und sprechen viele Griechen Englisch, durch Arbeitsaufenthalte in Deutschland vielfach sogar Deutsch.

Schwierigkeiten bereiten jedoch vielen westeuropäischen Reisenden Alphabet und Umschrift: Da mancherorts alt- und neugriechische Bezeichnungen für Ortsnamen koexistieren, kann man vor Ort nicht nur auf verschiedene griechische Schreibweisen, sondern auch auf unterschiedliche **Umschriften** ein und desselben Ortsnamens treffen. Für Land- und Autokarten gilt dies übrigens auch. Die diesem Buch zugrundegelegte Umschrift orientiert sich an der ortsüblichen *dimotiki*-Schreibweise und erleichtert die Transkription griechischer Wörter Buchstabe für Buchstabe. Eine Ausnahme stellen lediglich die in Literatur und Wissenschaft eingeführten altgriechischen Bezeichnungen für archäologische Stätten und mythische Namen dar, hier wird z. B. das griechische F statt mit »f« mit »ph« wiedergegeben.

Die Tabellen links und unten geben eine Übersicht der möglichen Umschriften. Die diesem Reiseführer zugrundegelegte Umschrift ist jeweils (fett markiert) vorangestellt.

Redewendungen

Die nachfolgenden Hinweise zu den wichtigsten Redewendungen sind strikt nach der Aussprache transkribiert; die richtige Betonung ist sehr wichtig, um verstanden zu werden. **Achtung:** Das griechische *Thita* (Θ; th) wird wie ein englisches »th« ausgesprochen.

Begrüßungsformeln

kali méra
Guten Tag (bis etwa 17 Uhr)

kali spéra
Guten Abend (ab 17 Uhr)

kali níchta
Gute Nacht (ab 22 Uhr, nur beim Abschied zu verwenden)

jássu
Hallo, Tschüß, Prost (einem einzelnen gegenüber, Du-Form)

jássas
Hallo, Tschüß, Prost (mehreren gegenüber, zugleich Sie-Form)

jámmas
Prost (wörtlich: »auf unsere Gesundheit«)

chérete
Seien Sie gegrüßt (nur auf dem Lande üblich)

ti kánis/ti kánete
Wie geht es Dir/Ihnen

Buchstabenkombinationen

Großbuchstabe	Kleinbuchstabe	Ausspracheregeln		Umschriftmöglichkeiten
AI	αι	e	wie in ›Bett‹	**ä** (e)
ΓΓ	γγ	ng	wie in ›lang‹	ng
EI	ει	i	wie in ›Ritt‹	i
ΜΠ	μπ	b	wie in ›Bar‹ oder ›Bier‹	b
NT	ντ	d	wie in ›du‹ im Anlaut	d
		nd	wie in ›landen‹ im Wortinneren	**nd** (nt)
OI	οι	i	wie in ›Ritt‹	**i** (oi)
OY	ου	u	wie in ›Bluff‹	**ou** (u)
TZ	τζ	ds	wie in ›Zeitung‹	**tz** (ds)

adío (adíosas)
Auf Wiedersehen (etwas formell)

Höflichkeitsformeln

parakaló/efcharistó
Bitte/Danke
nä/málista/óchi – Ja/Jawohl/Nein
típota
Nichts, keine Ursache
singnómi
Entschuldigung
den pirási
Macht nichts
endáxi
In Ordnung, okay
kaló/kalí
Gut (männlich/weiblich)
kakó/kakí
Schlecht
den katálawa
Ich habe nicht verstanden

Nationalitäten

jermanós, jermanída, jermanía
Deutscher, Deutsche, Deutschland
afstriakós, afstriakí (afstriakiá), afstría
Österreicher, Österreicherin, Österreich
elwetós, elwetída, elwetía
Schweizer, Schweizerin, Schweiz
ápo pú ísse
Woher kommst Du?

Reisen

limáni/karáwi
Hafen/Schiff
stathmós/leoforío
Bahnhof (auch Busbahnhof)/Bus
stásis/térma
Haltestelle/Endstation
aerodrómio/aeropláno
Flughafen/Flugzeug
issitírio/ispráktoras
Fahrkarte/Fahrkartenverkäufer
motosiklétta/podílato
Motorrad/Fahrrad
aftokínito/fortigó
Auto/Lastwagen
pótte tha féwji?
Wann fährt er/sie/es ab?
pótte tha ftáni?
Wann kommt er/sie/es an?
póssa chiljómetra sto ...?
Wieviel Kilometer sind es bis ...?
pu féwji to leoforío ja ...?
Wo fährt der Bus nach ... ab?
pótte tha féwji to teleftéo leoforío ja ...?
Wann fährt der letzte Bus nach ...?
ine aftós o drómos ja ...? – Ist das der Weg nach ...?
kaló taxídi
Gute Reise

Bank, Post, Arzt

trápesa/sinállagma
Bank/Geldwechsel
tachidromíon/grammatóssima
Postamt/Briefmarken
thélo na tilefonísso
Ich möchte telefonieren
iatrós, jatros/nosokomío
Arzt/Krankenhaus
thélo na wro énna farmakíon
Ich suche eine Apotheke

Einkaufen/Essen

perípteros/magasí
Kiosk/Laden
pandopolío/fúrnos
Gemischtwarenhandlung/Bäckerei
estiatório/tawérna
Restaurant/Taverne
kafenío/sacharoplastío
Kaffeehaus/Konditorei
kréas/psári
Fleisch/Fisch
gála/tirí/awgá
Milch/Käse/Eier
psomí/frúta/lachaniká
Brot/Obst/Gemüse
ti thélette?
Was wünschen Sie?
parakaló thélo ...
Bitte, ich möchte ...
pósso káni aftó?
Was kostet das?
íne akriwós!
Es ist teuer!
to logarjasmó parakaló!
Die Rechnung, bitte!

Auskünfte, Adjektive

pú íne ...?
Wo ist ...?
ti óra íne?
Wie spät ist es?
thélo na wró ena ...
Ich suche ein/eine ...
pú íne i tualétta parakaló?
Wo ist die Toilette, bitte?
kalós/kakós
gut/schlecht
megálos/mikrós
groß/klein
néos/paljós
neu/alt
mä/chorís
mit/ohne

Wochentage

deftéra/tríti/tetárti
Montag/Dienstag/Mittwoch
pémpti/paraskewí
Donnerstag/Freitag
sáwato/kiriakí
Samstag/Sonntag

Tageszeiten
to proí/to mésimeri – Der Vormittag/Der Mittag
to apójewma/to wrádi – Der Nachmittag/Der Abend
i níchta – Die Nacht

Zahlen

1	*énna, mía (w.)*
2	*dío*
3	*tría, trís*
4	*téssera, tésseris*
5	*pénde*
6	*éxi*
7	*eftá*
8	*októ*
9	*ennéa*
10	*dékka*
11	*éndekka*
12	*dodékka*
13	*dekkatría*
14	*dekkatéssera*
	usw.
20	*íkossi*
21	*íkossi énna* usw.
30	*tríanda*
40	*saránda*
50	*penninda*
60	*exínda*
70	*evdomínda*
80	*októnda*
90	*enneninda*
100	*ekkató*
200	*diakósja*
300	*triakósja*
400	*tettrakósja*
500	*pendakósja*
600	*exakósja*
700	*eptakósja*
800	*oktakósja*
900	*ennjakósja*
1000	*chílja*
2000	*dío chíljades*
3000	*trís chíljades*
	usw.
1 Mio.	*énna ekkatomírrio*
2 Mio.	*dío ekkatomíria*
	usw.

Bitte schreiben Sie uns, wenn sich etwas geändert hat!
Alle in diesem Buch enthaltenen Angaben wurden vom Autor nach bestem Wissen erstellt und von ihm und dem Verlag mit größtmöglicher Sorgfalt überprüft. Gleichwohl sind – wie wir im Sinne des Produkthaftungsrechts betonen müssen – inhaltliche Fehler nicht vollständig auszuschließen. Daher erfolgen die Angaben ohne jegliche Verpflichtung oder Garantie des Verlags oder des Autors. Beide übernehmen keinerlei Verantwortung und Haftung für etwaige inhaltliche Unstimmigkeiten. Wir bitten dafür um Verständnis und werden Korrekturhinweise gerne aufgreifen:

DuMont Reiseverlag, Postfach 3151, 73751 Ostfildern
E-Mail: info@dumontreise.de

Glossar – Erläuterung der Fachbegriffe

Adyton s. Lustralbad
Apsis halbrunder, recht- oder viereckiger Nebenraum, als Abschluß einem übergeordneten Hauptraum angebaut, zu dem er sich meist in voller Breite öffnet; in der christlichen Baukunst zumeist östlicher Abschluß einer Kirche
Akathistos-Hymnos (wörtl. »nicht-sitzend«, d. h. stehend gesungener Hymnus) Mariengedicht in 24 Strophen; es soll 626 von Patriarch Sergios in Konstantinopel verfaßt worden sein als Dank für die Rettung vor arabischer Eroberung
AMI in der Fachliteratur gebräuchliche Abkürzung für das Archäologische Museum Iraklion
Apostelkommunion Einsetzung der Kommunion durch Christus als Prieser: eines der wichtigsten Themen byzantinischer Ikonographie, als Fresko stets im Altarraum dargestellt
Architrav den Oberbau tragender Hauptbalken über Säulen, Pfeilern oder Pilastern
Arkade Bogenstellung über Säulen oder Pfeilern, meist in fortlaufender Reihung
Attika niedriges Geschoß oder freistehende Aufmauerung über dem abschließenden Gesims eines Gebäudes
Basilika längsgerichtetes, drei- oder mehrschiffiges Bauwerk, dessen höheres und breiteres Mittelschiff durch Fenster in den von Säulen oder Pfeilern getragenen oberen Mauerstreifen eigene Beleuchtung erhält; in der römischen Architektur Markt- und Gerichtshalle (Allzweckbau), in der christlichen Baukunst früh bevorzugter Kirchentyp (s. rechts Plan-Nr. 1)
Bema durch Schranken abgegrenzter und häufig erhöhter Altarbereich der byzantinischen Kirche, darf nur vom Klerus betreten werden
Caldarium Raum für heiße Bäder in einer römischen Thermenanlage, erkennbar stets an Hypokausten (Fußbodenheizung)
Doppelaxt in der minoischen Kultur kennzeichnet die Doppelaxt ein Heiligtum und wird in Prozessionen mitgeführt als Attribut einer Gottheit; ob die Doppelaxt, wie später in der griechischen Kultur, auch zum Schlachten und Opfern von Tieren verwendet wurde, ist umstritten
Fayence aus Quarzsand hergestelltes tonähnliches Material mit einer Glasur, deren Farben durch Zusatzstoffe und den Brennvorgang erzeugt wurden
Glyptik Steinschneidekunst
Hierarchen Kirchenväter
Idol urtümlich anmutendes Götter- bzw. Kultbild

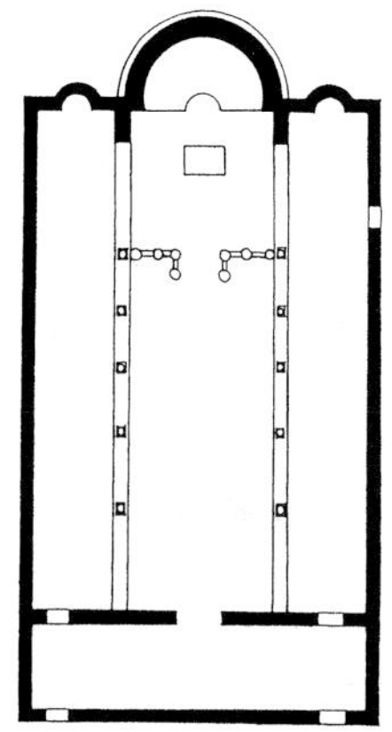

1

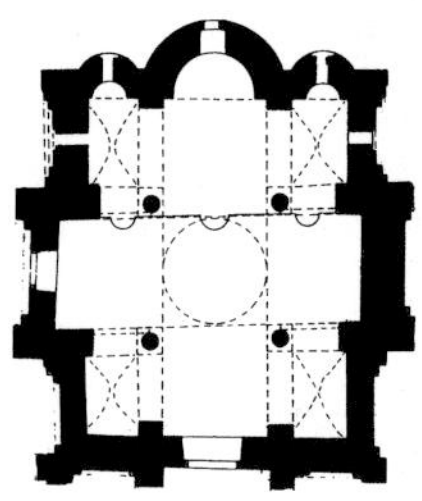

2

Grundrißtypen byzantinischer Kirchen auf Kreta:
1 Basilika (Thronos im Amari-Tal, 5. Jh.)
2 Kreuzkuppelkirche (Agios Dimitrios im gleichnamigen Ort bei Rethymnon, 13. Jh.)
3 Einraumkirche mit Innen-Nischen und später angebautem Narthex (Agios Nikolaos in Moni, 14. Jh.)
4 einfache Einraumkirche (Panagia in Anisaraki, 14. Jh.)

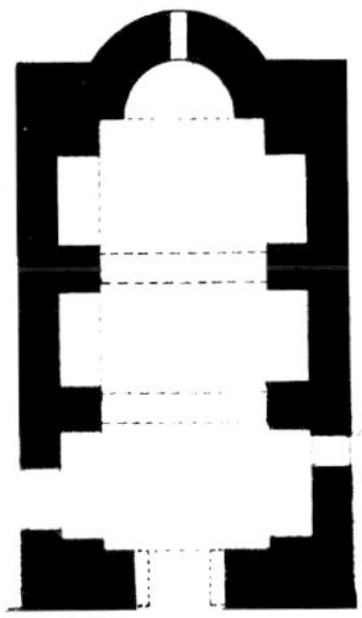

3

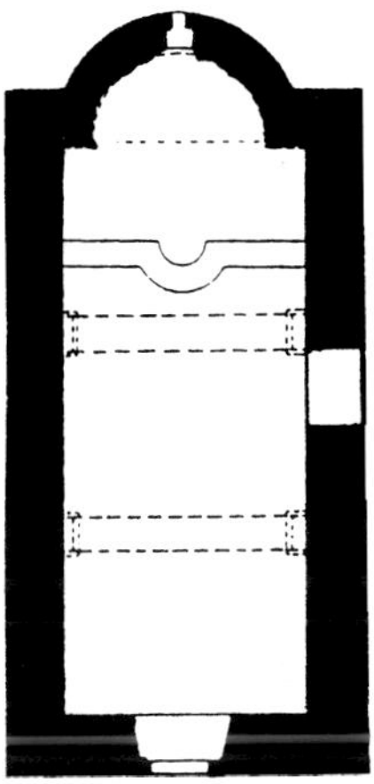

4

Lustralbassin im Nordtrakt des Palastes von Knossos (Rekonstruktionszeichnung von Maria Witek)

Ikonographie Bildthematik sowie die Erforschung von Bildinhalten

Ikonostas(e)/Ikonostassis (wörtl. »Bilderwand«) mit Bildern versehene meist hölzerne, manchmal auch steinerne Trennwand zwischen Altar- und Laienraum in der Kirche (s. Abb. S. 268)

Katholikon Klosterkirche

Kernos Steinaltar mit Vertiefungen für Opfergaben oder in Näpfe unterteiltes Gefäß für flüssige Spenden und Feldfrüchte (s. Abb. S. 200)

Kreuzkuppelkirche Kirche über dem Grundriß eines gleichschenkligen Kreuzes mit zentraler Kuppel, die von vier Pfeilern oder Säulen getragen wird (s. links Plan-Nr. 2)

Kulthörner stilisierte Darstellungen von Stierhörnern in Malerei, Stein und Ton sind ein häufiges Symbol der minoischen Religion; sie stehen u. a. auf Altären und bekrönen die Dachränder von Heiligtümern bzw. Palästen

Kultknoten zu einem Knoten gebundenes Stück Stoff (ungeklärter Bedeutung), das von Frauen bei Kulthandlungen getragen, aber auch als Votiv (z. B. als Ton-Nachbildung) niedergelegt wurde (s. Vignette)

Larnax (Pl. Larnakes) Tonwanne oder -kiste für die Bestattung von Toten (s. Abb. S. 246)

Libation Spende von Flüssigkeiten (z. B. Wein, Öl oder Wasser) im Opferritual

Lustralbad in der minoischen Architektur vertiefter kleiner Raum, zu dem eine Treppe hinabführt. Die kultische Funktion als solche ist gesichert, eine Verbindung mit Reinigungszeremonien bzw. Waschungen hingegen fraglich (s. nebenstehende Abb. unten)

Megaron rechteckiger Hauptraum eines Hauses, in der mykenischen Kultur zentraler Palastraum für Herrscher, mit Thron und Feuerstelle ausgestattet

Metope (wörtl. »Leerfeld«) annähernd quadratische, häufig durch Malerei oder Relief verzierte Platte im dorischen Tempelfries

Narthex westliche Vorhalle von Kirchen, kann verdoppelt als innere und äußere Vorhalle (Exonarthex) auftreten

Nekropole (griech. »Totenstadt«) antiker Friedhof

Odigitria (griech. »Wegführerin«) einer der vielen Beinamen der Gottesmutter, in der byzantinischen Bildkunst der Typus der stehenden Maria mit dem segnenden Christusknaben auf dem Arm. Als Urbild gilt eine vom Evangelisten Lukas gemalte Ikone, die sich, der Legende nach, im Hodegon-Kloster in Konstantinopel befunden haben soll

Osmanen nach seinem Anführer Osman benanntes Turkvolk, das vom 13.–20. Jh. das »Osmanische Reich« beherrschte, das vom Balkan über Syrien, Palästina, Ägypten bis Algerien reichte. Auf Kreta stets schlicht als »Türken« bezeichnet

Panagia (griech. »die Allheilige«) Gottesmutter (s. Abb. S. 305), meist mit weiteren Beinamen: z. B. *Vlachernotissa* (nach dem Vlachernen-Kloster in Konstantinopel), *Eleoussa* (die Erbarmende), *Odigitria* (s. o.) und *Platytera* (Symbol der Inkarnation)

Pantokrator Christus als Weltenherrscher, im byzantinischen Bildprogramm in Kuppel oder Apsiswölbung dargestellt

Pilaster der Wand oder einem anderen Bauglied vorgelegter vertikaler Mauerstreifen mit Basis und Kapitell

Pithos (Pl. Pithoi) großes, Vorratsgefäß aus Ton

Polythyron mehrtüriger Eingang in einen Raum (von Pfeilern getrennte Falt- oder Flügeltüren): typisches Element minoischer Architektur (s. Abb. S. 44)

Portikus von Säulen getragener Vorbau vor der Hauptfront eines Gebäudes, zumeist von einem Giebel bekrönt

Propylon Torbau

Pyxis Dose bzw. Schachtel aus Metall, Ton oder anderem Material

Kapitelle der klassischen Säulenordnungen: dorisch, ionisch, korinthisch

Rhyton Gußgefäß mit einem kleinen Loch an seiner Unterseite, das mit dem Finger verschlossen werden konnte; häufig wurde es auch in der Form von Tierköpfen (s. Abb. S. 105) gestaltet

Säule aufrechtstehendes, sich nach oben verjüngendes Stützglied mit kreisförmigem Querschnitt, meist untergliedert in Basis, Schaft und Kapitell

Säulenordnung Architektur aus Säule und aufliegendem Gebälk. Die wichtigsten S. sind die dorische, ionische, korinthische und komposite

Serail Sultanspalast

Skarabäus der Skarabäuskäfer galt im alten Ägypten als Verkörperung des Sonnengottes Re und als Sinnbild der Regeneration und der Wiederbelebung nach dem Tode. Nachbildungen des Käfers wurden häufig als Amulett getragen

Tambour (franz. »Trommel«) der zylindrische Unterbau einer Kuppel

Tonnengewölbe Gewölbe mit längs einer Achse gleichbleibendem Querschnitt

Trikonchos (griech. »drei Nischen«) im Kirchenbau drei halbrunde, kleeblattförmig angeordnete Apsiden

Tympanon Schild bzw. flaches Becken, auch als Gong benutzt; in der antiken, mittelalterlichen und neuzeitlichen Architektur die Rückwand eines Giebels oder Bogens

Votivgabe Opfergabe, die oft als Dank für Heilung oder Erfüllung einer Bitte dargebracht wird; sowohl in heidnischen wie auch christlichen Kulten bekannt

Abbildungs- und Quellennachweis

Abbildungen

Archäologisches Institut der Universität Hamburg Vignette, S. 28, 29, 31, 33, 35, 38, 49, 53, 60, 107, 112, 119, 174, 176, 203, 240, 246, 282, 283
Archiv für Kunst und Geschichte (Berlin) S. 88
Immo Beyer, Die Tempel von Dreros und Prinias A (1976) S. 177
Byzantinisches Museum Iraklion (Kreta) S. 117
M.A.S. Cameron/S. Hood/Sir A. Evans, Knossos fresco atlas (1967) S. 110/111
Arthur Evans, The Palace of Minos (1921–36) S. 10/11, 35, 52, 54, 106, 129
Eduard Gerhard, Auserlesene Vasenbilder (1847) S. 28
Kloster Gonia (Kreta) S. 305
Rainer Hackenberg (Köln) Hintere Umschlagklappe, Rückumschlag oben und unten, S. 9, 16, 20, 21, 22, 50, 59, 67, 71, 83, 86, 92, 98, 99, 102, 114, 120, 138, 141, 144, 149, 150, 163, 164, 166, 209, 212, 219, 224 unten, 230, 237, 241, 243, 250, 263, 265, 273, 276 (rechts und links), 284/285, 292/293, 299, 300, 316
Frederico Halbherr, Antichità dell' antro die Zeus Ideo (1888) S. 58
Kinoarchiv (Hamburg) S. 82
Knut Liese (Ottobrunn) Titelbild, S. 74, 95, 146, 185, 221, 232, 235, 252, 262, 268, 270, 297, 313, 318,
Leonhard v. Matt (Buochs/Schweiz) S. 41, 51, 104, 136, 194
Friedrich Matz (Hg.), Forschungen auf Kreta 1942 (1951) S. 310
Georgios Panagiotakis (Iraklion/Kreta) S. 64
Donald Preziosi, Minoan architectural design (1983) S. 139
Nikos Psilakis (Iraklion/Kreta) S. 193
Karina Raeck (Athen) S. 153
Reallexikon zur Byzantinischen Kunst S. 204, 253, 308
Giannis Sakellarakis (Athen/Griechenland) S. 55 (oben und unten), 105, 137, 203
Sabine Schaffmeister (Köln) S. 44, 122
Lambert Schneider (Hamburg) Vordere Umschlagklappe, 30, 53, 62, 63, 68, 70, 79, 87, 115, 128, 130, 132, 134, 143, 151, 153, 156/157, 158, 181, 183, 184, 188, 189, 197, 198, 200, 205, 207, 216/217, 224 oben, 226, 228, 229, 244, 245, 247, 251, 255, 260, 266, 267, 272, 274, 277, 280, 289, 291, 294, 302, 309, 320, 321, 323
S. Sfakianakis (Spilia/Kreta) S. 69
Wilkin Spitta (Loham) S. 13, 36
Suhrkamp Verlag (Frankfurt/Main) S. 85
J. Wilson Myers (Tamworth/USA) S. 37, 175
Maria Witek (Hamburg) S. 62, 355

Alle übrigen Abbildungen stammen aus dem Archiv des Verlages.

Kartographie

DuMont Reisekartografie Puchheim, © MAIRDUMONT, Ostfildern

Zitate

Das Zitat auf S. 30 stammt aus:
Karina Raeck, Andartis – Monument für den Frieden. © *Edition Hentrich*, Berlin 1995, S. 12.
Das Zitat auf S. 195 stammt aus:
Erhart Kästner, Kreta – Aufzeichnungen aus dem Jahre 1943. © *Insel Verlag*, Frankfurt am Main 1975, S. 23.

Register

Personenregister

Ortsregister

Das Register erstellte Christin Löchel, Bad Homburg.

Danksagung
Viele Institutionen und Personen haben das Projekt unterstützt. Meine Freunde und Kollegen Lore und Stamatis Lymperopuolos auf Kreta haben nicht nur wichtige Informationen beigesteuert, sondern jeden meiner Besuche zu einem besonders festlichen und interessanten Aufenthalt gemacht. Herzlich gedankt sei außerdem Manfred Bissinger, Waltraud Eis-Diefenbach, Louis Godart, Christoph Höcker, Margrit Jacob-Felsch, Fritz Jacobs, Charis Kakoulakis, Loukas Lymperopoulos, Inge Nielsen, Wolf-Dietrich Niemeier, Krzysztof Nowicki, Karina Raeck, Giannis Sakellarakis, Andreas Schneider, Papas Evangelos Sfakianakis, Dirk Steuernagel und Martin Warnke.

Umschlagvorderseite: Moni Preveli (Westkreta)
Umschlagklappe vorne: Der Nordzugang des Palastes von Knossos
Umschlagklappe hinten: ›Die Zweifel des Vaters Joachim an der Jungfräulichkeit Marias‹, Fresko in der Panagia Kera bei Kritsa
Umschlagrückseite: Lagekarte Kreta;
Chania, Janitscharen-Moschee am Venezianischen Hafen;
Übersichtsplan der Ausgrabungen von Gortyn (Ausschnitt);
Angriff der Türken auf das Kloster Arkadi, Zeichnung der Illustrated London News vom 26. Januar 1867
Abb. Seite 1 (Vignette): Fresko der ›Kleinen Pariserin‹ aus Knossos (Archäologisches Museum Iraklion)

Über die Autoren:
Lambert Schneider, seit 1983 Professor für Klassische Archäologie an der Universität Hamburg, Scholar am Paul Getty Research Institute for the Humanities in Santa Monica, CA, 1996. Neben zahlreichen fachwissenschaftlichen Veröffentlichungen publizierte er u. a. zusammen mit Christoph Höcker eine Biographie über Phidias (Reinbek 1993) sowie ›Die Akropolis von Athen: Eine Kunst- und Kulturgeschichte‹ (Darmstadt 2001). Im DuMont Reiseverlag erschienen von Lambert Schneider die Kunstreiseführer ›Griechisches Festland‹ (zusammen mit Ch. Höcker) und ›Peloponnes‹.
Nicole Kloth, wurde mit einer Arbeit über Biographien des ägyptischen Alten Reichs 2000 promoviert. Sie ist als wissenschaftliche Referentin für Ägyptologie in der Universitätsbibliothek Heidelberg tätig.

4., aktualisierte Auflage 2006
© DuMont Reiseverlag, Ostfildern
Alle Rechte vorbehalten
Graphisches Konzept: Ralf Groschwitz, Hamburg
Satz und Druck: Rasch, Bramsche
Buchbinderische Verarbeitung: Bramscher Buchbinder Betriebe